알고리즘 분야 베스트셀러!
전면 개정판

내 손으로 직접 코딩하며 확인한다!

자료구조와 함께 배우는 알고리즘 입문

C 언어 편

엄선한 실습 예제 113개와 연습 문제 100개로 완벽하게 이해!

공학교육협회 저작상 수상 저자!
BohYoh Shibata 지음 | 강민 옮김

이지스퍼블리싱

세상의 속도를 따라잡고 싶다면 **Do it!**
변화의 속도를 즐기게 됩니다.

Do it!

Do it!

자료구조와 함께 배우는 알고리즘 입문 — C 언어 편 전면 개정판

개정 1판 발행 • 2022년 10월 20일
개정 1판 2쇄 • 2023년 04월 10일

초판 발행 • 2017년 12월 20일
초판 7쇄 • 2021년 4월 14일

지은이 • 시바타 보요(柴田望洋)
옮긴이 • 강민
펴낸이 • 이지연
펴낸곳 • 이지스퍼블리싱(주)
출판사 등록번호 • 제313-2010-123호
주소 • 서울특별시 마포구 잔다리로 109 이지스빌딩 4층(우편번호 04003)
대표 전화 • 02-325-1722 | **팩스** • 02-326-1723
홈페이지 • www.easyspub.co.kr | **페이스북** • www.facebook.com/easyspub
Do it! **스터디룸 카페** • cafe.naver.com/doitstudyroom | **인스타그램** • instagram.com/easyspub_it

총괄 • 최윤미 | **기획 및 책임 편집** • 김은숙 | **IT 2팀** • 한승우, 신지윤 | **베타테스터** • 김은서, 방정아, 이승표
교정교열 • 박지영 | **표지 및 본문 디자인** • nu:n | **인쇄** • 보광문화사 | **마케팅** • 박정현, 한송이, 이나리
독자지원 • 박애림, 오경신 | **영업 및 교재 PPT 문의** • 이주동, 김요한(support@easyspub.co.kr)

• 이 책은 2017년에 출간된 《Do it! 자료구조와 함께 배우는 알고리즘 입문 — C 언어 편》의 전면 개정판입니다.

ISBN 979-11-3603-403-2 13000
가격 24,000원

프로그램을 프로그램답게!
개발자의 '내공'을 알아서 쌓아 주는 책

여러분은 프로그램을 작성할 때 다음처럼 고민한 적은 없었나요?

- 여러 값 가운데 특정한 값을 찾고 싶어요.
- 불규칙하게 나열되어 있는된 값을 오름차순이나 내림차순으로 정리하고 싶어요.
- 데이터를 알파벳 순서대로 저장하고 싶어요.

새롭게 단장한 《Do it! 자료구조와 함께 배우는 알고리즘 입문 - C 언어 편(전면 개정판)》은 이러한 고민을 스스로 해결할 수 있도록 힘을 주는 책입니다. 기본 알고리즘과 자료구조부터 원하는 데이터를 찾아내는 '검색 알고리즘', 데이터를 특정 순서로 늘어놓는 '정렬 알고리즘' 그리고 '스택', '큐', '재귀 알고리즘', '선형 리스트', '이진검색트리' 등을 살펴보고, 각 알고리즘에서 사용하는 자료구조를 C 언어로 실습할 수 있도록 구성했습니다.

알고리즘과 자료구조의 개념은 이미지나 도해와 함께 공부하면 더욱 쉽게 이해할 수 있습니다. 그래서 이 책에서는 알고리즘과 자료구조를 한눈에 익힐 수 있도록 도해와 표 230개를 제공합니다. 또한 개념을 설명한 후에는 관련된 프로그램을 제공하여 바로 체화할 수 있는 실습 예제 113개를 담았습니다. 이렇게 본문과 도해로 공부하면서 실습 예제까지 그대로 따라 하다 보면 알고리즘과 자료구조의 기초는 물론이고 어느새 C 언어를 다루는 능력까지 향상된 자신을 발견할 것입니다.

여기서 한 걸음 더 나아가고 싶은 독자를 위해 습득한 내용을 바탕으로 풀 수 있는 연습 문제 100개를 준비했습니다. 연습 문제는 대부분 배운 내용을 응용하거나 앞에서 직접 작성한 프로그램을 수정해야 하므로 처음에는 쉽지 않을 것입니다. 하지만 과감히 도전하고 하나씩 해결해 나간다면 공부한 내용을 좀 더 깊게 이해할 수 있고 실력이 한 단계 높아질 것입니다.

이 책을 통해 알고리즘과 자료구조의 기초 지식은 물론, 이를 이용한 프로그램 코딩 기술을 정확하고 빠르게 습득하기를 기원합니다.

시바타 보요(Shibata BohYoh)

IT 기업은 물론 모든 시험에서 기초가 되는 자료구조와 알고리즘을 모두 담았다!

자료구조와 알고리즘은 함께 배우는 것이 효율적입니다!

프로그램은 컴퓨터에게 일할 수 있도록 지시하는 명령의 모임입니다. 컴퓨터는 프로그램의 명령에 따라 순서대로 일을 처리하는데, 이때 효율적인 결과를 얻기 위해 필요한 것이 바로 알고리즘(algorithm)입니다. '문제 해결 순서'를 의미하는 알고리즘은 4차 산업혁명을 이끄는 한 축인 인공지능의 바탕이자 핵심 기술입니다. 그리고 이러한 알고리즘을 구현하는 데 빼놓을 수 없는 것이 자료구조입니다. 자료구조는 컴퓨터에 정보를 효율적으로 저장하고 관리하는 방법입니다. 자료구조를 통해 정보를 관리하면 알고리즘의 성능도 향상되어 효율적입니다. 이처럼 알고리즘과 자료구조는 상호 보완하는 관계입니다. 즉, 자료구조를 만드는 과정은 알고리즘으로 순서화하고 이 자료구조로 효율적인 알고리즘을 다시 구현합니다. 그래서 알고리즘과 자료구조는 함께 배우면 좋습니다.

자료구조와 알고리즘을 처음 공부하는 사람도 쉽게 배울 수 있습니다!

이 책은 자료구조와 알고리즘의 이론부터 실습까지 차분하고 친절하게 설명합니다. 개념을 적용할 수 있는 사례나 문제 상황을 구체적으로 보여 줄 뿐만 아니라 다양한 도해와 표를 사용하여 그 문제를 해결하는 과정까지 함께 설명해서 처음 공부하는 사람도 쉽게 이해할 수 있습니다. 독자 여러분이 알고리즘을 이해하고 실습하는 데 큰 도움이 될 것입니다.

자료구조, 알고리즘과 함께 C 언어 능력자로 만들어 주는 책

이 책은 《Do it! 자료구조와 함께 배우는 알고리즘 입문 - 자바 편》, 《Do it! 자료구조와 함께 배우는 알고리즘 입문 - 파이썬 편》과 마찬가지로 다양한 자료구조와 알고리즘을 다룹니다. 만약 여러분이 'C 언어 편'을 선택해 공부한다면 자료구조와 알고리즘을 구현하기 위해 복잡한 포인터의 개념을 정확하게 적용하는 연습을 충분히 할 수 있을 것입니다.

1972년에 개발된 C 언어는 오랜 역사를 가지는 만큼 운영체제, 컴파일러, 게임, 유틸리티, 응용프로그램, 산업용 소프트웨어 등 다양한 분야에서 사용합니다. 이 책을 끝내고 나면 C 언어 활용 능력은 물론 자신의 프로그램에 적용할 자료구조와 알고리즘을 직접 구현할 수 있는 실력자가 되어 있을 것입니다. 이 책을 통해 기초 알고리즘과 자료구조의 개념을 완벽하게 익히고 C 언어로 구현하는 데 능숙한 실력자가 되기를 바랍니다.

강민

최소한의 시간 투자로 최대의 효과를 얻는 자료구조, 알고리즘 입문서!

IT 전공자라면 C 언어를 사용한 자료구조와 알고리즘을 기본으로 다룰 줄 알아야 합니다. 현업에서는 적절한 자료구조, 알고리즘을 구별하고 이를 선택해 성능과 효율이 좋은 프로그램을 개발해야 하죠. 실력 있는 개발자가 되기 위해선 자료구조와 알고리즘을 제대로 아는 것이 매우 중요합니다. 이 책에는 친절한 용어 설명과 이해를 돕는 수많은 그림이 담겨 있어서 초보자도 자료구조와 알고리즘의 개념을 보다 확실하게 알 수 있습니다. 또한 개념으로 배운 것을 예제 소스로 직접 실행해 볼 수 있고, 연습 문제를 통해 지금까지 학습한 내용을 충분히 복습할 수도 있습니다. C 언어를 기반으로 한 자료구조와 알고리즘을 끝내기로 마음먹었다면 이 책을 적극 추천합니다.

• 인천대학교 임베디드시스템공학과 4학년 — **김은서**

클래식은 영원하다는 말처럼 C 언어는 시간이 흘러도 변하지 않는 프로그래밍 기본 언어입니다. 또한 C 언어는 자료구조와 알고리즘을 공부하기 위해 매우 적합한 언어입니다. 시중에 C 언어가 담긴 자료구조, 알고리즘 책이 많지만, 《Do it! 자료구조와 함께 배우는 알고리즘 입문 - C 언어 편(전면 개정판)》만큼 초보자에게 쉽게 설명한 책은 없습니다. C 언어를 이제 막 시작한 입문자라면 이 책으로 자료구조와 알고리즘까지 모두 공부해 보세요. 이 책을 모두 마친 후에는 프로그래밍 실력이 월등하게 높아진 자신을 발견할 수 있을 거예요.

• 개발자로 은퇴 후 아이들을 가르치는 코딩 선생님 — **방정아**

개발자로 일한 지 수년의 세월이 흘렀지만 이 책을 읽으니 C 언어를 처음 배웠던 초보 시절이 떠올랐습니다. 그때는 잘 이해하지 못했던 자료구조와 알고리즘 개념을 이번 기회에 제대로 배워 개운한 느낌이 들었습니다. 본문 설명이 친절하고 도해가 많아서 전공자뿐 아니라 비전공자도 충분히 공부할 수 있습니다. 또 알고리즘의 핵심인 예제 소스가 잘 정리되어 있고, 이 예제를 직접 따라 치며 공부하니 다양한 알고리즘의 개념을 더 확실하게 이해할 수 있습니다. 여러분도 이 책을 본다면 알고리즘을 눈으로만 읽지 말고 꼭 예제를 직접 치면서 공부해 보세요. 알고리즘을 이해하는 데 훨씬 더 많은 도움이 될 것입니다. C 언어의 기본기를 탄탄하게 만들고, 자료구조와 알고리즘도 한꺼번에 이해할 수 있는 이 책을 강력 추천합니다!

• 게임 서버 프로그래머 — **이승표**

연관된 장으로 돌아가서 다시 공부하면 더 쉽게 이해할 수 있습니다!

이 책은 알고리즘과 자료구조의 기초를 학습할 수 있도록 구성했으며, 몇 개의 장은 서로 연관된 내용을 포함합니다. 순서대로 공부한 뒤 연관된 장으로 다시 돌아가서 공부하면 이해의 폭을 더 넓힐 수 있습니다.

- **01장** 기본 알고리즘
- **02장** 기본 자료구조
- **03장** 검색 알고리즘
- **04장** 스택과 큐
- **05장** 재귀 알고리즘
- **06장** 정렬 알고리즘
- **07장** 문자열 검색
- **08장** 리스트
- **09장** 트리
- **10장** 해시

01, 02장에는 모든 장의 기초가 되는 내용을 담았습니다. 03장에서 다루는 '선형 검색'은 이후 여러 장에서 응용하는 알고리즘입니다. 04장의 '스택'은 05, 06장을 공부하기 전에 반드시 알고 넘어가야 합니다. 또한 원서 03-4절의 '해시법'은 10장으로 옮겨 재구성했습니다.

이 책의 대상 독자와 읽는 방법은 무엇인가요?

이 책은 C 언어의 기본 지식을 갖춘 독자에게 알맞습니다. 학습하면서 책에서 설명하는 알고리즘과 자료구조 이외에도 기본 프로그래밍 용어나 C 언어 코드(프로그램)를 충분히 이해할 수 없다면 C 언어의 기초부터 다시 공부해야 합니다. 또한 이 책에 담긴 일부 프로그램은 '난수를 생성하는 rand 함수', '현재 시간을 얻는 time 함수' 등의 C 언어 표준 라이브러리를 사용합니다. 이 함수들에 대해서는 간단하게 설명하니 더 자세히 알고 싶다면 인터넷에서 함수 이름을 검색하여 스스로 더 학습하길 바랍니다.

이 책은 어떻게 구성되었나요?

01 실습 예제 자료구조, 알고리즘의 핵심 개념을 코드로 체험할 수 있습니다. 이 책의 모든 실습 예제는 장별로 정리했으며, 이지스퍼블리싱 홈페이지에서 내려받을 수 있습니다. 실습 예제 그대로 실행하는 것보다 코드를 하나하나 직접 입력하면서 실습하길 권합니다.

02 연습 문제 실습 예제를 응용하여 새로운 프로그램을 만들 수 있도록 준비했습니다. 연습 문제를 풀려면 먼저 본문과 실습 예제를 통해 개념을 충분히 학습하길 바랍니다. 그런 다음 스스로 연습 문제를 풀어 보고 정답 코드와 비교해 보세요.

03 보충수업 C 언어의 기초 내용이나 본문에서 설명한 개념을 더 자세히 살펴볼 수 있습니다. 또한 실습 예제와 비슷한 응용 프로그램도 만날 수 있습니다. 실습 예제, 연습 문제와 더불어 보충수업도 활용하여 자료구조와 알고리즘에 익숙해지길 바랍니다.

이 책의 예제 파일은 이지스퍼블리싱 홈페이지에서 제공합니다

실습에 필요한 예제와 연습 문제의 해답 파일은 이지스퍼블리싱 홈페이지의 [자료실]에서 내려받을 수 있습니다. 이론만 읽고 넘어가지 말고 반드시 본문에서 제공하는 실습 예제와 연습 문제로 공부하세요.

www.easyspub.co.kr → [자료실]에서 도서명 검색

비주얼 스튜디오 커뮤니티를 사용하여 예제를 실습해 보세요!

예제 소스를 준비했다면 '비주얼 스튜디오 커뮤니티' 버전을 설치해 실습할 차례입니다. 비주얼 스튜디오 커뮤니티에서 새로운 프로젝트를 생성할 때는 [파일 → 새로 만들기 → 프로젝트]를 선택하면 됩니다. 이때 '새 프로젝트' 옵션에서 반드시 [Windows 데스크톱 마법사]를 선택하세요. 자세한 실습 안내는 영상으로 준비했으니 다음의 QR 코드를 찍어 확인하세요.

visualstudio.microsoft.com/ko/vs/community

실습 안내 영상 확인하기!

Do it! 스터디룸에서 공부하고 책 선물도 받으세요!

네이버 카페 'Do it! 스터디룸'에서 같은 고민을 하는 친구들과 함께 공부해 보세요. 내가 잘 이해한 내용은 남을 도와주고 내가 잘 이해하지 못한 내용은 도움을 받으면서 공부하면 복습 효과도 누릴 수 있습니다. 서로서로 코드와 개념 리뷰를 하며 훌륭한 개발자로 성장해 보세요.

cafe.naver.com/doitstudyroom

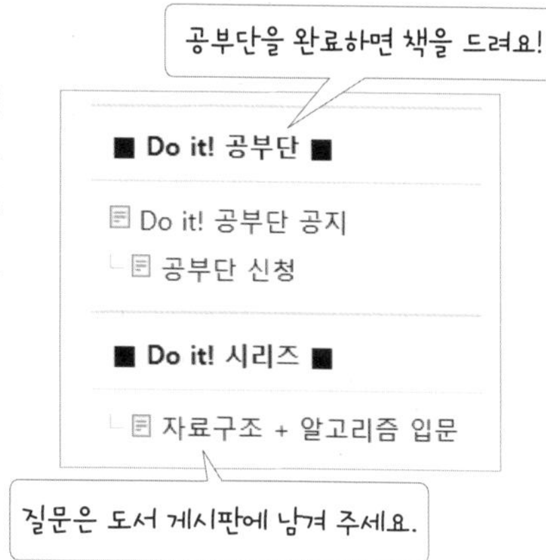

진도표 | 알고리즘, 자료구조 총 16차시 완성!

알고리즘과 자료구조를 16번에 나누어 정복해 보세요. 매주 꾸준히 목표를 달성하고 완료 날짜를 채우다 보면 어느새 알고리즘과 자료구조를 완벽하게 습득한 자신을 발견할 것입니다!

차시	진행	배우는 내용	완료 날짜
1차시	01장 기본 알고리즘	01-1 알고리즘이란? 01-2 반복	/
2차시	02장 기본 자료구조	02-1 배열이란? 02-2 구조체란?	/
3차시	03장 검색 알고리즘	03-1 검색 알고리즘이란? 03-2 선형 검색 03-3 이진 검색	/
4차시	04장 스택과 큐(1/2)	04-1 스택이란?	/
5차시	04장 스택과 큐(2/2)	04-2 큐란?	/
6차시	05장 재귀 알고리즘(1/2)	05-1 재귀의 기본 05-2 재귀 알고리즘의 분석	/
7차시	05장 재귀 알고리즘(2/2)	05-3 하노이의 탑 05-4 8퀸 문제	/
8차시	06장 정렬 알고리즘(1/2)	06-1 정렬 06-2 버블 정렬 06-3 단순 선택 정렬 06-4 단순 삽입 정렬	/
9차시	06장 정렬 알고리즘(2/2)	06-5 셸 정렬 06-6 퀵 정렬 06-7 병합 정렬 06-8 힙 정렬 06-9 도수 정렬	/
10차시	07장 문자열 검색	07-1 문자열의 기본 07-2 브루트-포스법 07-3 KMP법 07-4 보이어-무어법	/
11차시	08장 리스트(1/2)	08-1 선형 리스트 08-2 포인터를 이용한 연결 리스트	/
12차시	08장 리스트(2/2)	08-3 커서를 이용한 연결 리스트 08-4 원형 이중 연결 리스트	/
13차시	09장 트리(1/2)	09-1 트리란? 09-2 이진트리와 이진검색트리(1/2)	/
14차시	09장 트리(2/2)	09-2 이진트리와 이진검색트리(2/2)	/
15차시	10장 해시	10-1 해시법	/
16차시	보충 수업 기간	복습하거나 연습 문제 풀기 추천!	/

기초 내용!

여러 장에서 응용하므로 중요!

05, 06장을 보기 전에 반드시 읽기!

01 기본 알고리즘

02 기본 자료구조

03 검색 알고리즘

04 스택과 큐

05 재귀 알고리즘

08 리스트

09 트리

10 해시

01

기본 알고리즘

01-1 알고리즘이란?

여기서는 비교적 짧고 간단한 프로그램을 다루면서 '알고리즘'이 무엇인지 이해하고, 그 정의 등을 학습합니다.

세 정수의 최댓값 구하기

먼저 '알고리즘(algorithm)이란 무엇인가?'를 간단한 프로그램을 통해 알아보겠습니다. 실습 1-1은 3개의 정숫값 가운데 최댓값을 구하는 프로그램입니다. 변수 a, b, c에 들어가는 값은 키보드에서 입력한 값이며, 이 중에서 최댓값을 변수 max로 찾을 수 있습니다. 우선 프로그램을 실행하여 어떻게 동작하는지 확인합니다.

Do it! 실습 1-1 • 완성 파일 chap01/max3.c

```
01  // 세 정수를 입력하고 최댓값을 구하여 출력
02  #include <stdio.h>
03
04  int main(void)
05  {
06    int a, b, c;
07
08    printf("세 정수의 최댓값을 구합니다.\n");
09    printf("a값: "); scanf("%d", & a);
10    printf("b값: "); scanf("%d", & b);
11    printf("c값: "); scanf("%d", & c);
12
13    int max = a;            ①
14    if(b > max) max = b;    ②
15    if(c > max) max = c;    ③
16
17    printf("최댓값은 %d입니다.\n", max);
18
19    return 0;
20  }
```

실행 결과

```
세 정수의 최댓값을 구합니다.
a값: 1
b값: 3
c값: 2
최댓값은 3입니다.
```

실습 예제는 이지스퍼블리싱 홈페이지(easyspub.co.kr) 자료실에서 제공합니다. 내려받은 예제 소스는 비주얼 스튜디오 커뮤니티(visualstudio.microsoft.com/ko/vs/community)를 통해 실습해 보세요.

변수 a, b, c 의 최댓값을 max로 구하는 과정은 실습 1-1 프로그램의 1~3에 해당하는 부분입니다. 최댓값을 구하는 과정은 다음과 같습니다.

> 1 max에 a값을 넣는다.
> 2 b값이 max보다 크면 max에 b값을 넣는다.
> 3 c값이 max보다 크면 max에 c값을 넣는다.

세 문장이 아래로 나란히 있다면 이 문장은 순서대로 실행됩니다. 이렇게 여러 문장(프로세스)이 순차적으로 실행되는 구조를 순차(sequential) 구조라고 합니다. 그런데 1은 단순한 대입이지만 2, 3은 if 문입니다. if 문은 ( ) 안에 있는 식의 평가 결과에 따라 프로그램의 실행 흐름을 변경하므로 이를 선택(selection) 구조라고 합니다.

보충수업 1-1 연산자와 피연산자 / 식과 식의 평가

연산자와 피연산자

연산을 수행하는 +, > 등의 기호를 연산자(operator)라 하고, 연산의 대상이 되는 식을 피연산자(operand)라고 합니다. 예를 들어 b값과 max값의 대소 관계를 판정하는 식 b > max에서 연산자는 > 이며 피연산자는 b와 max입니다.

연산자는 피연산자의 수에 따라 다음과 같이 세 가지로 분류합니다.

> - 단항 연산자(unary operator) … 피연산자가 1개입니다(예: a++).
> - 2항 연산자(binary operator) … 피연산자가 2개입니다(예: a < b).
> - 3항 연산자(ternary operator) … 피연산자가 3개입니다(예: a ? b: c).

식과 식의 평가

프로그램을 실행할 때 식이 평가됩니다.

- 식

엄밀한 정의는 아니지만 식(expression)은 다음 요소를 통틀어 말합니다.

> - 변수
> - 상수
> - 변수나 상수를 연산자로 결합한 것

식 x = n + 135를 생각해 보겠습니다(x, n은 int형 변수). 이 식에서 x, n, 135, n + 135, x = n + 135는 모두 식입니다. 또한 ○○연산자와 피연산자가 결합한 식을 ○○식이라고 합니다. 예컨대 대입 연산자에 의해 x와 n + 135가 결합된 식 x = n + 135는 대입식(assignment expression)입니다.

• 식의 평가

원칙적으로 모든 식에는 값이 있습니다(특별한 형태인 void형의 식만 값이 없습니다). 그 값은 프로그램을 실행할 때 확인할 수 있으며 식의 값을 알아내는 것을 평가(evaluation)라고 합니다. 평가의 이미지를 구체적으로 보여주는 예가 그림 1C-1입니다(int형 변수 n값은 52라고 가정합니다).

변수 n값이 52이므로 n, 135, n + 135의 각 식을 계산한 값은 52, 135, 187입니다. 물론 세 값은 모두 int형입니다. 그림 1C-1에서 볼 수 있듯이 이 책은 디지털 온도계처럼 그림으로 평갓값을 나타냅니다. 왼쪽의 작은 글자가 '형'이고, 오른쪽의 큰 글자가 '값'입니다.

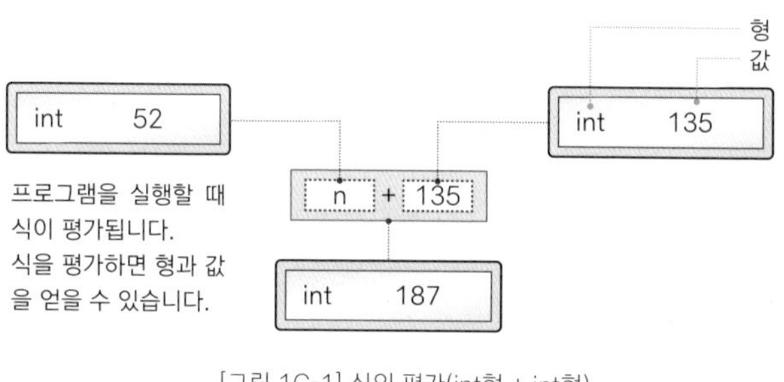

[그림 1C-1] 식의 평가(int형 + int형)

세 정수의 최댓값을 구하는 순서를 이해하기 쉽게 그림으로 나타내 보겠습니다. 프로그램의 흐름이나 구조를 나타내는 그림은 여러 종류가 있으며, 여기서는 순서도(flowchart)를 사용합니다. 그림 1-1은 세 정수의 최댓값을 구하는 순서도입니다.

순서도의 주요 기호는 01-1절 마지막 부분에서 한데 모아 살펴보겠습니다.

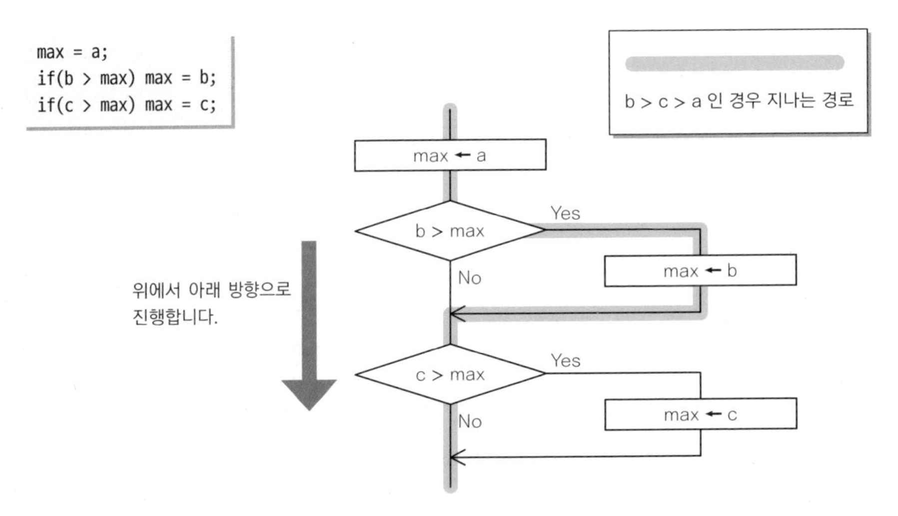

[그림 1-1] 세 정수의 최댓값을 구하는 알고리즘의 순서도

프로그램의 흐름은 검은 선 ——을 따라 위에서 아래로 향하고, 그 과정에서 ▭ 안에 작성한 처리 과정이 실행됩니다. 그리고 ◇를 지날 때는 그 안에 작성된 '조건'을 평가한 결과에 따라 Yes, No 중 하나를 따라 갑니다. 다시 말해 조건 b > max , c > max가 성립하면(식 b > max와 식 c > max를 평가한 값이 1이면) Yes로 이동하고, 그렇지 않으면(0이면) No로 이동합니다(보충수업 1-2).

if 문, while 문 등에서 조건 판정을 위해 (b > max)처럼 괄호 안에 넣는 식을 제어식이라 합니다.

프로그램의 흐름은 두 갈래 중 어느 한쪽을 지나는데, if 문에 의한 프로그램 흐름의 분기를 쌍기(양 갈래) 선택이라 합니다. 또한 ▭ 안의 화살표는 값의 대입을 가리킵니다. 예를 들어 'max ← a'는 아래와 같은 의미입니다.

변수 a값을 변수 max에 대입하세요.

실습 1-1에 나오는 선언 'int max = a;'는 변수를 만드는 시점에 값을 넣는 '초기화'이고, 그림 1-1의 'max = a;'는 이미 만들어져 있는 변수에 값을 넣는 '대입'입니다. 초기화와 대입은 다르지만 이 책에서는 엄밀하게 구별할 필요가 없는 경우 '대입'이라고 표현합니다.

실습 1-1의 실행 결과와 같이 변수 a, b, c에 1, 3, 2를 입력하면 프로그램의 흐름은 그림 1-1 순서도의 ▬ 경로를 따라 갑니다.

그림 1-2와 같이 변수 a, b, c값이 1, 2, 3 또는 3, 2, 1인 경우도 최댓값을 구할 수 있습니다. 또 세 값이 5, 5, 5로 모두 같거나 1, 3, 1로 2개만 같더라도 올바른 최댓값을 구할 수 있습니다.

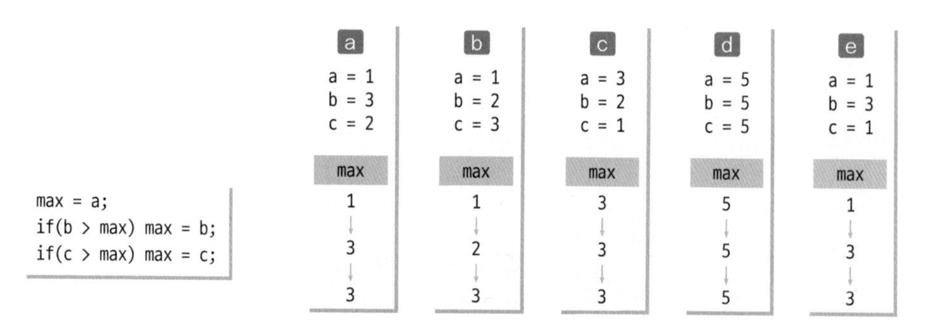

[그림 1-2] 세 정수의 최댓값을 구하는 과정에서 변수 max값의 변화

그러면 순서도를 따라 확인해 보겠습니다. 세 변수 a, b, c값이 6, 10, 7이나 -10, 100, 10인 경우도 그림 1-1 순서도의 경로를 따라 갑니다. 즉, b > c > a라면 반드시 같은 경로를 지나갑니다.

보충수업 1-2 관계 연산자와 등가 연산자

왼쪽과 오른쪽 피연산자의 대소 관계를 판단하는 관계 연산자(<, <=, >, >=)와 값이 같은지의 관계를 판단하는 등가 연산자(==, !=)는 참이면 int형 1을, 거짓이면 int형 0을 만듭니다.

그림 1C-2에 관계 연산자와 등가 연산자를 사용한 몇 가지 예를 나타냈습니다. 이를테면 식 5 > 3을 평가한 값은 1(a), 식 5 == 3을 평가한 값은 0(b)입니다. 또 c와 같이 피연산자가 int형이 아닌 경우에도 관계식과 등가식을 평가한 값은 0.0이 아닌 0입니다.

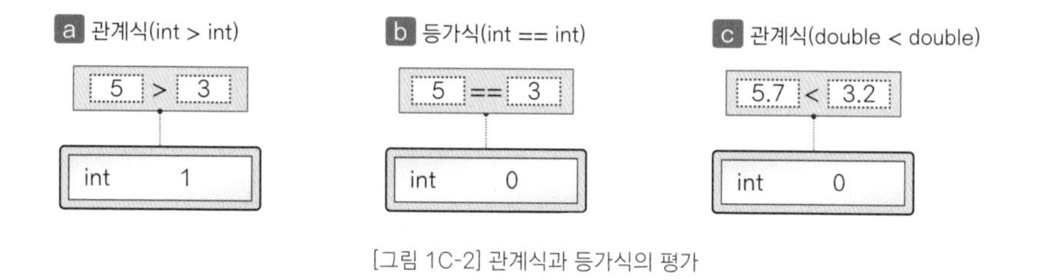

[그림 1C-2] 관계식과 등가식의 평가

실습 1-1의 프로그램을 토대로 여러 정수의 최댓값을 구하는 방법을 알아보겠습니다. 이런 경우에는 값을 일일이 입력하면서 테스트하기보다는 실습 1-2처럼 프로그램을 작성하는 것이 좋습니다.

Do it! 실습 1-2

• 완성 파일 chap01/max3x.c

```
01  // 세 정수의 최댓값을 구하는 프로그램
02  #include <stdio.h>
03
04  /*--- a, b, c의 최댓값을 구하여 반환 ---*/
05  int max3(int a, int b, int c)
06  {
07      int max = a; // 최댓값
08      if(b > max) max = b;
09      if(c > max) max = c;
10      return max;   ← 구한 최댓값을 호출한 곳으로 반환
11  }
12
13  int main(void)
14  {
15      printf("max3(%d, %d, %d) = %d\n", 3, 2, 1, max3(3, 2, 1)); // A a > b > c
16      printf("max3(%d, %d, %d) = %d\n", 3, 2, 2, max3(3, 2, 2)); // B a > b = c
17      printf("max3(%d, %d, %d) = %d\n", 3, 1, 2, max3(3, 1, 2)); // C a > c > b
18      printf("max3(%d, %d, %d) = %d\n", 3, 2, 3, max3(3, 2, 3)); // D a = c > b
19      printf("max3(%d, %d, %d) = %d\n", 2, 1, 3, max3(2, 1, 3)); // E c > a > b
20      printf("max3(%d, %d, %d) = %d\n", 3, 3, 2, max3(3, 3, 2)); // F a = b > c
21      printf("max3(%d, %d, %d) = %d\n", 3, 3, 3, max3(3, 3, 3)); // G a = b = c
22      printf("max3(%d, %d, %d) = %d\n", 2, 2, 3, max3(2, 2, 3)); // H c > a = b
23      printf("max3(%d, %d, %d) = %d\n", 2, 3, 1, max3(2, 3, 1)); // I b > a > c
24      printf("max3(%d, %d, %d) = %d\n", 2, 3, 2, max3(2, 3, 2)); // J b > a = c
25      printf("max3(%d, %d, %d) = %d\n", 1, 3, 2, max3(1, 3, 2)); // K b > c > a
26      printf("max3(%d, %d, %d) = %d\n", 2, 3, 3, max3(2, 3, 3)); // L b = c > a
27      printf("max3(%d, %d, %d) = %d\n", 1, 2, 3, max3(1, 2, 3)); // M c > b > a
28      return 0;
29  }
```

실행 결과

```
max3(3, 2, 1) = 3
max3(3, 2, 2) = 3
max3(3, 1, 2) = 3
max3(3, 2, 3) = 3
… 생략 …
max3(2, 3, 2) = 3
max3(1, 3, 2) = 3
max3(2, 3, 3) = 3
max3(1, 2, 3) = 3
```

최댓값을 여러 번 반복해서 구하는 경우에는 함수로 처리하면 편리합니다. 04~11행의 max3 함수는 int형 매개변수 a, b, c값을 받아 최댓값을 구하고 그것을 int형 값으로 반환하는 함수입니다.

조금만 더! 매개변수를 더 알아볼까요?

함수를 정의할 때 함수에 전달되는 값을 저장하기 위해 변수(variable)를 선언하는데, 이를 매개변수(parameter) 또는 형식매개변수(formal parameter)라 합니다. 형식매개변수를 가인수(假引數, 임시 인수)라 하고 함수를 호출할 때 사용하는 매개변숫값(value)을 실인수(actual argument)라고 합니다. 간단하게 함수를 정의할 때는 '매개변수', 함수를 호출할 때는 '실인수'라고 생각하면 됩니다.

main 함수는 max3 함수에 세 값을 실인수로 주어 호출하고 반환값을 화면에 13회 출력합니다.

함수의 반환값은 보충수업 1-3에서 더 설명합니다.

실습 1-2 프로그램은 계산 결과를 쉽게 확인하기 위해 최댓값이 3이 되도록 실인수를 조합했습니다. 프로그램을 실행하면 13가지의 조합에 대해 모두 3이 출력되어 최댓값이 바르게 구해진 것을 확인할 수 있습니다.

대소 관계에서 13가지 경우의 수가 나오는 것은 보충수업 1-4에서 확인하세요.

지금까지 살펴본 것처럼 '알고리즘'은 다음과 같이 정의할 수 있습니다.

어떤 문제를 해결하기 위한 절차로, 명확하게 정의되고 순서가 있는 유한 개의 규칙으로 이루어진 집합

물론 아무리 명확하게 알고리즘을 정의해도 변숫값에 따라 결과가 맞기도 하고 틀리기도 한다면 올바른 알고리즘이라 할 수 없습니다. 그래서 여기서는 세 정수의 최댓값을 구하는 알고리즘이 올바른지 확인하기 위해 여러 개의 값을 입력하여 프로그램의 결괏값을 확인했습니다.

Q1 네 정수의 최댓값을 구하는 함수 max4를 작성하세요.

```
int max4(int a, int b, int c, int d);
```

작성한 함수를 테스트하기 위해 main 함수를 포함한 프로그램을 만들 수 있습니다. 이후의 문제도 마찬가지입니다.

Q2 세 정수의 최솟값을 구하는 min3 함수를 작성하세요.

```
int min3(int a, int b, int c);
```

Q3 네 정수의 최솟값을 구하는 min4 함수를 작성하세요.

```
int min4(int a, int b, int c, int d);
```

모든 연습 문제의 해답은 이지스퍼블리싱 홈페이지(easypub.co.kr) 자료실에서 내려받을 수 있습니다.

보충수업 1-3 함수의 반환값과 함수 호출식의 평가

함수는 인수와 반환값을 사용해 정보를 주고받습니다. return 문에서 처리한 결괏값을 원래 호출한 곳으로 반환합니다. max 함수의 반환값은 int형이고, 함수의 끝 부분에서 변수 max값을 반환합니다. 이러한 반환값은 함수 호출식을 평가해 얻을 수 있습니다. 예를 들어 그림 1C-3에서 볼 수 있듯이 함수 호출식 max(3, 2, 1)을 평가한 값은 int형 3이 됩니다. 다만 반환값의 자료형이 void인 함수는 값을 반환하지 않습니다.

함수 호출식을 평가하면 함수의 반환값을 얻을 수 있습니다.

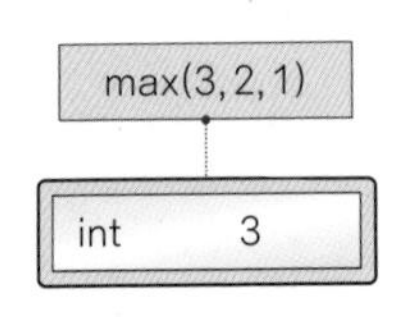

[그림 1C-3] 함수 호출식의 평가

보충수업 1-4 세 정수의 대소 관계와 중앙값

세 정수의 대소 관계는 13종류

앞서 세 정수의 대소 관계의 조합은 13가지 종류가 있다고 했는데, 다음의 그림 1C-4는 이 조합을 나열한 것입니다. 이때 조합을 나열한 모양이 나무(tree) 형태이므로 결정 트리(decision tree)라고 합니다. 결정 트리는 왼쪽 끝(a≧b)에서 시작하여 오른쪽으로 이동합니다. 안의 조건이 성립하면(Yes) 윗가지로, 성립하지 않으면(No) 아랫가지로 이동합니다.

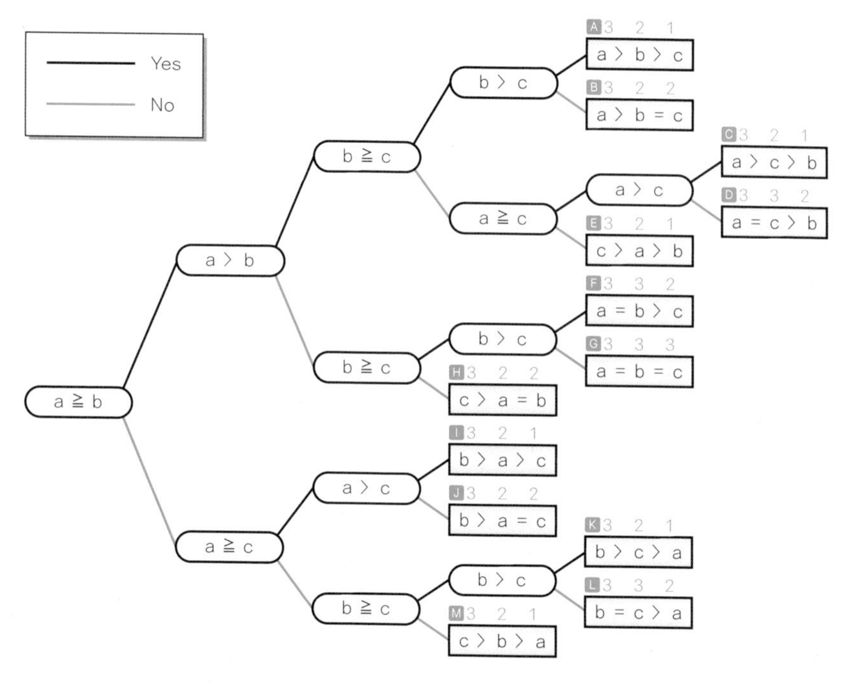

[그림 1C-4] 세 값 a, b, c의 대소 관계를 나열한 결정 트리

그림 오른쪽의 안은 세 변수 a, b, c의 대소 관계를 나타냅니다. 그 위의 초록색 숫자는 실습 1-2 프로그램에서 사용한 세 변숫값입니다(프로그램에서는 A ~ M으로 표시한 13개 값의 최댓값을 구했습니다).

세 정수의 중앙값

최댓값, 최솟값과 달리 중앙값을 구하는 절차는 매우 복잡합니다(그래서 수많은 알고리즘을 생각할 수 있습니다). 다음 실습 1C-1은 중앙값을 구하는 프로그램입니다. 각 return 문 오른쪽의 A ~ M은 그림 1C-4에 표시한 기호입니다.

Do it! 실습 1C-1

• 완성 파일 chap01/med3.c

```
01  // 세 정수를 입력하고 중앙값을 구하여 출력
02  #include <stdio.h>
03
04  /*--- a, b, c의 중앙값 ---*/
05  int med3(int a, int b, int c)
06  {
07     if(a >= b)
08        if(b >= c)
09           return b;        A B F G
10        else if(a <= c)
11           return a;        D E H
12        else
13           return c;        C
14     else if(a > c)
15        return a;           I
16     else if(b > c)
17        return c;           J K
18     else
19        return b;           L M
20  }
21
22  int main(void)
23  {
24     int a, b, c;
25
26     printf("세 정수의 중앙값을 구합니다.\n");
27     printf("a값: "); scanf("%d", &a);
28     printf("b값: "); scanf("%d", &b);
29     printf("c값: "); scanf("%d", &c);
30
31     printf("중앙값은 %d입니다.\n", med3(a, b, c));
32
33     return 0;
34  }
```

실행 결과

```
세 정수의 중앙값을 구합니다.
a값: 1
b값: 3
c값: 2
중앙값은 2입니다.
```

세 정수의 중앙값을 구하는 절차는 '퀵 정렬(Quicksort)'의 알고리즘 개선(06장)에서도 이용합니다.

연습 문제

Q4 세 값의 대소 관계 13종류의 모든 조합에 대해 중앙값을 구하여 출력하는 프로그램을 작성하세요.

실습 1-2와 실습 1C-1을 참고하세요.

Q5 중앙값을 구하는 함수는 다음과 같이 작성할 수도 있습니다. 그러나 실습 1C-1의 med3 함수에 비해 효율이 떨어지는데, 그 이유를 설명하세요.

```
int med3 (int a, int b, int c)
  {
    if((b >= a && c <= a) || (b <= a && c >= a))
      return a;
    else if ((a > b && c <b) || (a < b && c > b))
      return b;
    return c;
  }
```

조건 판단과 분기 살펴보기

실습 1-3은 입력한 정숫값의 부호(양수/음수/0)를 판단하여 출력하는 프로그램입니다. 이 프로그램을 통해 프로그램 흐름의 분기에 대해 좀 더 자세히 살펴보겠습니다.

Do it! 실습 1-3

• 완성 파일 chap01/sign.c

```
01  // 입력받은 정숫값의 부호(양수/음수/0)를 판단
02  #include <stdio.h>
03
04  int main(void)
05  {
06    int n;
07
08    printf("정수: ");
09    scanf("%d", &n);
10    if(n > 0)
11      printf("양수입니다.\n");   ─ 1
12    else if(n < 0)
13      printf("음수입니다.\n");   ─ 2
14    else
15      printf("0입니다.\n");      ─ 3
16    return 0;
17  }
```

실행 결과
정수: 15 양수입니다.
정수: -5 음수입니다.
정수: 0 0입니다.

실습 1-3 프로그램에서 10~15행의 순서도를 그림 1-3에 나타냈습니다. 변수 n값이 양수면 1, 음수면 2, 0이면 3이 실행됩니다. 즉, 실행되는 부분은 1, 2, 3 중 하나뿐이며 두 가지가 동시에 실행되거나 하나도 실행되지 않거나 하는 경우는 없습니다. 이는 프로그램의 흐름이 세 가지로 분기하기 때문입니다.

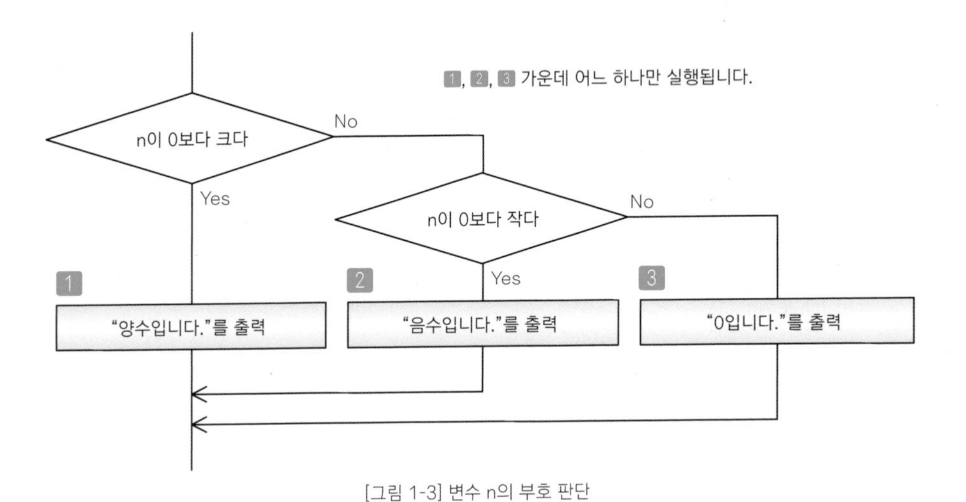

[그림 1-3] 변수 n의 부호 판단

다음으로 실습 1-4와 실습 1-5의 프로그램을 살펴보겠습니다. 두 프로그램의 행 수가 서로 같고, 흐름상 둘 다 세 가지로 분기하는 것처럼 보입니다. 하지만 과연 그럴까요?

main 함수 및 변수 n에 값을 넣는 등의 코드는 생략합니다.

이 두 프로그램 모두 n값이 1이면 A, 2이면 B, 3이면 C라고 표시합니다. 하지만 그 외의 수치일 때는 동작이 달라집니다.

• 완성 파일 chap01/judge1.c

실습 1-4는 n이 1 또는 2가 아니면 어떤 값이든 C라고 표시합니다(실행 결과 1 및 2 참조). 즉, 앞에서 살펴본 실습 1-3 프로그램과 마찬가지로 프로그램의 흐름이 세 가지로 분기합니다.

Do it! 실습 1-5 • 완성 파일 chap01/judge2.c

```
(… 생략 …)
12  if(n == 1)
13    puts("A");
14  else if(n == 2)
15    puts("B");
16  else if(n == 3)
17    puts("C");
(… 생략 …)
```

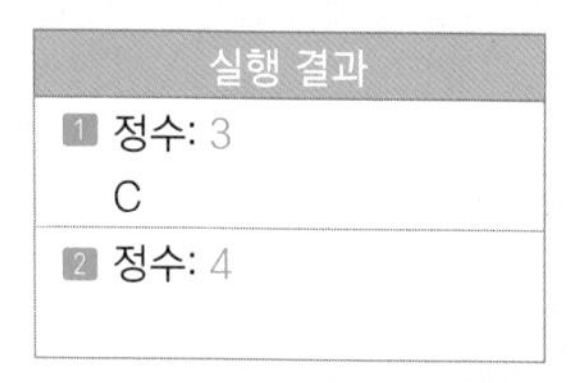

실습 1-5는 프로그램의 흐름이 세 가지로 분기하는 듯 보이지만, 그렇지 않습니다. n값이 1, 2, 3 이외의 수일 때는 아무것도 표시하지 않습니다(실행 결과 2 참조). 이 프로그램의 정체는 실습 1-6과 같습니다. '아무것도 실행하지 않는' else가 숨겨져 있으며, 따라서 프로그램의 흐름이 네 가지로 분기합니다.

세미콜론(;)만 남은 공백문은 실제로 아무것도 하지 않는 문장입니다.

Do it! 실습 1-6 • 완성 파일 chap01/judge2x.c

```
(… 생략 …)
12  if(n == 1)
13    puts("A");
14  else if(n == 2)
15    puts("B");
16  else if(n == 3)
17    puts("C");
18  else
19    ;
(… 생략 …)
```

실행 결과
정수: 3 C
정수: 4

보충수업 1-5 조건 연산자

3개의 피연산자(operand)를 갖는 3항 연산자 ? :를 조건 연산자(conditional operator)라 합니다. 조건식(conditional expression)의 평가를 정리한 것이 그림 1C-5입니다.

예를 들어 다음과 같이 변수 min에 대입되는 값은 x가 y보다 작으면 x값, 그렇지 않으면 y값입니다.

```
min = x < y ? x : y;
```

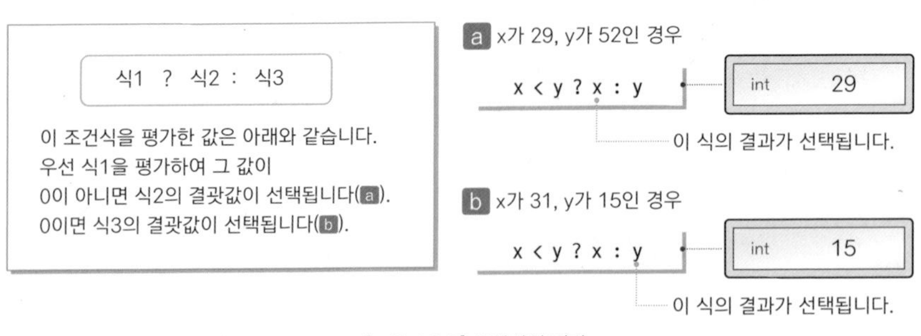

[그림 1C-5] 조건식의 평가

순서도의 기호 살펴보기

여기서는 문제에 대한 정의·분석·해법을 그림으로 표현하는 순서도(flowchart)의 대표적인 용어와 기호를 살펴보겠습니다.

프로그램 순서도

프로그램 순서도(program flowchart)에는 다음과 같은 기호가 있습니다.

- 실제로 수행하는 연산을 나타내는 기호
- 제어의 흐름을 나타내는 기호
- 프로그램 순서도를 이해하고 작성하는 데 편의를 부여하는 특수 기호

데이터

데이터(data)의 입력과 출력을 나타냅니다.

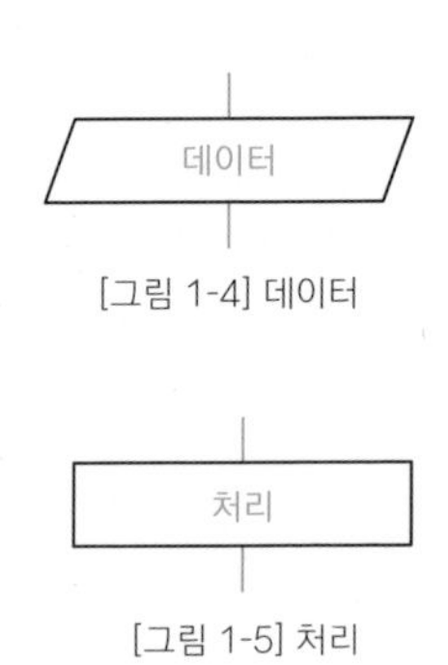

[그림 1-4] 데이터

[그림 1-5] 처리

처리

처리(process)는 여러 종류의 처리 기능을 수행합니다. 즉, 정보의 값, 자료형, 위치를 바꾸도록 정의한 연산이나 연산군의 실행 또는 연속적인 몇 가지 흐름 가운데 하나의 방향을 결정하는 연산이나 연산군의 실행을 나타냅니다.

미리 정의한 처리

미리 정의한 처리(predefined process)는 서브 루틴 및 모듈 등 다른 곳에서 이미 정의한 하나 이상의 연산 또는 명령어들로 이루어진 처리를 나타냅니다.

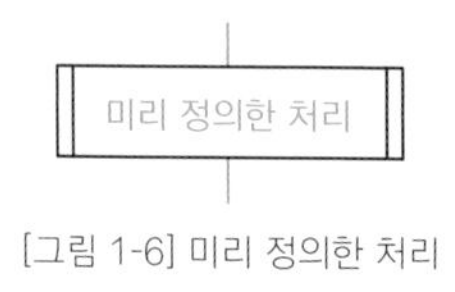

[그림 1-6] 미리 정의한 처리

판단

판단(decision)은 하나의 입구와 하나 이상을 선택할 수 있는 출구가 있고, 기호에서 정의한 조건을 평가하여 하나의 출구를 선택하는 판단 기능(스위치형 기능)을 나타냅니다. 주로 예상되는 평가 결과의 경로를 선 가까이에 씁니다.

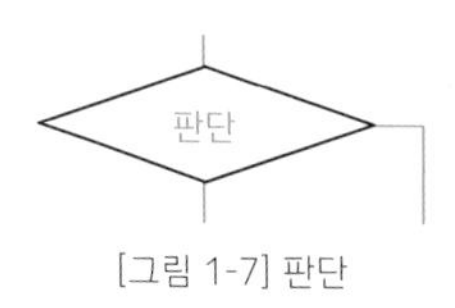

[그림 1-7] 판단

루프 범위

루프 범위(loop limit)는 두 부분으로 구성되어 루프의 시작과 종료를 나타냅니다. 기호의 두 부분에는 같은 이름(루프에 대한 임의의 이름)을 사용합니다. 그림 1-9와 같이 루프의 시작 기호(반복 전에 판단하는 경우) 또는 종료 기호(반복 후에 판단하는 경우) 안에 초깃값(초기화), 증갓값, 종룟값(종료 조건)을 표기합니다.

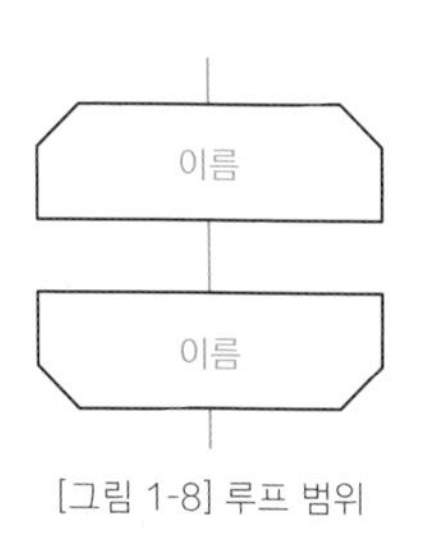

[그림 1-8] 루프 범위

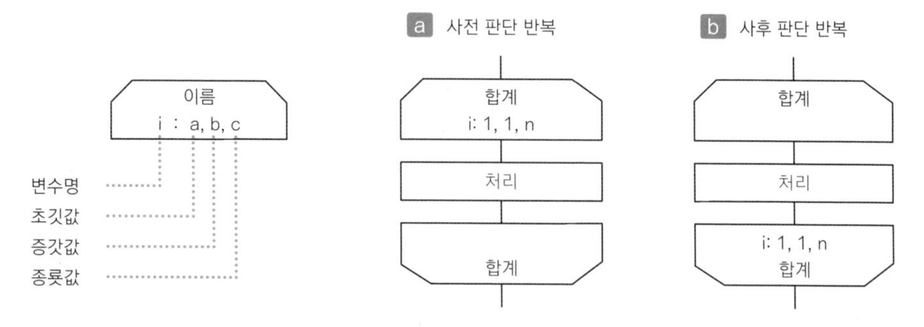

[그림 1-9] 루프의 시작과 종료 그리고 초깃값, 증갓값, 종룟값

그림 1-9에서 a와 b는 변수 i를 1부터 n까지 1씩 증가하면서 '처리'를 n번 반복하는 순서도입니다. '1, 1, n' 대신 '1, 2, …, n'을 사용하기도 합니다.

선

선(line)은 제어의 흐름을 나타냅니다. 흐름의 방향을 분명히 나타내고자 할 때 화살표를 붙입니다. 순서도에 작성할 때는 보기 쉽게 화살표를 붙이기도 합니다.

[그림 1-10] 선

단말

단말(terminator)은 외부 환경으로 나가거나 외부 환경에서 들어오는 것을 나타냅니다. 예를 들어, 프로그램 흐름의 시작과 종료를 나타냅니다.

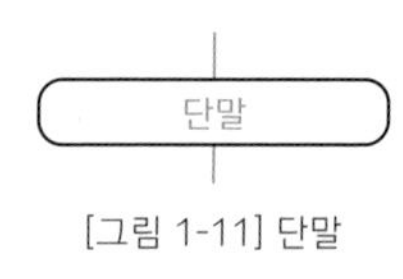

[그림 1-11] 단말

조금만 더! 선의 종류에 대해서 알고 싶어요!

실선(實線, real line): 끊어진 곳 없이 이어진 선
점선(點線, dotted line): 일정한 간격으로 점을 찍은 선
파선(破線, broken line): 긴 선과 짧은 선을 3 : 1의 비율로 이은 선

01-2 반복

여기서는 프로그램의 흐름을 반복하는 간단한 알고리즘을 살펴보겠습니다.

1부터 n까지 정수의 합 구하기

이제 '1부터 n까지의 정수 합을 구하는 알고리즘'을 살펴보겠습니다. 구하는 값은 n이 2이면 1 + 2, n이 3이면 1 + 2 + 3입니다.

프로그램은 실습 1-7과 같으며 10~15행(1, 2)의 순서도는 그림 1-12에 나타냈습니다.

Do it! 실습 1-7

• 완성 파일 chap01/sum_while.c

```
01  // 1 ~ n의 합을 구하여 출력(while 문)
02  #include <stdio.h>
03
04  int main (void)
05  {
06    int n;
07    puts("1부터 n까지의 총합을 구합니다.");
08    printf("n값: ");
09    scanf("%d", &n);
10    int sum = 0;        // 총합                      ─1
11    int i = 1;
12    while(i <= n) {     // i가 n 이하이면 반복
13      sum += i;         // sum에 i를 추가            ─2
14      i++;              // i값을 1 증가
15    }
16    printf("1부터 %d까지의 총합은 %d입니다.\n", n, sum);
17
18    return 0;
19  }
```

실행 결과

```
1부터 n까지의 총합을 구합니다.
n값: 5
1부터 5까지의 총합은 15입니다.
```

while 문 반복

어떤 조건이 성립하는 동안 처리(프로그램 명령문 또는 명령어의 집합)를 반복하여 실행하는 것을 반복(repetition) 구조라 하며 일반적으로 루프(loop)라고 부릅니다. 이때 while 문은 실행 전에 반복을 계속할지를 판단하는데, 이런 구조를 '사전 판단 반복' 구조라고 부릅니다. 제어식의 평갓값이 0이 아니면 프로그램 명령문이 반복됩니다.

```
while(제어식) 명령문
```

위에서 말한 반복의 대상이 되는 '명령문'을 문법적으로는 '루프 본문'이라 합니다.

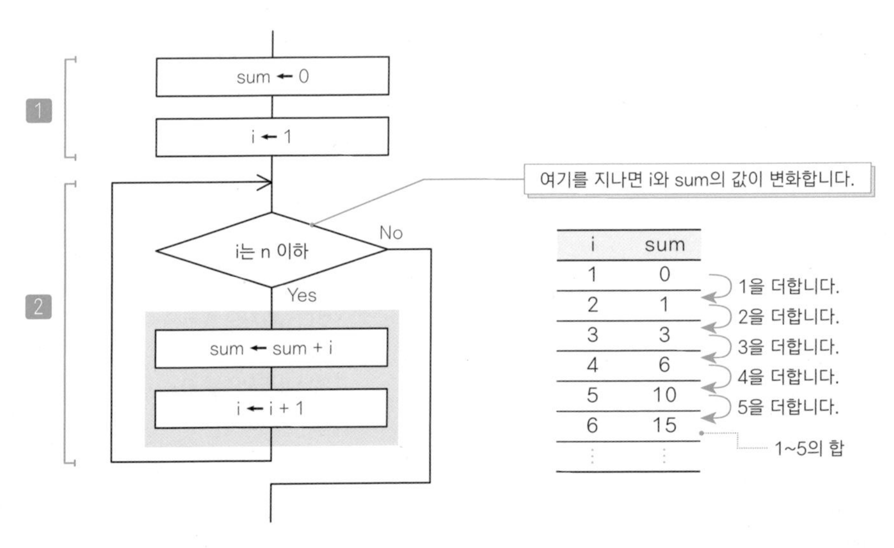

[그림 1-12] 1부터 n까지의 합을 구하는 순서도와 변수의 변화

실습 1-7 프로그램과 순서도의 1, 2를 자세히 살펴보겠습니다.

1 합을 구하기 위한 준비입니다. 합을 저장하는 변수 sum을 0, 반복을 제어하기 위한 변수 i를 1로 초기화합니다.

2 변수 i 값이 n 이하인 동안 i 값을 1씩 증가하면서 루프 본문을 n회 반복 실행합니다.

2항인 복합 대입 연산자 '+='은 우변의 값을 좌변에 더합니다. 또한 단항인 증가 연산자 '++'는 피연산자의 값을 1 증가(increment)시킵니다.

i가 n 이하인지를 판단하는 제어식 i <= n을(순서도의 ◇) 지날 때 변수 i와 sum 값의 변화를 정리한 것이 그림 1-12의 오른쪽 표입니다. 프로그램과 표를 비교하며 설명하겠습니다. 제어식 i <= n을 처음 지날 때 변수 i와 sum의 값은 1에서 설정한 1과 0입니다. 그 후 반복해

서 실행할 때마다 변수 i의 값이 증가되어 1씩 늘어납니다. 변수 sum의 값은 '루프 본문을 수행하는 동안의 총합'이며, 변수 i의 값은 '다음에 더하는 값'입니다. 즉, i가 5일 때 변수 sum의 값은 '1부터 4까지의 합'인 10입니다(sum의 최종 결괏값은 변수 i의 값인 5가 더해지기 전의 값입니다). 그리고 i값이 n을 초과할 때 while 문의 반복이 종료되므로 최종 i값은 n이 아니라 n + 1입니다. i와 같이 반복 제어에 쓰이는 변수를 보통 '카운터용 변수'라고 합니다.

연습문제 | Q6 실습 1-7에서 while 문이 종료될 때 변수 i값이 n + 1이 됨을 확인하세요(변수 i값을 출력하도록 프로그램을 수정하세요).

for 문 반복

하나의 변수를 사용하는 반복문은 while 문보다 for 문을 사용하는 것이 좋습니다. 정수의 총합을 for 문으로 구하는 프로그램을 실습 1-8에 나타냈습니다.

Do it! 실습 1-8 • 완성 파일 chap01/sum_for1.c

```
01 // 1, 2, …, n의 합을 구하여 출력(for 문)
02 #include <stdio.h>
03
04 int main(void)
05 {
06   int n;
07   puts("1부터 n까지의 총합을 구합니다.");
08   printf("n값: ");
09   scanf("%d", &n);
10   int sum = 0;                          // 총합
11   for(int i = 1; i <= n; i ++)          // i = 1, 2, …, n
12     sum += i;                           // sum에 i를 추가
13
14   printf("1부터 %d까지의 총합은 %d입니다.\n", n, sum);
15
16   return 0;
17 }
```

실행 결과

```
1부터 n까지의 총합을 구합니다.
n값: 5
1부터 5까지의 총합은 15입니다.
```

for 문은 아래와 같은 두 가지 형식이 있습니다.

1. for(식1; 식2; 식3) 명령문
2. for(선언; 식2; 식3) 명령문

프로그램의 흐름이 for 문으로 바뀌면 식1이 평가 및 실행됩니다.

이러한 평가 및 실행은 처음 한 번만 실행됩니다(반복되지 않습니다). 한편, 실습 1-8처럼 2의 형식일 때는 '선언'으로 변수가 만들어집니다(만들어진 변수는 for 문 안에서만 통용됩니다). 실습 1-8의 경우에는 선언에 따라 변수 i가 만들어지고 1이 초기화되며, 그 변수는 for 문 안에서만 이용할 수 있습니다.

그 후 제어식인 식2를 평가한 값이 0이 아니면 루프 본문이 반복하여 실행됩니다. 그런 다음 식3이 평가, 실행됩니다.

for 문과 while 문은 아래와 같습니다.

```
/*--- for문 ---*/
for(식1; 식2; 식3)
루프 본문
```

```
/*--- while문 ---*/
식1;
while(식2) {
  루프 본문
  식3;
}
```

for문은 식1과 식2, 식3 중 무엇이든지 생략할 수 있습니다. 식2를 생략하면 0이 아닌 값이 지정된 것으로 간주됩니다(식1과 식3을 생략하면 해당 범위에서 아무것도 시행되지 않습니다).

그림 1-13은 합을 구하기 위한 (실습 1-8 프로그램의 10~12행 부분) 순서도입니다. 육각형의 루프 범위(loop limit)는 반복의 시작 지점과 종료 지점을 가리키는 기호로, 같은 이름을 가진 루프 시작과 루프 종료로 둘러싸인 부분을 반복합니다. 실습 1-8 프로그램에서는 카운터용 변수 i값을 1, 2, 3, …과 같이 1부터 n까지 1씩 증가하면서 루프 본문의 문장 sum += i;를 실행합니다.

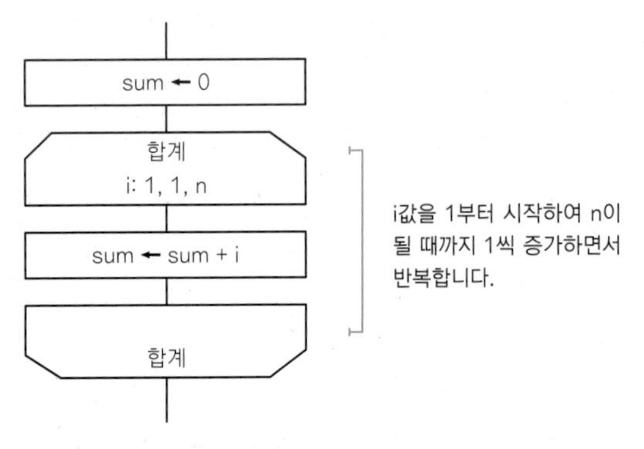

[그림 1-13] 1부터 n까지의 합을 구하는 순서도

연습 문제

Q7 실습 1-8 프로그램을 참고하여 n이 5이면 '1 + 2 + 3 + 4 + 5 = 15'로 출력하는 프로그램을 작성하세요.

Q8 1부터 10까지의 합은 (1 + 10) * 5와 같은 방법으로 구할 수 있습니다. '가우스의 덧셈'이라는 이 방법을 이용하여 1부터 n까지의 정수 합을 구하는 프로그램을 작성하세요.

Q9 정수 a, b를 포함하여 그 사이의 모든 정수의 합을 구하는 아래 함수를 작성하세요.

```
int sumof(int a, int b);
```

a와 b의 대소 관계에 상관없이 총합을 구하세요(a가 3, b가 5면 12, a가 6, b가 4면 15).

보충수업 1-6 0이면 거짓, 0이 아니면 참

보충수업 1-2에서 관계 연산자와 등가 연산자는 대소 관계와 등가 관계가 참이면 int형 1을, 거짓이면 int형 0을 반환한다고 했습니다. C 언어에서는 0은 거짓, 0이 아닌 모든 값은 참으로 간주합니다. 다음과 같은 코드를 실행한다고 가정해 봅시다.

```
if(a) printf("ABC");
```

변수 a값이 0이 아니면(1도 100도 -2도 모두) 'ABC'를 출력하고, 0이면 아무것도 출력되지 않습니다. (chap01/true_false.c 파일을 참조하세요).

양수만 입력하기

실습 1-8의 프로그램을 실행하여 변수 n에 음수 -5를 입력하면 다음과 같이 출력됩니다.

```
1부터 -5까지의 총합은 0입니다.
```

이 문장은 수학적으로 정확한 표현이 아닙니다. 원래 이 프로그램은 양수만을 n값으로 입력해야 합니다. 그렇게 코드를 수정한 것이 실습 1-9 프로그램입니다.

Do it! 실습 1-9

• 완성 파일 chap01/sum_for2.c

```
01  // 1, 2, …, n의 합을 구하여 출력(do 문에서 양수만 n값으로 입력)
02  #include <stdio.h>
03
04  int main(void)
05  {
06    int n;
07    puts("1부터 n까지의 총합을 구합니다.");
08    do {
09      printf("n값: ");
10      scanf("%d", &n);
11    } while(n <= 0);
12    int sum = 0;                         // 총합
13    for(int i = 1; i <= n; i ++)         // i = 1, 2, …, n
14      sum += i;                          // sum에 i를 추가
15    printf("1부터 %d까지의 총합은 %d입니다.\n", n, sum);
16
17    return 0;
18  }
```

n이 0보다 커질 때까지 반복합니다(0 이하면 재입력).

실행 결과

```
1부터 n까지의 총합을 구합니다.
n값: -6
n값: 0
n값: 10
1부터 10까지의 총합은 55입니다.
```

프로그램을 실행하고 n값으로 0 이하의 값을 입력하면 사용자에게 다시 입력할 것을 요구합니다. 실습 1-9는 양수만 입력받기 위해 do 문으로 프로그램을 작성했습니다.

```
do 문 while(제어식);
```

while 문이나 for 문과 달리 이 구문의 끝에는 세미콜론(;)이 붙습니다.

do 문은 일단 루프 본문을 한 번 실행한 다음에 계속 반복할 것인지를 판단하는 사후 판단 반복문입니다(for 문이나 while 문과는 전혀 다른 성질입니다). 다만, while 문과 마찬가지로 () 안의 제어식을 평가한 값이 0이 아니면 루프 본문의 명령문이 반복됩니다.

즉, 제어문을 평가한 값이 0이 되면 do 문이 종료됩니다.

다음 그림 1-14는 실습 1-9 프로그램에서 08~11행을 순서도로 나타낸 것입니다.

ⓐ와 ⓑ의 순서도는 같은 역할을 합니다. 그런데 반복의 종료 조건을 아래쪽 루프 끝에 쓰는 순서도 ⓑ는 사전 판단 반복과 구별이 어려우므로 순서도 ⓐ를 더 많이 사용합니다.

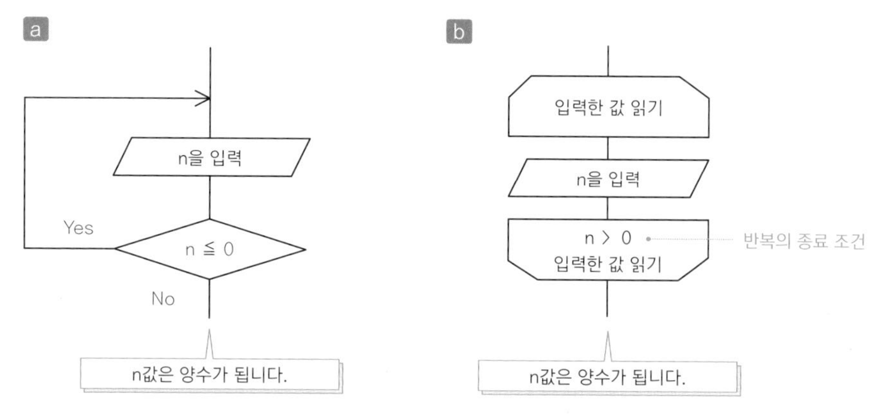

[그림 1-14] 양수를 입력하고 입력한 값을 읽는 순서도

이 프로그램의 do 문은 변수 n에 입력한 값이 0 이하면 루프 본문의 실행이 반복됩니다. 그러므로 do 문이 종료될 때 n값은 반드시 양수가 되어야 합니다.

사전 판단 반복과 사후 판단 반복의 차이점

사전 판단 반복문인 while 문과 for 문은 처음에 제어식을 평가한 결과가 0이면 루프 본문은 한 번도 실행되지 않습니다. 이와 달리 사후 판단 반복문인 do 문은 루프 본문이 반드시 한 번은 실행됩니다. 이것이 사전 판단 반복과 사후 판단 반복의 차이점입니다.

- 사전 판단 반복(while 문, for 문): 루프 본문이 한 번도 실행되지 않을 가능성이 있습니다.
- 사후 판단 반복(do 문): 루프 본문이 적어도 한 번은 실행됩니다.

연습문제

Q10 오른쪽과 같이 두 변수 a, b에 정수를 입력하고 b - a를 출력하는 프로그램을 작성하세요.

단, 변수 b에 입력한 값이 a 이하면 변수 b값을 다시 입력하세요.

```
a값: 6
b값: 6
a보다 큰 값을 입력하세요!
b값: 8
b - a는 2입니다.
```

Q11 양의 정수를 입력하고 자릿수를 출력하는 프로그램을 작성하세요. 예를 들어 135를 입력하면 '그 수는 3자리입니다.' 라고 출력하고, 1314를 입력하면 '그 수는 4자리입니다.' 라고 출력하면 됩니다.

조금만 더! 구조적 프로그래밍이란?

하나의 입구와 하나의 출구를 가진 구성 요소만을 계층적으로 배치하여 프로그램을 구성하는 방법을 구조적 프로그래밍(structured programming)이라고 합니다. 구조적 프로그래밍은 순차, 선택, 반복이라는 3종류의 제어 흐름을 사용합니다. 지금까지 배운 내용은 모두 구조적 프로그래밍의 개념을 바탕으로 한 것입니다.

보충수업 1-7 논리 연산과 드모르간 법칙

실습 1-9는 키보드로 입력한 값을 '양수'로 제한하는 프로그램이고 아래 실습 1C-2는 입력한 값을 '2자리 양수'로 제한하는 프로그램입니다.

Do it! 실습 1C-2

• 완성 파일 chap01/2digits.c

```
01  // 2자리의 양수(10~99)를 입력
02  #include <stdio.h>
03
04  int main(void)
05  {
06    int no;
07    printf("2자리 양수를 입력하세요.\n");
08    do {
09      printf("수는: ");
10      scanf("%d", &no);
11    } while(no < 10 || no > 99);
12    printf("변수 no값은 %d이 되었습니다.\n", no);
13
14    return 0;
15  }
```

2자리 양수가 아니면 재입력

실행 결과

```
2자리 양수를 입력하세요.
수는: -5
수는: 105
수는: 57
변수 no값은 57이 되었습니다.
```

입력하는 값을 제한하기 위해 do 문을 이용하는 것은 실습 1-9와 같습니다. 다만 실습 1C-2 프로그램은 11행의 제어식에 의해 변수 no에 입력한 값이 10보다 작거나 99보다 크면 루프 본문을 반복합니다. 여기서 사용하는 ||는 논리합 연산자입니다. 논리 연산을 하는 또 하나의 연산자로 논리곱을 구하는 논리곱 연산자 &&가 있는데, 이 연산자(||, &&)가 하는 일을 정리한 것이 그림 1C-6입니다.

a 논리곱

둘 다 참이면 1

x	y	x && y
0이 아님	0이 아님	1
0이 아님	0	0
0	0이 아님	0
0	0	0

b 논리합

하나라도 참이면 1

x	y	x || y
0이 아님	0이 아님	1
0이 아님	0	1
0	0이 아님	1
0	0	0

[그림 1C-6] 논리곱 연산자와 논리합 연산자

논리 연산자의 단축 평가

변수 no에 입력한 값이 5인 경우 식 no < 10의 평갓값은 1이므로 오른쪽 피연산자 no > 99를 평가하지 않아도 제어식 no < 10 || no > 99의 값이 1이 됩니다. 왼쪽 피연산자 x와 오른쪽 피연산자 y 중 어느 하나라도 0이 아니면 논리식 x || y의 값은 1이기 때문입니다. 그러므로 || 연산자의 왼쪽 피연산자를 평가한 값이 1이면 오른쪽 피연산자는 평가하지 않습니다.

마찬가지로 && 연산자의 경우 왼쪽 피연산자를 평가한 값이 0이면 오른쪽 피연산자는 평가하지 않습니다.

이처럼 논리 연산의 식 전체를 평가한 결과가 왼쪽 피연산자의 평가 결과만으로 정확해지는 경우 오른쪽 피연산자의 평가를 수행하지 않는데, 이를 단축 평가(short circuit evaluation)라고 합니다.

드모르간 법칙

실습 1C-2 프로그램에서 11행의 제어식을 논리 부정 연산자 !을 사용하여 수정하면 아래와 같습니다(논리 부정 연산자는 피연산자가 0이 아니면 0을, 0이면 1을 만드는 단항 연산자입니다).

```
!(no >= 10 && no <= 99)
```

이처럼 '각 조건을 부정하고 논리곱을 논리합으로, 논리합을 논리곱으로 바꾸고 다시 전체를 부정하면 원래의 조건과 같다'라는 법칙을 드모르간 법칙(De Morgan's laws)이라고 합니다. 이 법칙을 C언어 코드로 일반화하여 나타내면 아래와 같습니다.

1 x && y와 !(!x || !y)는 동일하다.
2 x || y와 !(!x && !y)는 동일하다.

실습 1C-2 프로그램에서 제어식 (no < 10 || no > 99)이 반복을 계속하는 '계속 조건'인 반면, 위의 식 !(no >= 10 && no <= 99)은 반복을 종료하는 '종료 조건'의 부정입니다. 다음 그림 1C-7에 그 관계를 나타냈습니다.

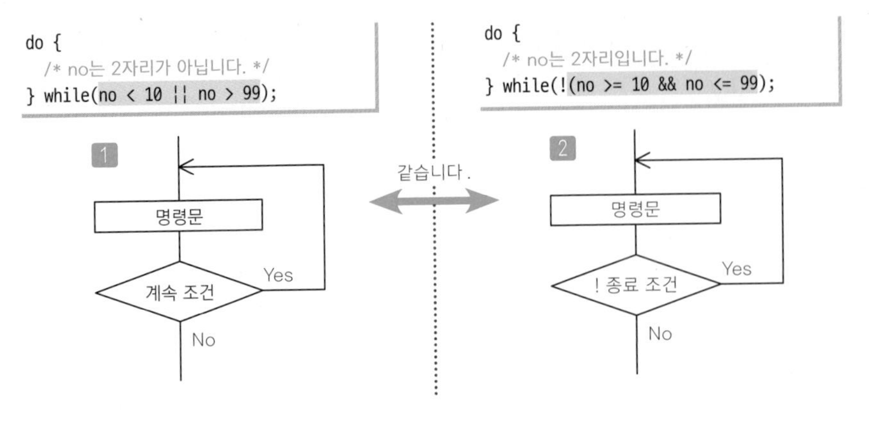

[그림 1C-7] 반복의 계속 조건과 종료 조건

다중 루프 다루기

지금까지 다룬 프로그램은 단순한 반복을 수행했습니다. 그런데 반복 안에서 다시 반복할 수 있습니다. 이런 반복을 루프가 중첩되는 수준에 따라 '이중 루프, 삼중 루프'라고 합니다.

곱셈표

이중 루프를 사용하는 알고리즘의 예로 곱셈표를 출력하는 프로그램을 실습1-10에 나타냈습니다.

• 완성 파일 chap01/multi99table.c

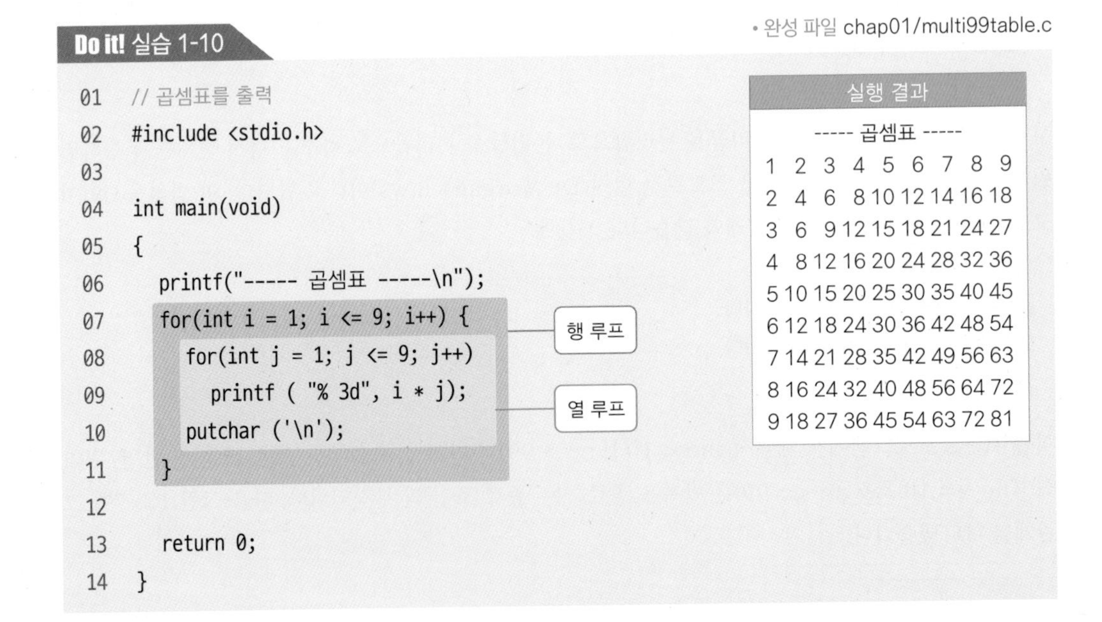

Do it! 실습 1-10

```
01  // 곱셈표를 출력
02  #include <stdio.h>
03
04  int main(void)
05  {
06    printf("----- 곱셈표 -----\n");
07    for(int i = 1; i <= 9; i++) {
08      for(int j = 1; j <= 9; j++)
09        printf ( "% 3d", i * j);
10      putchar ('\n');
11    }
12
13    return 0;
14  }
```


실행 결과

```
----- 곱셈표 -----
  1  2  3  4  5  6  7  8  9
  2  4  6  8 10 12 14 16 18
  3  6  9 12 15 18 21 24 27
  4  8 12 16 20 24 28 32 36
  5 10 15 20 25 30 35 40 45
  6 12 18 24 30 36 42 48 54
  7 14 21 28 35 42 49 56 63
  8 16 24 32 40 48 56 64 72
  9 18 27 36 45 54 63 72 81
```

곱셈표를 출력하는 바깥쪽의 for 문(행 루프) 순서도는 아래의 그림 1-15에 나타냈습니다. 순서도의 오른쪽에 있는 그림은 변수 i와 j의 값의 변화를 ●와 ●로 나타낸 것입니다. 바깥쪽의 for 문(행 루프)은 변수 i값을 1부터 9까지 증가시킵니다. 각각의 반복은 표의 '1행, 2행, …, 9행'에 해당합니다. 다시 말해 바깥쪽의 for 문은 세로 방향에 대한 반복입니다.

그 각각의 행에서 실행되는 안쪽의 for 문(열 루프)은 변수 j 값을 1부터 9까지 증가시킵니다. 즉, 각 행의 가로 방향에 대한 반복입니다. 변수 i값을 1부터 9까지 증가시키는 '행 루프'는 9회 반복됩니다. 그 각각의 반복으로 변수 j값을 1부터 9까지 증가시키는 '열 루프'가 9회 반복됩니다. 열 루프 종료 후 줄 바꿈 문자의 출력(putchar('\n'))은 1부터 9까지 출력을 완료한 행에서 줄을 바꾸어 다음 행을 출력하기 위해 사용했습니다.

따라서 이 이중 루프는 다음과 같이 처리됩니다.

- i가 1일 때: j를 1 ⇨ 9 증가시키면서 1 * j를 출력하고, 줄 바꿈합니다.
- i가 2일 때: j를 1 ⇨ 9 증가시키면서 2 * j를 출력하고, 줄 바꿈합니다.
- i가 3일 때: j를 1 ⇨ 9 증가시키면서 3 * j를 출력하고, 줄 바꿈합니다.

  … 생략 …
- i가 9일 때: j를 1 ⇨ 9 증가시키면서 9 * j를 출력하고, 줄 바꿈합니다.

조금만 더! 개행 문자란 무엇인가요?

putchar('\n');에서 '\n'은 개행 문자(newline)로, 텍스트의 한 행이 끝나고 새로운 행이 시작됨을 의미합니다. 줄 바꿈 문자(line break), EOL(End-Of-Line)이라고도 합니다.

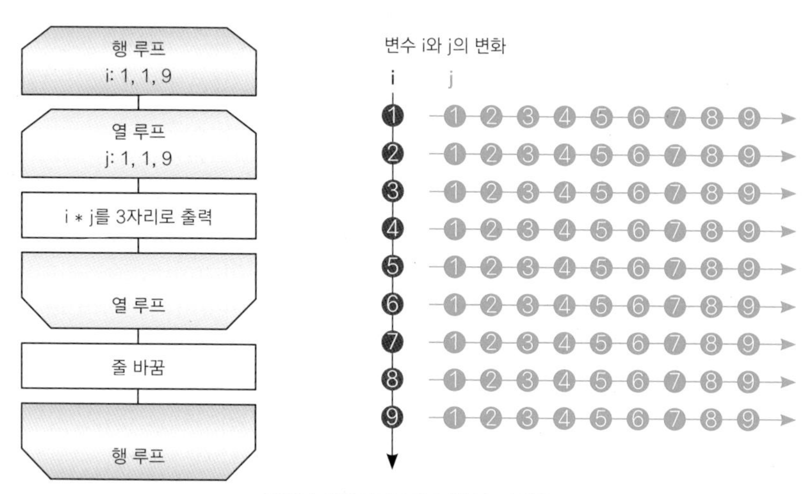

[그림 1-15] 곱셈표를 출력하는 순서도

Q12 오른쪽과 같이 위쪽과 왼쪽에 곱하는 수가 있는 곱셈표를 출력하는 프로그램을 작성하세요.

구분선은 수직선 기호(|), 마이너스 기호(-), 플러스 기호(+)를 사용하세요.

```
  | 1  2  3  4  5  6  7  8  9
--+--------------------------
 1| 1  2  3  4  5  6  7  8  9
 2| 2  4  6  8 10 12 14 16 18
 3| 3  6  9 12 15 18 21 24 27
 4| 4  8 12 16 20 24 28 32 36
 5| 5 10 15 20 25 30 35 40 45
 6| 6 12 18 24 30 36 42 48 54
 7| 7 14 21 28 35 42 49 56 63
 8| 8 16 24 32 40 48 56 64 72
 9| 9 18 27 36 45 54 63 72 81
```

Q13 곱셈이 아니라 덧셈을 출력하는 프로그램을 작성하세요.

앞 문제처럼 표의 위쪽과 왼쪽에 더하는 수를 출력하세요.

Q14 오른쪽과 같이 입력한 수를 한 변으로 하는 정사각형을 * 기호로 출력하는 프로그램을 작성하세요.

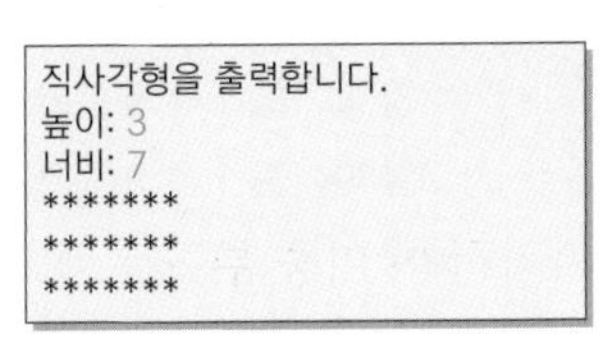
```
정사각형을 출력합니다.
입력할 수: 4
****
****
****
****
```

Q15 오른쪽과 같이 입력한 높이와 너비에 맞는 직사각형을 * 기호로 출력하는 프로그램을 작성하세요

```
직사각형을 출력합니다.
높이: 3
너비: 7
*******
*******
*******
```

직각 이등변 삼각형

이중 루프를 응용하면 기호를 늘어놓아 삼각형이나 사각형 모양으로 출력할 수 있습니다. 실습 1-11은 왼쪽 아래가 직각인 이등변 삼각형을 출력하는 프로그램입니다.

07~10행은 변수 n에 입력하는 값을 양수로 제한하려는 do 문입니다.

• 완성 파일 chap01/triangleLB.c

Do it! 실습 1-11

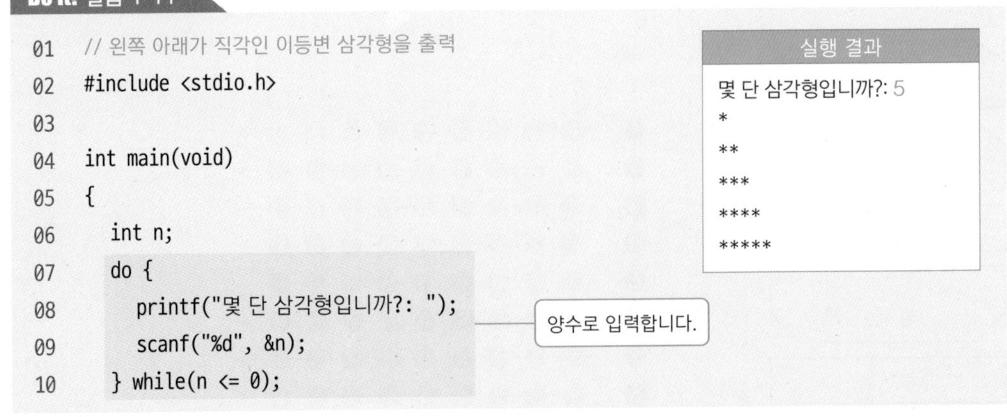
```
01  // 왼쪽 아래가 직각인 이등변 삼각형을 출력
02  #include <stdio.h>
03
04  int main(void)
05  {
06    int n;
07    do {
08      printf("몇 단 삼각형입니까?: ");
09      scanf("%d", &n);
10    } while(n <= 0);
```


실행 결과

```
몇 단 삼각형입니까?: 5
*
**
***
****
*****
```

```
11      for(int i = 1; i <= n; i++) {
12        for(int j = 1; j <= i; j++)
13          putchar('*');
14        putchar('\n');
15      }
16
17    return 0;
18  }
```


직각 이등변 삼각형을 출력하는 for 문(11~15행)의 순서도를 그림 1-16에 나타냈으며, 순서도의 오른쪽 그림은 변수 i와 j의 변화를 나타낸 것입니다. n값이 5인 경우 어떤 과정으로 처리되는지 살펴보겠습니다. 바깥쪽 for 문(행 루프)은 변수 i 값을 1부터 n, 즉 5까지 증가시킵니다. 이것은 삼각형의 각 행에 대응하는 세로 방향 반복입니다. 안쪽 for 문(열 루프)은 변수 j 값을 1부터 i까지 증가시키면서 출력합니다. 이것은 삼각형의 각 행에 대응하는 가로 방향 반복입니다.

따라서 이 이중 루프는 아래처럼 처리됩니다.

- i가 1 일 때: j를 1 ⇨ 1로 증가시키면서 *를 출력합니다. 그리고 줄 바꿈합니다(*).
- i가 2 일 때: j를 1 ⇨ 2로 증가시키면서 *를 출력합니다. 그리고 줄 바꿈합니다(**).
- i가 3 일 때: j를 1 ⇨ 3로 증가시키면서 *를 출력합니다. 그리고 줄 바꿈합니다(***).
- i가 4 일 때: j를 1 ⇨ 4로 증가시키면서 *를 출력합니다. 그리고 줄 바꿈합니다(****).
- i가 5 일 때: j를 1 ⇨ 5로 증가시키면서 *를 출력합니다. 그리고 줄 바꿈합니다(*****).

이 삼각형을 위부터 1행 ~ n행이라고 하면 i행에 i개의 기호 문자 *를 출력하고 마지막 n행에 n개의 기호 문자 *를 출력합니다.

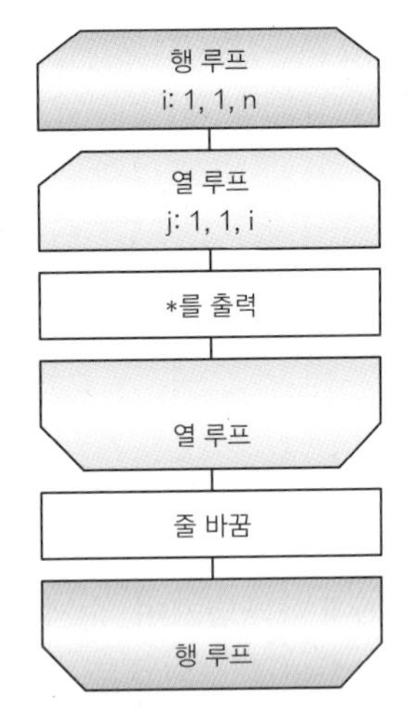

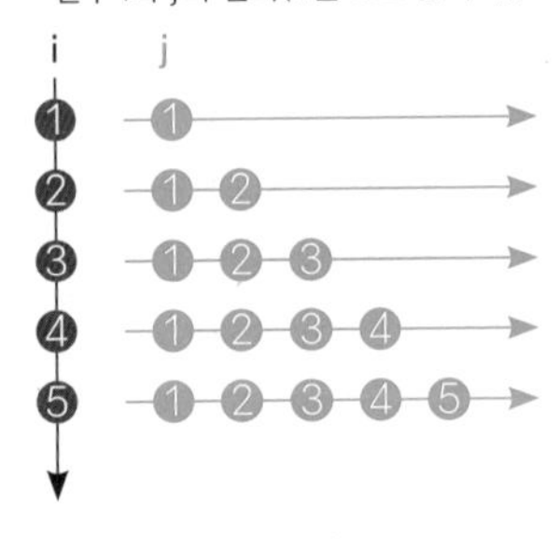

[그림 1-16] 왼쪽 아래가 직각인 이등변 삼각형을 출력하는 순서도

연습문제

Q16 직각 이등변 삼각형을 출력하는 부분을 아래와 같은 형식의 함수로 작성하세요.

```
void triangleLB (int n);        // 왼쪽 아래가 직각인 이등변 삼각형을 출력
```

또 왼쪽 위, 오른쪽 위, 오른쪽 아래가 직각인 이등변 삼각형을 출력하는 함수를 작성하세요.

```
void triangleLU (int n);        // 왼쪽 위가 직각인 이등변 삼각형을 출력
void triangleRU (int n);        // 오른쪽 위가 직각인 이등변 삼각형을 출력
void triangleRB (int n);        // 오른쪽 아래가 직각인 이등변 삼각형을 출력
```

Q17 n단의 피라미드를 출력하는 함수를 작성하세요(오른쪽은 4단의 예).

```
void spira(int n);
```

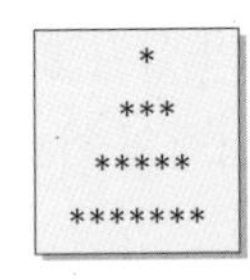

i행에는 (i - 1) * 2 + 1개의 기호 문자 *를 출력하세요(마지막 n행은 (n - 1) * 2 + 1개의 기호 문자 *를 출력하게 됩니다).

Q18 오른쪽과 같이 아래를 향한 n단의 숫자 피라미드를 출력하는 함수를 작성하세요.

```
void nrpira(int n);
```

```
1111111
 22222
  333
   4
```

i행에 출력하는 숫자는 i % 10으로 구하세요.

02

기본 자료구조

02-1 배열이란?

01장에서는 알고리즘의 정의와 기본 알고리즘을 알아봤습니다. 02장에서는 간단한 자료구조(data structure)인 배열을 살펴보겠습니다.

자료구조 정의하기

배열을 공부하려면 자료구조가 무엇인지 알아야 합니다. 자료구조는 다음과 같이 정의할 수 있습니다.

> 데이터 단위와 데이터 자체 사이의 물리적 또는 논리적인 관계

데이터 단위란 데이터를 구성하는 하나의 덩어리라고 생각하면 됩니다. 그리고 자료구조는 쉽게 말해 자료를 효율적으로 사용할 수 있도록 컴퓨터에 저장하는 방법을 말합니다.

배열 다루기

어떤 학생 그룹의 '시험 점수' 집계에 대해 생각해 보겠습니다. 그림 2-1은 각 학생의 점수에 하나의 변수를 할당한 상태를 보여줍니다.

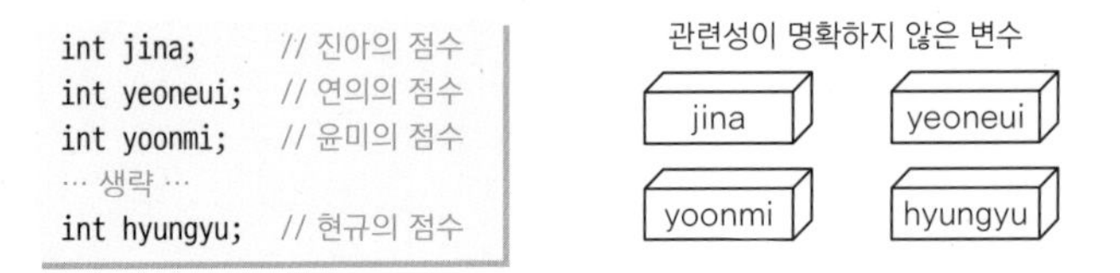

[그림 2-1] 제각각 정의된 변수의 집합

자칫 변수 이름을 잘못 입력할 수도 있으므로 각각의 변수 이름을 좀 더 신경 써서 관리해야 합니다. 이런 경우 학생들의 점수를 저장할 변수 이름을 학번처럼 '몇 번째'라고 지정하면 편리합니다. 이때 사용하는 가장 기본적이고 간단한 자료구조가 배열(array)입니다. 배열은 같은 자료형의 변수로 이루어진 요소(element)가 모여 직선 모양으로 줄지어 있는 자료구조입니다. 배열 요소의 자료형은 int형이나 double형 등 어떤 형이든 상관없습니다. 시험 점수는 정숫값이므로 요소의 자료형이 int형인 배열을 예로 들어 살펴보겠습니다.

배열은 아래의 방식으로 선언합니다.

```
자료형  배열 이름[요소 개수];              // 배열의 선언
```

예컨대 요소의 자료형이 int형이고, 요소 개수가 5개인 배열은 아래와 같이 선언합니다.

```
int a[5];  // a는 요소의 자료형이 int형이고 요소 개수가 5개인 배열
```

요소 개수는 상수만 사용할 수 있습니다(이후 보충수업 2-10에서 더 자세히 다룹니다).

상수식(constant expression)은 상수만을 포함하는 식으로, 실행 시점(run-time)이 아닌 컴파일 시점(compile-time)에 계산됩니다.

그러면 배열 a를 나타낸 그림 2-2와 함께 배열의 기초와 성질을 더 살펴보겠습니다.

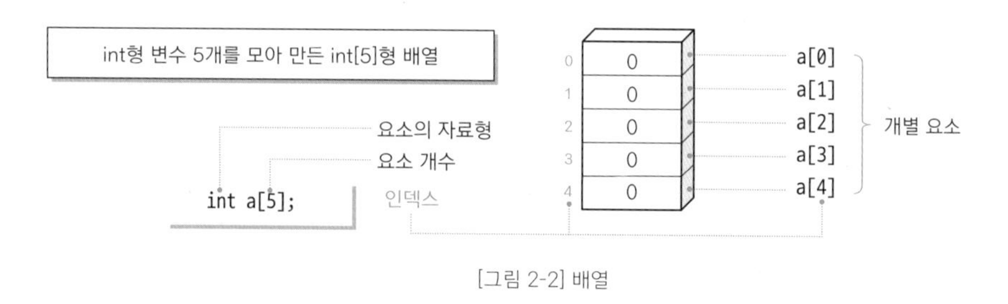

[그림 2-2] 배열

요소와 인덱스

배열의 모든 요소는 나란히 줄지어 있습니다. 이러한 배열의 개별 요소에 접근할 때는 정수형 인덱스(subscript)를 인덱스 연산자 [ ] 안에 넣은 '인덱스 식(subscript expression)'을 사용합니다.

```
배열 이름[인덱스]            //인덱스 식: 배열의 임의의 요소에 접근하는 식
```

각 요소에 접근하는 식은 처음부터 순서대로 a[0], a[1], a[2], a[3], a[4]입니다. 다시 말해 표현식 a[i]는 배열 a의 맨 앞에서부터 i개 뒤의 요소에 접근합니다.

규칙에 따라 첫 번째 배열 요소의 인덱스는 0으로 정해져 있습니다. 따라서 요소가 n개인 배열의 요소는 처음부터 순서대로 a[0], a[1], …, a[n - 1]입니다. 이때 a[n]은 존재하지 않습니다.

배열 a의 모든 요소는 int형이고 각각의 요소는 단일로 선언한 int형 변수와 성질이 같습니다. 그러므로 각 요소에 자유롭게 int형의 값을 대입하거나 제거할 수 있습니다. 다음의 실습 2-1은 배열을 실습해볼 수 있는 프로그램입니다. 자료형이 int형이고 요소가 5개인 배열의 모든

요소에 값을 입력한 다음 출력합니다.

Do it! 실습 2-1 • 완성 파일 chap02/intary.c

```
01  // int[5]형 배열(자료형이 int형이고 요소가 5개)에 값을 입력해 출력
02  #include <stdio.h>
03
04  #define N 5                              // 배열의 요소 개수
05  int main( )
06  {
07    int a[N];                              // 배열의 선언
08    for(int i = 0; i < N; i++) {           // 각 요소에 값을 입력
09      printf("a[%d]: ", i);
10      scanf("%d", &a[i]);
11    }
12    puts("각 요소의 값");
13    for(int i = 0; i < N; i++) {           // 각 요소의 값을 출력
14      printf("a[%d] = %d\n", i, a[i]);
15    }
16
17    return 0;
18  }
```

실행 결과

```
a[0]: 10
a[1]: 73
a[2]: 2
a[3]: -5
a[4]: 42
각 요소의 값
a[0] = 10
a[1] = 73
a[2] = 2
a[3] = -5
a[4] = 42
```

일반적으로 자료형이 Type이고 요소 개수가 n인 배열의 자료형은 Type[n]으로 나타냅니다. 이 프로그램에서 사용하는 배열 a의 자료형은 int[5]형입니다.

> **조금만 더! 배열의 자료형은 구분해서 사용하세요**
>
> 배열 a의 각 요소의 자료형은 int형이고 배열 a의 자료형은 int[5]형입니다. 다시 말해 a[0]은 int형, a는 int[5]형입니다. 예를 들어, int a[5]라고 선언하면 배열 a는 a[0], a[1], a[2], a[3], a[4]로 총 5개의 int형 저장 공간을 갖습니다.

배열의 요솟값을 초기화하며 배열 선언하기

배열의 각 요소에 넣을 값을 미리 알고 있다면 선언할 때 초기화(initializer)할 수 있습니다. 다음 실습 2-2 프로그램을 통해 실습해 보겠습니다.

Do it! 실습 2-2

• 완성 파일 chap02/intary_init.c

```
01  // int형 배열을 초기화하고 출력
02  #include <stdio.h>
03
04  int main(void)
05  {
06    int a[5] = {1, 2, 3, 4, 5};
07    int na = sizeof(a) / sizeof(a[0]); // 요소의 개수
08    printf("배열 a의 요소 개수는 %d입니다.\n", na);
09
10    for(int i = 0; i < na; i++)
11      printf("a[%d] = %d\n", i, a[i]);
12
13    return 0;
14  }
```

실행 결과

```
배열 a의 요소 개수는 5입니다.
a[0] = 1
a[1] = 2
a[2] = 3
a[3] = 4
a[4] = 5
```

배열 a를 초기화하는 부분인 06행을 눈여겨 살펴보겠습니다. 각 요소에 대한 초기화를 처음부터 순서대로 쉼표(,)로 구분하여 줄지어 놓고 { }로 둘러싼 부분입니다. 이렇게 하면 배열 a의 요소 a[0], a[1], a[2], a[3], a[4]는 각각 처음부터 순서대로 1, 2, 3, 4, 5로 초기화됩니다.

배열의 요소 개수 구하기

이 프로그램은 배열을 일단 선언한 후에 그 요소 개수를 구합니다. 배열의 요소 개수는 sizeof(a) / sizeof(a[0])로 구해 변수 na에 대입하면 됩니다. 그림 2-3에서 볼 수 있듯이 sizeof(a)로 전체 배열이 할당된 메모리 크기를 구하고, sizeof(a[0])로 첫 번째 요소가 할당된 메모리 크기를 구할 수 있습니다. 따라서 전체 배열 크기를 첫 요소 크기로 나눈 몫이 요소 개수가 됩니다.

int형이 4바이트라면 전체 배열 크기는 20바이트, 첫 요소의 크기는 4바이트입니다. 그러므로 20/4에서 배열의 요소 개수인 5를 얻을 수 있습니다.

식 sizeof(a) / sizeof(a[0])는 요소의 자료형이나 크기에 영향을 받지 않고 배열의 요소 개수를 구할 수 있습니다.

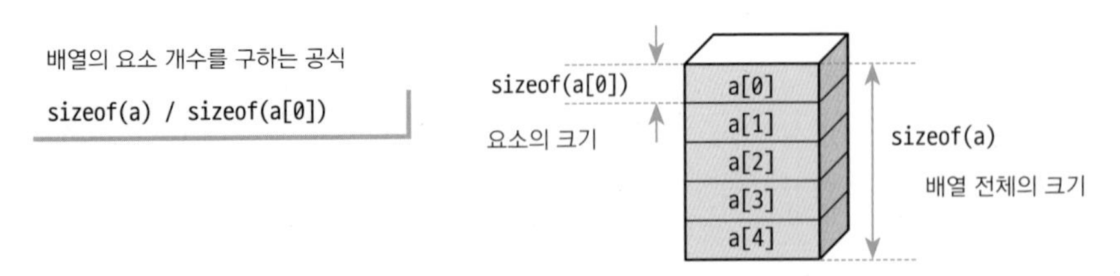

[그림 2-3] 배열의 요소 개수를 구하는 방법

이 프로그램의 배열 a의 선언을 아래와 같이 변경하겠습니다(chap02/intary_init2.c 파일을 참고하세요).

```
int a[ ] = {1, 2, 3, 4, 5, 6};
```

프로그램을 컴파일하고 실행하면 변수 na는 6으로 초기화되고, 6개의 요솟값이 출력됩니다.

```
배열 a의 요소 개수는 6입니다.
a[0] = 1
a[1] = 2
a[2] = 3
a[3] = 4
a[4] = 5
a[5] = 6
```

chap02/intary_init2.c는 본문에 소개되지 않은 파일입니다. 소스를 다운로드해 직접 실행해 보세요.

이 책에서는 배열을 그림 2-4와 같이 두 종류로 표기합니다.
네모 칸 안에 쓰인 숫자나 문자가 요솟값이고, 네모 칸의 왼쪽 또는 위쪽에 쓰인 작은 숫자가 인덱스 값입니다. 그림 a처럼 요소를 세로로 정렬할 때는 인덱스가 작은 값을 위쪽에, 그림 b처럼 요소를 가로로 정렬할 때는 인덱스가 작은 값을 왼쪽에 오도록 합니다.

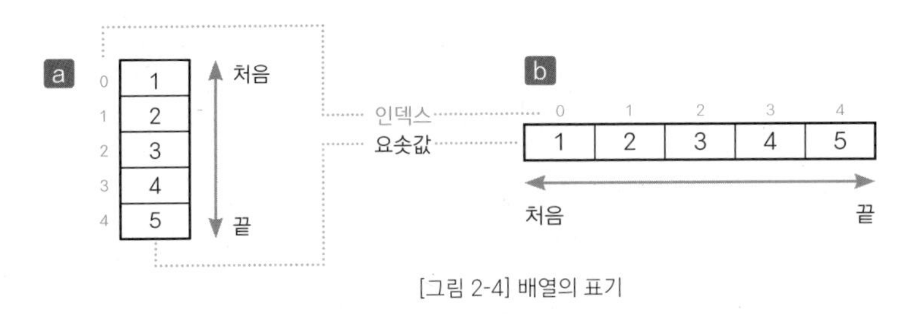

[그림 2-4] 배열의 표기

앞에서 배웠듯이 배열을 선언할 때 요소 개수는 상수만 사용합니다. 그러므로 다음과 같이 배열을 선언하면 안 됩니다.

```
int n;
printf("요소 개수: ");
scanf("%d", &n);
int a[n];              // 컴파일 오류: n은 상수식이 아님
```

X

이 프로그램을 컴파일하면 오류가 발생합니다(보충수업 2-10을 참고하세요). 필요할 때 메모리를 확보하고, 불필요해지면 메모리를 해제하면 필요한 요소 개수의 배열을 언제든지 자유롭게 만들 수 있습니다. 지금부터 그 방법을 알아보겠습니다.

보충수업 2-1 배열의 요소 개수를 구할 때 주의 사항

배열 a의 요소 개수를 sizeof(a) / sizeof(int)로 구하는 것은 안전하지 않습니다. 왜냐하면 배열의 자료형이 달라질 때 대응할 수 없기 때문입니다. 예를 들어 배열 a의 자료형이 long형으로 달라지면 앞의 수식은 sizeof(a) / sizeof(long)으로 달라져야 합니다.

메모리 할당과 동적 객체 생성하기

메모리를 확보하기 위해 제공되는 함수는 calloc 함수와 malloc 함수입니다.

calloc 함수	
헤더	#include <stdlib.h>
형식	void *calloc(size_t nmemb, size_t size);
해설	크기가 size인 자료가 nmemb개만큼 들어갈 메모리를 할당합니다. 할당한 메모리 영역은 모든 비트가 0으로 초기화됩니다.
반환값	메모리 할당에 성공하면 할당한 영역의 첫 번째 포인터를 반환하고, 실패하면 NULL 포인터를 반환합니다.

malloc 함수	
헤더	#include <stdlib.h>
형식	void *malloc(size_t size);
해설	크기가 size인 메모리를 할당합니다. 할당한 메모리의 값은 정의되지 않습니다.
반환값	메모리 할당에 성공하면 할당한 영역의 첫 번째 포인터를 반환하고, 실패하면 NULL 포인터를 반환합니다.

포인터가 이해되지 않으면 보충수업 2-2를 먼저 읽어보세요.

조금만 더! NULL에 대해 조금 더 알고 싶어요!

NULL은 stdio.h 파일에 매크로로 정의되어 있고 값이 없음을 의미합니다.

```
#define NULL((void *)0)          // stdio.h에 선언되어 있음
```

선언(declaration)은 컴파일러에게 대상에 대한 정보를 알려줍니다. 다만 실제 내용을 할당하지 않으므로 메모리를 사용하지 않습니다. 하지만 정의(definition)는 컴파일러에게 대상의 실제 내용을 생성하게 합니다. 실제 내용을 생성하고 할당하므로 메모리를 사용합니다.

조금만 더! C 언어의 메모리 구조

프로그램을 실행하면 운영체제는 프로그램이 사용할 메모리 영역을 할당합니다. 할당하는 메모리 영역은 크게 데이터(Data), 스택(Stack), 힙(Heap) 영역으로 나누어집니다.

할당 시기: 프로그램이 실행될 때마다 할당
할당 장소: 메인 메모리(RAM)
할당 용도: 프로그램 실행에 필요한 메모리 영역(지역 변수, 전역 변수 선언을 위해) 할당

데이터(Data) 영역

- 전역 변수와 정적(static) 변수가 할당되는 영역
- 프로그램을 시작하면 할당하고, 프로그램을 종료하면 메모리에서 해제함

스택(Stack) 영역

- 함수 호출 시 생성되는 지역 변수와 매개변수가 저장되는 영역
- 함수 호출이 완료되면 사라짐

힙(Heap) 영역

- 필요에 따라 동적으로 메모리를 할당

힙 영역은 할당해야 할 메모리 영역의 크기를 프로그램이 실행되는 동안(run time) 결정해야 하는 경우에 사용합니다.

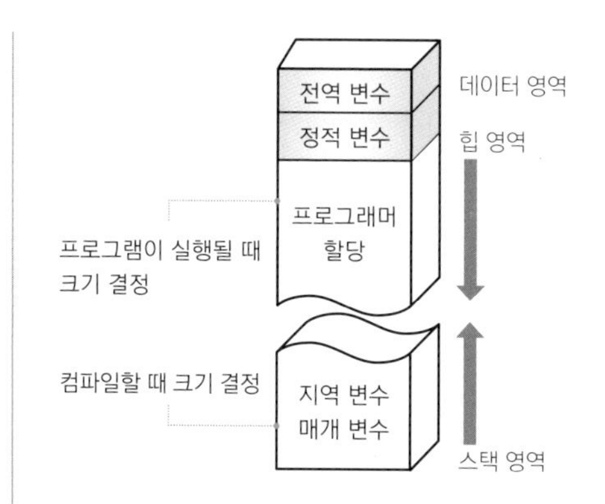

힙 영역은 관리가 가능한 데이터 외에 다른 형태의 데이터를 관리하기 위한 빈 공간(free space)입니다. 즉, 동적 할당(dynamic allocation)을 통해 생성된 동적 변수(dynamic variables)를 관리하기 위한 영역입니다.

힙 영역은 위의 다른 영역(데이터, 스택 등)을 모두 할당하고 남은 공간입니다. 남은 공간이라 하여 영역에 제한이 있는 것은 아니고 시스템의 메모리 영역의 여유 공간에 따라 달라집니다. Java나 C++ 등에서 'new'를 사용했던 것처럼 C에서는 malloc, calloc 함수 등을 사용해 동적으로 생성하는 변수를 저장하기 위해 할당하는 영역이라고 생각하면 됩니다. 데이터 영역과 스택 영역은 컴파일러가 미리 공간을 예측하고 할당할 수 있지만, 동적 변수는 어느 시점에 얼마만큼의 공간을 할당할지 정확하게 예측할 수 없으므로 프로그램 실행 중(run time)에 결정합니다.

calloc, malloc 함수는 힙(heap)이라는 특별한 '빈 공간(free space)'에 기억 장소를 확보합니다. 이때 확보한 메모리가 불필요하면 그 공간을 해제해야 합니다. 이를 위해 제공되는 함수가 free 함수입니다.

free 함수	
헤더	#include <stdlib.h>
형식	void free(void *ptr);
해설	ptr이 가리키는 메모리를 해제하여 이후에 다시 할당할 수 있도록 합니다. ptr이 NULL 포인터인 경우 아무것도 하지 않습니다. 이때 ptr로 전달된 실인수(actual argument)가 calloc 함수, malloc 함수, realloc 함수에 의해 반환된 포인터가 아니거나 영역이 free 함수, realloc 함수를 호출하여 이미 해제된 영역이면 아무것도 하지 않습니다.
반환값	없음

free 함수를 사용하면 프로그램을 실행하는 도중에도 원하는 시점에 변수를 생성하거나 제거할 수 있습니다.

다음 실습 2-3 프로그램을 통해 하나의 int형 변수를 calloc 함수로 생성하여 정숫값을 대입, 출력한 후 free 함수로 해제하겠습니다.

Do it! 실습 2-3

• 완성 파일 chap02/int_dynamic.c

```
01  // int형 객체를 동적으로 생성하고 해제
02  #include <stdio.h>
03  #include <stdlib.h>
04
05  int main(void) {
06    int *x = calloc(1, sizeof(int));      // int형 포인터에 메모리 할당
07    if(x == NULL) {
08      puts("메모리 할당에 실패했습니다.");
09    }else {
10      *x = 57;
11      printf("*x = %d\n", *x);
12      free(x);                            // int형 포인터에 할당한 메모리 해제
13    }
14
15    return 0;
16  }
```

실행 결과

```
*x = 57
```

포인터에 할당한 메모리의 생성부터 해제까지의 흐름을 그림 2-5에 나타냈습니다. 호출한 calloc 함수는 지정된(1 * sizeof(int) 바이트) 크기의 메모리를 힙 영역에 할당하고, 할당한 메모리의 첫 번째 주소를 반환합니다.

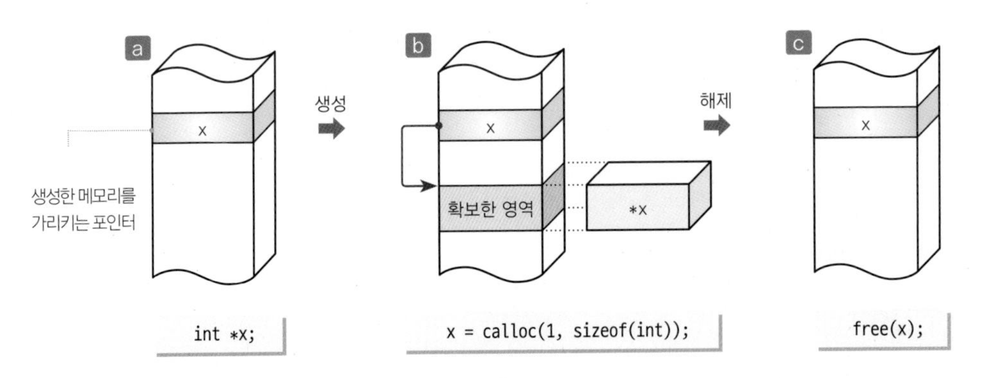

[그림 2-5] 객체의 동적 생성과 해제

보통 포인터 p가 가리키는 메모리 주소의 값은 간접 연산자 *를 사용한 식 *p를 사용하여 접근할 수 있습니다(보충수업 2-2를 참고하세요). 포인터 x가 확보한 메모리 영역을 가리키고

있으므로 확보한 메모리 영역은 *x로 접근할 수 있습니다. 실습 2-3 프로그램은 *x에 57을 대입하고 그 값을 꺼내 출력합니다. 그런 다음 free 함수로 할당한 메모리를 해제합니다.

callor 함수나 malloc 함수로 할당한 메모리의 포인터를 free 함수에 전달하면, 해당 메모리가 해제되고 객체가 사라집니다.

배열을 동적으로 생성하기

실습 2-3 프로그램에서는 단일 int형 객체를 생성했습니다. 다음 실습 2-4는 자료형이 int형인 배열 객체를 동적으로 생성하는 프로그램입니다.

Do it! 실습 2-4 • 완성 파일 chap02/intary_dynamic.c

```
01 // int형 배열을 동적으로 생성하고 해제
02 #include <stdio.h>
03 #include <stdlib.h>
04 int main (void)
05 {
06   int na;                              // 배열 a의 요소 개수
07   printf("요소 개수: ");
08   scanf("%d", &na);
09   int* a = calloc(na, sizeof(int));    // 요소 개수가 na인 int형 배열을 생성
10
11   if(a == NULL)
12     puts("메모리 확보에 실패했습니다.");
13   else {
14     printf("%d개의 정수를 입력하세요.\n", na);
15     for(int i = 0; i < na; i++) {
16       printf("a[%d]: ", i);
17       scanf("%d", &a[i]);
18     }
19     printf("각 요솟값은 아래와 같습니다.\n");
20     for(int i = 0; i < na; i++)
21       printf("a[%d] = %d\n", i, a[i]);
22     free(a);              // 요소 개수가 na인 int형 배열을 해제
23   }
24
25   return 0;
26 }
```

실행 결과

```
요소 개수: 5
5개의 정수를 입력하세요.
a[0]: 1
a[1]: 7
a[2]: 2
a[3]: 4
a[4]: 6
각 요솟값은 아래와 같습니다.
a[0] = 1
a[1] = 7
a[2] = 2
a[3] = 4
a[4] = 6
```

먼저 앞에서 malloc 함수를 사용한 프로그램과 이번에 연습할 프로그램에서 calloc 함수의 호출을 비교해 보겠습니다(표 2-1).

[표 2-1] 두 프로그램의 calloc 함수 호출

실습 2-3	단일한 int형 객체 생성	calloc(1, sizeof(int))
실습 2-4	자료형이 int형이고, 요소 개수가 na인 배열 생성	calloc(na, sizeof(int))

달라진 점은 첫 번째 인수의 값입니다. calloc 함수가 확보하는 것은 특정한 자료형의 객체가 아닌, 단순한 메모리 영역에 불과합니다. 따라서 calloc 함수는 '단일한 정수를 위한 메모리를 확보하세요.'라든가 '배열을 위한 메모리를 확보하세요.'와 같이 자료형을 지정하는 명령을 사용할 필요가 없습니다.

그러한 자료형 지정 자체가 불가능합니다.

이 프로그램에서 배열을 생성, 접근, 해제하는 과정을 그림 2-6에 나타냈습니다. calloc 함수는 확보한 메모리의 첫 번째 포인터를 반환하고, 그 값은 포인터 a에 대입됩니다. 이때 포인터와 배열은 서로 바꾸어 쓸 수 있습니다(보충수업 2-2를 참고하세요). 따라서 확보한 메모리의 요소는 인덱스 식 a[0], a[1], a[2] … 등으로 접근할 수 있습니다. 이렇게 사용하면 그림 2-6의 b에 나타낸 것처럼, 단일 포인터 a를 마치 배열인 것처럼 사용할 수 있습니다.

a는 배열에 사용하기 위해 확보한 메모리의 첫 번째 주소를 가리키는 포인터입니다. a의 의미가 배열은 아니지만 앞으로 '배열 a를 생성한다.' 또는 '배열 a를 해제한다.'라는 표현을 사용하겠습니다. 배열을 생성한 후 for 문으로 반복하여 요소 a[i]값을 읽고 그 값을 출력합니다.

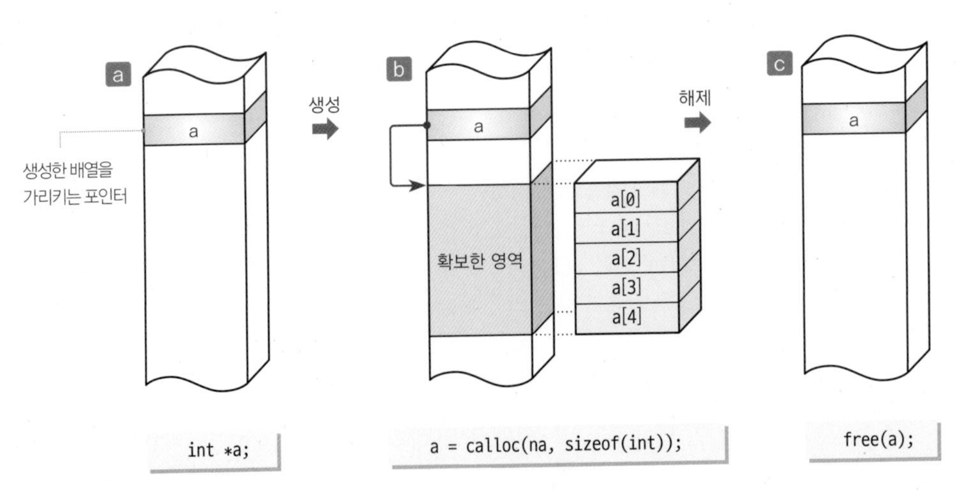

[그림 2-6] 배열의 동적 생성과 해제(요소 개수 na = 5)

배열의 사용이 끝나면 free 함수로 메모리를 해제합니다. 해제 방법은 단일 객체의 해제와 마찬가지로, 확보한 영역의 포인터를 free 함수의 매개변수로 전달합니다.

free 함수는 해제한 영역의 크기를 자동 계산합니다. free 함수를 호출할 때는 인수를 부여할 필요가 없습니다.

배열의 요소 개수를 (컴파일할 때가 아닌) 실행 시점에 결정하는 방법의 학습이 끝났습니다. 마지막으로, 단일 객체의 생성과 배열 객체의 생성에 관한 내용을 일반화하여 정리해 보겠습니다.

- Type형의 단일 객체 *x의 생성과 해제

```
Type *x = calloc(1, sizeof(Type));    free(x);
```

- 요소가 Type형이고 요소 개수가 n인 배열 a의 생성과 해제

```
Type *a = calloc(n, sizeof(Type));    free(a);
```

포인터를 생성할 때는 생성하는 객체를 가리키는 포인터가 '포인터를 가리키는 포인터'가 됩니다. 예를 들어 요소가 int *형이고 요소 개수가 10개인 배열의 생성과 해제는 다음과 같이 수행합니다.

```
int **p = calloc(10, sizeof(int *));    free(p);
```

보충수업 2-2 포인터와 배열

포인터란?

포인터(pointer)는 '객체 또는 함수를 가리키는 것'으로 정의할 수 있습니다. 아래는 포인터 선언의 예입니다.

```
int *p;            // p는 int형 객체를 가리키는 포인터
double *q;         // q는 double형 객체를 가리키는 포인터
```

이 선언에서 볼 수 있듯이 포인터의 자료형은 포인터가 가리키는 곳의 객체의 자료형을 따라 갑니다. int형 객체를 가리키는 포인터는 int *형이고 double형 객체를 가리키는 포인터는 double *형입니다. n이 int형 객체라고 할 때, 포인터 p가 객체 n을 가리키기 위해서는 아래처럼 n의 주소를 p에 대입해야 합니다.

```
p = &n;            // n의 주소를 p에 대입(p가 n을 가리키도록 함)
```

앞에서 n에 사용한 단항 연산자 &는 주소 연산자라고 하며 피연산자(n)의 주소를 가져옵니다. 포인터 p가 가리키는 객체의 값은 간접 연산자라고 하는 단항 연산자 *를 사용하여 접근할 수 있습니다. p가 n을 가리킨다면 p가 가리키는 곳에 있는 n값을 접근하는 식은 *p입니다. 그러므로 다음을 실행하면 n에 999가 대입됩니다.

```
*p = 999;              // p가 가리키는 곳에 999를 대입
```

다시 말해 '*p는 n과 같다.'라고 말할 수 있습니다. 만약 p가 다른 객체 x를 가리킨다면 '*p는 x와 같다.'라고 말할 수 있습니다.

포인터와 배열

포인터와 배열에 대해 그림 2C-1을 보며 좀 더 자세히 살펴보겠습니다. 배열 a와 포인터 p가 선언될 때 p의 초기화는 배열 이름인 a로 할 수 있습니다. 그런데 배열 이름은 그 배열의 첫 번째 요소에 대한 포인터로 해석할 수 있습니다. 즉, a에 들어 있는 값은 a[0]의 주소인 &a[0]과 같습니다. 또한 배열 a의 자료형이 Type이면 a의 자료형은 Type *형(이 경우에는 int *형)입니다.

따라서 포인터 p에 주어진 초기화 값이 a이므로 p에 넣는 것은 &a[0]의 값과 같습니다. 그 결과로 포인터 p는 배열 a의 첫 번째 원소 a[0]을 가리키도록 초기화됩니다.

그런데 배열의 요소를 가리키는 포인터는 다음과 같은 규칙이 성립됩니다.

- 포인터 p가 배열의 요소 e를 가리킬 때
  p + i는 요소 e의 i개만큼 뒤쪽의 요소를 가리키는 포인터가 되고,
  p - i는 요소 e의 i개만큼 앞쪽의 요소를 가리키는 포인터가 됩니다.

예를 들어, 그림 2C-1에 출력된 대로 p + 2는 a[0]의 2개만큼 뒤쪽에 있는 요소 a[2]를 가리키고, p + 3은 a[0]의 3개만큼 뒤쪽에 있는 요소 a[3]을 가리킵니다.

이제 배열의 요소를 가리키는 포인터 p + i에 간접 연산자 *를 적용하면 어떻게 될지 생각해 보겠습니다. p + i는 p가 가리키는 요소의 i개만큼 뒤쪽에 있는 요소를 가리키는 포인터이기 때문에 p에 간접 연산자를 적용한 *(p + i)는 a[i]에 접근하는 식입니다. 그러므로 p가 a[0]을 가리키면 식 *(p + i)는어떤 의미에서는 a[i]와 같습니다.

다음으로 우리는 아래의 규칙도 반드시 기억해 두어야 합니다.

- 포인터 p가 배열의 요소 e를 가리킬 때
  요소 e의 i개만큼 뒤쪽의 요소를 나타내는 *(p + i)는 p[i]로 표기할 수 있고,
  요소 e의 i개만큼 앞쪽의 요소를 나타내는 *(p - i)는 p[-i]로 표기할 수 있습니다.

예를 들어, p + 2는 a[2]를 가리키고 있으므로 *(p + 2)는 a[2]입니다(C). *(p + 2)를 p[2]로 표기할 수 있으므로 p[2]는 a[2]와 같습니다(B). 여기서 배열 이름 a는 첫 번째 요소 a[0]에 대한 포인터입니다. 그 포인터에 2를 더한 a + 2는 세 번째 요소 a[2]에 대한 포인터입니다. 포인터 a + 2가 요소 a[2]를 가리키므로 포인터 a + 2에 간접 연산자 *를 적용한 *(a + 2)는 a[2]와 같습니다(A).
따라서 그림 2C-1 A, B, C의 식 *(a + 2), p[2], *(p + 2) 모두가 배열의 요소 a[2]에 접근하는 식임을 알 수 있습니다.

지금까지의 내용을 정리하면 아래와 같습니다.

아래 4개의 식은 모두 배열의 각 요소에 접근하는 식입니다.

```
a[i]    *(a + i)    p[i]    *(p + i)   // 첫 번째부터 i개 뒤쪽의 요소
```

아래 4개의 식은 배열의 각 요소를 가리키는 포인터입니다.

```
&a[i]    a + i    &p[i]    p + i    // 첫 번째부터 i개 뒤쪽의 요소를 가리키는 포인터
```

또 첫 번째 요소를 가리키는 포인터 a + 0과 p + 0은 간단히 a와 p로 나타낼 수 있습니다. 또 그 별칭(alias, 에일리어스)인 *(a + 0)와 *(p + 0)은 각각 *a, *p로 나타낼 수 있습니다. 이처럼 포인터가 배열의 첫 번째 요소를 가리키는 경우 그 포인터는 마치 배열처럼 동작할 수 있습니다.

이 책에서는 이를 가리켜 '포인터와 배열을 서로 바꾸어 쓸 수 있다'고 표현합니다.

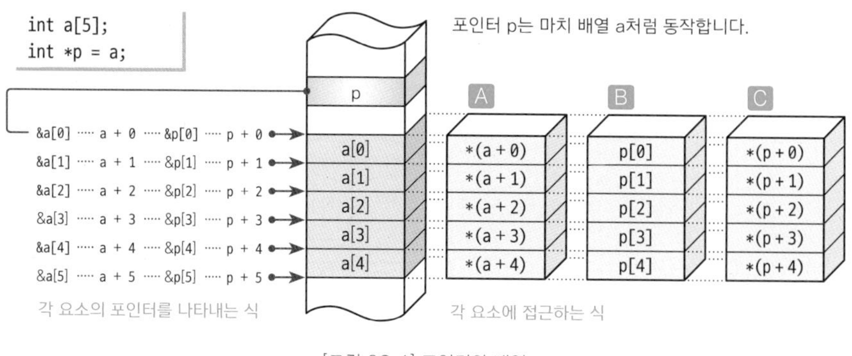

[그림 2C-1] 포인터와 배열

배열 요소의 최댓값 구하기

배열 요소의 최댓값을 구하는 과정을 살펴보겠습니다. 배열 a의 요소가 3개일 때 세 요소 a[0], a[1], a[2] 중 최댓값은 아래 프로그램과 같이 구할 수 있습니다.

```
max = a[0];
if(a[1] > max) max = a[1];
if(a[2] > max) max = a[2];
```

요소 개수가 3이면 if 문을 2개 작성합니다.

변수 이름이 다른 점을 제외하면 실습 1-1에서 살펴본 세 값의 최댓값을 구하는 프로그램과 과정이 동일합니다. 물론 요소가 4개면 아래처럼 해야 합니다.

```
max = a[0];
if(a[1] > max) max = a[1];
if(a[2] > max) max = a[2];
if(a[3] > max) max = a[3];
```

요소 개수가 4이면 if 문을 3개 작성합니다.

먼저 첫 번째 요소 a[0]의 값을 max에 대입합니다. 그런 다음 if 문을 실행하는 과정에서 필요에 따라 max값을 새로 대입합니다. 요소 개수가 n이면 if 문 실행은 n - 1번 필요합니다. 이때 max와 비교하고 max에 대입하는 요소의 인덱스는 1씩 증가합니다. 그러므로 a[0], a[1], …, a[n - 1]의 최댓값을 구하는 프로그램은 아래처럼 구현할 수 있습니다.

```
max = a[0];
for(int i = 1; i < n; i++)
  if(a[i] > max) max = a[i];
```

요소 개수가 n이면 if 문을 n - 1개 작성합니다.

이 프로그램의 순서도는 그림 2-7과 같습니다.

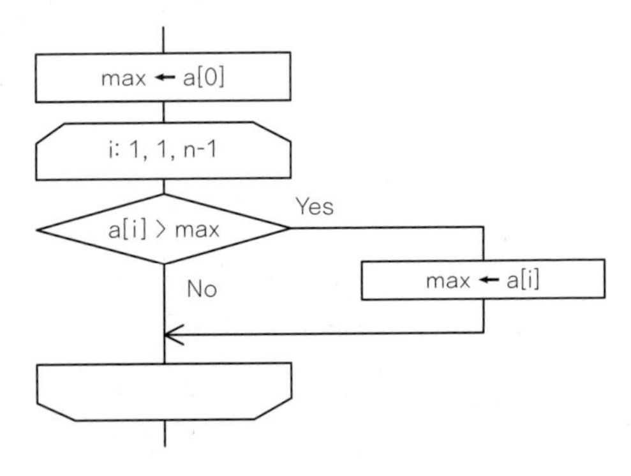

[그림 2-7] 배열 요소의 최댓값을 구하는 알고리즘

방금 작성한 알고리즘에 따라 배열 a의 요소에서 최댓값을 구하는 과정은 그림 2-8과 같습니다.

이 그림은 배열의 요소 개수가 5일 경우를 나타냅니다.

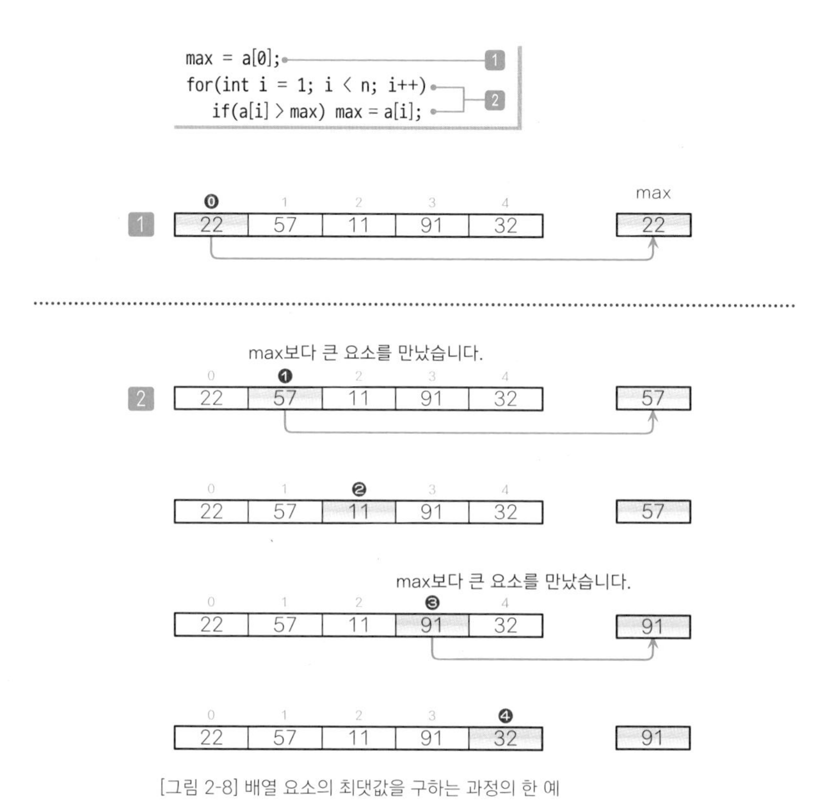

[그림 2-8] 배열 요소의 최댓값을 구하는 과정의 한 예

그림에서 ● 안의 값은 우리가 살펴볼 요소의 인덱스입니다. 살펴볼 요소는 첫 번째부터 시작하여 하나씩 뒤쪽으로 이동합니다. 1 에서는 a[0]을 살펴보고 a[0]의 값을 max에 대입합니다. 그리고 2 의 for 문에서는 a[1]부터 마지막 요소 a[n - 1]까지 차례로 살펴봅니다. 이처럼 배열의 요소를 하나씩 차례로 살펴보는 과정을 알고리즘 용어로 주사(走査, traverse)라고 합니다.

조금만 더! 주사의 정확한 뜻이 궁금해요!

주사(走査)는 원래 텔레비전 화면이나 사진을 전송할 때 화면을 여러 개의 점으로 나눠 그 점을 전기 신호로 바꾸는 일 또는 이 전기 신호에서 점을 조립하여 화면을 재구성하는 일을 말합니다. 즉, 스캐닝(scanning)을 의미합니다. 이 책에서 주사는 데이터를 하나씩 지나면서(走, 달릴 **주**) 살피고, 조사하는(査, 조사할 **사**) 일을 말합니다. 영어로는 traverse라고 하는데, 이는 가로지르다, 횡단하다는 뜻입니다.

2의 주사 과정에서 if 문의 제어식 a[i] 〉 max가 참일 때(살펴보고 있는 요소 a[i]의 값이 최댓값 max보다 클 때) a[i]값을 max에 대입합니다. 결과적으로 배열의 모든 요소에 대해 주사를 완료한 시점의 배열 a의 최대 요솟값은 max에 대입됩니다.

보충수업 2-3 공백 포인터와 NULL

공백 포인터(null pointer)는 객체 포인터나 함수 포인터와는 다른 특별한 포인터입니다(함수 포인터란 변수를 가리키는 포인터가 있는 것처럼 '함수를 가리키는 포인터'입니다). 정숫값 0은 모든 포인터형으로 형 변환이 가능하고 그 결과는 NULL 포인터입니다.
공백 포인터를 나타내는 것이 공백 포인터 상수(null pointer constant)라고 하는 매크로 NULL입니다. NULL의 정의는 '값 0을 갖는 모든 정수, 상수 또는 상수식을 void *로 형 변환한 식'입니다.
매크로 NULL은 〈stddef.h〉 헤더에 정의되어 있습니다. 이 헤더뿐만 아니라 〈locale.h〉, 〈stdio.h〉, 〈stdlib.h〉, 〈time.h〉 가운데 어느 헤더를 포함해도 선언한 것과 마찬가지로 동작합니다.
아래는 NULL을 정의한 예입니다.

```
#define NULL 0            // NULL 정의의 한 예(C/C++)
#define NULL(void *)0     // NULL 정의의 한 예(C++에서는 사용할 수 없음)
```

배열 요소의 최댓값을 구하는 함수

실습 2-5는 배열 요소의 최댓값을 구하는 과정을 독립된 maxof 함수로 구현한 프로그램입니다. 프로그램 06행에서 정의되는 maxof 함수는 인수로 받은 배열 a의 최댓값을 구하고 그 값을 반환합니다.

함수 간 배열 전달은 보충수업 2-4에서 알아보겠습니다.

Do it! 실습 2-5 • 완성 파일 chap02/ary_max.c

```
01  // 배열 요소의 최댓값을 구하고 출력(요솟값 입력)
02  #include <stdio.h>
03  #include <stdlib.h>
04
05  /*--- 요소 개수가 n인 배열 a의 요소의 최댓값 ---*/
06  int maxof(const int a[], int n)
07  {
08    int max = a[0];      // 최댓값
09    for(int i = 1; i < n; i++)
10      if(a[i] > max) max = a[i];
```

실행 결과

```
사람 수: 5
5명의 키를 입력하세요.
height[0]: 172
height[1]: 153
height[2]: 192
height[3]: 140
height[4]: 165
최댓값은 192입니다.
```

```
11      return max;
12    }
13
14    int main (void)
15    {
16      int number;                                        // 인원 = 배열 height의 요소 개수
17      printf("사람 수: ");
18      scanf("%d", &number);
19      int *height = calloc(number, sizeof(int)); // 요소 개수 number개인 배열을 생성
20      printf("%d 명의 키를 입력하세요.\n", number);
21      for(int i = 0; i < number; i++) {
22        printf("height[%d]: ", i);
23        scanf("%d", &height[i]);
24      }
25      printf("최댓값은 %d입니다.\n", maxof(height, number));
26      free(height);                                      // 배열 height를 해제
27
28      return 0;
29    }
```

main 함수에서 선언한 배열 height의 요소가 의미하는 것은 사람의 '키'입니다. 먼저 인원 수(배열의 요소 개수)를 변수 number에 입력하고 자료형이 int형, 요소 개수가 number인 배열 height를 생성합니다. 각 요소에 값을 읽은 후 배열 height와 그 요소 개수 number를 maxof 함수에 전달하고 maxof 함수를 호출합니다. 호출된 maxof 함수는 배열 요소의 최댓값을 구한 다음 반환합니다. main 함수는 maxof 함수가 반환한 최댓값을 출력합니다. 마지막으로 메모리를 확보하고 있는 배열을 free 함수로 해제하고 프로그램을 종료합니다.

이 프로그램은 메모리 할당에 성공했는지를 검사하는 코드를 생략합니다(이후의 프로그램 대부분도 이런 방식으로 진행합니다).

보충수업 2-4 함수의 매개변수로 배열 사용

실습 2-5의 main 함수에서 25행에 있는 maxof(height, number) 부분은 배열 height 요소의 최댓값을 구하기 위한 maxof 함수의 호출식입니다. 이때 함수로 배열의 주소를 전달하는 과정을 그림 2C-2를 통해 알아보겠습니다. 먼저 maxof 함수의 매개변수 a의 선언(const int a[])에 대해 조금만 더 살펴보겠습니다. 매개변수의 선언에서 []는 배열이 아니라 포인터를 선언하는 것과 같습니다. 그러므로 매개변수 선언인 const int a[]는 const int *a로 해석됩니

다. 이때 매개변수를 선언할 때 붙이는 const는 함수에서 그 인수가 가리키는 배열의 요솟값에 직접적으로 '쓰기'를 할 수 없게 만듭니다. 이렇게 하면 maxof 함수 안에서 a[i]의 값은 '읽기'만 가능하고, '쓰기'는 불가능하게 됩니다.

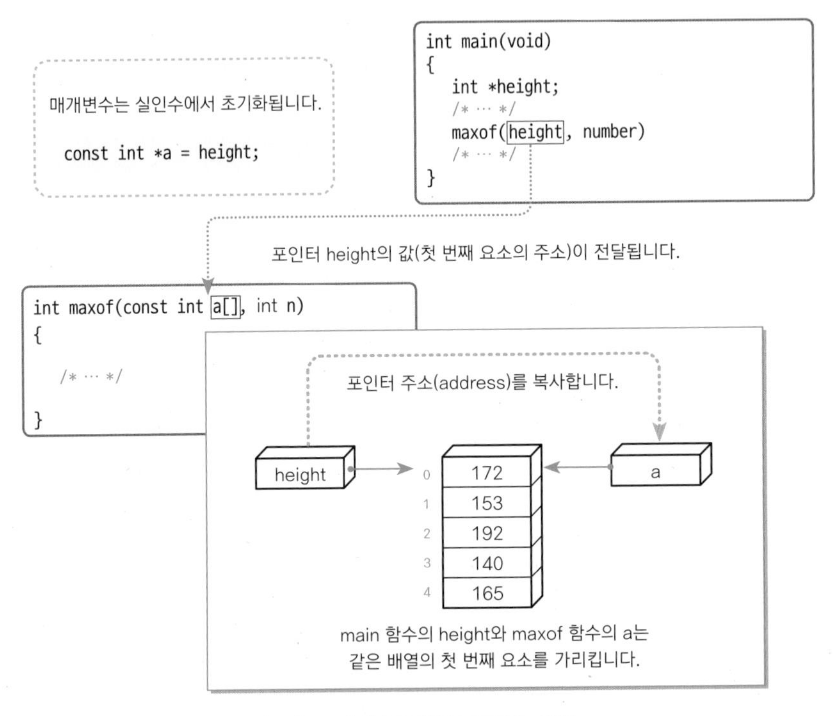

[그림 2C-2] 함수로 배열을 전달하는 과정

함수 호출이 이루어졌을 때 호출된 함수가 받는 매개변수는, 호출한 측이 부여한 실인숫값으로 초기화됩니다.

maxof 함수를 호출하면 실인수 포인터 height(&height[0])에서 매개변수 a가 초기화되기 때문에 포인터 a는 height[0]의 주소를 가리킵니다. 포인터와 배열은 서로 바꾸어 쓸 수 있으므로, 포인터 a는 마치 배열 height인 것처럼 움직입니다.

이때 주고받는 인수(height)는 단순히 포인터이지 배열이 아니므로, 호출하는 함수는 배열의 요소 개수를 알 수 없습니다. 따라서 배열의 요소 개수는 새로운 인수로 주고받아야 합니다. 이 인수가 n입니다.

난수로 배열의 요솟값 설정하기

배열의 요소에 값을 하나씩 입력하는 것이 귀찮을 경우에는 다음 실습 2-6 프로그램처럼 각 요소에 난수를 대입하면 됩니다.

Do it! 실습 2-6

• 완성 파일 chap02/ary_max_rand.c

```
01  // 배열 요소의 최댓값을 구하고 출력(요솟값을 난수로 생성)
02  #include <stdio.h>
03  #include <time.h>
04  #include <stdlib.h>                    ─ 1
05
06  /*--- 요소 개수가 n인 배열 a의 요소의 최댓값 ---*/
07  int maxof(const int a[], int n)
08  {
09    int max = a[0];      // 최댓값
10    for(int i = 1; i < n; i++)
11      if(a[i] > max) max = a[i];
12    return max;
13  }
14
15  int main(void)
16  {
17    int number;                                  // 사람 수 = 배열 height의 요소 개수
18    printf("사람 수: ");
19    scanf("%d", &number);
20    int *height = calloc(number, sizeof(int));   // 요소 개수가 number인 배열을 생성
21    srand(time(NULL)); ─ 2                        // 시간으로 난수의 seed(씨앗)를 초기화
22    for(int i = 0; i < number; i++) {
23      height[i] = 100 + rand() % 90;   ─ 3       // 100 ~ 189의 난수를 생성·대입
24      printf("height[%d] = %d\n", i, height[i]);
25    }
26    printf("최댓값은 %d입니다.\n", maxof(height, number));
27    free(height);                                // 배열 height를 해제
28
29    return 0;
30  }
```

실행 결과

```
사람 수: 5
height[0] = 172
height[1] = 137
height[2] = 168
height[3] = 189
height[4] = 113
최댓값은 189입니다.
```

실행 결과로 나타나는 값은 어디까지나 하나의 예일 뿐입니다.

이제 프로그램을 실행해 보겠습니다. 사람 수를 입력하면 곧바로 그 사람 수만큼 키의 값이 자동으로 생성되고 최댓값이 출력됩니다(키의 값을 일일이 입력하는 수고를 덜어줍니다).

다음은 난수를 생성하는 코드의 개요입니다.

1 rand 함수, srand 함수, time 함수의 선언이 들어 있는 헤더를 포함시킵니다.
2 난수의 seed(씨앗)를 초기화하기 위해 srand 함수를 호출합니다.
3 난수를 생성하기 위해 rand 함수를 호출합니다.

보통은 적어도 한 번 2를 실행하고 난수가 필요할 때마다 3을 실행합니다.

실습 2-6 프로그램에서는 생성한 난수를 90으로 나눈 나머지(0 ~ 89)에 100을 더하므로 height[i]에 대입하는 키의 값은 100 ~ 189입니다.

보충수업 2-5 난수의 생성

난수를 생성하는 rand 함수가 반환하는 값은 0 이상 RAND_MAX 이하의 값입니다. 이때 <stdlib.h> 헤더에 정의된 RAND_MAX 값은 컴퓨터 환경에 따라 다릅니다(최소 32,767입니다).

다음은 2개의 난수를 생성하는 프로그램의 일부입니다(chap02/random1.c 파일을 참고하세요).

```c
#include <stdio.h>
#include <stdlib.h>
/* … 생략 … */
int x = rand();      // 0 ~ RAND_MAX 난수
int y = rand();      // 0 ~ RAND_MAX 난수
printf("x값은 %d이고 y값은 %d입니다.\n", x, y);
```

실행 결과
x값은 41이고 y값은 18467입니다.
x값은 41이고 y값은 18467입니다.
x값은 41이고 y값은 18467입니다.

이 프로그램을 실행하면 x와 y는 서로 다른 값이 출력됩니다. 그런데 이 프로그램은 몇 번을 다시 실행해도 x값과 y값이 항상 같습니다.
이렇게 되는 이유는 생성되는 난수의 순서, 즉 프로그램에서 첫 번째 생성되는 난수, 두 번째 생성되는 난수, 세 번째 생성되는 난수, ... 가 정해져 있기 때문입니다. 예를 들어, 어떤 컴퓨터 환경에서는 항상 아래와 같은 순서로 난수가 생성됩니다.

41 ⇒ 18467 ⇒ 6334 ⇒ 26500 ⇒ 19169 ⇒ 15724 ⇒ …

왜냐하면 rand 함수는 'seed(씨앗)'를 사용하여 생성한 난수를 계산하기 때문입니다. 'seed(씨앗)'가 상숫값 1로 rand 함수에 심어져 있다고 가정할 경우 rand 함수는 프로그램을 실행할 때마다 상숫값 1을 기준으로 매번 같은 순서의 난수를 생성합니다.

이때 seed(씨앗)의 값을 변경하는 것이 srand 함수입니다. 예를 들어 다음과 같이 50을 매개변수로 전달하며 srand 함수를 호출하면 seed(씨앗)의 값을 변경할 수 있습니다.

```
srand(50);      // seed(씨앗)의 값을 50으로 설정
```

하지만 이렇게 해도 같은 문제가 발생합니다. 상수(seed 값)를 전달하는 srand 함수를 호출한다 해도 이후에 rand 함수가 생성하는 난수의 순서는 그 seed(씨앗)의 값을 기준으로 정해진다는 것입니다. 앞의 예제와 같은 컴퓨터 환경에서 seed(씨앗)를 50으로 설정하면 생성되는 난수는 아래와 같습니다.

```
201 ⇒ 20851 ⇒ 29710 ⇒ 25954 ⇒ 296 ⇒ 11525 ⇒ …
```

그러므로 srand 함수에 전달하는 매개변수는 임의의(random) 난수여야 합니다. '난수를 생성하기 위해 난수가 필요하다'는 말이 우습게 들릴 수도 있겠지만, 이 문제를 해결하기 위해 일반적으로 사용하는 방법 중 하나는 srand 함수에 현재 시간의 값을 주는 방법입니다(chap02/random2.c 파일을 참고하세요).

```
#include <time.h>
#include <stdio.h>
#include <stdlib.h>
/* … 생략 … */
srand(time(NULL));
int x = rand();      // 0 ~ RAND_MAX 난수
int y = rand();      // 0 ~ RAND_MAX 난수
printf("x값은 %d이고 y값은 %d입니다.\n", x, y);
```

실행 결과
x값은 30814이고 y값은 9229입니다.
x값은 30905이고 y값은 15273입니다.
x값은 30987이고 y값은 21839입니다.

time 함수가 반환하는 값은 time_t형의 값인 '현재 시간'입니다. 따라서 프로그램을 실행할 때마다 시간이 달라지고, 그 현재 시간의 값을 seed(씨앗)로 srand 함수에 전달하면 생성되는 난수도 무작위로 생성됩니다.

사실 rand 함수가 생성하는 난수는 의사 난수입니다. 의사 난수란 '난수처럼 보이지만 일정한 규칙에 따라 생성되는 수'를 말합니다. rand 함수가 생성한 난수를 의사 난수라 부르는 이유는 한 번 난수를 생성하면 다음에 생성할 난수를 예측할 수 있기 때문입니다. 의사 난수가 아닌 진짜 난수는 다음에 생성할 난수를 예측할 수 없습니다.

조금만 더! 진짜 난수, 의사 난수?

로또 복권에서 번호가 적힌 공을 손으로 하나하나 꺼내 당첨 번호를 결정하는 과정은 '진짜 난수'를 생성하는 과정입니다. 의사 난수에서 의사(擬似, 본뜰 의, 비슷할 사)는 실제와 비슷하다는 뜻입니다.

조금만 더! 컴퓨터에서 생성하는 난수는 진짜 난수가 아닙니다.

컴퓨터 과학에서 난수는 보통 특정 입력값이나 컴퓨터 환경에 따라 무작위로 선택한 것처럼 보이는 난수를 생성합니다. 그런데 srand 함수에 전달한 seed(씨앗)의 값과 컴퓨터 환경이 같다면 그 결괏값은 항상 같습니다. 결국 컴퓨터에 의해 생성된 모든 난수는 미리 컴퓨터가 계산해 둔 의사(擬似) 난수입니다. 컴퓨터는 계산된 결과만 가지고 난수를 생성하는데, 이 계산된 결과는 입력값에 의해 결정되므로 이 값으로 임의의 난수를 생성할 수는 없습니다(컴퓨터를 처음 켜면 난수표를 생성하여 보관한다고 생각하면 됩니다).

seed(씨앗값) 1을 넣은 경우의 예: 항상 1 → 105 → 999 → 1002 … 의 순서로 숫자를 생성
seed(씨앗값) 2를 넣은 경우의 예: 항상 2 → 892 → 7291 → 10123 … 의 순서로 숫자를 생성
… 생략 …

따라서 프로그램에서 매번 같은 방법(같은 seed(씨앗)를 사용)으로 난수를 가져오면 처음 실행할 때 이외에는 난수라고 할 수 없습니다. 그래서 보통 seed(씨앗)라 불리는 수를 srand 함수에 매개변수로 매번 다르게 전달해 항상 다른 의사 난수를 생성해야 합니다. 이때 seed(씨앗) 값을 항상 다르게 주기 위해 현재 시간을 이용하는 것이 일반적입니다. 현재 시간은 매 순간 바뀌므로 이전에 발생한 의사 난수를 다시 생성하지는 않습니다.

배열 요소를 역순으로 정렬하기

이번에는 배열 요소를 역순으로 정렬하는 알고리즘을 살펴보겠습니다. 예를 들어, 배열 a의 요소 개수가 7이고 첫 번째부터 순서대로 {2, 5, 1, 3, 9, 6, 7}이 들어가 있다면 그것을 {7, 6, 9, 3, 1, 5, 2}로 바꾸어 보겠습니다.

다음은 순서를 뒤바꾸는 과정을 나타낸 그림입니다. 먼저 그림 a처럼 맨 앞의 요소 a[0]과 맨 뒤의 요소 a[6]의 값을 교환합니다. 이어서 그림 b와 그림 c처럼 각각 하나씩 안쪽의 요솟값을 교환합니다.

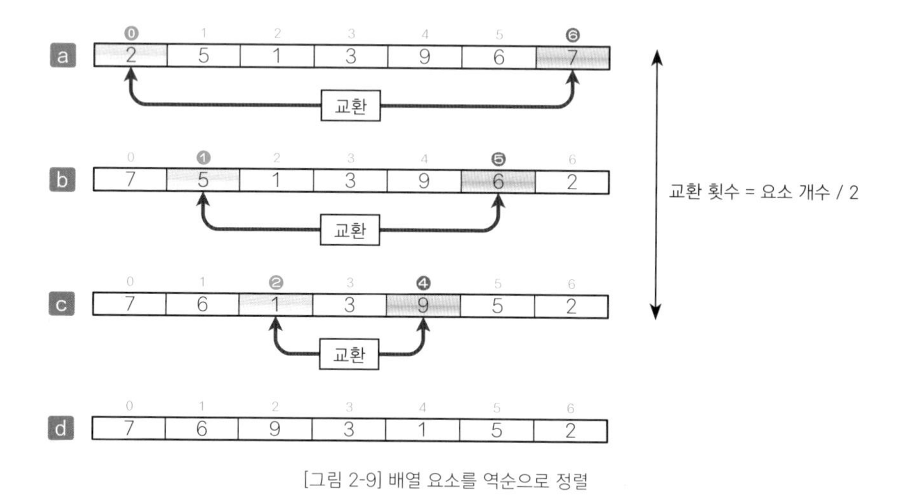

[그림 2-9] 배열 요소를 역순으로 정렬

교환 횟수는 '요소 개수 / 2'이며, 이 나눗셈에서 나머지는 버립니다. 그림 2-9의 예제에서 볼 수 있듯이 요소 개수가 홀수인 경우 가운데 요소는 교환할 필요가 없기 때문입니다.

'정수 / 정수' 연산은 나머지를 버리고 정수부만 얻을 수 있으므로 나머지를 버리기에 좋습니다(요소 개수가 7인 경우 교환 횟수는 7 / 2, 곧 3입니다).

요소 개수가 n인 배열을 처리하는 과정을 변수 i값이 0, 1, …로 증가하는(increment) 방법을 통해 간단히 나타내면 다음과 같습니다.

1. 왼쪽 요소의 인덱스(그림 2-9의 ● 안의 값) … i　　n이 7이면 0 ⇨ 1 ⇨ 2
2. 오른쪽 요소의 인덱스(그림 2-9의 ● 안의 값) … n - i - 1　　n이 7이면 6 ⇨ 5 ⇨ 4

그러므로 요소 개수가 n인 배열 요소를 역순으로 정렬하는 코드는 다음과 같습니다.

```
for(int i = 0; i < n / 2; i++)
    //a[i]와 a[n - i - 1]의 값을 교환
```

두 값의 교환

배열을 역순 정렬하는 과정에서는 두 개 요솟값을 교환해야 합니다. 그럼 두 값은 어떻게 교환할까요? 그림 2-10을 보면서 살펴보겠습니다(교환값을 x, y라고 하겠습니다).

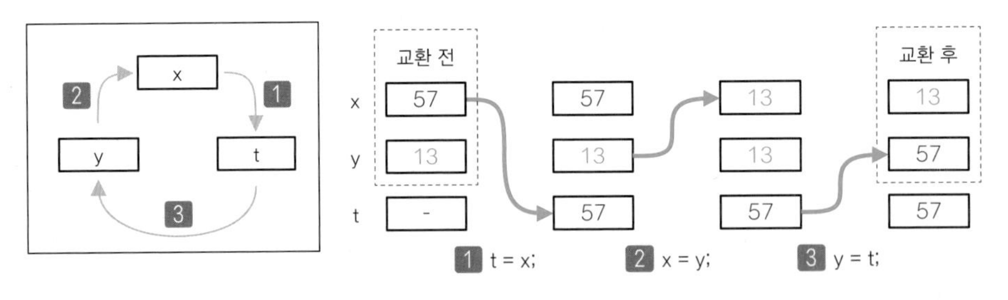

[그림 2-10] 두 값의 교환

여기서 사용하는 작업용 변수를 t라 하면 교환 과정은 아래와 같습니다.

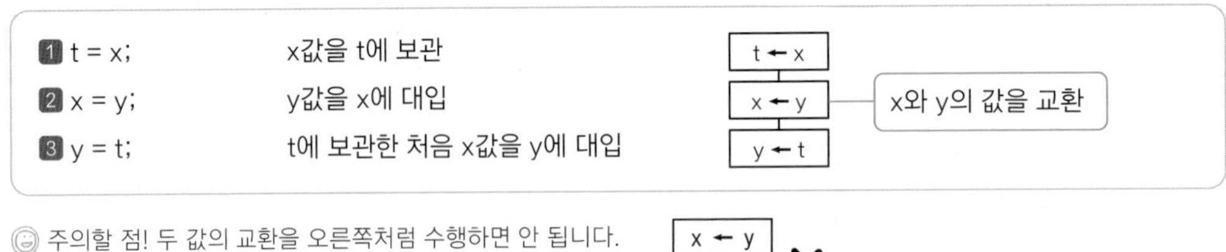

주의할 점! 두 값의 교환을 오른쪽처럼 수행하면 안 됩니다.
두 변수 x와 y의 값이 모두 대입 전의 y값으로 되기 때문입니다.

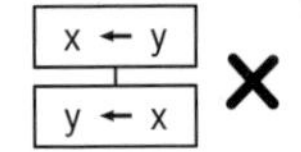

그런데 배열 요소를 역순으로 정렬하는 과정에서 교환하는 값은 x와 y가 아니라, 조금 전 검토했던 것처럼 배열 a의 두 요소 a[i]와 a[n - i - 1]의 값입니다. 따라서 배열을 역순 정렬하는 코드는 다음과 같습니다.

```
for(int i = 0; i < n / 2; i++) {
  int t = a[i];
  a[i] = a[n - i - 1];
  a[n - i - 1] = t;
}
```

a[i]와 a[n - i - 1]의 값을 교환

교환 대상인 x가 a[i]로 바뀌고 y가 a[n - i - 1]로 바뀌었을 뿐, 교환 순서는 지금까지 살펴본 그대로입니다. 이때 반복해서 수행해야 하는 두 값을 교환하는 과정을 함수 형식 매크로(function-like macro)로 구현하면 프로그램이 짧아지고 읽기도 쉬워집니다.

실습 2-7은 이러한 함수 형식 매크로를 구현한 프로그램입니다.

Do it! 실습 2-7 • 완성 파일 chap02/ary_rev.c

```
01  // 배열 요소를 역순으로 정렬
02  #include <stdio.h>
03  #include <stdlib.h>
04
05  /*--- type형 x값과 y값을 교환 ---*/
06  #define swap(type, x, y) do{ type t = x; x = y; y = t; } while(0) ─ 1
07
08  /*--- 요소 개수가 n인 배열 a의 요소를 역순으로 정렬 ---*/
09  void ary_reverse(int a[], int n)
10  {
11    for(int i = 0; i < n / 2; i++)
12      swap(int, a[i], a[n - i - 1]);                 ─ 2
13  }
14
15  int main(void)
16  {
17    int nx;                          // 배열 x의 요소 개수
18
19    printf("요소 개수: ");
20    scanf("%d", &nx);
21    int *x = calloc(nx, sizeof(int));
22    for(int i = 0; i < nx; i++) {
23      printf("x[%d]: ", i);
24      scanf("%d", &x[i]);
25    }
26    ary_reverse(x, nx);              // 배열 x의 요소를 역순으로 정렬
27    printf("배열의 요소를 역순으로 정렬했습니다.\n");
28    for(int i = 0; i < nx; i++)
29      printf("x[%d] = %d\n", i, x[i]);
30    free(x);                         // 배열 x를 해제
31
32    return 0;
33  }
```

실행 결과

```
요소 개수: 7
x[0]: 2
x[1]: 5
x[2]: 1
x[3]: 3
x[4]: 9
x[5]: 6
x[6]: 7
배열의 요소를 역순으로 정렬
했습니다.
x[0] = 7
x[1] = 6
x[2] = 9
x[3] = 3
x[4] = 1
x[5] = 5
x[6] = 2
```

실습 2-7의 1 부분에 정의한 swap은 'type형 변수 x, y의 값을 교환하는' 함수 형식의 매크로입니다. ary_reverse 함수는 함수 형식 매크로 swap을 n / 2회 호출하여 배열의 요소를 역순으로 정렬합니다.

함수 형식 매크로는 프로그램을 컴파일하는 과정에서 그대로 치환됩니다. 따라서 실습 2-7

의 2 부분은 다음과 같이 치환하여 컴파일됩니다.

```
for(int i = 0; i < n / 2; i++)
  do { int t = a[i]; a[i] = a[n - i - 1]; a[n - i - 1] = t; } while(0);
```

치환된 do 문에서 제어식이 0이므로 거짓을 의미합니다. 따라서 {} 안의 코드는 1회만 실행됩니다. 루프의 코드가 2회 이상 반복되지 않으므로 치환되는 코드는 결국 아래 프로그램(일부)과 같습니다.

```
for(int i = 0; i < n / 2; i++)
  { int t = a[i]; a[i] = a[n - i - 1]; a[n - i - 1] = t; }
```

함수 형식 매크로 swap의 정의에서 굳이 do 문을 사용한 이유는 보충수업 2-6에서 알아보겠습니다.

보충수업 2-6 같은 자료형인 두 값을 교환하는 함수 형식 매크로

같은 자료형의 두 값을 교환하는 함수 형식 매크로 swap의 정의에서 {} 블록이 do 문으로 둘러싸인 이유를 알아보겠습니다.

잘못된 정의(블록을 do 문으로 둘러싸고 있지 않은 경우)

그림 2C-3에 함수 형식 매크로의 정의 예를 두 가지 나타냈습니다. 이 그림에서 a의 1은 잘못된 정의입니다. a의 1은 함수 형식 매크로 swap을 정의할 때 블록을 do 문으로 둘러싸고 있지 않습니다. 이렇게 정의하면 오른쪽 프로그램 A에서 컴파일 오류가 발생합니다.

```
A if(a > b)
      swap(int, a, b)
  else
      swap(int, a, c)
```

왜 오류가 발생할까요? 그림 2C-3과 함께 매크로 치환 후의 프로그램을 보면서 이유를 살펴보겠습니다. a > b를 만족한다고 가정하면 if 문의 {} 블록이 실행됩니다. 그러면 바로 뒤에 else 문이 와야 하는데 치환한 자리 다음에 불필요한 세미콜론 ;이 나옵니다. 이렇게 되면 else 문에 대응하는 if 문이 세미콜론에 의해 끊어집니다.

매크로가 치환한 다음의 컴파일 오류를 피하려면 오른쪽 프로그램 B처럼 세미콜론을 없애야 합니다. 하지만 이러한 코드는 이상합니다.

```
B if(a > b)
      swap(int, a, b);
  else
      swap(int, a, c);
```

올바른 정의(블록을 do 문으로 둘러싸는 경우)

함수 형식 매크로 swap의 올바른 정의와 이를 사용한 프로그램의 일부(치환한 모습)인 A를 나타낸 것이 그림 b 입니다. 이렇게 해야 치환한 다음의 전체 코드가 올바른 if 문이 됩니다. 왜냐하면 do 문의 구문 표기법은 'do 문 while(식);'이기 때문입니다. do 문은 do부터 세미콜론까지가 하나의 구문입니다.

a 함수 형식 매크로 swap의 잘못된 정의

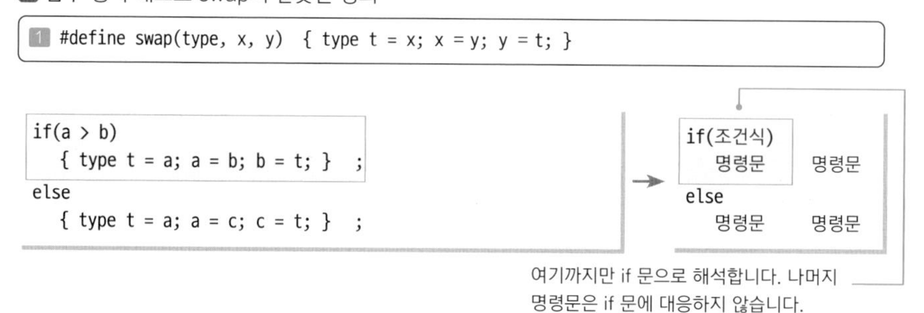

b 함수 형식 매크로 swap의 올바른 정의

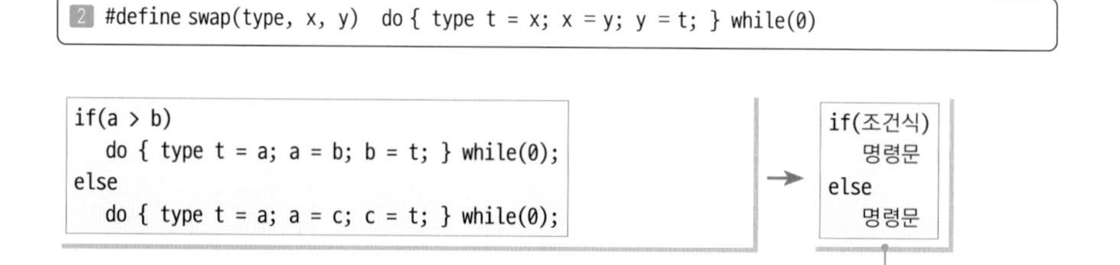

[그림 2C-3] 함수 형식 매크로 swap의 문장 치환 과정

기수 변환하기

이번에는 정숫값을 임의의 기수(基數, cardinal number)로 변환하는 알고리즘을 살펴보겠습니다. 10진수 정수를 n진수 정수로 변환하려면 정수를 n으로 나눈 나머지를 구하는 동시에 그 몫에 대해 나눗셈을 반복해야 합니다. 이 과정을 몫이 0이 될 때까지 반복하고, 이런 과정으로 구한 나머지를 거꾸로 늘어 놓은 숫자가 기수로 변환한 숫자입니다. 이런 생각을 바탕으로 10진수 59를 2진수, 8진수, 16진수로 변환하는 모습을 그림 2-11에 나타냈습니다.

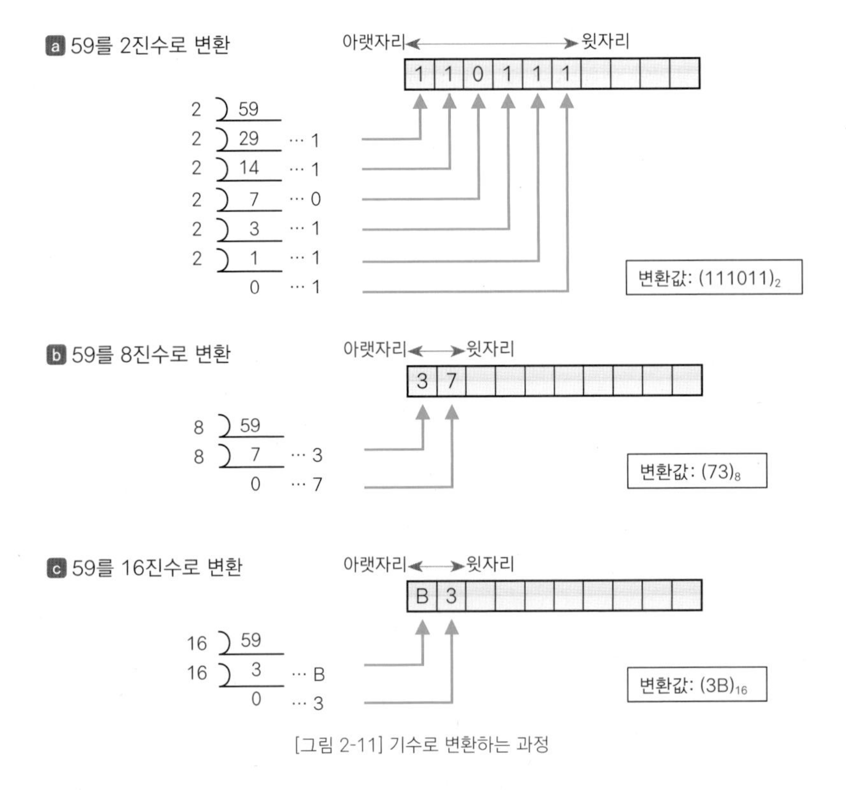

[그림 2-11] 기수로 변환하는 과정

기수가 10단위를 넘는 경우 0 ~ 9에 이어지는 숫자로 알파벳 문자인 A, B, …를 사용합니다. 예를 들어 16진수는 아래 16개의 문자로 표현되는 수입니다(보충수업 2-7을 참고하세요).

0, 1, 2, 3, 4, 5, 6, 7, 8, 9, A, B, C, D, E, F

이때 알파벳 A, B, …는 10진수의 10, 11, …에 해당합니다.

36진수는 숫자 0 ~ 9와 알파벳 A ~ Z를 이용하여 나타낼 수 있습니다.

조금만 더! 기수의 의미

기수(基數; 터 기, 셈 수)는 수를 나타내는 데 기초가 되는 수로, 10진법에서는 0에서 9까지의 정수를 말합니다. 서수(序數; 차례 수, 셈 수)는 사물의 순서를 나타내는 수입니다. 기수는 일, 이, 삼 …이고, 서수는 첫째, 둘째, 셋째 …라고 생각하면 됩니다.

보충수업 2-7 기수에 대하여

n진수는 n을 기수로 하는 수입니다. 10진수, 8진수, 16진수를 예로 들어 각 기수에 대해 간단히 살펴보겠습니다.

10진수

10진수(Decimal)는 아래 10종류의 숫자를 사용하여 수를 나타냅니다.

```
0 1 2 3 4 5 6 7 8 9
```

이 숫자를 모두 사용하면 자릿수가 한 자리 올라가 10이 됩니다. 2자리의 숫자는 10에서 시작하여 99까지입니다. 99의 다음 수는 다시 한 자릿수가 올라가 100(3자릿수)이 됩니다. 즉, 아래처럼 됩니다.

```
1의 자리 ···     0 ~ 9까지의 수를 나타냅니다.
2의 자리 ···    10 ~ 99까지의 수를 나타냅니다.
3의 자리 ···   100 ~ 999까지의 수를 나타냅니다.
```

10진수의 각 자리는 아랫자리부터 10^0, 10^1, 10^2, ··· 으로 10의 거듭제곱값을 갖습니다. 그러므로 1234는 아래처럼 풀어 쓸 수 있습니다.

$$1234 = 1 \times 10^3 + 2 \times 10^2 + 3 \times 10^1 + 4 \times 10^0$$

10^0은 1입니다(2^0도 8^0도 어쨌든 0 제곱의 값은 1입니다).

8진수

8진수(Octal)는 아래 8종류의 숫자를 사용하여 수를 나타냅니다.

```
0 1 2 3 4 5 6 7
```

이 숫자를 모두 사용하면 자릿수가 한 자리 올라가 10이 되고, 그 다음 수는 11이 됩니다. 2자리의 숫자는 10부터 시작하여 77까지입니다. 이 2자리의 수를 모두 사용하면 그 다음 수는 100이 됩니다. 즉, 다음과 같이 됩니다.

```
1의 자리 ···     0 ~ 7까지의 수를 나타냅니다.
2의 자리 ···    10 ~ 77까지의 수를 나타냅니다.
3의 자리 ···   100 ~ 777까지의 수를 나타냅니다.
```

8진수의 각 자리는 아랫자리부터 8^0, 8^1, 8^2, … 으로 8의 거듭제곱값을 갖습니다. 그러므로 8진수 5306(정수 상수로는 05306으로 표기)은 다음과 같이 풀어 쓸 수 있습니다.

$$5306 = 5 \times 8^3 + 3 \times 8^2 + 0 \times 8^1 + 6 \times 8^0$$

조금만 더! 정수 상수의 n진수 표현 방법

정수 상수는 정수 계열의 값을 나타내는 10진수(기수 10), 8진수(기수 8) 또는 16진수(기수 16)입니다. 정수 상수는 변경할 수 없는 정숫값을 나타낼 때 사용합니다. 정수 상수가 0x 또는 0X로 시작되는 경우는 16진수이고, 숫자 0으로 시작되는 경우는 8진수입니다. 두 경우에 해당하지 않으면 10진수로 간주합니다. 아래 코드의 값은 같습니다.

```
0x1C    /* 10진수 28에 대한 16진수 표기 */
034     /* 10진수 28에 대한  8진수 표기 */
```

16진수

16진수(Hexadecimal)는 아래 16종류의 숫자를 사용하여 수를 나타냅니다.

```
0 1 2 3 4 5 6 7 8 9 A B C D E F
```

0 ~ F는 10진수 0 ~ 15에 해당합니다(A ~ F는 소문자라도 관계없습니다). 이 숫자를 모두 사용하면 자릿수가 한 자리 올라가 10이 됩니다. 2자리의 숫자는 10부터 시작하여 FF까지입니다. 이 2자리의 숫자를 모두 사용하면 그 다음 수는 100이 됩니다.

16진수의 각 자리는 아랫자리부터 순서대로 16^0, 16^1, 16^2, … 으로 16의 거듭제곱값을 갖습니다. 그러므로 16진수 12A0(정수 상수로는 0x12A0으로 표기)은 다음과 같이 풀어 쓸 수 있습니다.

$$12A0 = 1 \times 16^3 + 2 \times 16^2 + 10 \times 16^1 + 0 \times 16^0$$

다음 실습 2-8[A]는 기수 변환을 수행하는 프로그램입니다.

Do it! 실습 2-8[A]

• 완성 파일 chap02/card_conv.c

```
01  // 읽은 10진수를 2진수 ~ 36진수로 기수 변환하여 표시
02  #include <stdio.h>
03
04  /*--- type형 x값과 y값을 교환 ---*/
05  #define swap(type, x, y)  do { type t = x; x = y; y = t; } while (0)
06
07  /*--- 정숫값 x를 n진수로 변환한 숫자 문자의 정렬을 배열 d에 저장 ---*/
08  int card_conv(unsigned x, int n, char d[])
09  {
10    char dchar[] = "0123456789ABCDEFGHIJKLMNOPQRSTUVWXYZ";
11    int digits = 0;                          // 변환 후 자릿수
12
13    if (x == 0)                              // 0이면
14      d[digits++] = dchar[0];                // 변환 후에도 0
15    else
16      while (x) {                                                    ─A
17        d[digits++] = dchar[x % n];          // n으로 나눈 나머지를 저장  ─1
18        x /= n;                                                      ─2
19      }
20
21    for (int i = 0; i < digits / 2; i++)     // 배열 d를 역순으로 정렬     ─B
22      swap(char, d[i], d[digits - i - 1]);
23
24    return digits;
25  }
26                                                     (실습 2-8[B]에서 계속)
```

card_convr 함수는 정수 x를 n진수로 변환한 숫자 문자의 정렬을 char형 배열 d에 저장하고 그 자릿수(배열에 저장한 문자수)를 반환하는 함수입니다. 그리고 char형의 배열 dchar는 "0123456789ABCDEFGHIJKLMNOPQRSTUVWXYZ"로 초기화되므로 각 문자는 아래 인덱스 식으로 접근할 수 있습니다.

• 숫자 문자	• 알파벳
문자 '0' … dchar[0]	문자 'A' … dchar[10]
문자 '1' … dchar[1]	문자 'B' … dchar[11]
… 생략 …	… 생략 …
문자 '9' … dchar[9]	문자 'Z' … dchar[35]

실습 2-8[A]의 0으로 초기화한 변수 digits는 변환한 다음 수의 자릿수를 나타내기 위한 변수입니다. while 문의 루프 본문 A 에서는 아래의 작업을 수행합니다.

> 1 먼저 x를 n으로 나눈 나머지를 인덱스로 하는, 배열 dchar 안의 문자 dchar[x % n]을 배열 d의 요소 d[digits]에 대입하고 digits 값을 증가합니다.
>
> 2 x를 n으로 나눕니다.

예를 들어 x % n이 11이면 문자 'B'를 d[digits]에 대입하고, 그 후 digits값을 증가합니다(보충수업 2-8).

이 작업을 x가 0이 될 때까지 반복합니다. 그림 2-12는 10진수 59가 16진수로 변환되는 모습입니다. 변환이 끝났을 때 digits는 변환한 수 3B의 자릿수 2와 일치합니다.

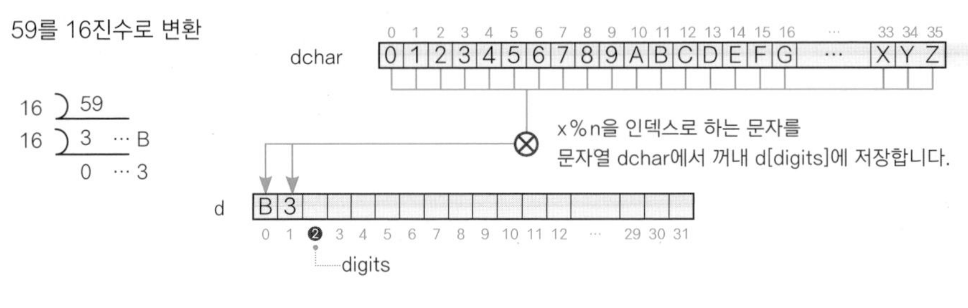

[그림 2-12] 기수 변환

나머지를 구하는 순서대로 배열 d에 저장하므로 배열 d의 맨 앞쪽(d[0])이 가장 마지막 자리가 됩니다. 즉, 변환한 후의 d 값은 역순으로 배치됩니다. 이때 실습 2-8[A] 프로그램의 B 부분에서 배열 d 의 d[0] ~ d[digits - 1] 부분을 역순으로 정렬합니다(여기서 사용한 것이 앞서 '배열 요소를 역순으로 정렬하기'에서 익힌 알고리즘입니다).

물론, 여기서 호출한 함수 형식 매크로 swap은 실습 2-7 프로그램과 같습니다.

보충수업 2-8 전위형 증가 연산자와 후위형 증가 연산자

증가(increment)를 수행하는 증가 연산자 ++와 감소(decrement)를 수행하는 연산자 --는 앞에 놓느냐 뒤에 놓느냐에 따라 동작이 완전히 달라집니다. 증가 연산자를 예로 들어 살펴 보겠습니다.

전위형 증가 연산자 ++a

++를 앞에 놓으면 식 전체를 평가하기 전에 피연산자의 값을 증가합니다. 그러므로 a값이 3일 때 b = ++a를 실행하면 먼저 a가 증가한 값인 4가 됩니다. 그런 다음 ++a를 평가한 값 4를 b에 대입합니다. 결국 a와 b는 4가 됩니다.

후위형 증가 연산자 a++

++를 뒤에 놓으면 식 전체를 평가한 후에 피연산자의 값을 증가합니다. 그러므로 a값이 3일 때 b = a++를 실행하면 먼저 a++를 평가한 값 3을 b에 대입합니다. 그런 다음 ++가 수행되어 a는 4가 됩니다. 결국 a는 4, b는 3이 됩니다.

Do it! 실습 2-8[B] • 완성 파일 chap02/card_conv.c

```
01  int main(void)
02  {
03    puts("10진수를 기수 변환합니다.");
04
05    int retry;                    // 한 번 더?
06
07    do {
08      unsigned no;                // 변환하는 정수
09      int      cd;                // 기수
10      char     cno[512];          // 변환한 값의 각 자리의 숫자를 저장하는 문자 배열
11
12      printf("변환하는 음이 아닌 정수: ");
13      scanf("%u", &no);
14
15      do {
16        printf("어떤 진수로 변환할까요?(2-36): ");
17        scanf("%d", &cd);
18      } while (cd < 2 || cd > 36);
19
20      int dno = card_conv(no, cd, cno);     // no를 dno자리의 cd진수로 변환
21
22      printf("%d진수로는", cd);
23      for (int i = 0; i < dno; i++)         // 각 자리의 문자를 차례로 출력
24        printf("%c", cno[i]);
25      printf("입니다.\n");
26
27      printf("한 번 더 할까요?(1…예/0…아니오): ");
28      scanf("%d", &retry);
29    } while (retry == 1);
30
31    return 0;
32  }
```

실행 결과

```
10진수를 기수 변환합니다.
변환하는 음이 아닌 정수: 59
어떤 진수로 변환할까요?(2-36): 2
2진수로는 111011입니다.
한 번 더 할까요?(1 … 예/0 … 아니오): 0
```

main 함수에서는 기수 변환을 대화식으로 합니다. card_convr 함수의 반환값을 대입하는 dno에는 변환한 후의 자릿수가 들어갑니다. 그리고 변환한 각 자리의 문자는 cno[0], cno[1], …, cno[dno - 1]에 저장됩니다. 변환 결과를 출력하는 부분(23~24행의 for 문)은 각 자리의 문자를 차례로 조사하여 출력합니다.

배열 cno의 요소 개수가 512개이므로, 변환한 값이 512자리가 되어야 합니다.

Q1 실습 2- 5는 키의 최댓값을 구하는 프로그램으로, 이 프로그램을 수정하여 키의 최솟값을 구하는 프로그램을 작성하세요. 최솟값을 구하는 과정은 아래와 같은 함수로 구현하세요.

```
int minof(const int a[], int n);
```

Q2 앞의 문제(실습 2-5)를 수정하여 키의 합계를 구하는 프로그램을 작성하세요. 합계를 구하는 과정은 아래와 같은 함수로 구현하세요.

```
int sumof(const int a[], int n);
```

Q3 앞의 문제(실습 2-5)를 수정하여 키의 평균을 구하는 프로그램을 작성하세요.

```
double aveof(const int a[], int n);
```

평균을 구하는 과정은 위의 함수로 구현하세요. 정수가 아닌 실수로 평균값을 구합니다.

Q4 실습 2-6은 키를 난수로 생성한 후 키의 최댓값을 구하는 프로그램입니다. 키와 함께 사람 수도 난수로 생성하도록 수정하여 프로그램을 작성하세요.

사람 수는 5 이상 20 이하의 난수로 입력하세요.

Q5 오른쪽처럼 배열 요소를 역순으로 정렬하는 과정을 일일이 출력하도록 실습 2-7을 수정한 프로그램을 작성하세요.

ary_reverse 함수를 수정하세요.

```
5 10 73 2 -5 42
a[0]과 a[5]를 교환합니다.
42 10 73 2 -5 5
a[1]과 a[4]를 교환합니다.
42 -5 73 2 10 5
a[2]와 a[3]을 교환합니다.
42 -5 2 73 10 5
역순 정렬을 종료합니다.
```

연습문제

Q6 오른쪽처럼 기수 변환 과정을 상세히 출력하는 프로그램을 작성하세요.

```
10진수를 기수 변환합니다.
변환하는 음이 아닌 정수: 58
어떤 진수로 변환할까요?(2-36): 2

 2|     58 … 0
  + ----------
 2|     29 … 1
  + ----------
   … 생략 …
 2|      1 … 1
  + ----------
         0
2진수로 111010입니다.
한 번 더 할까요?(1 … 예/0 … 아니오): 0
```

Q7 배열 b의 모든 요소를 배열 a에 복사하는 함수를 작성하세요(n은 요소 개수입니다).

```
void ary_copy(int a[], const int b[], int n);
```

Q8 배열 b의 모든 요소를 배열 a에 역순으로 복사하는 함수를 작성하세요(n은 요소 개수입니다).

```
void ary_rcopy(int a[], const int b[], int n);
```

Q9 배열 a의 모든 요소의 순서를 뒤섞는 shuffle 함수를 작성하세요(n은 요소 개수입니다).

```
void shuffle(int a[], int n);
```

소수 나열하기

소수(prime number)를 나열하는 알고리즘을 살펴보겠습니다. 소수는 자신과 1 이외의 정수로 나누어떨어지지 않는 정수입니다. 예를 들어 소수인 13은 2, 3, …, 12 가운데 어떤 정수로도 나누어떨어지지 않습니다. 그러므로 어떤 정수 n에 대하여 아래의 조건을 만족하면 소수임을 알 수 있습니다.

> 2부터 n - 1까지의 어떤 정수로도 나누어떨어지지 않습니다.

만약 나누어떨어지는 정수가 하나 이상 존재하면 그 수는 합성수(composite number)입니다. 실습 2-9는 1,000 이하의 모든 소수를 나열하는 프로그램입니다.

Do it! 실습 2-9 • 완성 파일 chap02/prime1.c

```
01  // 1,000 이하의 소수를 나열(버전 1)
02  #include <stdio.h>
03
04  int main(void)
05  {
06    unsigned long counter = 0;       // 나눗셈 횟수
07    for(int n = 2; n <= 1000; n++) {
08      int i;
09      for(i = 2; i < n; i++) {
10        counter++;
11        if(n % i == 0)               // 나누어떨어지면 소수가 아님
12          break;                     // 더 이상의 반복은 불필요
13      }
14      if(n == i)                     // 마지막까지 나누어떨어지지 않음
15        printf("%d\n", n);
16    }
17    printf("나눗셈을 실행한 횟수: %lu\n", counter);
18
19    return 0;
20  }
```

실행 결과

```
2
3
5
7
… 생략 …
991
997
나눗셈을 실행한 횟수: 78022
```

소수를 구하는 범위는 이중 for 문 구조입니다. 바깥쪽 for 문에서 n값을 2부터 시작하여 1,000이 될 때까지 1씩 증가하면서 그 값이 소수인지를 판단합니다. 판단하는 과정을 그림 2-13과 같이 정리했습니다. 그림 2-13을 통해 9와 13을 예로 들어 구체적으로 살펴보겠습니다.

- 9일 때 소수인지 판단하는 방법
  안쪽의 for 문에서 i값을 2, 3, …, 8로 증가합니다. 9는 i가 3일 때 나누어떨어지므로 break 문이 동작하여 for 문의 반복이 중단됩니다. 따라서 나눗셈은 2와 3일 때 2회만 진행됩니다. for 문을 벗어날 때의 i값은 3입니다.

- 13일 때 소수인지 판단하는 방법
  안쪽의 for 문에서 i값을 2, 3, …, 12로 증가합니다. 13은 한 번도 나누어떨어지지 않습니다. 따라서 11회의 나눗셈이 모두 수행됩니다. for 문을 벗어날 때의 i값은 13입니다.

소수
합성수

검은색이고 두꺼운 글자	**3**	나눗셈을 실행, 나누어떨어지지 않음
파란색이고 기울어진 글자	*3*	나눗셈을 실행, 나누어떨어짐
검은색이고 가는 글자	~~3~~	나눗셈이 필요하지 않음

n	나누는 수	나눗셈 횟수
2		
3	**2**	1
4	*2* ~~3~~	1
5	**2 3 4**	3
6	*2* ~~3 4 5~~	1
7	**2 3 4 5 6**	5
8	*2* ~~3 4 5 6 7~~	1
9	**2** *3* ~~4 5 6 7 8~~	2
10	*2* ~~3 4 5 6 7 8 9~~	1
11	**2 3 4 5 6 7 8 9 10**	9
12	*2* ~~3 4 5 6 7 8 9 10 11~~	1
13	**2 3 4 5 6 7 8 9 10 11 12**	11
14	*2* ~~3 4 5 6 7 8 9 10 11 12 13~~	1
15	**2** *3* ~~4 5 6 7 8 9 10 11 12 13 14~~	2
16	*2* ~~3 4 5 6 7 8 9 10 11 12 13 14 15~~	1
17	**2** ~~3 4 5 6 7 8 9 10 11 12 13 14 15 16~~	15
18	*2* ~~3 4 5 6 7 8 9 10 11 12 13 14 15 16 17~~	1

[그림 2-13] 소수인지 판단하기 위한 나눗셈

안쪽 for 문의 반복이 종료된 시점에서 변수 i의 값은 아래와 같습니다.

- n이 소수인 경우: for 문이 끝까지 실행됨 → i는 n과 같은 값
- n이 합성수인 경우: for 문이 중단됨 → i는 n보다 작은 값

실습 2-9 프로그램의 if 문 부분(14~15행)에서 i값이 n과 같을 때 그 값을 소수로 출력합니다. 실행 결과에서 볼 수 있듯이 나눗셈을 실행한 횟수는 총 78,022회입니다.

나눗셈을 할 때마다 변수 counter를 증가해 연산 횟수를 계산합니다.

그런데 n이 2 또는 3으로 나누어떨어지지 않으면 2×2인 4 또는 2×3인 6으로도 나누어떨어지지 않습니다. 그러므로 이 프로그램은 불필요한 나눗셈을 실행하고 있음을 알 수 있습니다. 즉, 정수 n이 소수인지의 여부는 아래 조건을 만족하는지 조사하면 됩니다.

2부터 n - 1까지의 어떤 소수로도 나누어떨어지지 않습니다.

예를 들어, 7이 소수인지는 7보다 작은 소수 2, 3, 5로 나눗셈을 실행하면 충분합니다. 이 아이디어를 적용하여 계산 시간을 줄여 보겠습니다.

알고리즘 개선(1)

앞의 아이디어를 바탕으로 개선한 프로그램이 실습 2-10입니다. 소수를 구하는 과정에서 그때까지 구한 소수를 배열 prime의 요소로 저장합니다. 이때, n이 소수인지를 판단할 때 쌓아 놓은 소수로 나눗셈을 합니다. 프로그램의 진행에 따라 배열에 저장되는 값이 변화하는 모습을 그림 2-14에 나타냈습니다. 먼저 2는 소수이므로 점선 안의 그림처럼 값 2를 prime[0]에 저장합니다(1). 배열에 저장한 소수의 개수를 나타내는 변수 ptr은 그림 2-14에서 ● 안의 값과 같습니다. prime[0]에 2를 저장한 바로 다음의 ptr값은 1입니다.

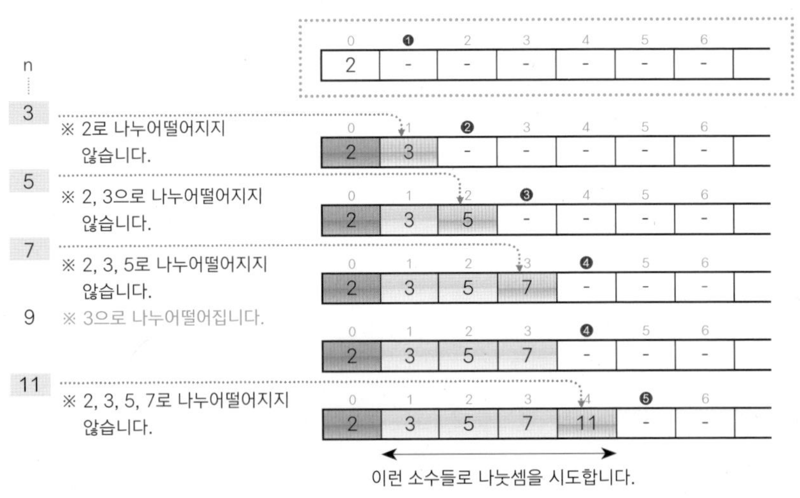

[그림 2-14] 소수인지 판단하기 위한 나눗셈

실습 2-10 프로그램의 1 다음에 나오는 이중 for 문으로 3 이상의 소수를 구합니다. 바깥쪽 for 문은 n값을 2씩 증가하여 3, 5, 7, 9, …, 999로 홀수값만을 생성합니다. 4 이상의 짝수는 2로 나누어떨어지므로 소수가 아니기 때문입니다. 안쪽의 for 문은 i값을 1부터 시작하여 ptr - 1회 반복합니다. 그림 2-14에서 안의 값으로 나눗셈하는 것과 같습니다.

변수 i의 증가는 0이 아니라 1부터 시작합니다. 판단 대상인 n이 홀수이므로 prime[0]에 저장된 2로는 나눌 필요가 없기 때문입니다.

구체적으로 어떤 연산이 수행되는지 다음 네 가지 과정(a~d)을 예로 들어 살펴보겠습니다.

a 3이 소수인지 판단하는 과정(n은 3이고 ptr은 1 → 2)

ptr이 1이므로 안쪽 for 문은 실질적으로 건너뜁니다. if 문에 의해 n값 3이 prime[1]에 저장됩니다.

실습 2-10 프로그램의 2 부분에서 if 문은 제어식 ptr == i(1 == 1)가 참이므로 prime[ptr++]에 n, 즉 3을 대입합니다.

Do it! 실습 2-10

• 완성 파일 chap02/prime2.c

```
01  // 1,000 이하의 소수를 나열(버전 2)
02  #include <stdio.h>
03
04  int main(void)
05  {
06    int prime[500];                          // 소수를 저장하는 배열
07    int ptr = 0;                             // 이미 얻은 소수의 개수
08    unsigned long counter = 0;               // 나눗셈 횟수
09    prime[ptr++] = 2;                        // 2는 소수입니다. ─1
10    for(int n = 3; n <= 1000; n += 2) {      // 홀수만을 대상
11      int i;
12      for(i = 1; i < ptr; i++) {             // 이미 얻은 소수로 나눔
13        counter++;
14        if(n % prime[i] == 0)                // 나누어떨어지므로 소수가 아님
15          break;                             // 더 이상의 반복은 불필요
16      }
17      if(ptr == i)                           // 마지막까지 나누어떨어지지 않았다면
18        prime[ptr++] = n;                    // 배열에 저장                       ─2
19    }
20    for(int i = 0; i < ptr; i++)
21      printf("%d\n", prime[i]);
22    printf("나눗셈을 실행한 횟수: %lu\n", counter);
23
24    return 0;
25  }
```

실행 결과
… 생략 …
나눗셈을 실행한 횟수: 14622

b 5가 소수인지 판단하는 과정(n은 5이고 ptr은 2 → 3)

prime[1]에 저장한 3으로 나눗셈을 실행합니다(나누어떨어지지 않습니다). 소수라고 판단되므로 n값 5를 prime[2]에 저장합니다.

모든 [ ]의 값으로 나누어떨어지지 않고 안쪽 for 문이 끝까지 실행되면 for 문 종료 시 i값은 ptr과 일치합니다. 즉, i와 ptr의 값이 같으면 소수입니다(2).

c 7이 소수인지 판단하는 과정(n은 7이고 ptr은 3 → 4)

prime[1]에 저장한 3과 prime[2]에 저장한 5로 나눗셈을 실행합니다(어느 쪽도 나누어떨어지지 않습니다). 소수라고 판단되므로 n값 7을 prime[3]에 저장합니다.

d 9가 소수인지 판단하는 과정(n은 9이고 ptr은 4)

prime[1]에 저장한 3으로 나눗셈을 실행합니다. 3으로 나누어떨어지므로 소수가 아닌 합성수라고 판단합니다.

의 값으로 나누어떨어질 때는 n이 소수가 아닌 합성수입니다. 안쪽의 for 문이 중단되므로 for 문 종료 시 i값은 ptr보다 작습니다.

이렇게 알고리즘을 수정하면 나눗셈을 수행하는 횟수가 78,022회에서 14,622회로 감소합니다. 두 프로그램을 비교하면 다음과 같은 결론을 내릴 수 있습니다.

1. 같은 답을 얻는 알고리즘은 하나가 아닙니다.
2. 빠른 알고리즘은 메모리를 많이 요구합니다.

알고리즘 개선(2)

계속해서 알고리즘을 개선해 보겠습니다. 100의 약수를 그림으로 나타내면 아래의 그림 2-15와 같습니다(단, 1 × 100은 제외합니다).

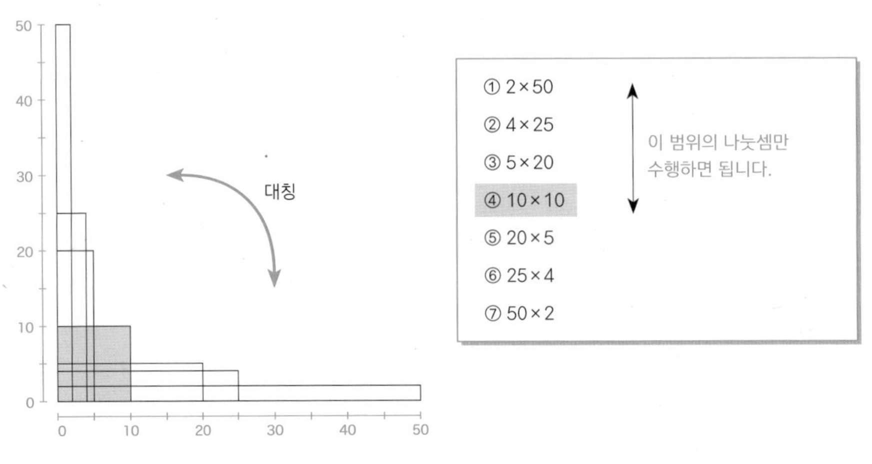

[그림 2-15] 100의 약수의 대칭성

그림 2-15에서 얻어지는 값은 넓이가 100인 직사각형의 가로, 세로의 길이와 같습니다. 예를 들어 4 × 25와 25 × 4는 가로, 세로가 다르지만 같은 직사각형이라고 말할 수 있습니다. 그리고 그림 2-15의 모든 직사각형은 정사각형인 10 × 10을 중심으로 대칭 형태를 이루고

있습니다. 이는 정사각형 한 변의 길이까지만 소수로 나눗셈을 시도하고, 그 과정에서 한 번도 나누어떨어지지 않으면 소수라고 판단해도 좋다는 것을 의미합니다.

100이 4로 나누어떨어지지 않는다면 25로도 나누어떨어지지 않습니다.

넓이가 100이라는 것은 직사각형의 어느 한 변으로 나눌 수 있다는 의미입니다. 이러한 성질을 이용하여 제곱근을 한 변으로 하는 이후의 직사각형에 대한 계산량을 줄이는 것이 앞 알고리즘의 핵심입니다.

즉, 어떤 정수 n은 다음 조건을 만족하면 소수라고 판단할 수 있습니다.

n의 제곱근 이하의 어떤 소수로도 나누어떨어지지 않습니다.

이 아이디어를 바탕으로 개선한 프로그램이 실습 2-11입니다. prime[i]가 n의 제곱근 이하인지를 판단하는 다음과 같은 부분을 실습 2-11 프로그램의 14행에 따로 표시했습니다.

prime[i]의 제곱이 n 이하인가?

이때 n의 제곱근을 구하는 것보다 제곱을 구하는 것이 훨씬 간단하고 빠릅니다. 제곱을 구할 때는 곱하기 연산을 사용하면 됩니다.

한편, 새로 도입된 곱셈의 비용은 나눗셈을 계산하는 비용과 같습니다. 실습 2-9의 버전1 프로그램과 실습 2-10의 버전2 프로그램에서는 나눗셈의 횟수만 세었습니다. 하지만 실습 2-11 프로그램에서는 counter에 곱셈과 나눗셈 횟수의 합계를 한 번에 저장합니다.

counter 변수는 이 알고리즘이 계산 비용을 얼마나 요구하는지 저장하는 변수입니다.

Do it! 실습 2-11 • 완성 파일 chap02/prime3.c

```
01  // 1,000 이하의 소수를 나열(버전 3)
02  #include <stdio.h>
03
04  int main(void)
05  {
06      int prime[500];                     // 소수를 저장하는 배열
07      int ptr = 0;                        // 이미 얻은 소수의 개수
08      unsigned long counter = 0;          // 곱셈과 나눗셈의 실행 횟수
09      prime[ptr++] = 2;                   // 2는 소수
10      prime[ptr++] = 3;                   // 3은 소수
```

실행 결과

```
… 생략 …
곱셈과 나눗셈을 실행한 횟수: 3774
```

```
11      for(int n = 5; n <= 1000; n += 2) {      // 홀수만을 대상
12        int i;
13        int flag = 0;
14        for(i = 1; counter ++, prime[i] * prime[i] <= n ; i++) {
15          counter++ ;
16          if(n % prime[i] == 0) {              // 나누어떨어지면 소수가 아님
17            flag = 1;
18            break;                             // 더 이상의 반복은 불필요
19          }
20        }
21        if(! flag)                             // 마지막까지 나누어떨어지지 않음
22          prime[ptr++] = n;                    // 배열에 저장
23      }
24      for(int i = 0; i < ptr; i++)
25        printf("%d\n", prime[i]);
26      printf("곱셈과 나눗셈을 실행한 횟수: %lu\n", counter);
27
28      return 0;
29  }
```

곱셈과 나눗셈의 실행 횟수를 나타내는 변수 counter를 증가하는 부분은 실습 2-11 프로그램에 따로 표시한 두 곳(14~15행)입니다. 또한 변수 counter의 값은 아래 두 연산이 실행될 때마다 증가합니다.

- 곱셈 … prime[i] * prime[i]
- 나눗셈 … n % prime[i]

버전 2의 계산 횟수(14,622회)와 비교하면 버전 3에서의 계산 횟수는 3,774회로 줄어들었습니다. 이처럼 버전 1의 프로그램을 버전 2, 버전 3으로 개선했습니다. 알고리즘에 따라 계산 속도가 빨라짐을 실감했을 것입니다. 안쪽 for 문의 제어식 counter ++, prime[i] * prime[i] <= n에서는 쉼표 연산자(comma operator)를 사용하고 있습니다. 보통 쉼표 식 op1, op2를 평가할 때는 먼저 op1을 평가하고 그 다음에 op2를 평가합니다. 이 식 전체를 평가하여 얻는 값은 오른쪽 피연산자 op2를 평가하여 얻는 자료형을 가진 값입니다. 실습 2-11 프로그램의 경우 먼저 왼쪽 피연산자 counter++를 평가하면서 counter를 증가시키고 그 다음에 오른쪽 피연산자의 식 prime[i] * prime[i] <= n을 평가합니다. for 문의 반복을 계속할지는 오

른쪽 피연산자(prime[i] * prime[i] <= n)가 성립하는지의 여부에 달려 있습니다.

버전 2, 버전 3에서 소수를 저장하는 배열 prime의 요소 개수는 500개입니다. 2 이외의 짝수는 소수가 아니므로 적어도 1,000의 절반인 500을 배열의 요소 개수로 준비하면(2의 배수를 제외한 개수) 소수는 반드시 500개의 배열 안에 들어갑니다.

다차원 배열 만들기

지금까지 배운 배열의 요소는 int, double 등의 단일 자료형이었습니다. 하지만 배열을 요소로 하는 배열도 만들 수 있습니다. 배열을 자료형으로 하면 2차원 배열이고, 2차원 배열을 자료형으로 하면 3차원 배열입니다. 물론 4차원 이상의 배열도 만들 수 있습니다. 이렇게 2차원 이상의 배열을 다차원 배열(multidimensional array)이라고 합니다. 지금까지 배운 '단일 자료형을 가지는 배열'은 다차원 배열과 구별하기 위해 '1차원 배열'이라고 합니다. 그림 2-16은 2차원 배열을 만들어내는 과정입니다. 이 과정은 다음과 같은 2개의 단계를 거칩니다.

- a ⇨ b: 3개의 int형을 한데 모아 1차원 배열을 만들어냄
- b ⇨ c: 4개의 1차원 배열을 한데 모아 2차원 배열을 만들어냄

각각의 자료형은 아래와 같습니다.

- a int형 … int 자료형
- b int[3]형 … int를 자료형으로 하는 단일 요소가 3개인 배열
- c int[4][3]형 … int를 자료형으로 하는 단일 요소가 3개인 배열을 자료형으로 하는 요소 개수가 4개인 배열

2차원 배열은 요소가 가로, 세로로 나란히 줄지어 있어 '행'과 '열'로 구성된 표의 이미지로 나타낼 수 있습니다. 이렇게 나타낸 배열(c)을 '4행 3열의 2차원 배열'이라고 합니다.

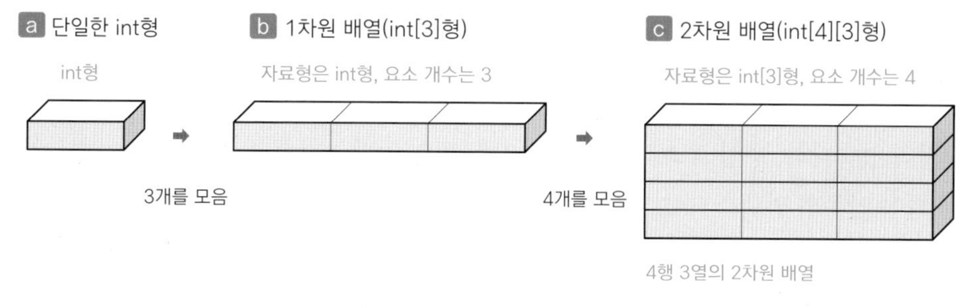

[그림 2-16] 2차원 배열의 도출

앞 그림의 c에서 볼 수 있는 4행 3열인 2차원 배열의 선언과 내부 구조를 나타낸 것이 그림 2-17입니다. 다차원 배열의 선언은 가장 마지막으로 모은 요소 개수(2차원 배열의 경우는 행의 수)를 맨 앞쪽에 놓습니다.

다음 그림 2-17을 통해 다시 정리하면 배열 a의 요소는 a[0], a[1], a[2], a[3]으로 총 4개입니다. 그리고 각 요소(a[n])는 int형이 3개가 모인 int[3]형입니다. 즉, 배열 a 요소의 요소가 int형입니다.

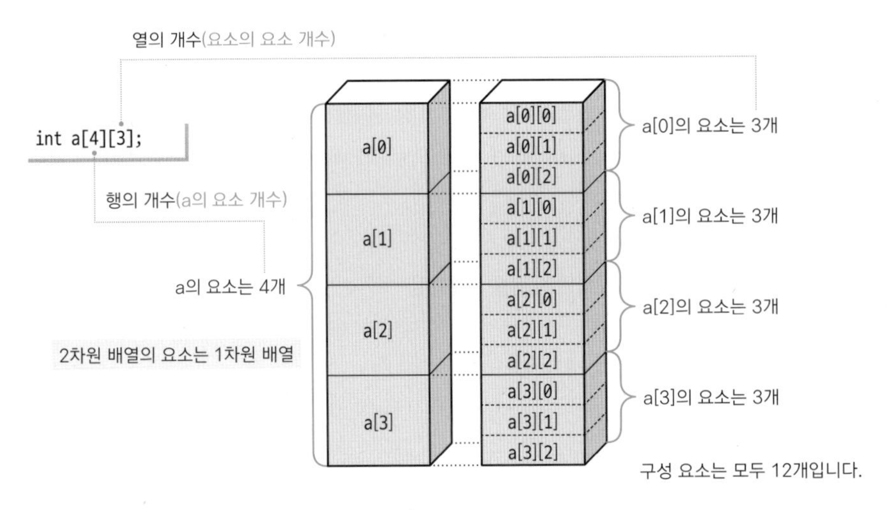

[그림 2-17] 4행 3열의 2차원 배열

배열이 아닌 차원까지 분해한 요소를 이 책에서는 '구성 요소'라고 하겠습니다. 각 구성 요소에 접근하는 식은 인덱스 연산자[]를 이어 쓴 a[i][j]입니다. 인덱스가 0부터 시작하는 규칙은 1차원 배열과 같습니다. 배열 a의 구성 요소는 a[0][0], a[0][1], a[0][2], …, a[3][2]로 모두 12개입니다.

1차원 배열과 마찬가지로 다차원 배열의 모든 요소(전체 구성 요소)는 메모리에 일직선으로 나란히 줄지어 있습니다. 구성 요소의 순서는 먼저 뒤쪽의 인덱스가 0, 1, ...과 같이 차례로 커지고, 그런 다음 앞쪽의 인덱스가 0, 1, ...과 같이 커집니다. 즉, 다음 순서와 같습니다.

```
a[0][0] a[0][1] a[0][2] a[1][0] a[1][1] a[1][2] … a[3][1] a[3][2]
```

그러므로 a[0][2] 바로 다음에 a[1][0]이 오고 a[2][2] 바로 다음에 a[3][0]이 옵니다.
4행 3열의 2차원 배열을 5개 모아 다시 배열을 만들면 3차원 배열이 됩니다. 3차원 배열 c의 선언은 다음과 같습니다.

```
int c[5][4][3];      // c는 3차원 배열
```

배열 c의 자료형은 int[5][4][3]형입니다. 첫 번째 구성 요소는 c[0][0][0]이고, 마지막 구성 요소는 c[4][3][2]입니다.

날짜를 계산하는 프로그램 만들기

2차원 배열을 사용한 프로그램을 작성해 보겠습니다. 실습 2-12는 년, 월, 일의 3개 값이 주어지면 이를 이용해 해당하는 연도의 지난 날 수를 구하는 프로그램입니다.

Do it! 실습 2-12

• 완성 파일 chap02/dayof_year.c

```
01  /* 한 해의 지난 날 수를 구하여 출력 */
02  #include <stdio.h>
03
04  /*- 각 달의 날 수 -*/
05  int mdays[][12] = {
06    {31, 28, 31, 30, 31, 30, 31, 31, 30, 31, 30, 31},
07    {31, 29, 31, 30, 31, 30, 31, 31, 30, 31, 30, 31}
08  };
09
10  /*--- year년이 윤년인가? ---*/
11  int isleap(int year)
12  {
13    return year % 4 == 0 && year % 100 != 0 || year % 400 == 0;
14  }
15
16  /*--- y년 m월 d일의 그 해 지난 날 수를 구함 ---*/
17  int dayof_year(int y, int m, int d)
18  {
19    int days = d;                           // 날 수
20    for(int i = 1; i < m; i++)
21      days += mdays[isleap(y)][i - 1];
22    return days;
23  }
24
25  int main(void)
```

실행 결과

```
년: 2025
월: 4
일: 15
2025년의 105일째입니다.
다시 할까요?(1 … 예/0 … 아니오): 0
```

```
26  {
27      int retry;                          // 다시?
28      do {
29          int year, month, day;           // 년, 월, 일
30          printf("년: "); scanf("%d", &year);
31          printf("월: "); scanf(%d", &month);
32          printf("일: "); scanf("%d", &day);
33          printf("%d년의 %d일째입니다.\n", year, dayof_year(year, month, day));
34          printf("다시 할까요?(1 … 예/0 … 아니오): ");
35          scanf("%d", &retry);
36      } while(retry == 1);
37
38      return 0;
39  }
```

예를 들어 4월 15일이면 한 해의 지난 날 수는 아래의 간단한 식으로 구할 수 있습니다.

1월 날 수 + 2월 날 수 + 3월 날 수 + 15

이때 날짜를 다루는 계산에서 2월의 날 수를 조심해야 합니다. 평년의 2월 날 수는 28일이지만 윤년의 2월 날 수는 29일로, 날 수가 평년인지 윤년인지에 따라 달라집니다.

지구가 태양 둘레를 한 바퀴 도는 시간은 딱 365일이 아닙니다. 이를 조정하기 위해 4로 나누어떨어지는 해를 윤년으로 하여 1년을 366일로 한 것입니다. 하지만 이렇게 해도 여전히 정확하지 않으므로 100으로 나누어떨어지고 400으로 나누어떨어지지 않는 해를 평년으로 합니다.

조금만 더! 윤년은 어떻게 구하나요?

결국 윤년은 4의 배수 가운데 100의 배수를 제외하고, 제외한 100의 배수 가운데 400의 배수를 다시 포함시키면 됩니다.

실습 2-12의 dayof_year 함수는 각 달의 날 수를 저장하는 2차원 배열 mdays를 사용하여 2월을 특별히 다루지 않고 날 수를 계산합니다. 그림 2-18에서 볼 수 있듯이 배열 mdays의 구성 요소에는 아래의 값이 들어갑니다.

- 인덱스가 0인 행의 구성 요소 (mdays[0][0], mdays[0][1], …, mdays[0][11])
  평년 1월, 2월, …, 12월의 날 수

- 인덱스가 1인 행의 구성 요소 (mdays[1][0], mdays[1][1], …, mdays[1][11])
  윤년 1월, 2월, …, 12월의 날 수

월 - 1의 값을 인덱스로 합니다.

	0	1	2	3	4	5	6	7	8	9	10	11
평년 0	31	28	31	30	31	30	31	31	30	31	30	31
윤년 1	31	29	31	30	31	30	31	31	30	31	30	31

[그림 2-18] 각 달의 날 수를 저장한 2차원 배열

isleap 함수는 매개변수 year로 받은 연도가 윤년이면 1을, 평년이면 0을 반환하는 함수입니다. 그러므로 y년 i월의 날 수는 mdays[isleap(y)][i - 1]로 구할 수 있습니다.

Q10 dayof_year 함수를 변수 i와 days를 사용하지 않고 구현해 보세요. 또한 for 문이 아닌 while 문을 사용하세요.

보충수업 2-9 다차원 배열의 초기화

다차원 배열의 초기화는 { }를 겹치는 방식으로 합니다. 예를 들어, 2행 3열의 2차원 배열 ma의 각 구성 요소를 앞쪽부터 차례대로(1, 2, 3, 4, 5, 6) 초기화하려면 다음과 같이 선언합니다.

같은 초기화 방식입니다.

```
int ma[2][3] = {{1, 2, 3}, {4, 5, 6}};
```

초기화의 개수로 요소 개수를 알 수 있는 경우에는 맨 앞쪽 요소 개수를 생략할 수 있습니다. 예를 들어, 2를 생략하고 아래처럼 선언할 수 있습니다.

```
int ma[ ][3] = {{1, 2, 3}, {4, 5, 6}};
```

그리고 반드시 { }를 중첩할 필요는 없으므로 다음처럼 선언할 수도 있습니다.

```
int ma[2][3] = {1, 2, 3, 4, 5, 6};
```

또 초기화에 없는 요소는 0으로 초기화됩니다. 따라서 다음 두 개의 선언은 같습니다.

같은 초기화 방식입니다.

```
int mc[2][3] = {{1, 2}, {4}};
```

```
int mc[2][3] = {{1, 2, 0}, {4, 0, 0}};
```

보충수업 2-10 C 언어의 변천

긴 역사를 가진 C 언어는 1970년대에 데니스 리치(Dennis M. Ritchie)가 개발했으며, 세상에 공개된 이후 순식간에 전 세계로 퍼져 나갔습니다. 데니스 리치는 브라이언 커니핸(Brian Wilson Kernighan)과 함께 C 언어 프로그래밍 해설서인 『The C Programming Language』(Prentice-Hall, 1978)를 출간했는데, 이 책은 두 저자의 이니셜을 따서 'K&R'이라 불리며 C 언어의 바이블로 통합니다.
K&C의 '참조 매뉴얼(Reference Manual)'에는 C 언어의 사양이 규정되어 있었지만, 애매모호하여 헷갈리기 쉽거나 불완전한 부분 때문에 결국 C 언어의 세계 표준 규격이 등장했습니다. C 언어 표준화

는 국제 표준화기구(ISO) 및 미국 표준화기구(ANSI)에서 진행했으며 다음과 같은 표준 규격 버전이 있습니다.

- 버전 1: 1989년에 ANSI에 의해 표준화가 진행되었고 바로 1년 뒤인 1990년에는 ISO에 의해 표준화가 진행되었습니다. 표준화가 진행된 연도 기준으로 'C89' 또는 'C90'이라고 부릅니다.
- 버전 2: 1999년에 ISO에 의해 다시 표준화가 진행되었습니다. 표준화가 진행된 연도를 기준으로 'C99'라고 부릅니다.
- 버전 3: 2011년에 ISO에 의해 표준화가 진행되었습니다. 표준화가 진행된 연도를 기준으로 'C11'이라고 부릅니다.
- 버전 4: 2018년에 ISO에 의해 표준화가 진행되었습니다. 표준화가 진행된 연도를 기준으로 'C18'이라고 부릅니다.

이후 표준 규격의 버전 1을 담은 K&R 개정판 『The C Programming Language (2nd edition)』(Prentice-Hall, 1988)도 출간되었습니다.
이 책에 사용한 C 언어는 표준 규격 버전 2 이후의 C 언어를 대상으로 합니다. 지금부터 버전 2에 도입된 주요 기능의 일부를 소개하겠습니다.

주석 형식의 변화

C 언어의 주석(comment)은 /* 와 */ 로 둘러싸는 형태였으나 // 부터 행의 끝까지 주석으로 간주하는 // 형식의 주석이 새롭게 채택되었습니다. 이러한 주석 형태는 C 언어의 전신인 BCPL 언어에 쓰이던 것으로, 표준 규격 버전 1 및 K&R에는 사용되지 않았습니다.

변수 선언 위치의 확장

버전 1에서의 과거 블록(복합문) 구문은 다음과 같습니다.

```
{ 선언의 나열  구문의 나열 }
```

이처럼 버전 1에서 변수는 블록의 맨 앞에서만 선언할 수 있었습니다. 하지만 버전 2에서는 선언과 구문의 순서에 관한 제약이 사라져 블록 안 어디에서나 자유롭게 변수를 선언할 수 있습니다. 또한 for 문의 맨 앞에도 변수를 선언할 수 있게 되었습니다(앞서 01-2절의 'for 문 반복'에서 for 문의 두 가지 형식을 학습했습니다. 버전 1에서는 첫 번째 형식만 쓸 수 있었지만, 버전 2 이후로는 두 가지 형식 모두 사용할 수 있습니다).

인라인 함수

버전 2에서는 인라인 함수(inline function)를 정의할 수 있게 되었습니다. 함수를 선언할 때 inline 함수 지정자를 통해 해당 함수를 고속으로 호출할 수 있습니다(실제로 고속 처리되는지 여부는 처리

환경에 따라 달라집니다).

가변 길이 배열

배열을 정의할 때 요수 개수는 상수만 사용할 수 있다는 점을 앞서 02-1절에서 배웠습니다. 이후 버전 2에서는 그러한 제약이 완화되어 요소 개수를 변수로 하는 배열을 정의할 수 있게 되었습니다. 따라서 아래와 같은 코드가 허용됩니다.

```
// 표준 규격 버전 2에서의 배열 선언(버전 1에서는 에러)
void func(int n)
{
  int a[n]; // 요소 개수가 n인 배열(요소 개수는 실행 시 결정)
  //… 생략 …//
}
```

이러한 언어 확장이 필자는 처음부터 의문이었습니다. 사실 이 언어 확장은 버전 3부터 옵션으로 처리되어 컴파일러는 지원하지 않아도 됩니다. C++ 프로그래밍 언어를 개발한 비야네 스트롭스트룹(Bjarne Stroustrup)도 저서 『The C++ Programming Language(4판)』(에이콘출판사, 2015)에서 다음과 같이 기술하고 있습니다.

> C 언어가 C89에서 C99로 진화했을 때, C++는 기능상 잘못된 가변 길이 배열(VLA)과, 장황한 지정 초기화(designated initializer)를 제외한 대부분의 신기능을 도입했다.

가변 길이 배열은 언어 설계상의 실수라고 봐야 합니다. 표준 C 언어의 버전 2에만 정식 도입되었다는 점도 고려하면 사용하지 않는 편을 추천합니다.

지금까지 설명한 네 가지 기능 외에도 다음과 같은 신기능 및 확장 기능이 있습니다.

- _Bool형과 bool형
- long long int형
- 국제문자명(\u 및 \U)
- 요소 개수가 0인 배열의 허용
- 지정 초기화(designated initializer)
- 복합 리터럴
- _Pragma 전처리 연산자
- 가변 인수 매크로
- 빈 매크로 인수
- 함수명 매크로 __func__

- VA_COPY 매크로
- 2문자 표기와 <iso646.h>에서의 한정된 문자집합 지원
- <complex.h>에서의 복소수
- <tgmath.h>에서의 제네릭 매크로
- <wchar.h> 및 <wctype.h>에서의 확장 문자 라이브러리
- <inttype.h> 및 <stdint.h>에서의 확장정수형 및 라이브러리

데니스 리치는 이미 지난 2011년 세상을 떠났으므로 표준 C 언어의 버전 2 이후 규격에 대응한 K&R이 출판되는 일은 없을 것입니다. 필자 개인적으로는 버전 2에 따라 프로그래밍하는 편이 현실적이며, 굳이 버전 3 이후의 새로운 기능을 사용할 정도라면 C++ 사용을 검토해야 한다고 생각합니다.

02-2 구조체란?

구조체는 임의의 데이터를 다시 조합하여 만드는 자료구조입니다.

구조체 살펴보기

어느 그룹의 신체검사 데이터(이름, 키, 시력)를 처리한다고 가정하겠습니다. 그리고 지금까지 배운 대로 그림 2-19처럼 각 항목에 대해 배열을 준비합니다(이 그림은 그룹이 7명입니다). 예를 들어, name[0] '박현규'의 키는 height[0]에 저장되고, 시력은 vision[0]에 저장됩니다.

	name		height		vision
0	박현규	0	162	0	0.3
1	함진아	1	173	1	0.7
2	최윤미	2	175	2	2.0
3	홍연의	3	171	3	1.5
4	이수진	4	168	4	0.4
5	김영준	5	174	5	1.2
6	박용규	6	169	6	0.8

[그림 2-19] 이름의 배열, 키의 배열, 시력의 배열

그런데 각 개인의 데이터를 같은 인덱스 요소에 저장하도록 프로그램에서 코드로 관리하는 것은 어려운 일입니다.

😊 심술궂은 프로그래머가 키를 이름의 역순으로 저장하고 시력을 무작위로 저장할 수도 있습니다.

현실에서는 그림 2-20처럼 각 개인의 카드를 사람 수만큼 준비하고 거기에 시력과 키 데이터를 적어 넣으면 됩니다. 프로그램에서도 이런 방법으로 구현해야 합니다.

0	박현규	162	0.3
1	함진아	173	0.7
2	최윤미	175	2.0
3	홍연의	171	1.5
4	이수진	168	0.4
5	김영준	174	1.2
6	박용규	169	0.8

[그림 2-20] 이름, 키, 시력을 한 세트로 만든 '카드' 배열

구조체 선언

임의의 자료형의 요소를 조합하여 다시 만든 자료구조가 구조체(structure)입니다. 다음 그림 2-21은 간단한 구조로 이루어진 구조체를 나타낸 것이며, 1 부분은 'struct xyz는 이런

형이에요.'라고 선언한 부분입니다. 이렇게 구조체에 붙는 이름인 xyz를 구조체 태그(structure tag)라고 합니다. 그리고 구조체를 구성하는 요소를 구조체 멤버(structure member)라고 합니다. 여기에서는 {} 안에 선언한 x, y, z가 구조체 멤버입니다.

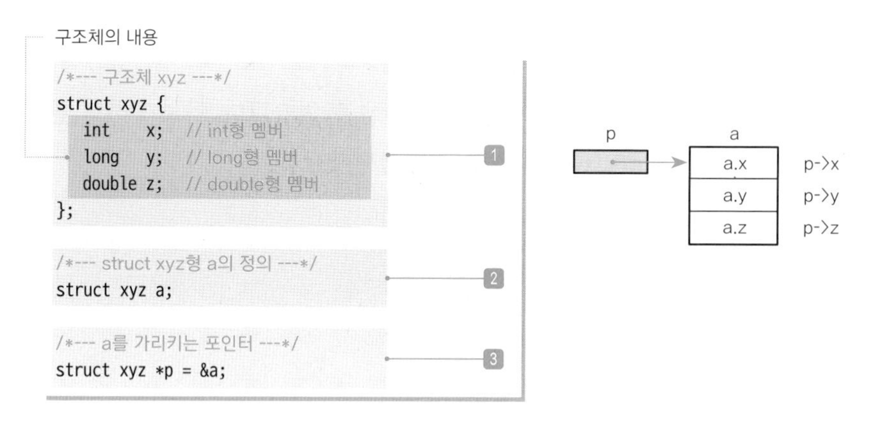

[그림 2-21] 구조체형과 멤버의 접근

즉, struct xyz형의 구조체 내용물(structure content)은 다음과 같이 들어 있는 셈입니다.

int형(x), long형(y), double형(z)의 3개 구조체가 모여 있는 멤버

그림 2-21의 2 부분은 struct xyz형을 갖는 객체 a를 정의합니다.

구조체의 객체 안 멤버는 . 연산자를 사용하여 접근합니다. 따라서 객체 a 안의 멤버 x에 접근할 때는 다음과 같은 형식을 사용합니다.

```
a.x    // 객체 이름.멤버 이름(객체 a 안의 멤버 x)
```

마지막으로, 그림 2-21의 3 부분은 포인터 p가 a를 가리키도록 선언합니다. p가 구조체형 객체에 대한 포인터일 때 p가 가리키는 객체의 멤버 x에 접근하는 형식은 -> 연산자를 사용합니다.

```
p->x    // 포인터 이름 -> 멤버 이름(p가 가리키는 객체 안의 멤버 x)
```

보통 . 연산자를 도트 연산자(dot operator), -> 연산자를 화살표 연산자(arrow operator)라 부릅니다.

그런데 구조체는 태그 이름 xyz만을 구조체 자료형의 이름으로 지정할 수 없습니다. 구조체 자료형의 이름은 struct xyz처럼 두 단어로 구성해야 합니다. 이때 typedef 선언을 사용해 짧

은 이름으로 다시 만들어 사용할 수 있습니다. 예를 들어 다음과 같이 struct xyz에 대하여 typedef 이름인 동의어 XYZ를 정의할 수 있습니다.

```
typedef struct xyz XYZ;          // struct xyz와 동의어인 XYZ를 선언
```

이제 하나의 단어 XYZ만으로 구조체 자료형의 이름을 나타낼 수 있습니다. 이렇게 하면 변수 a와 포인터 p는 아래처럼 간단하게 선언하고 정의할 수 있습니다.

```
XYZ a;          // XYZ형(즉, struct xyz형)의 a
XYZ *p = &a;    // a를 가리키는 XYZ *형(즉, struct xyz *형)의 포인터 p
```

구조체 배열로 구현하기

실습 2-13은 신체검사 데이터를 구조체 배열로 구현한 프로그램입니다.

Do it! 실습 2-13

• 완성 파일 chap02/physical.c

```
01  // 신체검사 데이터용 구조체 배열
02  #include <stdio.h>
03  #define VMAX 21           // 시력의 최댓값 2.1 × 10
04
05  /*--- 신체검사 데이터형 ---*/
06  typedef struct {
07    char   name[20];    // 이름
08    int    height;      // 키
09    double vision;      // 시력
10  } PhysCheck;
11
12  /*--- 키의 평균값 ---*/
13  double ave_height(const PhysCheck dat[], int n)
14  {
15    double sum = 0;
16    for (int i = 0; i < n; i++)
17      sum += dat[i].height;
18    return sum / n;
19  }
20
```

실행 결과

```
■□■ 신체검사표 ■□■
이름          키     시력
-------------------------------
박현규        162    0.3
함진아        173    0.7
최윤미        175    2.0
홍연의        171    1.5
이수진        168    0.4
김영준        174    1.2
박용규        169    0.8
평균 키: 170.3 cm
시력 분포
0.0 ~: 0 명
0.1 ~: 0 명
0.2 ~: 0 명
0.3 ~: 1 명
0.4 ~: 1 명
0.5 ~: 0 명
… 생략 …
```

```
21  /*--- 시력 분포 ---*/
22  void dist_vision(const PhysCheck dat[], int n, int dist[])
23  {
24    for(int i = 0; i < VMAX; i++)
25      dist[i] = 0;
26    for(int i = 0; i < n; i++)
27      if(dat[i].vision >= 0.0 && dat[i].vision <= VMAX/10.0)
28        dist[(int)(dat[i].vision * 10)]++;
29  }
30
31  int main (void)
32  {
33    PhysCheck x[] = {
34      { "박현규", 162, 0.3 },
35      { "함진아", 173, 0.7 },
36      { "최윤미", 175, 2.0 },
37      { "홍연의", 171, 1.5 },
38      { "이수진", 168, 0.4 },
39      { "김영준", 174, 1.2 },
40      { "박용규", 169, 0.8 }
41    };
42    int nx = sizeof(x) / sizeof(x[0]);          // 사람 수
43    int vdist[VMAX];                            // 시력 분포
44    puts("■ □ ■  신체검사표  ■ □ ■");
45    puts("    이름        키  시력  ");
46    puts("----------------------------");
47    for(int i = 0; i < nx; i++)
48      printf("%-18.18s%4d%5.1f\n", x[i].name, x[i].height, x[i].vision);
49    printf("\n 평균 키: %5.1f cm\n", ave_height(x, nx));
50    dist_vision(x, nx, vdist);                  // 시력 분포
51    printf("\n 시력 분포\n");
52    for(int i = 0; i < VMAX; i++)
53      printf("%3.1f ~: %2d 명\n", i/10.0, vdist[i]);
54
55    return 0;
56  }
```

실습 2-13 프로그램은 신체검사 데이터를 표로 출력하고, 평균 키와 시력 분포도 출력합니다. 이 프로그램 앞부분에서 선언하고 정의하는 구조체의 이름은 PhysCheck입니다. 이 구조체

는 이름(문자열), 키(int형), 시력(double형)을 가집니다.

실습 2-13 프로그램은 구조체 선언과 typedef 선언을 한 번에 합니다(즉, 구조체 선언을 함과 동시에 typedef 이름을 부여합니다. 이때 태그 이름은 부여하지 않습니다).

신체검사 데이터를 저장하는 것이 PhysCheck형 배열 x입니다. 각 요소에 대해 이름, 키, 시력의 데이터를 선언하면서 바로 초기화합니다.
앞 절에서는 배열에 대해 기본적인 자료형(char, int, float, …) 정도만 배웠습니다. 이제는 배열의 구성 요소로 이런 기본적인 자료형뿐만 아니라 열거형, 구조체 등도 허용합니다.

배열 x의 요소 개수는 식 sizeof(x) / sizeof(x[0])로 구합니다. 그 방법은 앞서 02-1절에서 배웠습니다.

실습 2-13 프로그램은 두 개의 함수를 정의합니다. ave_height 함수는 신체검사 데이터의 배열을 받아 키의 평균을 실수(double)로 구하는 함수이고, dist_vision 함수는 시력 분포를 구하는 함수입니다. 분포를 저장하는 곳은 세 번째 인수 dist입니다. 시력 분포는 0.1 단위로 구합니다.

이 프로그램은 시력의 최댓값이 2.1이라는 것을 전제로 합니다.

연습문제

Q11 실습 2-13 프로그램의 시력 분포를 오른쪽처럼 그래프 모양으로 출력하도록 프로그램을 작성하세요.

```
0.1 ~: *
0.2 ~: ***
0.3 ~: *
… 생략 …
```

Q12 날짜를 나타내는 구조체가 오른쪽처럼 주어져 있습니다. 아래의 함수를 작성하세요.

```
typedef struct {
  int y;      // 년
  int m;      // 월(1 ~ 12)
  int d;      // 일(1 ~ 31)
} Date;
```

1. y년 m월 d일을 나타내는 구조체를 반환하는 함수

```
Date DateOf(int y, int m, int d);
```

2. 날짜 x의 n일 뒤의 날짜를 반환하는 함수

```
Date After(Date x, int n);
```

3. 날짜 x의 n일 앞의 날짜를 반환하는 함수

```
Date Before(Date x, int n);
```

이 외에도 다양한 함수를 스스로 설계하여 작성해 보세요.

03

검색 알고리즘

03-1 검색 알고리즘이란?

03-2 선형 검색

03-3 이진 검색

03-1 검색 알고리즘이란?

이 장에서는 데이터 집합에서 원하는 값을 가진 요소를 찾아내는 검색 알고리즘에 대해 살펴보겠습니다.

검색과 키 살펴보기

주소록을 검색한다고 가정해 보겠습니다. 한 마디로 검색(searching)이라고 표현은 하지만 실제로 검색 과정은 아래와 같은 방법으로 이루어집니다.

1. 국적이 한국인 사람을 찾습니다.
2. 나이가 21세 이상 27세 미만인 사람을 찾습니다.
3. 어떤 낱말과 발음이 가장 비슷한 이름의 사람을 찾습니다.

이러한 검색의 공통점은 특정 항목에 주목한다는 점입니다. 여기서는 그 주목하는 항목을 키(key)라고 하겠습니다. 예를 들어 국적을 검색하는 경우 국적이 키이고 나이를 검색하는 경우 나이가 키입니다. 데이터가 단순한 정숫값이면 데이터값을 키값이라고 생각해도 좋지만 대부분의 경우에서 키는 데이터의 '일부'입니다. 그런데 각종 검색 과정을 살펴보면 키값을 아래처럼 지정하고 있습니다.

1. 키값과 일치하도록 지정합니다(한국).
2. 키값의 구간을 지정합니다(21세 이상 27세 미만).
3. 키값과 비슷하도록 지정합니다(발음이 가장 비슷한 이름).

물론 이런 조건은 하나만 지정하기도 하지만 논리곱이나 논리합을 사용하여 복합해서 지정하기도 합니다.

배열에서 검색하기

그림 3-1은 검색에 대한 세 가지 예로, 이 세 가지 검색 기법에서 몇몇은 자료구조에 의존하는 방법입니다. b의 선형 리스트에서의 검색은 08장에서, c의 이진검색트리에서의 검색은

09장에서 소개합니다. 또 그림 3-1에는 없지만 문자열에서 일부 문자열을 검색하는 기법도 있습니다. 이 내용은 07장에서 배웁니다.

a 배열 검색

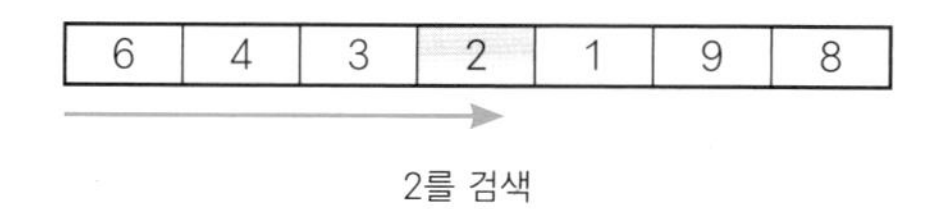

b 선형 리스트 검색

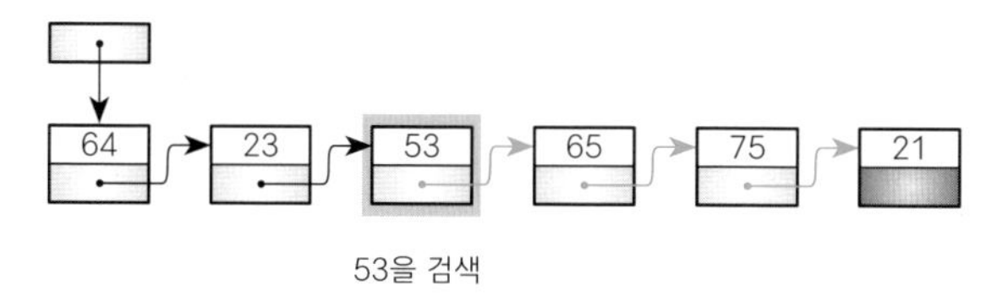

c 이진검색트리 검색

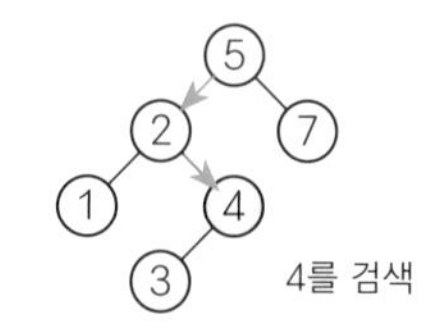

[그림 3-1] 검색이란 어떤 조건을 만족하는 데이터를 찾는 과정

이 장에서 학습하는 내용은 a 의 '배열 검색'이며 구체적으로 다음의 알고리즘을 활용합니다.

1. 선형 검색: 무작위로 늘어놓은 데이터 모임에서 검색을 수행합니다.
2. 이진 검색: 일정한 규칙으로 늘어놓은 데이터 모임에서 아주 빠른 검색을 수행합니다.
3. 해시법: 추가, 삭제가 자주 일어나는 데이터 모임에서 아주 빠른 검색을 수행합니다.
    - 체인법: 같은 해시값의 데이터를 선형 리스트로 연결하는 방법
    - 오픈 주소법: 데이터를 위한 해시값이 충돌할 때 재해시하는 방법

특히, 해시법은 데이터 검색을 비롯해 추가나 삭제 등을 더 효율적으로 수행하는 종합적인 방법입니다.

데이터 집합이 있을 때 '검색만 하면 되지!' 라고 생각한다면 검색에 사용할 알고리즘은 계산 시간이 짧은 알고리즘을 선택하면 됩니다. 그러나 데이터 집합에 대한 검색뿐 아니라 데이터의 추가, 삭제 등을 자주 하는 경우라면 검색 이외의 작업에 소요되는 비용을 종합적으로 평가하여 알고리즘을 선택해야 합니다. 예를 들어, 데이터 추가를 자주 하는 경우에는 검색이 빠르더라도 데이터의 추가 비용이 많이 들어가는 알고리즘은 피해야 합니다.
따라서 어떤 목적을 이루기 위해 선택할 수 있는 알고리즘이 다양하게 존재하는 경우에는 용도나 목적, 실행 속도, 자료구조 등을 고려하여 알고리즘을 선택해야 합니다.

조금만 더! 어떤 경우에 데이터 추가 비용이 더 많이 들까요?

예를 들어, 학생의 번호 순서대로 키(height)의 값을 넣은 배열이 있다고 가정할 경우 학생의 번호만 알면 바로 키(height) 값을 알 수 있습니다. 하지만 새로운 학생이 전학을 와서 중간에 데이터를 끼워 넣어야 할 경우라면 이후의 학생을 모두 뒤로 밀어 넣는 작업을 해야 합니다. 바로 이런 경우에 '배열은 검색은 빠르지만 데이터를 추가하기 위한 비용이 많이 든다' 라고 합니다.

03-2 선형 검색

이번 절에서는 배열에서 검색하는 방법 가운데 가장 기본적인 알고리즘을 살펴보겠습니다. 이 알고리즘은 선형 검색(linear search)이라고 하며 다음 장에서도 자주 사용하므로 확실히 익혀 두어야 합니다.

선형 검색 다루기

요소가 직선 모양으로 늘어선 배열에서의 검색은 원하는 키값을 갖는 요소를 만날 때까지 맨 앞부터 순서대로 요소를 검색하면 되는데, 이것이 선형 검색(linear search) 또는 순차 검색(sequential search)이라는 알고리즘입니다. 구체적인 과정을 아래의 그림 3-2에 나타냈습니다. 이들 두 개 그림은 배열 {6, 4, 3, 2, 1, 2, 8}에서 검색을 수행합니다.
A는 값 2의 요소를 검색하는 데 성공한 예이고 B는 값 5의 요소를 검색하는 데 실패한 예입니다. 이때 A와 B 모두 배열의 요소를 맨 앞부터 순서대로 검색합니다.

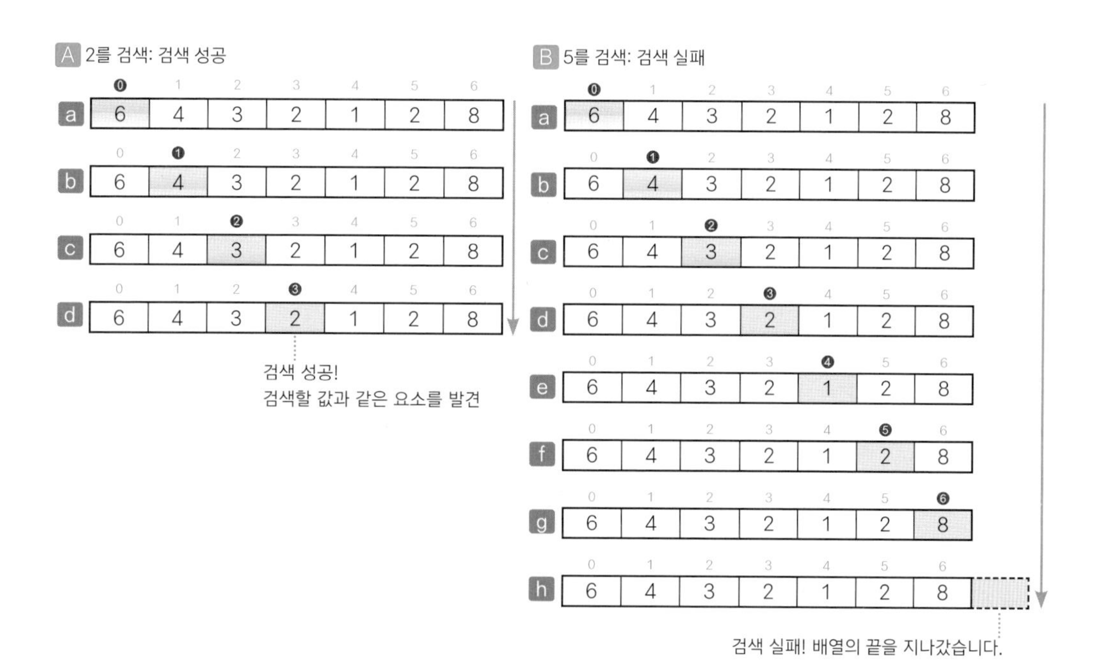

[그림 3-2] 선형 검색의 예(검색 성공 및 실패)

이 그림에서 ● 안의 값은 배열 요소의 인덱스입니다. 예를 들어 A의 경우 검색은 다음과 같이 진행됩니다.

> a 인덱스 0의 요소 6에 주목합니다. 원하는 값이 없습니다.
> b 인덱스 1의 요소 4에 주목합니다. 원하는 값이 없습니다.
> c 인덱스 2의 요소 3에 주목합니다. 원하는 값이 없습니다.
> d 인덱스 3의 요소 2에 주목합니다. 원하는 값입니다. 검색 성공입니다.

한편, 그림 B에서는 a에서 h까지 배열의 요소를 맨 앞부터 순서대로 검색합니다. 검색을 끝까지 수행해도 키값과 같은 값의 요소를 만나지 못했습니다. 즉, 키값과 같은 값의 요소가 배열에 없으므로 검색 실패입니다.

성공의 예와 실패의 예를 보면 배열 검색의 종료 조건은 2개임을 알 수 있습니다. 다음 조건 중 하나라도 성립하면 검색을 종료합니다.

> **선형 검색에서 배열 검색의 종료 조건**
> ① 검색할 값을 발견하지 못하고 배열의 끝을 지나간 경우(검색 실패)
> ② 검색할 값과 같은 요소를 발견한 경우(검색 성공)

배열 요소의 개수가 n개일 때 ①, ② 조건을 판단하는 횟수는 평균 n/2회입니다.

원하는 값이 배열에 존재하지 않는 경우 ①은 n + 1회, ②는 n회 수행됩니다.

요소 개수가 n인 배열 a에서 값이 key인 요소를 검색하는 코드는 다음과 같습니다.

```
01    nt i = 0;
02    while (1) {
03      if (i == n)
04        return -1;      // 검색 실패        ─ 1
05      if (a[i] == key)
06        return i;       // 검색 성공        ─ 2
07      i++;
08    }
```

배열을 검색할 때 배열 요소의 인덱스를 가리키는 변수는 i입니다. i는 0으로 초기화하고, 요소를 하나 검색할 때마다 while 문이 제어하는 루프 본문의 끝에서 증가시킵니다. 앞에서 살펴본 배열 검색 종료 조건 중 어느 하나라도 성립한 경우에는 while 문을 빠져나갑니다.

1 i == n이 성립하는 경우 (종료 조건 ①) ─┐
2 a[i] == key가 성립하는 경우 (종료 조건 ②) ─┘ OR

while 문을 반복할 때 계속해서 실행할지에 대한 판단은 방금 살펴본 코드의 2행에 있는 '1'로 평가합니다(계속 반복하기 위해 의도적으로 넣은 값입니다). 따라서 조건 판단 횟수는 엄밀히 말하면 3회(while(1), if(i == n), if(a[i] == key))입니다(제어식 '1'에 관해서는 보충수업 3-1에서도 설명합니다).

지금까지 배운 내용으로 선형 검색을 구현한 프로그램이 실습 3-1입니다.

Do it! 실습 3-1

• 완성 파일 chap03/ssearch1.c

```
01  // 선형 검색
02  #include <stdio.h>
03  #include <stdlib.h>
04
05  /*--- 요소의 개수가 n인 배열 a에서 key와 일치하는 요소를 선형 검색 ---*/
06  int search(const int a[], int n, int key)
07  {
08    int i = 0;
09    while (1) {
10      if (i == n)
11        return -1;              // 검색 실패
12      if (a[i] == key)
13        return i;               // 검색 성공
14      i++;
15    }
16  }
17
18  int main(void)
19  {
20    int nx, ky;
21    puts("선형 검색");
22    printf("요소 개수: ");
23    scanf("%d", &nx);
24    int *x = calloc(nx, sizeof(int));    // 요소의 개수가 nx인 int형 배열 x를 생성
25    for(int i = 0; i < nx; i++) {
26      printf("x[%d]: ", i);
27      scanf("%d", &x[i]);
```

실행 결과

```
선형 검색
요소 개수: 7
x[0]: 6
x[1]: 4
x[2]: 3
x[3]: 2
x[4]: 1
x[5]: 2
x[6]: 8
검색값: 2
2은(는) x[3]에 있습니다.
```

```
28    }
29    printf("검색값: ");
30    scanf("%d", &ky);
31    int idx = search(x, nx, ky);          // 배열 x의 값이 ky인 요소를 선형 검색
32    if(idx == -1)
33      puts("검색에 실패했습니다.");
34    else
35      printf("%d(은)는 x[%d]에 있습니다.\n", ky, idx);
36    free(x);                              // 배열 x를 해제
37
38    return 0;
39  }
```

search 함수는 배열 a의 처음부터 끝까지 n개의 요소를 대상으로 값이 key인 요소를 선형 검색합니다. 반환값은 발견한 요소의 인덱스입니다. 만약 값이 key인 요소가 여러 개 존재한다면 반환값은 검색 과정에서 처음 발견한 요소의 인덱스가 됩니다.

2를 검색하면 이 값은 배열의 x[3]와 x[5]의 두 곳에 존재하지만 가장 먼저 찾은 x[3]의 인덱스값인 3을 반환합니다.

값이 key인 요소가 존재하지 않으면 -1을 반환합니다.

검색 실패 시 반환하는 -1은 배열의 인덱스로는 있을 수 없는 값입니다. 따라서 함수를 호출하는 쪽에서는 검색에 성공했는지를 쉽게 판정할 수 있습니다.

for 문으로 구현

배열의 검색을 while 문이 아니라 for 문으로 구현하면 프로그램은 더 짧고 간결해집니다. 다음의 실습 3-2는 while 문을 for 문으로 수정한 프로그램입니다.

Do it! 실습 3-2

• 완성 파일 chap03/ssearch2.c

```
01  /*--- 요소의 개수가 n인 배열 a에서 key와 일치하는 요소를 선형 검색(for 문) ---*/
02  int search(const int a[], int n, int key)
03  {
04    for(int i = 0; i < n; i++)
05      if(a[i] == key)
06        return i;       // 검색 성공
07    return -1;          // 검색 실패
08  }
```

처음부터 순서대로 요소를 검사하는 선형 검색은 임의로 늘어놓은 배열에서 검색하는 사실상 유일한 방법입니다.

보충수업 3-1 무한 루프의 구현

실습 3-1의 while 문은 '무한 루프' 구조를 이루고 있습니다. 말 그대로 무한하게 반복하는 구조이지만 break 문이나 return 문을 사용하면 루프에서 빠져나올 수 있습니다. 무한 루프는 아래와 같이 구현됩니다.

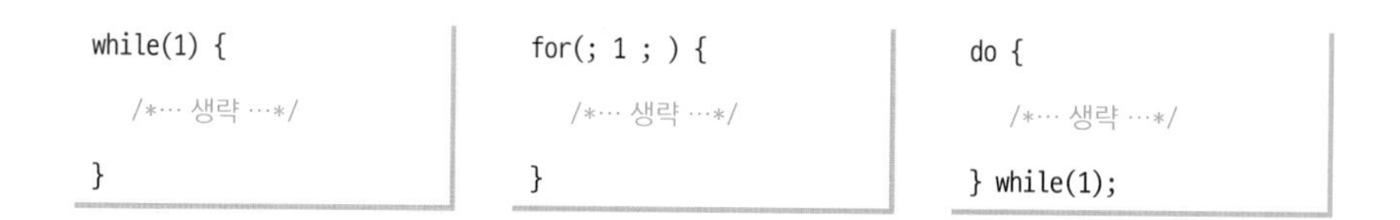

```
while(1) {
    /*… 생략 …*/
}
```

```
for(; 1 ; ) {
    /*… 생략 …*/
}
```

```
do {
    /*… 생략 …*/
} while(1);
```

for 문은 반복을 계속할지를 판단하는 제어식 '1'을 생략할 수 있습니다(생략하면 0 이외의 값이 지정된 것으로 봅니다).

우리는 보통 코드를 위에서 아래로 읽습니다. 그래서 while 문과 for 문은 첫 번째 행만 읽어도 무한 루프인지 알 수 있습니다. 반면에 끝까지 읽지 않으면 무한 루프인지 아닌지 알 수 없는 do 문에 의한 무한 루프 구현은 권장하지 않습니다.

한편, 앞에서 선형 검색을 설명할 때, while 문의 제어식 '1'이 평가되면 반복할 때마다 계속 실행할지에 대한 조건 판단 횟수는 2회가 아닌 3회라고 배웠습니다. 하지만 이것은 어디까지나 논리상의 이야기입니다. 실제로는 컴파일러에 의한 최적화가 이루어지므로 제어식 '1'을 평가하는 코드는 생성되지 않습니다(제어식 '1'은 무시하고, while 문의 루프 본문 끝에 while 문 앞쪽으로 점프하는 코드를 넣는 게 일반적입니다).

보초법으로 검색 다루기

선형 검색은 반복할 때마다 앞에서 설명한 종료 조건 ①과 ②를 모두 체크합니다. 단순한 판단이라고 생각할 수 있지만 '티끌 모아 태산'이라는 말이 있듯이 종료 조건을 검사하는 비용은 결코 무시할 수 없습니다.

이 비용을 반(50%)으로 줄이는 방법이 보초법(sentinel method)입니다. 보초법에 따라 검색을 수행하는 모습을 그림 3-3에 나타냈습니다.

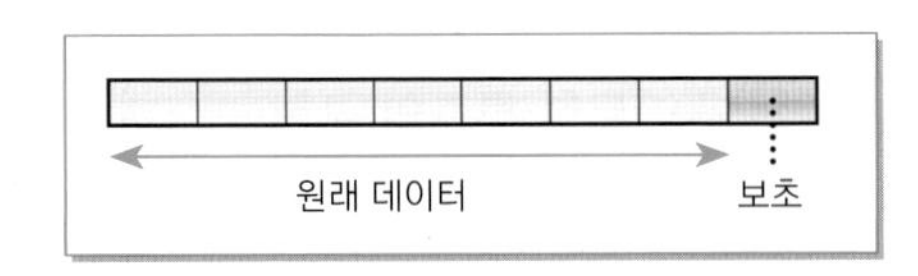

a 2를 검색(검색 성공)

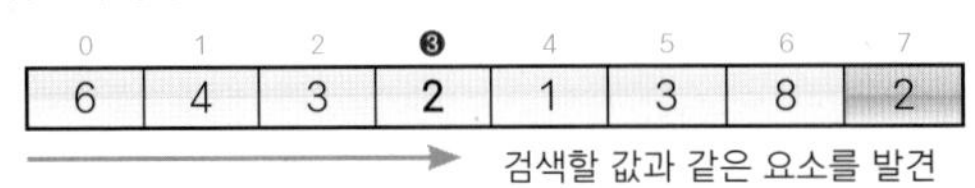

b 5를 검색(검색 실패)

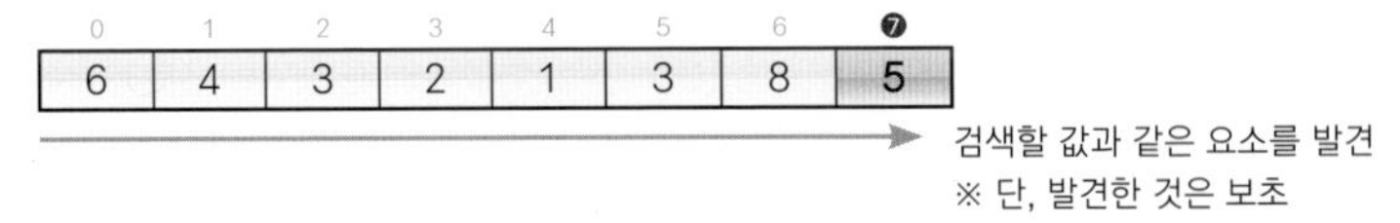

[그림 3-3] 보초법을 이용한 선형 검색

이 그림에서 배열의 요소 a[0] ~ a[6]은 원래 데이터입니다. 맨 끝 요소 a[7]은 검색하기 전에 준비하는 보초(sentinel)입니다. 다음과 같이 검색하고자 하는 키값과 같은 값을 저장합니다.

> a: 2를 검색하기 위해 보초로 a[7]에 2를 저장합니다.
> b: 5를 검색하기 위해 보초로 a[7]에 5를 저장합니다.

그러면 b처럼 원하는 값이 원래의 데이터에 존재하지 않아도 보초인 a[7]까지 검색하면 종료 조건 ②(검색할 값과 같은 요소를 발견한 경우)가 성립합니다. 이렇게 하면 원하는 키값을 찾지 못했을 때 종료 조건 ①(검색할 값을 발견하지 못하고 배열의 끝을 지나간 경우)이 없어도 됩니다. 보초는 반복문에서 종료 판단 횟수를 2회에서 1회로 줄이는 역할을 합니다. 이런 보초법을 도입하여 실습 3-1을 수정한 프로그램이 실습 3-3입니다. main 함수에 따로 표시한 부분(25행)에서는 키보드로 입력한 요소 개수에 1을 더한 크기의 배열을 생성합니다.

요소 개수로 7이 입력되면 요소 개수가 8인 배열을 생성합니다. 본래의 데이터에 보초의 자리를 추가하기 위해서입니다.

그러면 실습 3-3 프로그램의 search 함수를 설명하겠습니다.

Do it! 실습 3-3

• 완성 파일 chap03/ssearch_sen.c

```
01  // 선형 검색(보초법)
02  #include <stdio.h>
03  #include <stdlib.h>
04
05  /*--- 요소의 개수가 n인 배열 a에서 key와 일치하는 요소를 선형 검색(보초법) ---*/
```

```
06  int search(int a[], int n, int key)
07  {
08    int i = 0;
09    a[n] = key;          // 보초를 추가                    ─1
10    while(1) {
11      if(a[i] == key)
12        break;           // 원하는 키값을 찾은 경우         ─2
13      i++;
14    }
15    return i == n ? -1: i;                                ─3
16  }
17
18  int main(void)
19  {
20    int nx, ky;
21
22    puts("선형 검색(보초법)");
23    printf("요소 개수: ");
24    scanf("%d", &nx);
25    int *x = calloc(nx + 1, sizeof(int));     // 요소의 개수가 (nx + 1)인 int형 배열 x를 생성
26    for(int i = 0; i < nx; i++) {             // 주의: 값을 읽은 것은 nx개
27      printf("x[%d]: ", i);
28      scanf("%d", &x[i]);
29    }
30    printf("검색값: ");
31    scanf("%d", &ky);
32    int idx = search(x, nx, ky);              // 배열 x에서 값이 ky인 요소를 선형 검색
33    if(idx == -1)
34      puts("검색에 실패했습니다.");
35    else
36      printf("%d(은)는 x[%d]에 있습니다.\n", ky, idx);
37    free(x);                                  // 배열 x를 해제
38
39    return 0;
40  }
```

실행 결과

```
선형 검색(보초법)
요소 개수: 7
x[0]: 6
x[1]: 4
x[2]: 3
x[3]: 2
x[4]: 1
x[5]: 3
x[6]: 8
검색값: 3
3은(는) x[2]에 있습니다.
```

1 검색값 key를 보초로 a[n]에 대입합니다.

2 배열 요소를 순서대로 검사합니다. 앞서 실습 3-1의 while 문에는 다음과 같은 if 문이 2개 있었습니다.

```
if(i == n)         // 종료 조건 ①
if(a[i] == key)  // 종료 조건 ②
```

보초법에서는 필요 없음

이 프로그램은 종료 조건 ①이 필요하지 않기 때문에 하나의 if 문만 사용했습니다.

3 while 문에 의한 반복이 완료되면 찾은 값이 배열의 원래 데이터인지 아니면 보초인지 판단해야 합니다. 이러한 판단을 수행하는 것이 if 문과 동등한 조건식 n ? -1: i 입니다. 이 식을 이용하면 조건 결과를 다음과 같이 반환합니다.

- 변수 i값이 n일 때 → 찾은 값이 보초이므로 검색 실패임을 나타내는 -1을 반환
- 변수 i값이 n이 아닐 때 → 찾은 값이 원래 데이터이므로 i값을 반환

보초값을 도입하면 if 문의 판단 횟수가 줄어듭니다. 구체적으로는 2에 의해 절반으로 줄어듦과 동시에, 3의 (if 문과 동등한) 조건식에 의해 1회 증가했습니다.

03-3 이진 검색

이 절에서는 이진 검색법에 대해 살펴보겠습니다. 이 알고리즘을 적용하는 전제 조건은 데이터가 키값으로 이미 정렬(sort)되어 있다는 것입니다. 이진 검색은 선형 검색보다 좀 더 빠르게 검색할 수 있다는 장점이 있습니다.

이진 검색 다루기

이진 검색(binary search)은 요소가 오름차순 또는 내림차순으로 정렬된 배열에서 검색하는 알고리즘입니다.

정렬 알고리즘은 6장에서 살펴봅니다.

아래 그림에서 오름차순으로 정렬된 데이터에서 39를 검색하는 과정을 생각해 보겠습니다. 먼저 배열의 중앙에 위치한 요소인 a[5](31)부터 검색을 시작합니다.

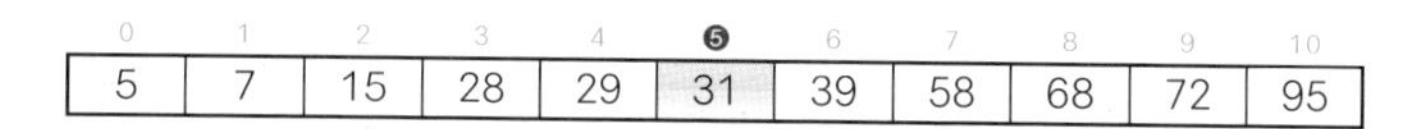

검색하려는 값인 39는 중앙 요소(a[5])보다 큰 값입니다(뒤쪽에 존재). 그러므로 검색 대상을 뒤쪽의 5개(a[6] ~ a[10])로 좁힐 수 있습니다. 그런 다음 갱신된 검색 범위의 중앙에 위치한 요소인 a[8](68)이 원하는 값인지 확인합니다.

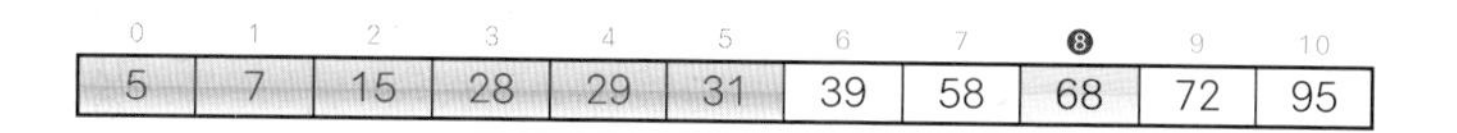

검색하려는 값인 39보다 큰 값입니다(앞쪽에 존재). 그러므로 검색 대상을 앞쪽의 2개(a[6] ~ a[7])로 좁힐 수 있습니다. 이제 검색해야 하는 대상은 2개입니다. 그 중 앞쪽에 위치한 요소인 a[6](69)을 선택하여 원하는 값인지 확인합니다.

두 인덱스 6과 7의 중앙값은 (6 + 7) / 2로 계산하여 6이 되기 때문입니다. 정수의 나눗셈은 나머지를 버립니다.

0	1	2	3	4	5	6	7	8	9	10
5	7	15	28	29	31	39	58	68	72	95

39는 원하는 키의 값과 일치하므로 검색 성공입니다.

이러한 n개의 요소가 오름차순으로 늘어선 배열 a에서 키를 이진 검색으로 검색하는 과정을 일반적인 방법으로 표현해 보겠습니다(그림 3-4). 이때 검색 범위의 맨 앞 인덱스를 pl, 맨 끝 인덱스를 pr, 중앙 인덱스를 pc라고 지정합니다. 검색을 시작할 때 pl은 0, pr은 n - 1, pc는 (n - 1)/2로 초기화합니다. 여기까지 설명한 내용이 그림 3-4의 a입니다.

검색 대상의 범위는 안의 요소이고 검색 대상에서 제외되는 범위는 안의 요소입니다. 여기서 주목할 점은 이진 검색을 한 단계씩 진행할 때마다 검색 범위가 (거의) 반으로 좁혀진다는 것입니다. 또한 검사한 요소를 하나씩 제외시키는 선형 검색과는 다르게 이진 검색은 ●로 표시한 검색할 요소 a[pc]가 해당 단계에서 다음에 검색할 범위의 중간 지점으로 단숨에 이동합니다.

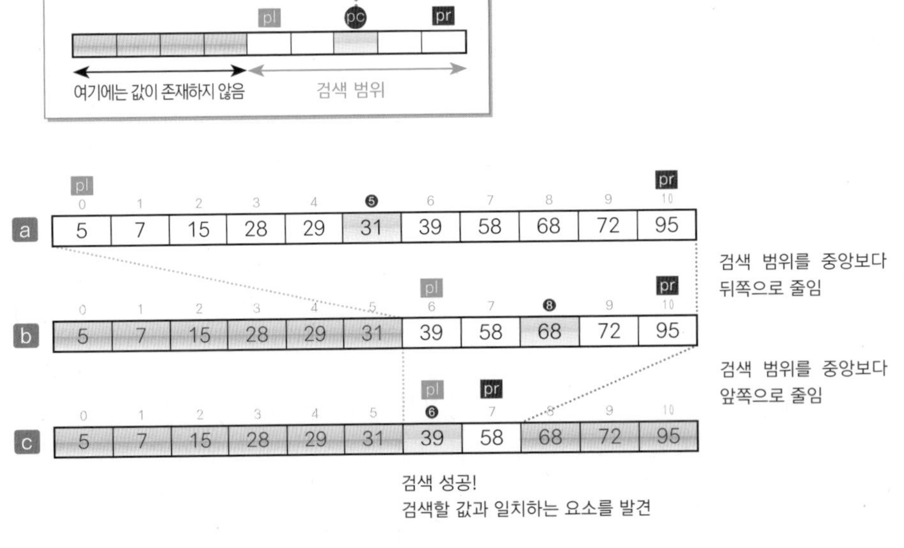

[그림 3-4] 이진 검색의 한 예(39를 검색: 검색 성공)

c처럼 a[pc]와 key를 비교하여 같으면 검색 성공입니다. 하지만 원하는 값을 찾지 못하면 아래와 같은 방법으로 검색 범위를 좁혀 갈 수 있습니다.

1. a[pc] < key일 때(예: a ⇨ b)

a[pl] ~ a[pc]는 key보다 작은 것이 분명하므로 검색 대상에서 제외합니다. 검색 범위는 중앙 요소 a[pc]보다 뒤쪽의 a[pc + 1] ~ a[pr]로 좁혀집니다. 그런 다음 pl의 값을 pc + 1로 업데이트합니다.

2. a[pc] > key일 때(예: b ⇨ c)

a[pc] ~ a[pr]은 key보다 큰 것이 분명하므로 검색 대상에서 제외합니다. 검색 범위는 중앙 요소 a[pc]보다 앞쪽의 a[pl] ~ a[pc - 1]로 좁혀집니다. 그런 다음 pr의 값을 pc - 1로 업데이트합니다.

검색 범위를 좁히는 과정을 정리하면 다음과 같습니다.

- 중앙값 a[pc]가 key보다 작을 때: 중앙의 다음 요소를 새로운 pl로 보고 뒤쪽으로 범위를 좁힙니다.
- 중앙값 a[pc]가 key보다 작을 때: 중앙의 이전 요소를 새로운 pr로 보고 앞쪽으로 범위를 좁힙니다.

이진 검색 알고리즘의 종료 조건은 아래 조건 ①, ② 중 하나만 성립하면 됩니다.

① a[pc]와 key가 일치하는 경우 ┐
② 검색 범위가 더 이상 없는 경우 ┘ OR

그림 3-4는 조건 ①이 성립하여 검색에 성공한 예입니다. 그러면 조건 ②가 성립하여 검색에 실패하는 구체적인 예도 생각해 보겠습니다. 같은 배열에서 6을 검색하는 과정을 그림 3-5에 나타냈습니다.

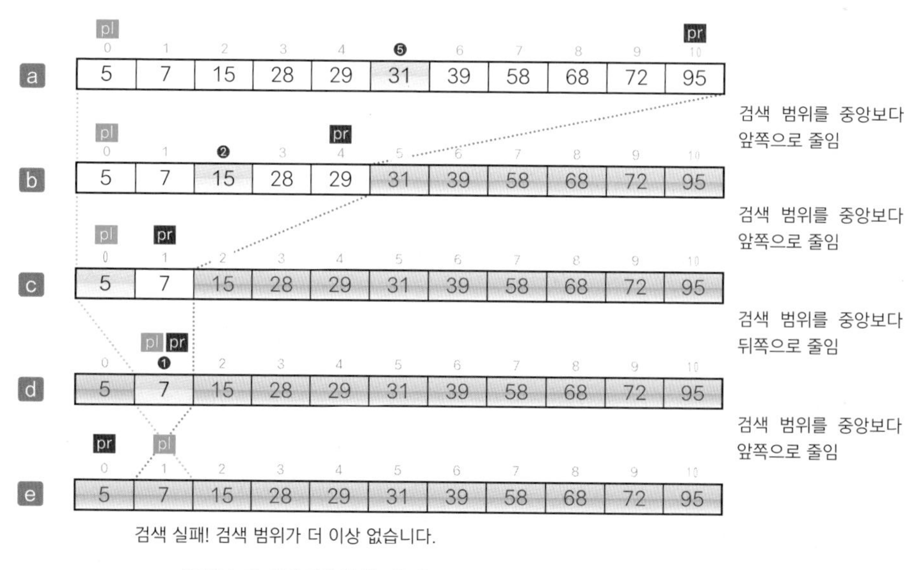

[그림 3-5] 이진 검색의 한 예(6을 검색: 검색 실패)

a 검색할 범위는 모든 배열(a[0] ~ a[10])이고 중앙 요소 a[5]의 값은 31입니다. 키값인 6보

다 크므로 검색 범위를 a[0] ~ a[4]로 좁힙니다.

b 새로 검색할 범위에서 중앙 요소의 값은 15(a[2])입니다. 키값인 6보다 크므로 검색할 범위를 a[0] ~ a[1]로 좁힙니다.

c 새로 검색할 범위에서 중앙 요소의 값은 5(a[0])입니다. 키값인 6보다 작으므로 pl을 pc + 1(1)로 업데이트합니다. 그러면 pl과 pr은 1이 됩니다.

d 축소된 범위의 중앙 요소의 값은 7(a[1])입니다. 키값인 6보다 크므로 pr을 pc - 1(0)로 업데이트합니다. 그러면 pl이 pr보다 커지면서 검색 범위를 더 이상 계산할 수 없게 됩니다. 종료 조건 ②가 성립하므로 검색 실패입니다.

이 과정(이진 검색)을 구현한 프로그램이 실습 3-4입니다. 이진 검색은 검색을 반복할 때마다 검색 범위가 절반이 되므로 검색에 필요한 비교 횟수의 평균값은 log n입니다. 검색에 실패한 경우는 ⌈log(n + 1)⌉회, 검색에 성공한 경우는 대략 log n - 1회입니다.

이진 검색 알고리즘은 검색 대상(배열)이 정렬(sort)되어 있음을 가정합니다. 따라서 실습 3-4 프로그램의 main 함수에 색으로 표시한 부분은 사용자가 각 요솟값을 입력하는 과정에서 바로 앞에 입력한 요소보다 작은 값인 경우에는 다시 입력하게 합니다. 위의 ⌈log(n + 1)⌉에 사용한 ⌈ ⌉는 천장 함수(ceiling function)를 나타내는 기호입니다. 즉, ⌈x⌉는 x의 천장 함수이며, x보다 크거나 같으면서 가장 작은 정수입니다. 예를 들어 ⌈3.5⌉는 4입니다. 천장 함수를 올림 함수라고도 합니다.

Do it! 실습 3-4

• 완성 파일 chap03/bin_search.c

```
01  // 이진 검색
02  #include <stdio.h>
03  #include <stdlib.h>
04
05  /*--- 요소의 개수가 n인 배열 a에서 key와 일치하는 요소를 이진 검색 ---*/
06  int bin_search(const int a[], int n, int key)
07  {
08    int pl = 0;              // 검색 범위 맨 앞의 인덱스
09    int pr = n - 1;          // 검색 범위 맨 끝의 인덱스
10
```

```
11     do {
12       int pc = (pl + pr) / 2; // 검색 범위 한가운데의 인덱스
13       if(a[pc] == key)        // 검색 성공
14         return pc;
15       else if(a[pc] < key)
16         pl = pc + 1;          // 검색 범위를 뒤쪽 절반으로 좁힘
17       else
18         pr = pc - 1;          // 검색 범위를 앞쪽 절반으로 좁힘
19     } while(pl <= pr);
20     return -1;                // 검색 실패
21   }
22
23   int main (void)
24   {
25     int nx, ky;
26
27     puts("이진 검색");
28     printf("요소 개수: ");
29     scanf("%d", &nx);
30     int *x = calloc(nx, sizeof(int));
31     printf("오름차순으로 입력하세요.\n");
32     printf("x[0]: ");
33     scanf("%d", &x[0]);
34     for(int i = 1; i < nx; i++) {
35       do {
36         int i = ntf("x[%d]: ", i);
37         scanf("%d", &x[i]);
38       } while(x[i] < x[i - 1]);          // 바로 앞의 값보다 작으면 다시 입력
39     }
40     printf("검색값: ");
41     scanf("%d", &ky);
42     int idx = bin_search(x, nx, ky);     // 배열 x에서 값이 ky인 요소를 이진 검색
43     if(idx == -1)
44       puts("검색에 실패했습니다.");
45     else
46       printf("%d는(은) x[%d]에 있습니다.\n", ky, idx);
47     free(x);                             // 배열 x를 해제
48
49     return 0;
50   }
```

실행 결과

```
이진 검색
요소 개수: 7
오름차순으로 입력하세요.
x[0]: 15
x[1]: 27
x[2]: 39
x[3]: 77
x[4]: 92
x[5]: 118
x[6]: 121
검색값: 39
39는(은) x[2]에 있습니다.
```

복잡도 살펴보기

프로그램의 실행 속도는 프로그램이 동작하는 하드웨어나 컴파일러 등의 조건에 따라 달라집니다. 알고리즘의 성능을 객관적으로 평가하는 기준을 복잡도(complexity)라고 합니다. 복잡도는 아래의 두 가지 요소를 가지고 있습니다.

1. 시간 복잡도(time complexity): 실행에 필요한 시간을 평가한 것
2. 공간 복잡도(space complexity): 기억 영역과 파일 공간이 얼마나 필요한가를 평가한 것

앞 장에서 배운 '소수'를 찾는 프로그램(버전 1, 2, 3)은 알고리즘을 선택할 때 두 복잡도(시간, 공간)의 균형을 생각할 필요성이 있음을 말해 줍니다. 여기서는 선형 검색과 이진 검색의 시간 복잡도에 대해서 더 자세히 살펴보겠습니다.

선형 검색의 시간 복잡도

아래의 선형 검색 함수를 바탕으로 시간 복잡도를 살펴보겠습니다.

```
    int search(const int a[], int n, int key)
    {
1     int i = 0;
2     while(i < n) {
3       if(a[i] == key)
4         return i;          // 검색 성공
5       i++;
      }
6     return -1;             // 검색 실패
    }
```

이 프로그램은 실습 3-1의 search 함수를 수정한 코드입니다.

표 3-1은 1 ~ 6의 각 단계가 몇 회 실행되는지에 대한 내용을 정리한 것입니다.

[표 3-1] 선형 검색에서 각 단계의 실행 횟수와 복잡도

단계	실행 횟수	복잡도
1	1	O(1)
2	n / 2	O(n)
3	n / 2	O(n)

4	1	O(1)
5	n / 2	O(n)
6	1	O(1)

변수 i에 0을 대입(1)하는 횟수는 처음 한 번 실행한 이후에는 없습니다(데이터 수 n과는 무관합니다). 이렇게 한 번만 실행하는 경우 복잡도는 O(1)로 표기합니다. 물론 함수에서 값을 반환하는 4와 6도 한 번만 실행하기 때문에 O(1)로 표기합니다. 배열의 맨 끝에 도달했는지를 판단하는 2와, 현재 검사하고 있는 요소와 찾고자 하는 값이 같은지를 판단하는 3의 평균 실행 횟수는 n / 2입니다. 이처럼 n에 비례하는 횟수만큼 실행하는 경우의 복잡도를 O(n)이라고 표기합니다.

복잡도를 표기할 때 사용하는 O는 Order에서 따온 것으로, O(n)은 'O - n', 'Order n', 'n의 Order'라고 읽습니다.

조금만 더! 컴퓨터에게 n / 2과 n의 차이는 크지 않아요!

n / 2번 실행했을 때 복잡도를 O(n / 2)가 아닌 O(n)으로 표현하는 이유는 n값이 무한히 커진다고 가정했을 때, 그 값의 차이가 무의미해지기 때문입니다. 마찬가지로 100번만 실행하는 경우에도 O(100)이 아닌 O(1)로 표기합니다. 컴퓨터가 100번을 계산하는 시간과 1번만 계산하는 시간의 차이는 사람이 느낄 수 없을 정도로 굉장히 작습니다.

그런데 n이 점점 커지면 O(n)에 필요한 계산 시간은 n에 비례하여 점점 길어집니다. 이와 달리 O(1)에 필요한 계산 시간은 변하지 않습니다. 일반적으로 O(f(n))과 O(g(n))의 복잡도를 계산하는 방법은 아래와 같습니다.

```
O(f(n)) + O(g(n)) = O(max(f(n), g(n)))
```

max(a, b)는 a와 b 가운데 큰 쪽을 나타내는 함수입니다.

2개 이상의 복잡도로 구성된 알고리즘의 전체 복잡도는 차원이 더 높은 쪽의 복잡도를 우선시합니다. 둘이 아니라 셋 이상의 계산으로 구성된 알고리즘도 마찬가지입니다. 다시 말해 전체 복잡도는 차원이 가장 높은 복잡도를 선택합니다. 그러므로 선형 검색 알고리즘의 복잡도를 구하면 아래처럼 O(n)이 됩니다.

```
O(1) + O(n) + O(n) + O(1) + O(n) + O(1) = O(max(1, n, n, 1, n, 1)) = O(n)
```

Q1 실습 3-3의 search 함수를 while 문이 아니라 for 문을 사용하여 수정한 프로그램을 작성하세요.

Q2 오른쪽처럼 선형 검색의 스캐닝 과정을 상세하게 표시하는 프로그램을 작성하세요. 이때 각 행의 맨 왼쪽에 현재 검색하는 요소의 인덱스를 표시하고, 현재 검색하고 있는 요소 위에 별표 기호 *를 표시하세요.

```
 | 0 1 2 3 4 5 6
---+--------------
 | *
0| 6 4 3 2 1 9 8
 |
 |   *
1| 6 4 3 2 1 9 8
 |
 |     *
2| 6 4 3 2 1 9 8
3은 x[2]에 존재합니다.
```

이진 검색의 시간 복잡도

이번에는 이진 검색의 시간 복잡도를 살펴보겠습니다.

```
    int bin_search(const int a[], int n, int key)
    {
1     int pl = 0;                         // 검색 범위 맨 앞의 인덱스
2     int pr = n - 1;                     // 검색 범위 맨 끝의 인덱스

      do {
3       int pc = (pl + pr) / 2;           // 중앙 요소의 인덱스
4       if(a[pc] == key)
5         return pc;                      // 검색 성공
6       else if(a[pc] < key)
7         pl = pc + 1;                    // 검색 범위를 뒤쪽 반으로 줄임
        else
8         pr = pc - 1;                    // 검색 범위를 앞쪽 반으로 줄임
9     } while(pl <= pr);

10    return -1;                          // 검색 실패
    }
```

이진 검색법을 이용하면 검색할 요소의 범위를 거의 절반씩 줄일 수 있습니다. 프로그램 각 단계의 실행 횟수와 복잡도를 정리하면 표 3-2와 같습니다.

[표 3-2] 이진 검색에서 각 단계의 실행 횟수와 복잡도

단계	실행 횟수	복잡도
1	1	O(1)
2	1	O(1)
3	log n	O(log n)
4	log n	O(log n)
5	1	O(1)
6	log n	O(log n)
7	log n	O(log n)
8	log n	O(log n)
9	log n	O(log n)
10	1	O(1)

이진 검색 알고리즘의 복잡도를 구하면 아래처럼 O(log n)을 얻을 수 있습니다.

$$O(1) + O(1) + O(\log n) + O(\log n) + O(1) + O(\log n) + \cdots + O(1) = O(\log n)$$

그런데 O(n)과 O(log n)은 O(1)보다 큽니다. 다음 그림 3-6에 복잡도의 대소 관계를 나타냈습니다.

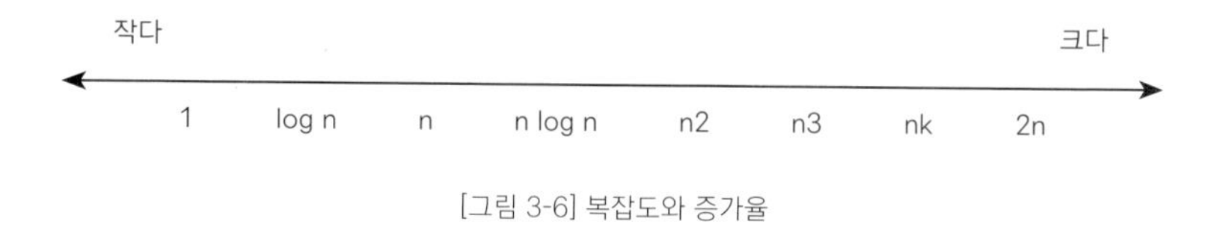

[그림 3-6] 복잡도와 증가율

연습문제

Q3 요소의 개수가 n인 배열 a에서 key와 일치하는 모든 요소의 인덱스를 배열 idx의 맨 앞부터 순서대로 저장하고, 일치한 요소의 개수를 반환하는 함수를 작성하세요. 예를 들어, 요소의 개수가 8인 배열 a의 요소가 {1, 9, 2, 9, 4, 6, 7, 9}이고 key가 9면 배열 idx에 {1, 3, 7}을 저장하고 3을 반환합니다.

```
int search_idx(const int a[], int n, int key, int idx[]);
```

Q4 오른쪽처럼 이진 검색의 과정을 자세히 출력하는 프로그램을 작성하세요. 각 행의 맨 왼쪽에 현재 검색하고 있는 요소의 인덱스를 출력하고, 검색 범위의 맨 앞 요소 위에 <-, 맨 끝 요소 위에 ->, 현재 검색하고 있는 중앙 요소 위에 +를 출력하세요.

```
  | 0  1  2  3  4  5  6
--+--------------------
  | <-       +        ->
 3| 1  2  3  5  6  8  9
  |
  |<-  + ->
 1| 1  2  3  5  6  8  9
2는 x[1]에 있습니다.
```

Q5 우리가 살펴본 이진 검색 알고리즘 프로그램은 검색할 값과 같은 값을 갖는 요소가 하나 이상일 경우 그 요소 중에서 맨 앞의 요소를 찾지 못합니다. 예를 들어, 아래 그림의 배열에서 7을 검색하면 중앙에 위치하는 a[5]를 검색합니다. 맨 앞의 요소를 찾는 bin_search2 함수를 작성해 보세요.

```
int bin_search2(const int a[], int n, int key);
```

이진 검색 알고리즘에 의해 검색에 성공했을 때(a) 그 위치로부터 앞쪽으로 하나씩 검사하면(b) 여러 요소가 일치하는 경우에도 가장 앞쪽에 위치하는 요소의 인덱스를 찾아냅니다.

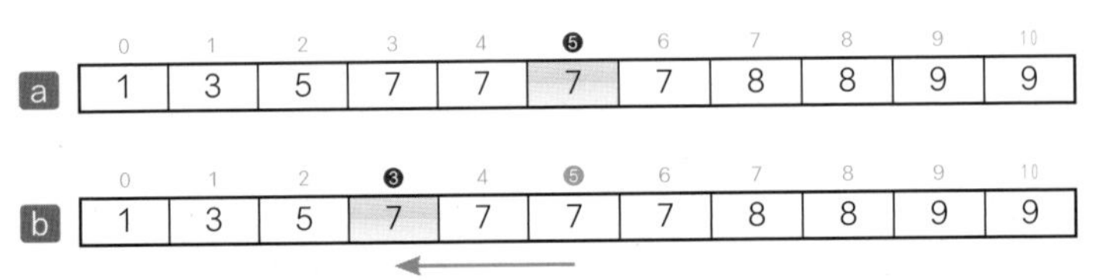

배열의 맨 앞을 넘지 않는 범위에서 같은 값의 요소가 계속되는 한 앞쪽으로 스캔합니다.

보충수업 3-2 포인터끼리의 뺄셈

포인터와 정수의 덧셈 및 뺄셈에 관해서는 보충수업 2-2에서 다음과 같이 배웠습니다.

- 포인터 p가 배열의 요소 e를 가리킬 때
  p + i는 요소 e의 i개만큼 뒤쪽의 요소를 가리키는 포인터가 되고,
  p - i는 요소 e의 i개만큼 앞쪽의 요소를 가리키는 포인터가 됩니다.

포인터와 포인터의 덧셈 및 뺄셈은 다음과 같습니다.

- 포인터 p1과 p2가 같은 배열의 요소 e를 가리킬 때
  p1 + p2는 평가할 수 없습니다(컴파일 에러).
  p1 - p2는 각 포인터가 가리키는 요소의 인덱스 차를 생성합니다.

따라서 예를 들어 p1과 p2가 a[5]와 a[2]를 가리킬 경우 p1 - p2에서는 3을 얻을 수 있고 p2 -

p1에서는 -3을 얻을 수 있습니다.

정렬된 배열에서 검색하는 bsearch 함수 알아보기

C 언어의 표준 라이브러리는 다양한 요소의 자료형을 가진 배열에서도 검색 가능한 bsearch 함수를 제공합니다. 다음에 bsearch 함수의 특징과 요소를 표로 정리했습니다.

06장에서 살펴볼 정렬을 수행하는 qsort 함수와 함께 '일반 유틸리티(utility) 함수'라고 불립니다.

bsearch 함수	
헤더	#include <stdlib.h>
형식	void *bsearch(const void *key, const void *base, size_t nmemb, size_t size, int(*compar)(const void *, const void *));
해설	맨 처음 요소를 base가 가리키는, 요소의 개수가 nmemb개이고 요소 크기가 size인 객체의 배열에서 key가 가리키는 객체와 일치하는 요소를 검색합니다. compar가 가리키는 비교 함수는 key 객체에 대한 포인터를 첫 번째 인수로, 배열 요소에 대한 포인터를 두 번째 인수로 하여 호출합니다. compar가 가리키는 비교 함수는 key 객체가 배열 요소보다 작으면 0보다 작은 값을, 일치하면 0을, 크면 0보다 큰 값을 반환하도록 작성해야 합니다. compar가 가리키는 배열은 key 객체와 비교가 가능한 작은 요소, 같은 요소, 큰 요소의 세 부분으로 구성되어 있습니다. 이 세 부분이 소개한 순서로 존재해야 합니다.
반환값	검사하는 대상(배열) 중에 일치하는 요소에 대한 포인터를 반환합니다. 일치하는 요소가 없다면 NULL 포인터를 반환합니다. 두 요소의 값이 같을 때 어느 요소와 일치하는지는 규정되어 있지 않습니다.

bsearch라는 함수 이름은 이진 검색(binary search)에서 따왔지만, 내부적으로 항상 이진 검색 알고리즘을 사용하지는 않습니다(함수 이름일 뿐입니다). 이 함수의 특징은 다음과 같습니다(둘 다 이진 검색 알고리즘의 성질입니다).

특징 1: 검색 대상의 배열은 항상 정렬되어 있어야 합니다.
특징 2: 검색하는 값과 같은 요소가 여러 개 존재하는 경우, 항상 가장 앞쪽에 있는 요소를 찾아내는 건 아닙니다.

실습 3-5는 bsearch 함수를 사용해 작성한 프로그램입니다. 오름차순으로 정렬된 배열 x의 요소에서, 입력한 값 ky와 같은 값을 가지는 요소를 찾습니다. 이 프로그램에서 주목할 부분은 1과 2입니다. 먼저, bsearch 함수를 호출하는 2를 살펴보겠습니다. 강력한 기능의 함수인 만큼 사용 방법도 어렵고 인수도 5개나 필요합니다(뒤에서 설명할 그림 3-8을 참고하세요).

1. 첫 번째 인수로 전달하는 매개변수는 키값입니다(검색할 값이 저장된 객체에 대한 포인터). 이 프로그램에서는 키값이 변수 ky에 저장되어 있으므로 &ky를 전달합니다.
2. 두 번째 인수로 전달하는 매개변수는 배열의 포인터입니다. 이 프로그램에서는 검색 대상인 배열 x의 포인터(x)를 전달합니다.
3. 세 번째 인수로 전달하는 매개변수는 배열의 요소 개수입니다. 이 프로그램에서는 nx입니다.
4. 네 번째 인수로 전달하는 매개변수는 배열의 요소 크기입니다. 이 프로그램에서는 검색 대상인 배열 x의 요소의 자료형이 int형이므로 sizeof(int)를 전달합니다.
5. 가장 복잡한 것이 다섯 번째 인수입니다. 실습 3-5의 1에 정의된 함수입니다.

배열 이름 x와 배열의 첫 번째 요소에 대한 포인터 &x[0]이 같다는 것은 02장에서 살펴보았습니다.

Do it! 실습 3-5 • 완성 파일 chap03/bsearch1.c

```
01  // bsearch 함수를 사용해 오름차순으로 정렬된 배열을 검색
02  #include <stdio.h>
03  #include <stdlib.h>
04
05  /*--- 정수를 비교하는 함수(오름차순) ---*/
06  int int_cmp(const int *a, const int *b)
07  {
08    if(*a < *b)
09      return -1;
10    else if(*a > *b)                                   ─1
11      return 1;
12    else
13      return 0;
14  }
15
16  int main(void)
17  {
18    int nx, ky;
19    puts("bsearch 함수를 사용하여 검색");
20    printf("요소 개수: ");
21    scanf("%d", &nx);
22    int *x = calloc(nx, sizeof(int));          // 요소의 개수가 nx인 int형 배열을 생성
23
24    printf("오름차순으로 입력하세요.\n");
25    printf("x[0]: ");
26    scanf("%d", &x[0]);
27    for(int i = 1; i < nx; i++) {
```

실행 결과

```
bsearch 함수를 사용하여 검색
요소 개수: 8
오름차순으로 입력하세요.
x[0]: 1
x[1]: 2
x[2]: 4
x[3]: 5
x[4]: 6
x[5]: 7
x[6]: 8
x[7]: 9
검색값: 5
5은(는) x[3]에 있습니다.
```

```
28       do {
29         printf("x[%d]: ", i);
30         scanf("%d", &x[i]);
31       } while(x[i] < x[i - 1]);     // 바로 앞의 값보다 작으면 다시 입력
32     }
33     printf("검색값: ");
34     scanf("%d", &ky);
35     int *p = bsearch(
36              &ky,                                          // 검색값에 대한 포인터
37              x,                                            // 배열
38              nx,                                           // 요소의 개수
39              sizeof(int),                                  // 요소의 크기
40             (int(*)(const void *, const void *)) int_cmp  // 비교 함수
41             );
42     if(p == NULL)
43       puts("검색에 실패했습니다.");
44     else
45       printf("%d은(는) x[%d]에 있습니다.\n", ky, (int)(p - x));
46     free(x);                                               // 배열 x를 해제
47     return 0;
48   }
```

비교 함수

이번에는 앞에서 가장 복잡하다고 말했던 함수의 포인터형인 다섯 번째 인수에 대해 살펴보겠습니다(보충수업 3-4에서 조금 더 자세히 설명합니다). 이진 검색의 검색 과정에는 검색하는 키값과 배열의 요솟값을 비교하여 대소 관계를 판단하는 과정이 포함됩니다. 그런데 대소 관계를 판단하는 방법은 요소의 자료형마다 다릅니다. 요소의 자료형은 정수일 수도 있고 문자열이나 구조체일 수도 있습니다. 그러므로 두 값을 비교하고 난 다음의 어떤 값을 반환하는 비교 함수는 사용자가 직접 작성해야 합니다. 따라서 bsearch 함수는 다섯 번째 매개변수로 이 비교 함수에 대한 포인터를 전달하는 방식을 취하고 있습니다. 다음은 실습 3-5에서 구현한 bsearch 함수의 반환값에 대한 설명입니다.

1. 첫 번째 인수가 가리키는 값이 더 작으면 음숫값을 반환합니다.
2. 첫 번째 인수가 가리키는 값과 두 번째 인수가 가리키는 값이 같으면 0을 반환합니다.
3. 첫 번째 인수가 가리키는 값이 더 크면 양숫값을 반환합니다.

그림 3-7은 두 인수 이름을 각각 a, b라고 할 때 비교 함수가 반환하는 값을 그림으로 설명한 것입니다.

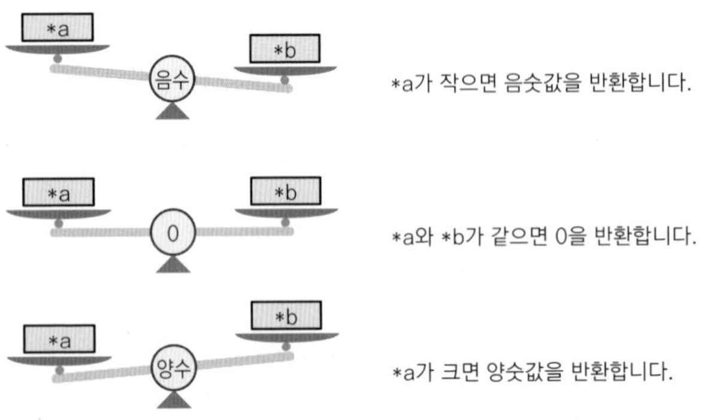

[그림 3-7] 비교 함수

오른쪽은 실습 3-5(1)의 비교 함수 int_cmp입니다. 비교 대상은 아래 2개입니다.

- 첫 번째 인수 a가 가리키는 객체 *a의 값
- 두 번째 인수 b가 가리키는 객체 *b의 값

```
/*--- 정수를 비교하는 함수(오름차순용) ---*/
int int_cmp(const int *a, const int *b)
{
  if(*a < *b)
    return -1;
  else if(*a > *b)
    return 1;
  else
    return 0;
}
```

앞의 것이 작으면 -1, 크면 1, 같으면 0을 반환합니다.

이 코드를 조건 연산자를 사용하여 수정하면 오른쪽 코드처럼 프로그램이 짧고 간결해집니다.

```
/*--- 조건 연산자를 사용한 비교 함수 ---*/
int int_cmp(const int *a, const int *b)
{
   return *a < *b ? -1: *a > *b ? 1: 0;
}
```

bsearch 함수의 호출

비교 함수 int_cmp가 받는 인수의 자료형은 const int *이고 bsearch 함수가 받는 비교 함수의 인수의 자료형은 const void *입니다. 두 자료형이 다르므로 bsearch 함수의 호출에 맞도록 형 변환을 해야 합니다.

이 프로그램에서는 다음과 같은 방법으로 형 변환을 수행합니다.

```
int *p = bsearch(
            &ky,                                      // 검색값에 대한 포인터
            x,                                        // 배열
            nx,                                       // 요소의 개수
            sizeof(int),                              // 요소의 크기
           (int(*)(const void *, const void *)) int_cmp    // 비교 함수
            );
```

하지만 int_cmp 함수를 다음과 같이 정의하면 호출할 때 형 변환을 하지 않아도 됩니다. 단순한 int_cmp 함수를 다섯 번째 인수로서 전달합니다(chap03/bsearch1a.c를 참고하세요). 대신 코드에 나타난 것처럼 비교 함수 안에서 형 변환을 많이 할 수도 있습니다.

```
/*-- 캐스팅 없이 사용할 수 있는 비교 함수 --*/
int int_cmp(const void *a, const void *b)
{
  if(*(int *)a < *(int *)b)
    return -1;
  else if(*(int *)a > *(int *)b)
    return 1;
  else
    return 0;
}
```

ⓖ void *형의 포인터 a를 int *형으로 형 변환한 포인터 (int *)a에 간접 연산자 *를 적용한 식이 *(int *)a입니다. 이 식의 값은 int형 포인터 a가 가리키는 영역을 맨 앞으로 하는 int형의 값입니다.

조금만 더! 형 변환할 때는 주의하세요!

원래 형 변환은 영어로 cast라고 합니다. 이때 cast는 던지다, 보내다, 주조하다의 뜻입니다. 주조(鑄造)라는 말은 녹인 쇠붙이를 거푸집에 부어 물건을 만드는 행위를 뜻합니다. C 언어에서 형 변환(cast) 연산자는 주조하여 특정한 형을 만들듯이 특정한 형으로 자료형을 변환하는 연산자입니다. 예를 들어, int형 변수를 나눗셈할 때 소수점 아래에 자리가 생기는 경우가 있는데, 이때 캐스팅을 하지 않으면 소수점 아래의 값이 사라집니다. 이를 해결하려면 int형 변수를 나눗셈할 때 double형으로 변환하고 그 결과를 다시 double형 변수에 저장하면 소수점 아래의 값을 얻을 수 있습니다.

보충수업 3-3 잘못된 비교 함수

비교 함수는 첫 번째 인수가 가리키는 값이 더 작으면 음수, 더 크면 양숫값을 반환하면 됩니다. 하지만 꼭 -1이나 1로 특정한 값을 반환할 필요는 없습니다.

인터넷을 검색하다 보면 다음과 같이 정의한 비교 함수 프로그램을 자주 볼 수 있습니다.

```
/*--- 아주 빠른(?) 비교 함수(오버플로의 위험이 있음) ---*/
int int_cmp(const int *a, const int *b)
{
  return *a - *b;
}
```

아주 빠르고 간단하게 구현하려는 의도겠지만 좋은 방법은 아닙니다. 왜냐하면 뺄셈 연산 결과가 int형으로 표현할 수 있는 값을 초과할 수 있기 때문입니다(오버플로의 위험이 있습니다). 예를 들어, int형의 표현 범위가 '-32,768 ~ 32,767'이라고 하면 '-30,000 - 10,000', '-20,000 - 20,000' 등의 뺄셈은 제대로 된 결과를 얻을 수 없습니다.

bsearch 함수의 반환값

bsearch 함수의 반환값은 검색을 통해 찾은 요소의 포인터입니다(검색에 실패한 경우 널(NULL) 포인터를 반환합니다).

그림 3-8을 살펴보겠습니다. 이 그림은 {1, 2, 4, 5, 6, 7, 8, 9}에서 5를 검색하는 예로, 값이 5인 4번째 요소를 가리키는 포인터를 반환합니다. 이 bsearch 함수의 반환값을 대입한 포인터 p는 찾아낸 요소를 가리킵니다.

즉, 포인터 p는 4번째 요소 x[3]를 가리킵니다.

따라서 찾아낸 요소의 인덱스는 포인터 p에서 첫 번째 요소의 포인터 x를 뺀 식 p - x로 얻을 수 있습니다(이 그림에서 p - x는 3입니다). 일반적으로 포인터 a와 b가 같은 배열의 요소를 가리킨다면 b - a에 의해 두 요소의 인덱스 차이를 얻을 수 있습니다(보충수업 3-2를 참고하세요).

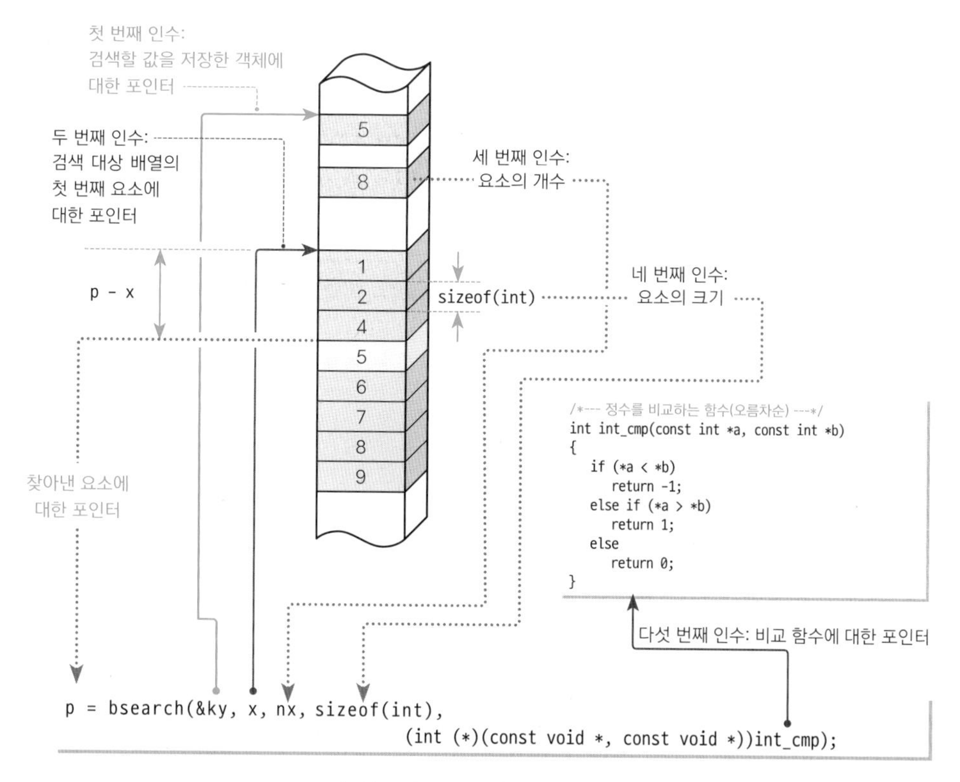

[그림 3-8] bsearch 함수를 사용한 검색

이번에는 실습 3-6 프로그램에서 오름차순으로 정렬된 배열이 아닌 내림차순으로 정렬된 배열에서 검색을 수행해 보겠습니다.

Do it! 실습 3-6 • 완성 파일 chap03/bsearch2.c

```
01  // bsearch 함수를 사용하여 내림차순으로 정렬한 배열에서 검색
02  #include <stdio.h>
03  #include <stdlib.h>
04
05  /*--- 정수를 비교하는 함수(내림차순) ---*/
06  int int_cmpr(const int *a, const int *b)
07  {
08    if(*a < *b)
09      return 1;
10    else if(*a > *b)
11      return -1;
12    else
13      return 0;
14  }
```

실행 결과

```
bsearch 함수를 사용하여 검색
요소 개수: 8
내림차순으로 입력하세요.
x[0]: 79
x[1]: 68
x[2]: 57
x[3]: 39
x[4]: 23
x[5]: 22
x[6]: 15
x[7]: 13
검색값: 22
22는(은) x[5]에 있습니다.
```

```
15  int main(void)
16  {
17    int nx, ky;
18    puts("bsearch 함수를 사용하여 검색");
19    printf("요소 개수: ");
20    scanf("%d", &nx);
21    int *x = calloc(nx, sizeof(int));                 // 요소의 개수가 nx인 int형 배열 x를 생성
22    printf("내림차순으로 입력하세요.\n");
23    printf("x[0]: ");
24    scanf("%d", &x[0]);
25    for(int i = 1; i < nx; i++) {
26      do {
27        printf("x[%d]: ", i);
28        scanf("%d", &x[i]);
29      } while(x[i] > x[i - 1]);                       // 바로 앞의 값보다 크면 다시 입력
30    }
31    printf("검색값: ");
32    scanf("%d", &ky);
33    int *p = bsearch(
34                &ky,                                  // 검색값에 대한 포인터
35                x,                                    // 배열
36                nx,                                   // 요소의 개수
37                sizeof(int),                          // 요소의 크기
38               (int(*)(const void *, const void *)) int_cmpr   // 비교 함수
39                );
40    if(p == NULL)
41      puts("검색에 실패했습니다.");
42    else
43      printf("%d는(은) x[%d]에 있습니다.\n", ky, (int)(p - x));
44    free(x);                                          // 배열 x를 해제
45    return 0;
46  }
```

앞 프로그램과 다른 점을 코드에 초록색 박스로 표시해 두었습니다. 비교 함수 int_cmpr가 반환하는 값의 부호만 오름차순 정렬 프로그램(실습 3-5)의 int_cmp 함수와 반대로 되어 있습니다.

보충수업 3-4 함수 포인터

함수 포인터는 이름 그대로 함수를 가리키는 포인터입니다. 함수 포인터의 자료형은 가리키는 함수에 따라 다릅니다. 예를 들어, 함수 double func(int)를 가리키는 포인터형과 함수 int kansu(int, long)을 가리키는 포인터형은 다른 자료형입니다.

아래처럼 선언한 함수를 살펴보겠습니다. 이 함수는 'int형 인수를 받아들여 double형 값을 반환하는 함수'입니다.

```
double func(int);          // int를 받아들여 double을 반환하는 함수
```

이 함수를 가리키는 포인터형은 int형 인수를 받아들여 double형 값을 반환하는 함수에 대한 포인터입니다. 따라서 이 함수를 가리키는 포인터 fp의 선언은 아래와 같습니다.

```
double(*fp)(int);          // int를 받아들여 double을 반환하는 함수에 대한 포인터 fp의 선언
```

변수 이름 앞에 *를 붙이는 것은 객체에 대한 포인터의 선언과 같습니다. 다만 변수 이름을 ()로 감싸야 합니다.

```
double *fn(int);           // int를 받아들여 double에 대한 포인터를 반환하는 함수 선언
```

왜냐하면 ()를 생략하여 위와 같이 쓰면 포인터가 아니라 'int형 인수를 받아들여 double형에 대한 포인터를 반환하는 함수'의 선언이 되기 때문입니다.

실습 3C-1은 함수에 대한 포인터를 사용하여 '덧셈표'와 '곱셈표'를 출력하는 프로그램입니다. 이 프로그램에서 kuku 함수를 호출하는 A과 B를 살펴보겠습니다. kuku 함수에서 실인수로 주어진 sum과 mul은 모두 함수 이름입니다. 배열 이름이 배열의 첫 번째 요소의 포인터와 같다고 이해했듯이 함수 이름은 그 함수에 대한 포인터와 같다고 생각하면 됩니다. 여기서 A의 함수 호출은 kuku 함수에게 다음과 같이 부탁하는 것과 같습니다.

> 함수 sum에 대한 포인터를 전달할게요!
> 그러니 포인터가 가리키는 함수의 실행으로 얻은 계산 결과를 표로 출력해 주세요!

호출된 kuku 함수는 sum 함수에 대한 포인터를 매개변수 calc로 받아들입니다(1). 받아들인 함수에 대한 포인터를 사용하는 코드가 2의 식 (*calc)(i, j)입니다. 2의 코드와 같이 함수에 대한 포인터에

간접 연산자 *를 적용한 코드를 실행하면 그 포인터가 가리키는 함수(sum)가 호출됩니다. 즉, (*calc)(i, j)는 실질적으로 sum(i, j)와 같습니다.

마치 객체를 가리키는 포인터에 간접 연산자 *를 적용하면 그 객체의 실제 자료에 접근할 수 있는 것과 같습니다.

여기서 *calc를 둘러싸고 있는 ()는 생략할 수 없습니다. 간접 연산자 *보다 함수를 호출하는 연산자 ( ) 쪽이 우선순위가 높기 때문입니다. 또 B에 의해 kuku 함수가 호출되는 경우에는 인수 calc로 받아들이는 인자의 값이 mul 함수에 대한 포인터이므로 식 (*calc)(i, j)의 실행으로 호출하는 함수는 mul 함수입니다. 즉, (*calc)(i, j)는 실질적으로 mul(i, j)와 같습니다. 덧붙여 설명하면 포인터 calc가 가리키는 함수를 호출하는 코드((*calc)(i, j))는 프로그램을 컴파일할 때가 아니라 실행할 때 실제로 어떤 함수를 호출할지 결정합니다.

이렇게 함수에 대한 포인터를 사용하면 호출하는 함수를 실행하여 결정하는 동적 함수 호출을 구현할 수 있습니다. 동적 함수 호출을 사용하면 사용자가 원하는 경우에 sum 함수와 mul 함수를 직접 작성하여 호출하지 않아도 실행할 수 있습니다.

만약 뺄셈표를 나타내고 싶은 경우에는 두 인수의 뺄셈 결과를 반환하는 함수를 만들고 그 함수에 대한 포인터만 kuku 함수에 전달하여 호출하면 됩니다. 이렇게 함수에 대한 포인터를 사용하면 프로그램을 수정, 변경할 때 유연하게 대응할 수 있습니다.

Do it! 실습 3C-1

• 완성 파일 chap03/kuku.c

```
01  /* 덧셈, 곱셈표 */
02  #include <stdio.h>
03
04  /*--- x1과 x2의 합 ---*/
05  int sum(int x1, int x2)
06  {
07    return x1 + x2;
08  }
09  /*--- x1과 x2의 곱 ---*/
10  int mul(int x1, int x2)
11  {
12    return x1 * x2;
13  }
14  /*--- 표 출력 ---*/
15  void kuku(int(*calc)(int, int))   ← 1
16  {
17    for(int i = 1; i <= 9; i++) {
18      for(int j = 1; j <= 9; j++)
```

실행 결과

```
덧셈표
  2  3  4  5  6  7  8  9 10
  3  4  5  6  7  8  9 10 11
  4  5  6  7  8  9 10 11 12
  5  6  7  8  9 10 11 12 13
  6  7  8  9 10 11 12 13 14
  7  8  9 10 11 12 13 14 15
  8  9 10 11 12 13 14 15 16
  9 10 11 12 13 14 15 16 17
 10 11 12 13 14 15 16 17 18

곱셈표
  1  2  3  4  5  6  7  8  9
  2  4  6  8 10 12 14 16 18
  3  6  9 12 15 18 21 24 27
  4  8 12 16 20 24 28 32 36
  5 10 15 20 25 30 35 40 45
  6 12 18 24 30 36 42 48 54
  7 14 21 28 35 42 49 56 63
  8 16 24 32 40 48 56 64 72
  9 18 27 36 45 54 63 72 81
```

```
19          printf("%3d", (*calc)(i, j));
20        putchar('\n');
21      }
22  }
23
24  int main(void)
25  {
26    puts("덧셈표");
27    kuku(sum);
28    puts("\n 곱셈표");
29    kuku(mul);
30
31    return 0;
32  }
```

2 호출 함수는 프로그램이 실행될 때 결정됩니다.

A B

kuku 함수는 다음과 같이 짧게 작성할 수 있습니다. 색으로 강조한 부분을 보면 괄호 ()와 별표 *가 없어 프로그램이 깔끔합니다(chap03/kuku2.c).

매개변수 선언

함수에 대한 포인터는 매개변수 선언에서만 변수 이름 앞의 *와 ()를 생략한 형식으로 선언할 수 있습니다. 배열을 매개변수로 하는 함수에서 int *p를 int p[ ]로 선언하는 경우와 비슷합니다.

```
/*--- kuku 함수 매개변수의 다른 선언 방법 ---*/
void kuku(int calc(int, int))
{

  for(int i = 1; i <= 9; i++) {
    for(int j = 1; j <= 9; j++)
      printf("%3d", calc(i, j));
    putchar('\n');
  }
}
```

함수에 대한 포인터를 통한 함수의 호출

일반적으로 함수 호출식의 왼쪽 피연산자는 함수 이름이 아닌 함수 포인터를 사용해도 됩니다. 다시 말해 간접 참조 연산자 *의 함수를 이해하기 위해 실습 3C-1에서 (*calc)(i, j)라고 했지만 간단히 calc(i, j)라고 해도 됩니다.

구조체 배열에서 검색하기

이전까지의 검색 프로그램은 자료형이 기본형(int, double, float, …)인 배열에서만 검사하는 기능이 있었습니다. 실습 3-7 프로그램에서는 자료형이 구조체인 배열에서의 검색을 bsearch 함수로 구현해 보겠습니다.

Do it! 실습 3-7

• 완성 파일 chap03/bsearch3.c

```
01  // bsearch 함수를 사용한 구조체 배열에서의 검색
02  #include <stdio.h>
03  #include <stdlib.h>
04  #include <string.h>
05
06  typedef struct {
07      char name[10];    // 이름
08      int height;       // 키
09      int weight;       // 몸무게
10  } Person;
11
12  /*--- Person형의 비교 함수(오름차순으로 이름 정렬) ---*/
13  int npcmp(const Person *x, const Person *y)
14  {
15      return strcmp(x->name, y->name);
16  }
17
18  int main(void)
19  {
20      Person x[] = {                                  // 배열 요소는 이름의 오름차순으로
21          { "김영준", 179, 79 },                      // 정렬되어 있어야 함
22          { "박현규", 172, 63 },
23          { "이수진", 176, 52 },
24          { "최윤미", 165, 51 },
25          { "함진아", 181, 73 },
26          { "홍연의", 172, 84 },
27      };
28      int nx = sizeof(x) / sizeof(x[0]);              // 배열 x의 요소 개수
29      int retry;
30      puts("이름으로 검색합니다.");
31      do {
32          Person temp;
33          printf("이름: ");
34          scanf("%s", temp.name);
35          Person *p = bsearch(&temp, x, nx, sizeof(Person),
36              (int(*)(const void *, const void *)) npcmp);
37          if(p == NULL)
38              puts("검색에 실패했습니다.");
39          else {
40              puts("검색 성공 !! 아래 요소를 찾았습니다.");
```

실행 결과

```
이름으로 검색합니다.
이름: 최윤미
검색 성공 !! 아래 요소를 찾았습니다.
x[3]: 최윤미 165cm 51kg
다시 검색할까요?(1) 예/(0) 아니오: 0
```

```
41            printf("x[%d]: %s %dcm %dkg\n",
42               (int)(p - x), p->name, p->height, p->weight);
43         }
44         printf("다시 검색할까요?(1) 예/(0) 아니오: ");
45         scanf("%d", &retry);
46      } while(retry == 1);
47
48      return 0;
49   }
```

Person은 {이름, 키, 몸무게}의 멤버로 구성된 구조체입니다. Person을 자료형으로 하는 배열이 검색 대상인 x입니다. 배열 x의 요소는 이름을 가리키는 멤버 name을 기준으로 오름차순으로 정렬하면서 초기화합니다.

요소의 순서는 이름의 알파벳 순서로 되어 있습니다.

비교 함수 npcmp는 두 문자열 x->name과 y->name의 대소 관계를 strcmp 함수를 호출하여 비교합니다. strcmp 함수가 반환하는 값은 다음과 같습니다.

1. x->name 쪽이 작으면(알파벳 순서의 앞쪽이면) 음수
2. x->name과 y->name이 같으면 0
3. x->name 쪽이 크면(알파벳 순서의 뒤쪽이면) 양수

strcmp 함수의 자세한 내용은 07장에서 살펴봅니다.

연습문제

Q6 요소의 값이 내림차순으로 정렬된 long형 배열에서의 검색을 bsearch 함수를 사용하여 수행하는 프로그램을 작성하세요.

Q7 bsearch 함수와 같은 형식으로 호출할 수 있는 다음 함수를 작성하세요. 단, 선형 검색 알고리즘을 사용하고, 배열은 정렬되어 있지 않아도 좋습니다.

```
void *seqsearch(const void *key, const void *base, size_t nmemb, size_t size,
     int(*compar)(const void *, const void *));
```

Q8 bsearch 함수와 같은 형식으로 호출할 수 있는 다음 함수를 이진 검색 알고리즘을 사용하여 작성하세요.

```
void *binsearch(const void *key, const void *base, size_t nmemb,
     size_t size, int(*compar)(const void *, const void *));
```

Q9 bsearch 함수와 같은 형식으로 호출할 수 있는 다음 함수를 작성하세요. 이때 앞에서 풀어 본 Q5처럼 이진 검색 알고리즘을 사용하여 일치하는 요소의 검색에 성공하면 그 위치에서 앞쪽으로 선형 검색을 수행하여 가장 앞쪽의 요소에 대한 포인터를 반환하세요.

```
void *bsearchx(const void *key, const void *base, size_t nmemb,
     size_t size, int(*compar)(const void *, const void *));
```

04

스택과 큐

04-1 스택이란?

스택은 데이터를 일시적으로 저장하기 위한 자료구조로, 가장 나중에 넣은 데이터를 가장 먼저 꺼냅니다.

스택 알아보기

스택(stack)은 데이터를 일시적으로 저장하기 위해 사용하는 자료구조로, 데이터의 입력과 출력 순서는 후입선출(LIFO, Last In First Out)입니다(가장 나중에 넣은 데이터를 가장 먼저 꺼냅니다). 스택에 데이터를 넣는 작업을 푸시(push)라 하고, 스택에서 데이터를 꺼내는 작업을 팝(pop)이라고 합니다. 그림 4-1에 데이터를 스택에 푸시하고 팝하는 과정을 나타냈습니다. 테이블에 겹겹이 쌓은 접시처럼 데이터를 넣는 작업도 꺼내는 작업도 위쪽부터 수행합니다. 이렇게 푸시, 팝을 하는 위치를 꼭대기(top)라 하고, 스택의 가장 밑바닥 부분을 바닥(bottom)이라고 합니다.

stack은 '마른 풀을 쌓은 더미', '겹겹이 쌓음'을 뜻합니다. 그래서 푸시를 '쌓기'라고도 하는데, 이 책에서는 푸시라고 하겠습니다.

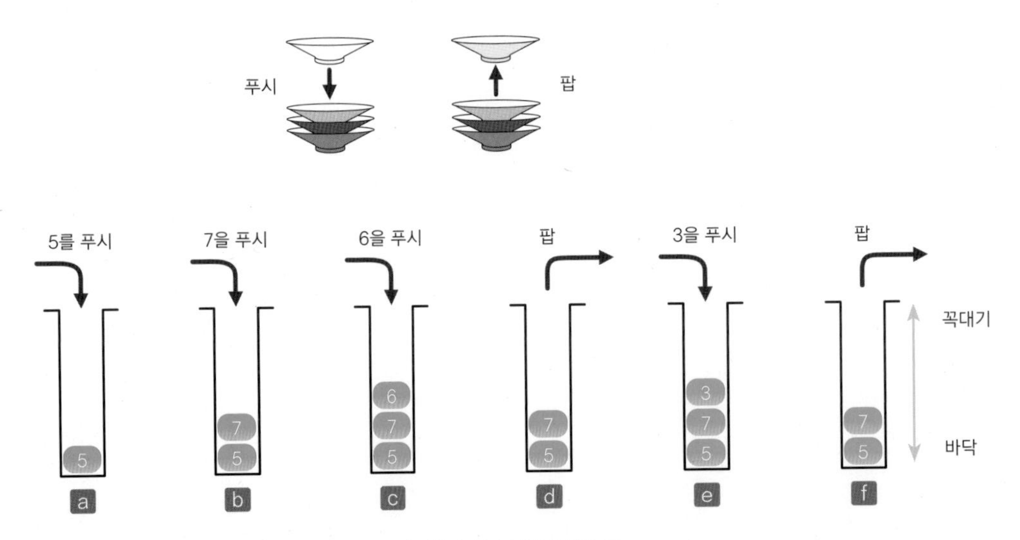

[그림 4-1] 스택의 푸시와 팝

함수를 호출하고 실행할 때 프로그램 내부에서는 스택을 사용합니다. 그림 4-2에 함수의 호출과 실행 과정을 간단하게 나타냈습니다. 이 그림의 프로그램은 main 함수를 포함하여 총 4개의 함수로 이루어졌습니다.

```
void x() { /*...*/ }

void y() { /*...*/ }

void z() {
   x();
   y();
}

int main(void) {
   z();
}
```

a main 함수가 실행되기 전의 상태입니다.
b main 함수를 실행합니다.
c z 함수를 호출합니다.
d x 함수를 호출합니다.
e x 함수가 종료되고 z 함수로 돌아옵니다.
f y 함수를 호출합니다.
g y 함수를 종료하고 z 함수로 돌아옵니다.
h z 함수를 종료하고 main 함수로 돌아옵니다.
i main 함수를 종료합니다.

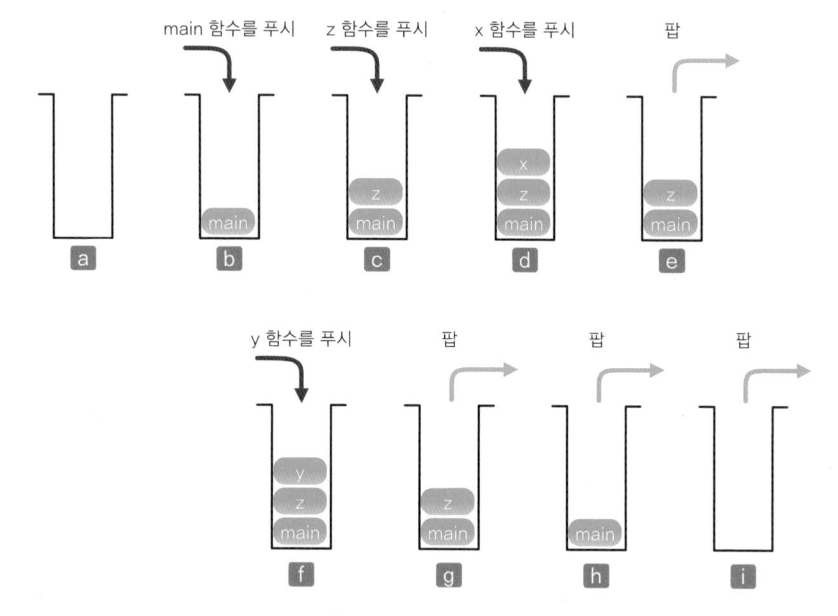

[그림 4-2] 함수 호출과 스택

이 프로그램은 가장 먼저 main 함수를 실행하며 main 함수는 z 함수를 호출합니다. 호출된 함수 z는 x 함수와 y 함수를 순서대로 호출합니다. 이 그림은 함수를 호출할 때는 푸시하고 함수가 실행을 종료하고 호출한 원래의 함수로 돌아갈 때는 종료할 함수를 팝하는 모습입니다.

그림 4-2의 d를 살펴보겠습니다. 이 그림은 main → z → x의 순서대로 함수를 호출합니다. 이때 스택의 상태는 호출한 함수의 역순으로 겹겹이 쌓여 있어 함수 호출이 계층 구조로 이루어져 있음을 알 수 있습니다. d의 상태에서 x 함수의 실행이 종료되면 x 함수만 팝합니다. x

함수와 z 함수가 모두 팝되어 갑자기 main 함수로 돌아가는 일은 없습니다.

위 그림은 함수 호출을 이해하기 위해 간단히 나타낸 것이며, 스택은 실제로 더 복잡한 구조로 되어 있습니다.

스택 만들기

스택을 구현하는 프로그램을 만들어 보겠습니다. 여기서 스택에 저장하는 값은 int형이며, 용량(스택에 저장하는 최대 데이터 개수)은 생성할 때 결정하는 고정 길이 스택이라고 합니다.

실습 4-1의 IntStack.h는 헤더이고, 실습 4-2의 IntStack.c는 소스입니다.

Do it! 실습 4-1

• 완성 파일 chap04/IntStack.h

```
01  // int형 스택 IntStack(헤더)
02  #ifndef ___IntStack
03  #define ___IntStack
04
05  /*--- 스택을 구현하는 구조체 ---*/
06  typedef struct {
07    int max;     // 스택 용량
08    int ptr;     // 스택 포인터
09    int *stk;    // 스택의 첫 요소에 대한 포인터
10  } IntStack;
11
12  /*--- 스택 초기화 ---*/
13  int Initialize(IntStack *s, int max);
14
15  /*--- 스택에 데이터를 푸시---*/
16  int Push(IntStack *s, int x);
17
18  /*--- 스택에서 데이터를 팝 ---*/
19  int Pop(IntStack *s, int *x);
20
21  /*--- 스택에서 데이터를 피크 ---*/
22  int Peek(const IntStack *s, int *x);
23
24  /*--- 스택 비우기 ---*/
25  void Clear(IntStack *s);
26
27  /*--- 스택의 최대 용량 ---*/
28  int Capacity(const IntStack *s);
29
```

```
30  /*--- 스택의 데이터 개수 ---*/
31  int Size(const IntStack *s);
32
33  /*--- 스택이 비어 있나요? ---*/
34  int IsEmpty(const IntStack *s);
35
36  /*--- 스택이 가득 찼나요? ---*/
37  int IsFull(const IntStack *s);
38
39  /*--- 스택에서 검색 ---*/
40  int Search(const IntStack *s, int x);
41
42  /*--- 모든 데이터 출력 ---*/
43  void Print(const IntStack *s);
44
45  /*--- 스택 종료 ---*/
46  void Terminate(IntStack *s);
47  #endif
```

스택 구조체 IntStack

스택을 관리하는 구조체입니다. IntStack은 3개의 멤버로 구성됩니다.

1. 스택으로 사용할 배열을 가리키는 포인터 stk

스택으로 푸시된 데이터를 저장할 용도의 배열을 가리키는 포인터입니다. 그림 4-3을 보면 인덱스가 0인 요소를 스택의 바닥(bottom)이라 합니다. 배열의 메모리 공간 할당은 Initialize 함수로 생성됩니다.

멤버 stk는 배열의 첫 요소를 가리키는 포인터입니다(배열이 아닙니다).

2. 스택의 최대 용량 max

스택의 최대 용량을 나타내는 int형 멤버입니다. 이 값은 배열 stk의 요소 개수와 같습니다.

그림 4-3에서 max의 값은 8입니다.

3. 스택 포인터 ptr

스택에 쌓여 있는 데이터의 개수를 나타내는 멤버입니다. 이 값을 스택 포인터(stack pointer)라고 합니다. 스택이 비어 있으면 ptr의 값은 0이고 가득 차 있으면 max입니다.

가장 먼저 푸시된 바닥의 데이터는 stk[0], 가장 나중에 푸시된 꼭대기(top) 데이터는 stk[ptr - 1]입니다.

Do it! 실습 4-2[A]

• 완성 파일 chap04/IntStack.c

```
01  // int형 스택 IntStack(소스)
02  #include <stdio.h>
03  #include <stdlib.h>
04  #include "IntStack.h"
05
06  /*--- 스택 초기화 ---*/
07  int Initialize(IntStack *s, int max)
08  {
09    s->ptr = 0;                                          ─1
10    if((s->stk = calloc(max, sizeof(int))) == NULL) {
11      s->max = 0;     // 배열의 생성에 실패                ─2
12      return -1;
13    }
14    s->max = max;                                        ─3
15    return 0;
16  }
17
```

(실습 4-2[B]에서 계속)

초기화 함수 Initialize

Initialize 함수는 스택의 메모리 공간(배열)을 확보하는 등의 준비 작업을 수행합니다.

첫 번째 인수 s는 처리 대상인 스택 구조체 객체에 대한 포인터입니다(이후 대부분의 함수도 마찬가지입니다).

1 배열을 위한 메모리 공간을 만들 때 스택은 비어 있어야(데이터가 하나도 쌓여 있지 않은 상태여야) 합니다. 따라서 스택 포인터 ptr 값을 0으로 합니다.

2 요소의 개수가 max인 배열 stk를 생성합니다. 스택의 개별 요소에 접근하는 인덱스 식은 바닥(bottom)부터 stk[0], stk[1], …, stk[max - 1]이 됩니다.

3 매개변수 max로 받은 값을 스택 최대 용량을 나타내는 구조체의 멤버 max에 저장합니다.

배열을 위한 메모리 공간을 확보하는 데 실패하면 2의 max값을 0으로 해야 하는데, 이는 존재하지 않는 배열 stk에 대한 다른 함수의 잘못된 접근을 막기 위해서입니다.

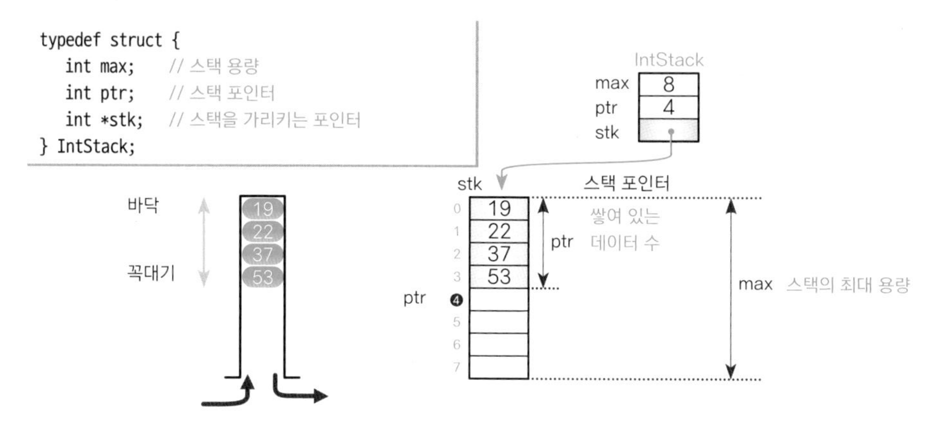

[그림 4-3] 스택의 구현 예

푸시 함수 Push

Push 함수는 스택에 데이터를 추가하는 함수입니다.

푸시에 성공하면 0을 반환하고, 스택이 가득 차서 푸시할 수 없는 경우에는 -1을 반환합니다.

Do it! 실습 4-2[B] • 완성 파일 chap04/IntStack.c

```
01  /*--- 스택에 데이터 푸시 ---*/
02  int Push(IntStack *s, int x)
03  {
04    if (s->ptr >= s->max)          // 스택이 가득 참
05      return -1;
06    s->stk[s->ptr++] = x;
07    return 0;
08  }
09
```

(실습 4-2[C]에서 계속)

그림 4-4(a)는 푸시 작업을 그림으로 나타낸 것입니다. 새로 추가할 데이터(x)를 배열의 요소 stk[ptr]에 저장하고 스택 포인터 ptr을 증가시킵니다.

팝 함수 Pop

Pop 함수는 스택의 꼭대기에서 데이터를 제거하는 함수입니다.

팝에 성공할 경우에는 0을 반환하고 스택이 비어 있어 팝을 할 수 없는 경우에는 -1을 반환합니다.

Do it! 실습 4-2[C] • 완성 파일 chap04/IntStack.c

```
01  /*--- 스택에서 데이터를 제거---*/
02  int Pop(IntStack *s, int *x)
03  {
04    if (s->ptr <= 0)     // 스택이 비어 있음
05      return -1;
06    *x = s->stk[--s->ptr];
07    return 0;
08  }
09
```

(실습 4-2[D]에서 계속)

그림 4-4(b)는 팝 작업 과정의 한 예입니다. 먼저 스택 포인터 ptr의 값을 감소시키고 stk[ptr]에 저장된 값을 포인터 x가 가리키는 변수에 저장합니다.

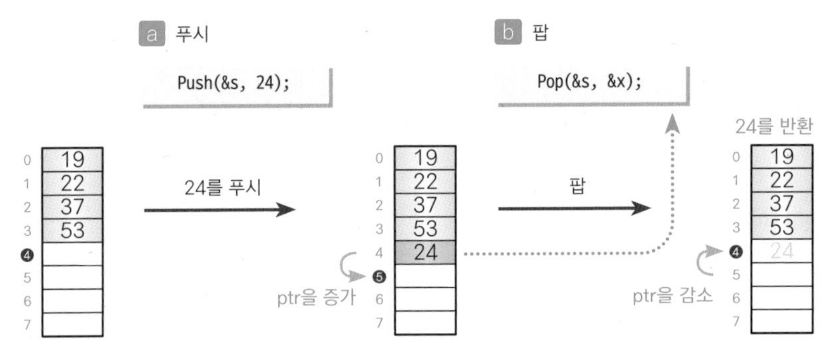

[그림 4-4] 스택에서의 푸시와 팝

피크 함수 Peek

Peek 함수는 스택 꼭대기의 데이터를 '몰래 엿보는' 함수입니다.

피크에 성공하면 0을 반환하고 스택이 비어 있어 피크할 수 없는 경우에는 -1을 반환합니다.

Do it! 실습 4-2[D] • 완성 파일 chap04/IntStack.c

```
01  /*--- 스택에서 데이터 엿보기 ---*/
02  int Peek(const IntStack *s, int *x)
03  {
04    if (s->ptr <= 0)          // 스택이 비어 있음
05      return -1;
06    *x = s->stk[s->ptr - 1];
07      return 0;
08  }
09
```

(실습 4-2[E]에서 계속)

스택이 비어 있지 않으면 꼭대기 요소 stk[ptr - 1]의 값을 포인터 x가 가리키는 변수에 저장합니다. 또 데이터의 입력과 출력이 없으므로 스택 포인터는 변화하지 않습니다.

ⓖ 함수 push와 Pop, Peak에서는 스택이 가득 찼는지 비어 있는지를 함수 앞쪽의 if 문에서 판단합니다. 그 판단 과정에서 사용하는 것이 >= 연산자와 <= 연산자입니다. 이러한 경우에는 보통 아래와 같은 등가 연산자 == 또는 !=를 사용해 판단합니다.

```
if (s->ptr == s->max)     // 스택이 가득 찼는가?
if (s->ptr == 0)          // 스택이 비어 있는가?
```

하지만 'IntStack.c'에서 제공하는 함수만으로 스택을 조작하면 스택 포인터 ptr의 값은 반드시 0 이상 및 s->max 이하가 됩니다. 그렇다고 해서 프로그램 오류 등을 이유로 ptr값이 부적절하게 바뀔 경우, 0보다 작아지거나 s->max를 넘겨버릴 가능성이 있습니다. 이 책의 실습 프로그램처럼 부등호를 붙여서 판단하면, 스택의 배열에 대한 상한이나 하한을 넘기는 접근을 피할 수 있습니다.

스택의 모든 요소를 삭제하는 함수 Clear

Clear 함수는 스택에 쌓여 있는 모든 데이터를 삭제하는 함수입니다.

Do it! 실습 4-2[E] • 완성 파일 chap04/IntStack.c

```
01  /*--- 스택의 모든 요소 삭제 ---*/
02  void Clear(IntStack *s)
03  {
04    s->ptr = 0;
05  }
06
```

(실습 4-2[F]에서 계속)

스택에 대한 푸시와 팝 등 모든 작업은 스택 포인터를 바탕으로 이루어집니다. 따라서 스택의 배열 요솟값을 변경할 필요가 없습니다. 모든 요소의 삭제는 스택 포인터 ptr값을 0으로 하면 끝납니다.

Do it! 실습 4-2[F] • 완성 파일 chap04/IntStack.c

```
01  /*--- 스택 용량 ---*/
02  int Capacity(const IntStack *s)
03  {
04    return s->max;
05  }
06
07  /*--- 스택에 쌓여 있는 데이터 수 ---*/
08  int Size(const IntStack *s)
09  {
```

```
10        return s->ptr;
11    }
12
13    /*--- 스택이 비어 있는가? ---*/
14    int IsEmpty(const IntStack *s)
15    {
16        return s->ptr <= 0;
17    }
18
19    /*--- 스택은 가득 찼는가? ---*/
20    int IsFull(const IntStack *s)
21    {
22        return s->ptr >= s->max;
23    }
24
25    /*--- 스택에서 검색 ---*/
26    int Search(const IntStack *s, int x)
27    {
28        for(int i = s->ptr - 1; i >= 0; i--)      // 꼭대기(top) → 바닥(bottom)으로 선형 검색
29            if(s->stk[i] == x)
30                return i;                          // 검색 성공
31        return -1;                                 // 검색 실패
32    }
33
34    /*--- 모든 데이터 출력 ---*/
35    void Print(const IntStack *s)
36    {
37        int i;
38        for(int i = 0; i < s->ptr; i++)            // 바닥(bottom) → 꼭대기(top)로 스캔
39            printf("%d ", s->stk[i]);
40        putchar( '\n');
41    }
42
43    /*--- 스택 종료 ---*/
44    void Terminate(IntStack *s)
45    {
46        if(s->stk != NULL)
47            free(s->stk);                          // 배열을 삭제
48        s->max = s->ptr = 0;
49    }
```

용량을 확인하는 함수 Capacity

Capacity 함수는 스택의 용량(멤버 max의 값)을 반환하는 함수입니다.

데이터의 개수를 확인하는 함수 Size

Size 함수는 현재 스택에 쌓여 있는 데이터의 개수(멤버 ptr의 값)를 반환하는 함수입니다.

스택이 비어 있는지 검사하는 함수 IsEmpty

IsEmpty 함수는 스택이 비어 있는지 검사하는 함수입니다. 스택이 비어 있으면 1, 그렇지 않으면 0을 반환합니다.

스택이 가득 찼는지 검사하는 함수 IsFull

IsFull 함수는 스택이 가득 찼는지 검사하는 함수입니다. 스택이 가득 찼으면 1, 그렇지 않으면 0을 반환합니다.

임의의 값을 검색하는 함수 Search

Search 함수는 임의의 값 x의 데이터가 스택의 어느 위치에 쌓여 있는지 검사하는 함수입니다. Search 함수로 검색하는 예를 그림 4-5에 나타냈습니다. 검색은 꼭대기에서 바닥으로 선형 검색을 수행합니다(배열 인덱스가 큰 쪽에서 작은 쪽으로 스캔). 꼭대기부터 검색하는 이유는 '먼저 팝되는 데이터'를 찾기 위해서입니다. 검색에 성공하면 찾은 요소의 인덱스를 반환하고 실패하면 -1을 반환합니다.

아래 그림 4-5의 스택에는 인덱스값이 1인 요소와 4인 요소의 총 두 곳에 25가 있습니다. 25를 검색하면 꼭대기부터 검색을 시작해 가장 처음 발견하는 인덱스값(4)을 반환합니다.

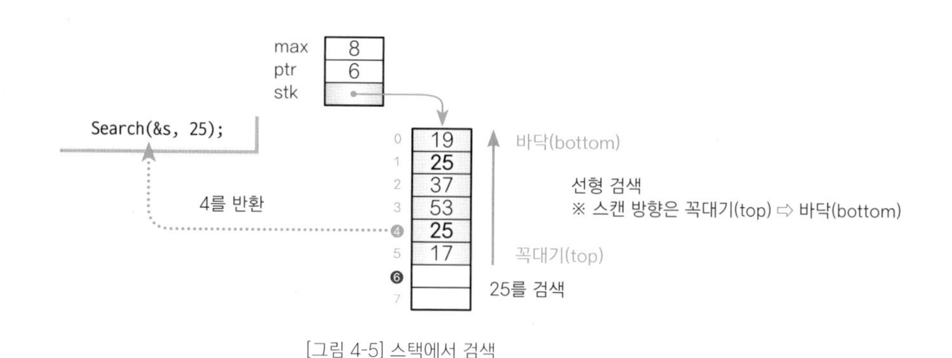

[그림 4-5] 스택에서 검색

모든 데이터를 출력하는 함수 Print

Print 함수는 스택의 모든 데이터를 출력하는 함수입니다. 스택에 쌓여 있는 ptr개의 모든 데이터를 바닥부터 순서대로 출력합니다.

종료 함수 Terminate

Terminate 함수는 뒤처리를 담당하는 함수입니다. Initialize 함수로 확보한 스택을 해제하고 용량 max와 스택 포인터 ptr의 값을 0으로 합니다.

스택을 사용하는 프로그램

스택을 사용하는 프로그램을 만들어 보겠습니다. 프로그램 예를 실습 4-3에 나타냈습니다.

이 프로그램을 컴파일하려면 IntStack.h, IntStack.c가 필요합니다.

Do it! 실습 4-3 • 완성 파일 chap04/IntStackTest.c

```
01  // int형 스택 IntStack의 사용
02  #include <stdio.h>
03  #include "IntStack.h"
04
05  int main(void)
06  {
07      IntStack s;
08      if(Initialize(&s, 64) == -1) {
09          puts("스택 생성에 실패했습니다.");
10          return 1;
11      }
12
13      while(1) {
14          int menu, x;
15          printf("현재 데이터 수: %d / %d\n", Size(&s), Capacity(&s));
16          printf("(1)푸시 (2)팝 (3)피크 (4)출력 (0)종료: ");
17          scanf("%d", &menu);
18
19          if(menu == 0) break;
20          switch(menu) {
21          case 1: /*--- 푸시---*/
22              printf("데이터: ");
23              scanf("%d", &x);
24              if(Push(&s, x) == -1)
25                  puts("\a오류: 푸시에 실패했습니다.");
26              break;
27
```

```
28        case 2: /*--- 팝 ---*/
29          if(Pop(&s, &x) == -1)
30            puts("\a오류: 팝에 실패했습니다.");
31          else
32            printf("팝 데이터는 %d입니다.\n", x);
33          break;
34
35        case 3: /*--- 피크 ---*/
36          if(Peek(&s, &x) == -1)
37            puts("\a오류: 피크에 실패했습니다.");
38          else
39            printf("피크 데이터는 %d입니다.\n", x);
40          break;
41
42        case 4: /*--- 출력 ---*/
43          Print(&s);
44          break;
45        }
46      }
47      Terminate(&s);
48      return 0;
49  }
```

이 프로그램은 스택의 용량이 64이며 푸시, 팝, 피크, 스택 데이터 출력은 대화식으로 실행합니다.

실행 결과

```
현재 데이터 수: 0/64
(1) 푸시 (2) 팝 (3) 피크 (4) 출력 (0) 종료: 1
데이터: 1                                                    1을 푸시

현재 데이터 수: 1/64
(1) 푸시 (2) 팝 (3) 피크 (4) 출력 (0) 종료: 1
데이터: 2                                                    2를 푸시

현재 데이터 수: 2/64
(1) 푸시 (2) 팝 (3) 피크 (4) 출력 (0) 종료: 1
데이터: 3                                                    3을 푸시

현재 데이터 수: 3/64
(1) 푸시 (2) 팝 (3) 피크 (4) 출력 (0) 종료: 1
데이터: 4                                                    4를 푸시
```

```
현재 데이터 수: 4/64
(1) 푸시 (2) 팝 (3) 피크 (4) 출력 (0) 종료: 3
피크 데이터는 4입니다. ·········· 4를 피크

현재 데이터 수: 4/64
(1) 푸시 (2) 팝 (3) 피크 (4) 출력 (0) 종료: 4
1 2 3 4 ·········· 스택의 내용을 출력

현재 데이터 수: 4/64
(1) 푸시 (2) 팝 (3) 피크 (4) 출력 (0) 종료: 2
팝 데이터는 4입니다. ·········· 4를 팝

현재 데이터 수: 3/64
(1) 푸시 (2) 팝 (3) 피크 (4) 출력 (0) 종료: 2
팝 데이터는 3입니다. ·········· 3을 팝

현재 데이터 수: 2/64
(1) 푸시 (2) 팝 (3) 피크 (4) 출력 (0) 종료: 4
1 2 ·········· 스택의 내용을 출력

현재 데이터 수: 2/64
(1) 푸시 (2) 팝 (3) 피크 (4) 출력 (0) 종료: 0
```

연습 문제

Q1 실습 4-3의 프로그램은 IntStack.c에서 제공하는 함수를 모두 사용하지 않습니다. 모든 함수를 사용하는 프로그램을 만드세요.

Q2 하나의 배열을 공유하여 2개의 스택을 구현하는 스택 프로그램을 만드세요. 스택에 저장하는 데이터는 int형 값으로 하고, 아래 그림처럼 배열의 처음과 끝을 사용하세요.

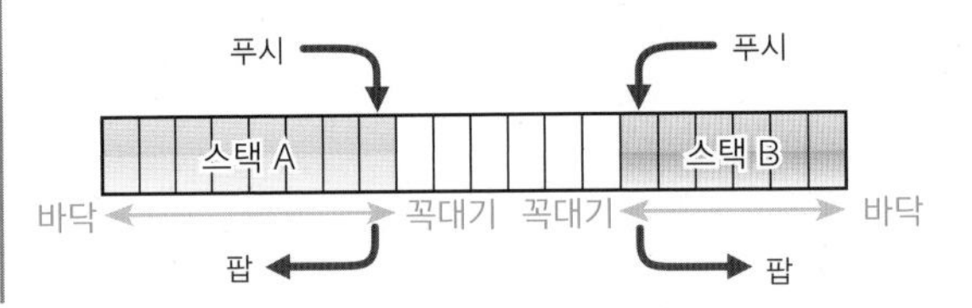

보충수업 4-1 함수 이름에 관해

4장의 스택이나 큐, 8장의 선형 리스트, 10장의 해시와 같은 프로그램에는 같은 이름을 가지는 함수(예를 들면 Initialize 등)가 있습니다. 따라서 이들 프로그램을 병행 사용하는 프로그램은 만들 수 없습니다. 만약 병행해야 한다면 Stack_Initialize, Queue_Initialize 등과 같이 서로 다른 이름으로 바꿔도 좋겠습니다.

04-2 큐란?

이번에 살펴볼 큐는 스택과 마찬가지로 데이터를 일시적으로 쌓아 놓은 자료구조입니다. 하지만 가장 먼저 넣은 데이터를 가장 먼저 꺼내는 선입선출(FIFO; First In First Out)인 점이 스택과 다릅니다.

큐 알아보기

큐(queue)는 스택과 마찬가지로 데이터를 일시적으로 쌓아 두기 위한 자료구조입니다. 그림 4-6에서 볼 수 있듯이 가장 먼저 넣은 데이터를 가장 먼저 꺼내는 선입선출 구조를 이루고 있습니다. 생활에서 볼 수 있는 큐의 예는 은행 창구에서 차례를 기다리는 대기열이나 마트에서 계산을 기다리는 대기열을 들 수 있습니다.

만약 이렇게 기다리는 대기열이 '스택'이라면 가장 먼저 줄을 선 사람이 가장 늦게까지 기다리게 됩니다.

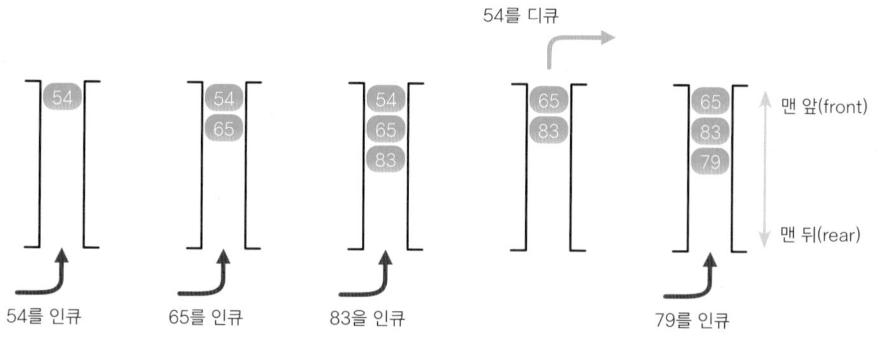

[그림 4-6] 인큐와 디큐

그림 4-6처럼 큐에 데이터를 넣는 작업을 인큐(en-queue)라 하고, 데이터를 꺼내는 작업을 디큐(de-queue)라고 합니다. 또 데이터를 꺼내는 쪽을 프런트(front)라 하고, 데이터를 넣는 쪽을 리어(rear)라고 합니다.

지금 설명하는 디큐(de-queue)와, 양방향 대기열인 덱(deque/double ended queue)을 혼동하지 않도록 주의합니다.

배열로 큐 만들기

스택과 마찬가지로 큐는 배열을 사용하여 구현할 수 있습니다. 그림 4-7을 보면서 배열로 구현한 큐에 대한 작업을 살펴보겠습니다. 그림의 a 는 배열의 프런트(front)부터 4개(19, 22, 37, 53)의 데이터가 들어가 있는 모습입니다. 배열 이름을 que라 할 경우 que[0]부터 que[3]까지의 데이터가 저장되어 있습니다.

인덱스가 0인 요소를 큐의 맨 앞(front)이라 합니다.

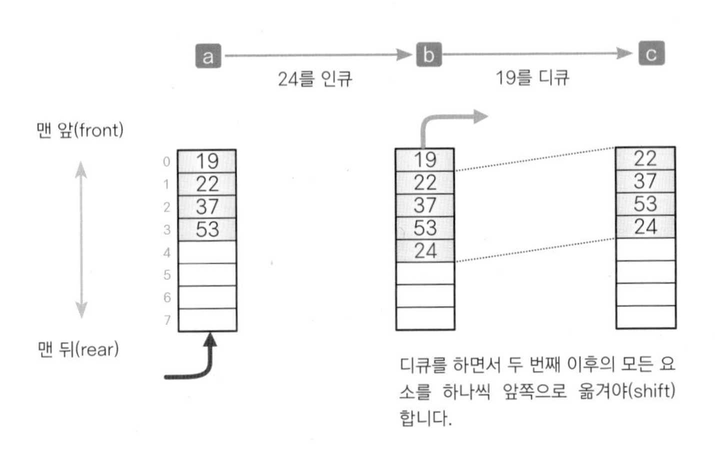

[그림 4-7] 배열에 의한 큐의 구현 예

그림 4-7을 보면서 인큐와 디큐에 대해서 살펴보겠습니다. 24를 인큐하고 19를 디큐합니다.

1. 24 인큐

먼저 데이터 24를 인큐합니다. 그림의 b 처럼 리어(rear)의 데이터가 저장된 que[3]의 다음 요소 que[4]에 24를 저장합니다. 이 처리의 복잡도는 O(1)이고 적은 비용으로 구현할 수 있습니다.

2. 19 디큐

이번에는 19를 디큐합니다. 그림의 c 처럼 que[0]에 저장된 19를 꺼낸 다음 두 번째 이후의 요소를 모두 맨 앞으로 옮깁니다. 이 처리의 복잡도는 O(n)이며 데이터를 꺼낼 때마다 이런 처리를 하게 되면 효율이 떨어집니다.

연습 문제

Q3 이 페이지의 아이디어를 기반으로 큐를 구현하는 프로그램을 만드세요. 큐를 관리하는 구조체는 아래와 같은 ArrayIntQueue를 사용하세요.

```
typedef struct {
    int max;        // 큐의 용량
    int num;        // 현재 데이터 수
    int *que;       // 큐의 첫 요소에 대한 포인터
} ArrayIntQueue;
```

실습 4-5 프로그램에 사용한 함수를 참고하여 프로그램을 완성하세요.

링 버퍼로 큐 만들기

이번에는 배열 요소를 앞쪽으로 옮기지 않는 큐를 구현해 보겠습니다. 이를 위해 사용하는 자료구조가 링 버퍼(ring buffer)입니다. 링 버퍼는 그림 4-8처럼 배열의 처음이 끝과 연결되었다고 보는 자료구조입니다. 여기서 논리적으로 어떤 요소가 첫 번째 요소이고 어떤 요소가 마지막 요소인지 식별하기 위한 변수가 프런트(front)와 리어(rear)입니다.

여기서 프런트(front)와 리어(rear)는 논리적인 데이터의 순서를 말합니다(배열의 물리적 요소의 순서는 아닙니다).

● 프런트(front): 논리적인 맨 처음 요소의 인덱스

● 리어(rear): 논리적인 맨 끝 요소의 하나 뒤의 인덱스(다음 요소를 인큐할 위치를 미리 지정)

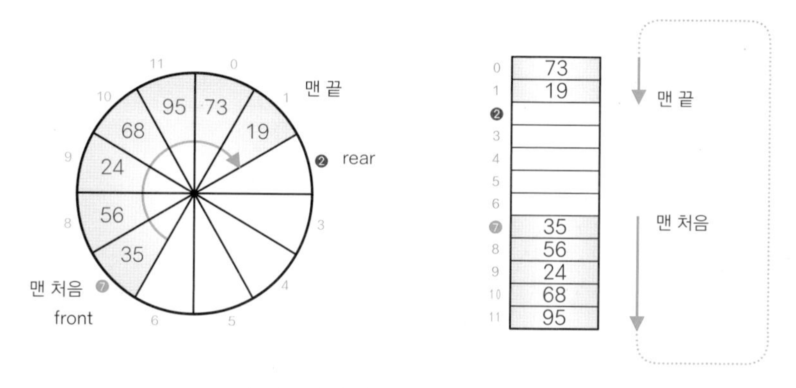

[그림 4-8] 링 버퍼를 사용하는 큐의 구현

변수 프런트와 리어의 값은 인큐와 디큐를 수행함에 따라 변화합니다. 구체적으로는 다음과 같은 과정을 거치게 됩니다(그림 4-9).

1 7개의 데이터(35, 56, 24, 68, 95, 73, 19)가 차례대로 que[7] que[8], …, que[11], que[0], que[1]에 저장됩니다. 프런트값은 7이고 리어값은 2입니다(그림 a).

2 그림 a에 82를 인큐한 다음의 상태입니다. que[2](리어가 가리키고 있는 위치)에 82를 저장한 다음 리어값을 1만큼 증가합니다(그림 b).

3 그림 b에 35를 디큐한 다음의 상태입니다. 프런트 요소(que[front], 즉 que[7])의 값 35를 빼고 프런트값을 1만큼 증가합니다(그림 c).

이렇게 큐를 구현하면 프런트와 리어의 값을 업데이트하며 인큐와 디큐를 수행하기 때문에 그림 4-7에서 발생한 요소 이동 문제를 해결할 수 있습니다. 물론 처리의 복잡도는 O(1)입니다.

앞서 그림 4-7에서 구현한 큐는 요소 이동을 수행하기 때문에 복잡도가 O(n)이었습니다.

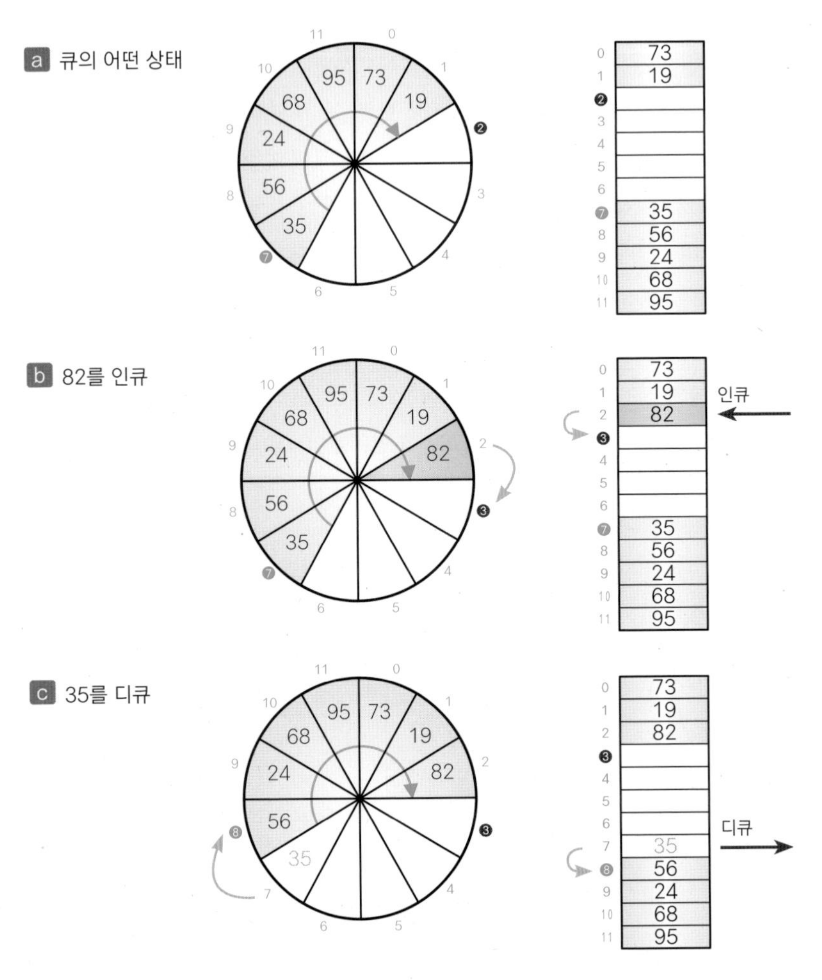

[그림 4-9] 링 버퍼에 대한 인큐와 디큐

그러면 링 버퍼로 큐를 구현하는 프로그램을 만들어 보겠습니다. 앞 절에서 공부한 스택과 마찬가지로 int형 데이터를 저장하며, 큐의 최대 용량은 생성 시 결정하는 고정 길이라고 가정합니다.

프로그램에서 사용하는 헤더(IntQueue.h)는 실습 4-4, 소스(IntQueue.c)는 실습 4-5 프로그램입니다.

Do it! 실습 4-4 • 완성 파일 chap04/IntQueue.h

```
01  // int형 큐 IntQueue(헤더)
02  #ifndef ___IntQueue
03  #define ___IntQueue
04
05  /*--- 큐를 구현하는 구조체 ---*/
06  typedef struct {
07     int max;                        // 큐의 최대 용량
08     int num;                        // 현재의 요소 개수
09     int front;                      // 프런트
10     int rear;                       // 리어
11     int *que;                       // 큐의 맨 앞 요소에 대한 포인터
12  } IntQueue;
13
14  /*--- 큐 초기화 ---*/
15  int Initialize(IntQueue *q, int max);
16
17  /*--- 큐에 데이터를 인큐 ---*/
18  int Enque(IntQueue *q, int x);
19
20  /*--- 큐에서 데이터를 디큐 ---*/
21  int Deque(IntQueue *q, int *x);
22
23  /*--- 큐에서 데이터를 피크 ---*/
24  int Peek(const IntQueue *q, int *x);
25
26  /*--- 모든 데이터 삭제 ---*/
27  void Clear(IntQueue *q);
28
29  /*--- 큐의 최대 용량 ---*/
30  int Capacity(const IntQueue *q);
31
32  /*--- 큐에 저장된 데이터 개수 ---*/
33  int Size(const IntQueue *q);
34
```

```
35  /*--- 큐가 비어 있는가? ---*/
36  int IsEmpty(const IntQueue *q);
37
38  /*--- 큐가 가득 찼는가? ---*/
39  int IsFull(const IntQueue *q);
40
41  /*--- 큐에서 검색 ---*/
42  int Search(const IntQueue *q, int x);
43
44  /*--- 모든 데이터 출력 ---*/
45  void Print(const IntQueue *q);
46
47  /*--- 큐 종료 ---*/
48  void Terminate(IntQueue *q);
49  #endif
```

큐 구조체 IntQueue

큐를 관리하는 구조체로, 아래와 같이 5개의 멤버로 구성됩니다.

1. 큐로 사용할 배열(que)

인큐하는 데이터를 저장하기 위한 큐로, 사용할 배열의 첫 번째 요소에 대한 포인터입니다.

2. 큐의 최대 용량(max)

큐의 최대 용량을 저장하는 int형 멤버로, 이 값은 배열 que에 저장할 수 있는 최대 요소의 개수와 같습니다.

3. 프런트(front)

인큐하는 데이터 가운데 첫 번째 요소의 인덱스를 저장하는 멤버입니다.

4. 리어(rear)

인큐한 데이터 가운데 맨 나중에 넣은 요소의 하나 뒤의 인덱스를 저장하는 멤버입니다.

다음 인큐 시에 데이터가 저장될 요소의 인덱스를 미리 준비해 두는 것이라고 생각하면 됩니다.

5. 현재 데이터 개수(num)

큐에 쌓아 놓은 데이터 수를 나타내는 멤버입니다. 큐가 비어 있을 때 num은 0이고, 가득 찼을 때는 num과 max의 값이 같습니다.front와 rear의 값이 같은 경우 큐가 비어 있는지, 가득 찼는지 구별할 수 없는 상황을 피하기 위해 이 변수가 필요합니다(그림 4-10).

여기서 다음에 나올 그림 4-10의 a와 b를 비교하면서 'front와 rear의 값이 같음'으로 큐의 상태가 비어 있는지, 아닌지 구분할 수 없는 경우에 대해 생각해 보겠습니다. 그림 a는 큐가 비어 있는 상태이고 반대로 그림 b는 큐가 가득 찬 상태입니다. 그런데 두 그림은 전부 front와 rear의 값이 같습니다. 이렇게 num과 max가 없다면 front와 rear 값만으로는 두 상태를 구분할 수 없습니다.

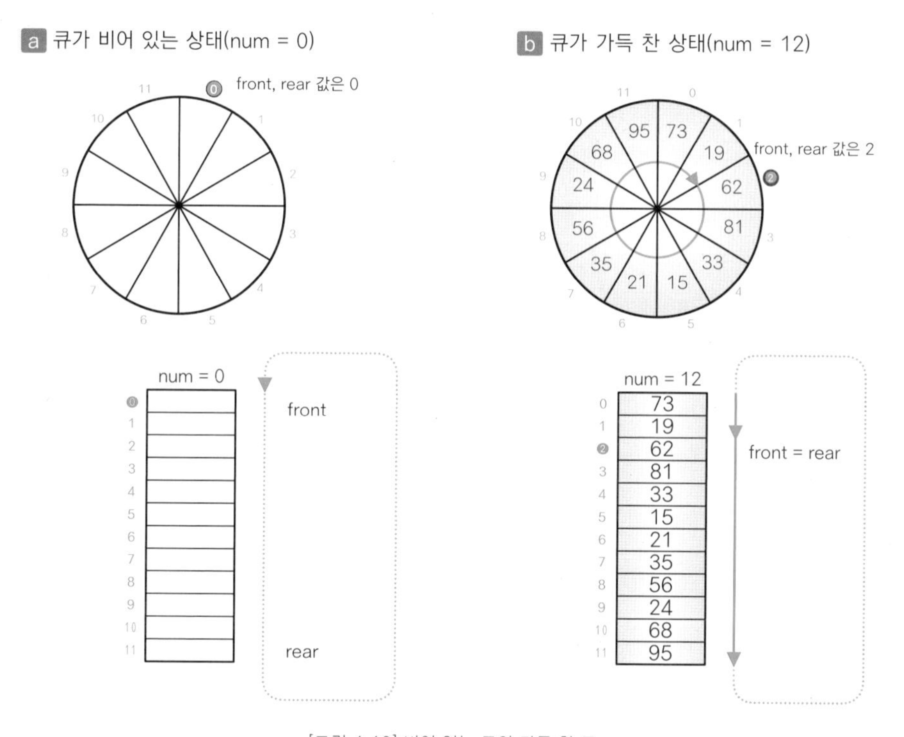

[그림 4-10] 비어 있는 큐와 가득 찬 큐

Do it! 실습 4-5[A] • 완성 파일 chap04/IntQueue.c

```
01  // int형 큐 IntQueue(소스)
02  #include <stdio.h>
03  #include <stdlib.h>
04  #include "IntQueue.h"
05
06  /*--- 큐 초기화 ---*/
```

```
07  int Initialize(IntQueue *q, int max)
08  {
09    q->num = q->front = q->rear = 0;
10    if((q->que = calloc(max, sizeof(int))) == NULL) {
11      q->max = 0;                                    // 배열 생성에 실패
12      return -1;
13    }
14    q->max = max;
15    return 0;
16  }
17                                                      (실습 4-5[B]에서 계속)
```

초기화 함수 Initialize

Initialize 함수는 큐를 구현하기 위한 배열 생성 등의 준비 작업을 하는 함수입니다(이때 첫 번째 인수 q는 처리 대상인 큐 구조체 객체에 대한 포인터이며, 이후 대부분의 함수도 마찬가지입니다). 큐를 처음 만들면 큐는 비어 있으므로(데이터가 하나도 없는 상태) num, front, rear 값을 모두 0으로 합니다. 또 매개변수 max로 받은 '큐의 최대 용량'을 멤버 max에 저장합니다. 그리고 저장할 수 있는 요소의 개수가 max인 배열 que의 메모리 공간을 확보합니다(그림 4-10의 a 상태로 만듭니다).

배열의 메모리 공간 확보에 실패할 때 멤버 max에 0을 대입하는 이유는 스택의 경우와 같습니다.

인큐 함수 Enque

Enque 함수는 큐에 데이터를 인큐하는 함수입니다.

인큐에 성공하면 0을 반환하지만 큐가 가득 차서 인큐할 수 없으면 -1을 반환합니다.

Do it! 실습 4-5[B] • 완성 파일 chap04/IntQueue.c

```
01  /*---큐에 데이터를 인큐 ---*/
02  int Enque(IntQueue *q, int x)
03  {
04    if (q->num >= q->max)
05      return -1;                // 큐가 가득 참
06    else {
07      q->num++;
08      q->que[q->rear++] = x;        ─ 1
09      if (q->rear == q->max)
10          q->rear = 0;              ─ 2
11      return 0;
```

```
12        }
13    }
14                                                          (실습 4-5[C]에서 계속)
```

그림 4-11은 인큐를 수행하는 모습입니다. 그림 a에서는 처음부터 차례대로 데이터 7개 {3, 5, 2, 6, 9, 7, 1}을 넣은 큐에 8을 인큐합니다. que[rear](que[2])에 인큐할 데이터를 저장하고, rear와 num 값을 1만큼 증가하면(실습 4-5[B]의 1) 인큐 작업이 끝납니다.

하지만 생각지 못한 문제가 하나 있습니다. 만약 인큐하기 전의 rear값이 배열의 물리적인 끝(11)이라면 Enque 함수를 수행한 다음에는 rear 값이 12가 되면서 max(Initialize 함수에서 초기화한 값 12)와 같아지는 인덱스 초과 문제가 발생합니다.

rear 값이 max와 같아지면 실제 배열에는 없는 공간인 que[12]를 가리키게 됩니다.

이때 그림 b에서처럼 rear값을 1만큼 증가했을 때 큐의 최대 용량의 값인 max와 같아지면 rear값을 배열의 처음 인덱스인 0으로 변경해야 합니다(실습 4-5[B]의 2).

이렇게 하면 다음에 인큐할 데이터가 제대로 que[0] 위치에 저장됩니다.

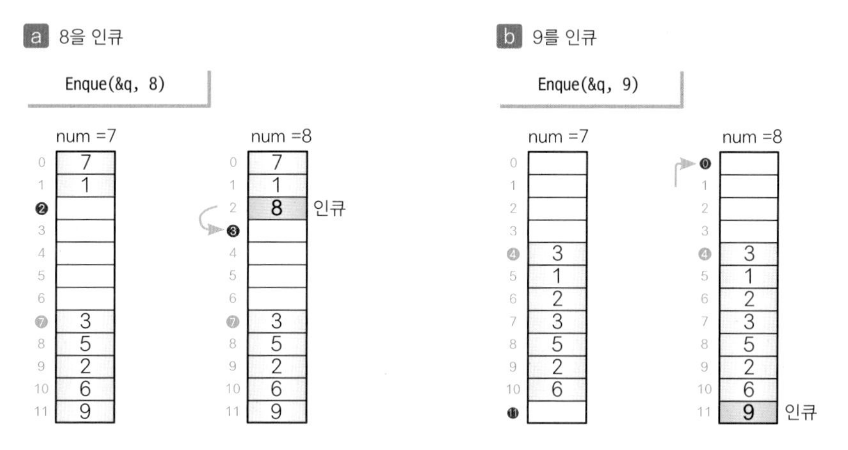

[그림 4-11] 큐에 인큐하는 과정

디큐 함수 Deque

Deque 함수는 큐에서 데이터를 디큐하는 함수입니다.

디큐에 성공하면 0을 반환하지만 큐가 텅 비어 디큐할 수 없으면 -1을 반환합니다.

Do it! 실습 4-5[C]

• 완성 파일 chap04/IntQueue.c

```
01  /*--- 큐에서 데이터를 디큐 ---*/
02  int Deque(IntQueue *q, int *x)
03  {
04    if (q->num <= 0)              // 큐는 비어 있음
05      return -1;
06    else {
07      q->num--;
08      *x = q->que[q->front++];       ─1
09      if (q->front == q->max)
10          q->front = 0;              ─2
11      return 0;
12    }
13  }
14                                             (실습 4-5[D]에서 계속)
```

그림 4-12는 디큐를 수행하는 모습입니다. 그림 a에서는 처음부터 차례대로 데이터 8개 {3, 5, 2, 6, 9, 7, 1, 8}을 넣은 큐에서 3을 디큐합니다. que[front](que[7])에 저장한 값 3을 꺼내고 front값을 1만큼 증가한 다음 num값을 1만큼 감소하면(실습 4-5[C]의 1) 디큐 작업이 끝납니다.

여기서 인큐와 마찬가지로 디큐도 인덱스 초과 문제가 발생합니다. 디큐하기 전의 front값이 배열의 물리적인 끝(11)이라면 위의 과정을 거치고 난 후의 front값은 max(12)가 되어 배열 마지막 요소의 인덱스를 초과합니다.

이때 그림 b에서처럼, 1만큼 증가한 front값이 큐의 최대 용량의 값인 max와 같아지면 front값을 배열의 처음 인덱스인 0으로 변경해야 합니다(실습 4-5[C]의 2).

이렇게 하면 다음에 디큐를 수행하더라도 제대로 que[0]의 위치에서 데이터를 꺼냅니다.

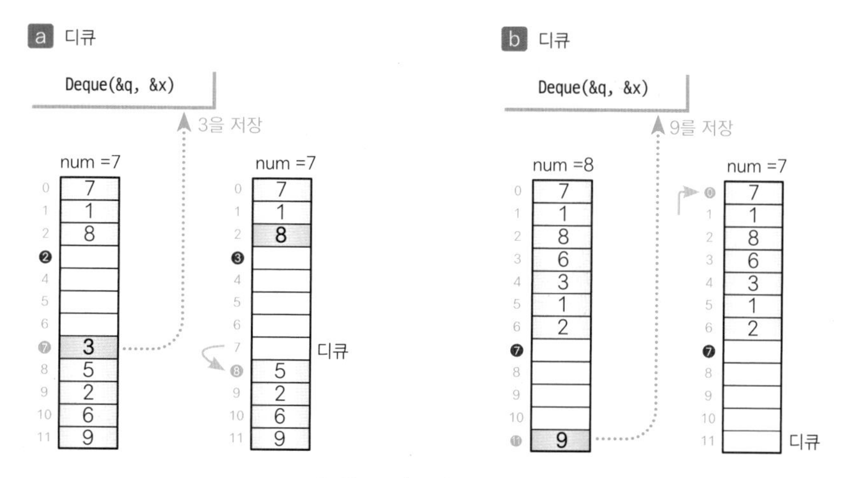

[그림 4-12] 큐에서 디큐하는 과정

Do it! 실습 4-5[D]

• 완성 파일 chap04/IntQueue.c

```
01  /*--- 큐에서 데이터를 피크 ---*/
02  int Peek(const IntQueue *q, int *x)
03  {
04    if(q->num <= 0)      // 큐는 비어 있음
05      return -1;
06    *x = q->que[q->front];
07    return 0;
08  }
09
10  /*--- 모든 데이터 삭제 ---*/
11  void Clear(IntQueue *q)
12  {
13    q->num = q->front = q->rear = 0;
14  }
15
16  /*--- 큐의 최대 용량 ---*/
17  int Capacity(const IntQueue *q)
18  {
19    return q->max;
20  }
21
22  /*--- 큐에 쌓여 있는 데이터 개수 ---*/
23  int Size(const IntQueue *q)
24  {
25    return q->num;
```

```
26  }
27
28  /*--- 큐가 비어 있나요? ---*/
29  int IsEmpty(const IntQueue *q)
30  {
31    return q->num <= 0;
32  }
33
34  /*--- 큐가 가득 찼나요? ---*/
35  int IsFull(const IntQueue *q)
36  {
37    return q->num >= q->max;
38  }
39
40  /*--- 큐에서 검색 ---*/
41  int Search(const IntQueue *q, int x)
42  {
43    for(int i = 0; i < q->num; i++) {
44      int idx;
45      if(q->que[idx = (i + q->front) % q->max] == x)
46        return idx;                // 검색 성공
47    }
48    return -1;                     // 검색 실패
49  }
50
51  /*--- 모든 데이터 출력 ---*/
52  void Print(const IntQueue *q)
53  {
54    for(int i = 0; i < q->num; i++)
55      printf("%d ", q->que[(i + q->front) % q->max]);
56    putchar('\n');
57  }
58
59  /*--- 큐의 종료 ---*/
60  void Terminate(IntQueue *q)
61  {
62    if(q->que != NULL)
63      free(q->que);              // 메모리 공간에 할당한 배열 해제
64    q->max = q->num = q->front = q->rear = 0;
65  }
```

피크 함수 Peek

Peek 함수는 맨 앞의 데이터(디큐에서 꺼낼 데이터)를 '몰래 엿보는' 함수로, que[front]의 값을 출력만 합니다. 데이터를 꺼내지 않아 front, rear, num의 값이 변하지 않습니다.

피크에 성공하면 0, 큐가 비어서 피크에 실패하면 -1을 반환합니다.

모든 데이터를 삭제하는 함수 Clear

Clear 함수는 현재 큐의 모든 데이터를 삭제하는 함수입니다.

인큐, 디큐는 num, front, rear 값을 바탕으로 값을 0으로 바꿉니다. 실제 큐의 배열 요소의 값을 바꿀 필요가 없습니다.

최대 용량을 확인하는 함수 Capacity

Capacity 함수는 큐의 최대 용량을 반환하는 함수입니다(멤버 max값을 그대로 반환).

데이터 개수를 확인하는 함수 Size

Size 함수는 현재 큐의 데이터 개수를 반환하는 함수입니다(멤버 num값을 그대로 반환).

큐가 비어 있는지 판단하는 함수 IsEmpty

IsEmpty 함수는 큐가 비어 있는지 판단하며, 비어 있으면 1, 그렇지 않으면 0을 반환합니다.

큐가 가득 찼는지 판단하는 함수 IsFull

IsFull 함수는 큐가 가득 찼는지 판단하며, 가득 찼으면 1, 그렇지 않으면 0을 반환합니다.

검색 함수 Search

Search 함수는 큐의 배열에서 x와 같은 데이터가 저장되어 있는 인덱스를 반환합니다. 검색에 성공하면 찾은 요소의 인덱스를 반환하고, 실패하면 -1을 반환합니다. 그림 4-13처럼 처음부터 선형 검색을 수행합니다. 검색의 시작 지점은 배열의 물리적인 첫 요소가 아니라 큐의 논리적인 첫 요소입니다. 현재 검색하는 위치의 인덱스를 구하는 식은 (i + q->front) % q->max입니다.

그림 4-13에서 볼 수 있듯이 for 문의 반복 횟수에 따라 변수 i와 인덱스값이 아래처럼 변화합니다.

i	0 ⇨ 1 ⇨ 2 ⇨ 3 ⇨ 4 ⇨ 5 ⇨ 6
인덱스	7 ⇨ 8 ⇨ 9 ⇨ 10 ⇨ 11 ⇨ 0 ⇨ 1

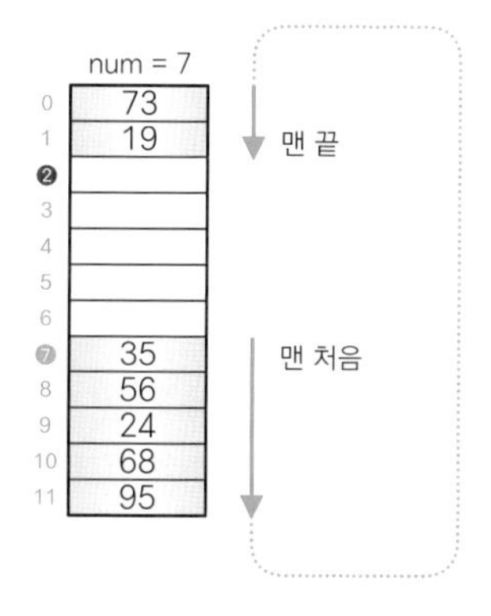

[그림 4-13] 큐에서 선형 검색

모든 데이터를 출력하는 함수 Print

Print 함수는 큐의 모든 데이터를 처음부터 끝까지 순서대로 출력하는 함수입니다.

현재 검색하는 위치의 인덱스 계산 방법은 Search 함수와 같습니다.

종료 함수 Terminate

Terminate 함수는 메모리 공간에 할당한 배열(큐)을 해제하는 함수입니다.

큐를 사용하는 프로그램

큐를 사용하는 프로그램을 만들어 보겠습니다. 그 예가 실습 4-6입니다.

이 프로그램의 컴파일에는 IntQueue.h와 IntQueue.c가 필요합니다

Do it! 실습 4-6

• 완성 파일 chap04/IntQueueTest.c

```
01  // int형 큐 IntQueue를 사용하는 프로그램
02  #include <stdio.h>
03  #include "IntQueue.h"
04
05  int main(void)
06  {
07    IntQueue que;
08
09    if(Initialize(&que, 64) == -1) {
10      puts("큐의 생성에 실패하였습니다.");
11      return 1;
12    }
13    while(1) {
14      int m, x;
15
16      printf("현재 데이터 수: %d / %d \n", Size(&que), Capacity(&que));
17      printf("(1)인큐 (2)디큐 (3)피크 (4)출력 (0)종료: ");
18      scanf("%d", &m);
19
20      if(m == 0) break;
21      switch(m) {
22      case 1:          /*--- 인큐 ---*/
23        printf("데이터: "); scanf( "%d", &x);
24        if(Enque(&que, x) == -1)
25          puts("\a오류: 인큐에 실패하였습니다.");
26        break;
27
```

```
28          case 2:          /*--- 디큐 ---*/
29            if(Deque(&que, &x) == -1)
30              puts("\a오류: 디큐에 실패하였습니다.");
31            else
32              printf("디큐한 데이터는 %d입니다.\n", x);
33            break;
34
35          case 3 :          /*--- 피크 ---*/
36            if(Peek(&que, &x) == -1)
37              puts("\a오류: 피크에 실패하였습니다.");
38            else
39              printf("피크한 데이터는 %d입니다.\n", x);
40            break;
41
42          case 4 :          /*--- 출력 ---*/
43            Print(&que);
44            break;
45          }
46        }
47        Terminate(&que);
48        return 0;
49    }
```

이 프로그램은 최대 용량이 64인 큐를 생성하고 인큐, 디큐, 피크, 큐의 데이터 출력을 대화식으로 실행합니다.

실행 결과

```
현재 데이터 수: 0/64
(1) 인큐 (2) 디큐 (3) 피크 (4) 출력 (0) 종료: 1
데이터: 1 ........................................ 1을 인큐

현재 데이터 수: 1/64
(1) 인큐 (2) 디큐 (3) 피크 (4) 출력 (0) 종료: 1
데이터: 2 ........................................ 2를 인큐

현재 데이터 수: 2/64
(1) 인큐 (2) 디큐 (3) 피크 (4) 출력 (0) 종료: 4
1 2 ........................................ 큐의 내용을 출력

현재 데이터 수: 2/64
(1) 인큐 (2) 디큐 (3) 피크 (4) 출력 (0) 종료: 2
디큐한 데이터는 1입니다. ........................................ 1을 디큐
```

```
현재 데이터 수: 1/64
(1) 인큐 (2)디큐 (3) 피크 (4) 출력 (0) 종료: 4
2

현재 데이터 수: 1/64
(1) 인큐 (2) 디큐 (3) 피크 (4) 출력 (0) 종료: 3
피크한 데이터는 2입니다.

현재 데이터 수: 1/64
(1) 인큐 (2) 디큐 (3) 피크 (4) 출력 (0) 종료: 4
2

현재 데이터 수: 1/64
(1) 인큐 (2) 디큐 (3) 피크 (4) 출력 (0) 종료: 0
```


연습 문제

Q4 int형 큐를 사용하는 프로그램에 임의의 데이터를 검색하는 아래의 함수를 추가하세요.

```
int Search2(const IntQueue& q, int x);
```

이때 새로 만든 Search2 함수는 앞에서 만든 Search 함수처럼 찾은 요소의 인덱스를 반환하지 않습니다. Search2 함수는 찾은 데이터가 맨 앞의 요소로부터 상대적으로 몇 번째 위치에 있는지에 대한 인덱스값을 반환합니다. 검색에 실패할 경우에는 -1을 반환합니다.

예를 들어 그림 4-13에서 35를 검색하면 0을, 56을 검색하면 1을, 73을 검색하면 5를 반환합니다. 큐에 존재하지 않는 값인 99를 검색하면 -1을 반환합니다.

Q5 실습 4-6에서 사용하는 함수는 IntQueue.c에서 제공하는 함수를 모두 사용하지 않았습니다. 바로 앞 문제에서 만든 Search2 함수를 포함하여 모든 함수를 사용하는 프로그램을 만드세요.

Q6 일반적으로 덱(deck)이라는 양방향 대기열(deque/double ended queue)은 아래 그림처럼 시작과 끝 지점에서 양쪽으로 데이터를 인큐하거나 디큐하는 자료구조입니다. 양방향 대기열을 구현하는 프로그램을 만드세요. 이때 덱(deck)에 저장하는 데이터의 자료형은 int형으로 합니다.

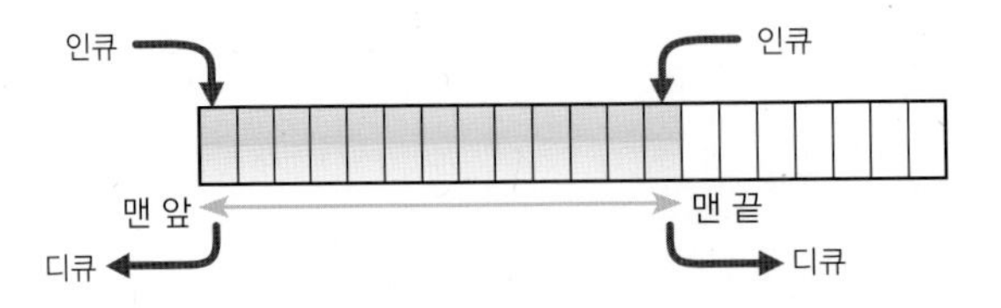

보충수업 4-2 링 버퍼의 활용

링 버퍼는 '오래된 데이터를 버리는' 용도로 사용할 수 있습니다. 구체적인 예를 들면 요소의 개수가 n인 배열에 계속해서 데이터가 입력될 때 가장 최근에 들어온 데이터 n개만 저장하고 오래된 데이터는 버리는 용도로 사용합니다. 이런 방법으로 링 버퍼를 활용한 프로그램이 실습 4C-1입니다. 배열 a의 요소 개수는 10개입니다. 정수 입력(인큐)은 무한히 할 수 있지만 배열에 저장되는 데이터는 가장 최근에 입력한 10개의 데이터만 링 버퍼에 남아 있습니다.

Do it! 실습 4C-1 • 완성 파일 chap04/last.c

```
01  // 원하는 개수만큼 데이터를 입력하고, 요소의 개수가 N인 배열에는 최근에 입력한 N개만 저장
02  #include <stdio.h>
03
04  #define N 10                // 저장하는 데이터의 개수
05
06  int main()
07  {
08    int a[N];                 // 입력한 데이터를 저장
09    int cnt = 0;              // 입력한 데이터의 개수
10    int retry;                // 다시 한 번?
11    puts("정수를 입력하세요.");
12    do {
13      printf("%d번째 정수: ", cnt + 1);
14      scanf("%d", &a[cnt++ % N]);                 ─1
15      printf("계속할까요?(Yes … 1/No … 0): ");
16      scanf("%d", &retry);
17    } while(retry == 1);
18    i = cnt - N;
19    if(i < 0) i = 0;
20    for(; i < cnt; i++)                                           ─2
21      printf("%2d번째 정수 = %d\n", i + 1, a[i % N]);
22
23    return 0;
24  }
```

그림 4C-1은 아래 12개의 정수를 입력하는 예입니다.

15, 17, 64, 57, 99, 21, 0, 23, 44, 55, 97, 85

그러나 배열에 남아 있는 요소는 가장 나중에 입력한 10개만 저장되고, 아래처럼 처음에 입력한 2개는 버려집니다.

```
15, 17, 64, 57, 99, 21, 0, 23, 44, 55, 97, 85
15, 17은 버립니다.
```

실습 4C-1의 1 에서는 입력한 값을 a[cnt++ % N]에 저장합니다. 입력한 값이 어떤 과정으로 배열 요소에 저장되는지 자세히 살펴보겠습니다.

1. 1번째 값 입력하기

cnt는 0이고 10으로 나눈 나머지는 0입니다. 입력한 값은 a[0]에 저장됩니다.

2. 2번째 값 입력하기

cnt는 1이고 10으로 나눈 나머지는 1입니다. 입력한 값은 a[1]에 저장됩니다.

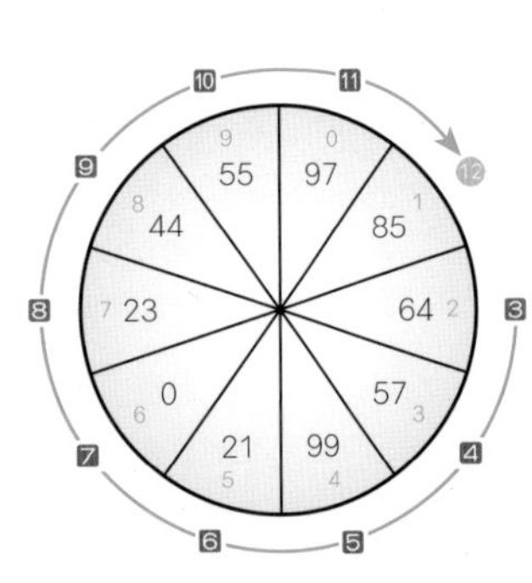

※원 안쪽의 숫자 … 요소의 인덱스
■안의 숫자 … n번째로 입력한 값

실행 결과

```
정수를 입력하세요.
1번째 정수: 15
계속할까요?(Yes … 1/No … 0): 1
2번째 정수: 17
계속할까요?(Yes … 1/No … 0): 1
… 생략 …
12번째 정수: 85
계속할까요?(Yes … 1/No … 0): 0
3번째 정수 = 64
4번째 정수 = 57
5번째 정수 = 99
… 생략 …
10번째 정수 = 55
11번째 정수 = 97
12번째 정수 = 85
```

[그림 4C-1] 링 버퍼에 값을 입력하는 과정

3. 3번째 값 입력하기

cnt는 2이고 10으로 나눈 나머지는 2입니다. 입력한 수는 a[2]에 저장됩니다.

… 생략 …

4. 11번째 값 입력하기

cnt는 10이고 10으로 나눈 나머지는 0입니다. 입력한 수는 a[0]에 저장됩니다. 1번째 위치의 데이터를 11번째 데이터가 덮어씁니다.

5. 12번째 값 입력하기

cnt는 11이고 10으로 나눈 나머지는 1입니다. 입력한 수는 a[1]에 저장됩니다. 2번째 위치의 데이터를 12번째 데이터가 덮어씁니다.

입력한 값을 저장하는 위치의 인덱스를 'cnt++ % N'으로 구합니다. 이렇게 구현한 프로그램에 임의의 값을 입력하면 입력된 값이 링 버퍼(배열)에 순환하며 저장되고 있음을 알 수 있습니다.

그런데 입력한 값을 출력할 때 조금 더 생각해 볼 내용이 있습니다(실습 4C-1 ). 입력한 값의 개수(cnt)가 10 이하면 다음을 순서대로 출력해도 됩니다(출력할 값은 cnt개입니다).

```
a[0] ~ a[cnt - 1]
```

그러나 앞에서 수행한 대로 12개의 값을 입력하는 경우에는 다음과 같은 순서대로 출력해야 합니다(10개의 값을 출력해야 합니다).

```
a[2], a[3], … , a[9], a[0], a[1]
```

실습 4C-1의 프로그램은 나머지 연산자(%)를 사용하여 간단하게 처리하고 있습니다.

나머지 연산자를 사용하여 어떻게 처리했는지 프로그램을 꼼꼼하게 다시 한 번 읽어보세요.

05

재귀 알고리즘

05-1 재귀의 기본

05장에서는 재귀 알고리즘의 기본을 알아보겠습니다.

재귀 알아보기

어떤 사건이 자기 자신을 포함하고 다시 자기 자신을 사용하여 정의될 때 재귀적(recursive)이라고 합니다. 그림 5-1은 재귀의 개념을 그림으로 표현한 예로, 화면 가운데에 다시 화면이 나타납니다. 그 화면 가운데에도 다시 화면이 반복되어 나타납니다. 이러한 재귀의 개념을 사용하면 1부터 시작하여 2, 3, … 과 같이 무한하게 이어지는 자연수를 아래처럼 정의할 수 있습니다.

1. 1은 자연수입니다.
2. 자연수 n의 바로 다음 수도 자연수입니다.

재귀적 정의(recursive definition)에 의해 무한으로 존재하는 자연수를 위의 두 문장으로 정의할 수 있습니다. 재귀를 효과적으로 사용하면 이런 정의뿐만 아니라 프로그램도 간결하게 할 수 있습니다.

재귀 알고리즘은 06장에서 살펴볼 병합 정렬과 퀵 정렬, 09장에서 살펴볼 이진검색트리 등에 응용합니다.

[그림 5-1] 재귀 개념을 표현한 예

순차곱셈 구하기

재귀의 사용 예로 가장 먼저 살펴볼 문제는 음이 아닌 정수의 순차곱셈(factorial)을 구하는 프로그램입니다. 음이 아닌 정수 n의 순차곱셈 (n!)은 아래처럼 재귀적으로 정의할 수 있습니다.

1. 0! = 1
2. n > 0이면 n! = n × (n - 1)!

예컨대 10의 순차곱셈인 10!은 10 × 9!로 구할 수 있고 그 우변에서 사용되는 식 9!은 9 × 8!로 구할 수 있습니다. 위의 정의를 그대로 프로그램으로 구현하면 실습 5-1의 factorial 함수와 같습니다.

Do it! 실습 5-1 • 완성 파일 chap05/factorial.c

```
01 // 순차곱셈의 결과를 재귀적으로 구하여 출력
02 #include <stdio.h>
03
04 /*--- 정수 n의 순차곱셈값을 반환 ---*/
05 int factorial(int n)
06 {
07   if(n > 0)
08     return n * factorial(n  - 1);
09   else
10     return 1;
11 }
12 int main(void)
13 {
14   int x;
15   printf("정수를 입력하세요: ");
16   scanf("%d", &x);
17   printf("%d의 순차곱셈값은 %d입니다.\n", x, factorial(x));
18
19   return 0;
20 }
```

실행 결과

```
정수를 입력하세요 : 3
3의 순차곱셈값은 6입니다.
```

factorial 함수는 매개변수 n에 전달받은 값이 0보다 크면 n * factorial(n - 1)을 반환하고, 그렇지 않으면 1을 반환합니다.

factorial 함수의 본체는 조건 연산자를 사용하면 다음과 같이 한 줄로 구현할 수 있습니다(chap05/factorial2.c).
return (n > 0) ? n * factorial(n - 1): 1;

재귀 호출

factorial 함수를 사용해 3의 순차곱셈값을 구체적으로 구하는 과정을 그림 5-2를 통해 살펴보겠습니다.

a 함수 호출식 factorial(3)을 실행하면 factorial 함수가 시작됩니다. 이 함수는 매개변수 n에 3을 전달받아 3 * factorial(2)를 반환합니다. 그런데 이 곱셈을 수행하려면 factorial(2)의 값을 구해야 합니다. 2를 다시 매개변수로 전달하고 factorial 함수를 호출합니다.

b 호출된 factorial 함수는 매개변수 n에 2를 전달받습니다. 다시 곱셈 2 * factorial(1)을 수행하기 위해 factorial 함수를 호출합니다.

c 다시 호출된 factorial 함수는 매개변수 n에 1을 전달받습니다. 1 * factorial(0)을 수행하기 위해 factorial 함수를 호출합니다.

d 호출된 factorial 함수는 매개변수 n에 전달받은 값이 0이므로 1을 반환합니다.

d에서 처음으로 return 문이 실행됩니다.

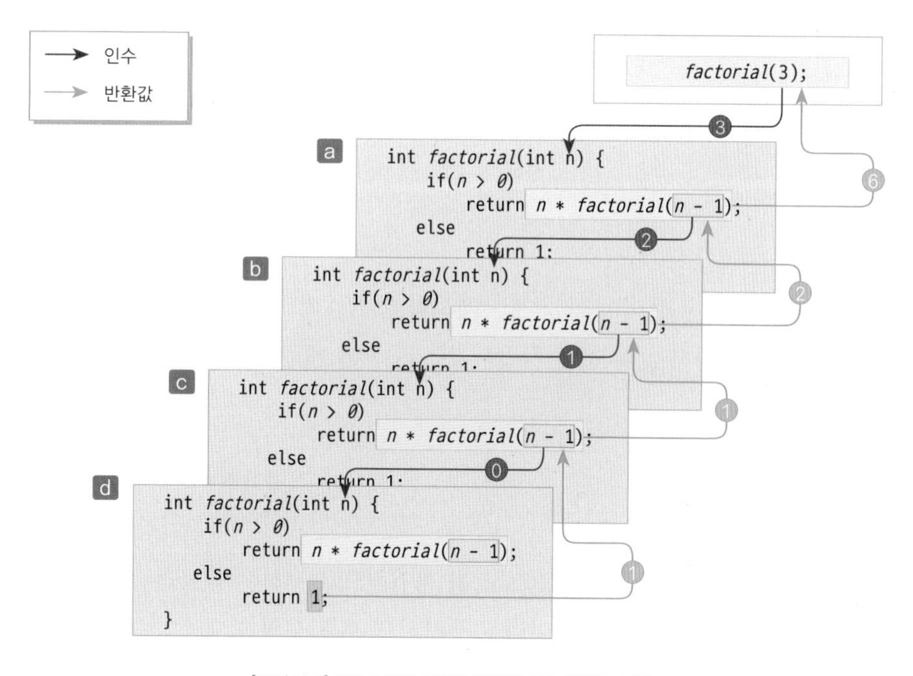

[그림 5-2] 3의 순차곱셈값을 재귀적으로 구하는 과정

c 반환된 값 1을 전달받은 factorial 함수는 1 * factorial(0), 즉 1 * 1을 반환합니다.

b 반환된 값 1을 전달받은 factorial 함수는 2 * factorial(1), 즉 2 * 1을 반환합니다.

a 반환된 값 2를 전달받은 factorial 함수는 3 * factorial(2), 즉 3 * 2를 반환합니다.

이렇게 하면 factorial(3)을 사용해 순차곱셈의 값 6을 얻을 수 있습니다. factorial 함수는 n - 1의 순차곱셈값을 구하기 위해 다시 factorial 함수를 호출합니다. 이러한 함수 호출 방식을 재귀 호출(recursive call)이라고 합니다.

재귀 호출은 '함수 자신'을 호출한다고 이해하기보다는 '자기 자신과 똑같은 함수'를 호출한다고 이해하는 것이 자연스럽습니다. 만약 진짜로 함수 자신을 호출하면 끝없이 자기 자신을 호출하는 행위를 계속할 테니까요.

직접 재귀와 간접 재귀

factorial 함수처럼 자신과 같은 함수를 호출하면 직접(direct) 재귀입니다(그림 5-3 a). 간접 재귀(indirect)는 함수 x가 함수 y를 호출하고, 다시 함수 y가 함수 x를 호출하는 구조로 이루어집니다(그림 5-3 b).

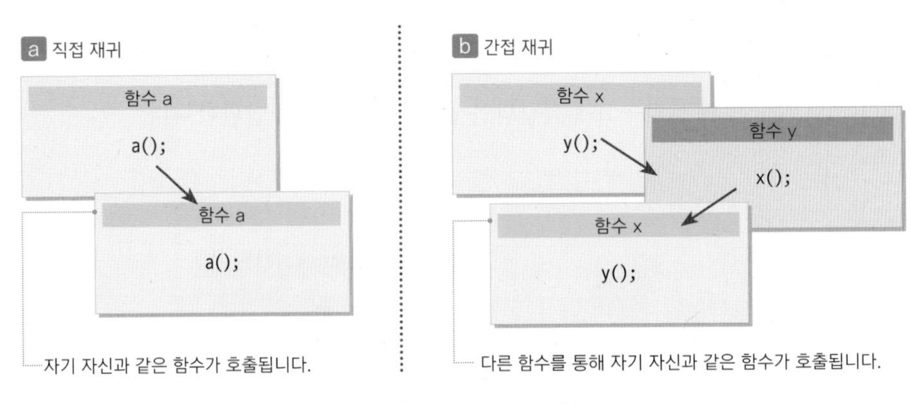

[그림 5-3] 직접 재귀와 간접 재귀

재귀 알고리즘에 알맞은 경우는 '풀어야 할 문제', '계산할 함수', '처리할 데이터 구조'가 재귀로 정의되는 경우입니다. 앞에서 살펴본 '순차곱셈값을 구하는 예'는 많은 재귀 알고리즘의 사용 방법 가운데 하나입니다.

유클리드 호제법 살펴보기

두 정수의 최대공약수(greatest common divisor)를 재귀적으로 구하는 알고리즘을 알아보겠습니다. 두 정수를 직사각형의 두 변의 길이라고 생각하면 두 정수의 최대공약수를 구하는 문제는 다음 문제처럼 바꿀 수 있습니다.

직사각형을 정사각형으로 완전히 채웁니다. 이렇게 만들 수 있는 정사각형의 가장 긴 변의 길이를 구하세요.

다음의 그림 5-4는 각 변의 길이가 22, 8인 직사각형을 예로 들어 구체적인 과정을 나타냅니다.

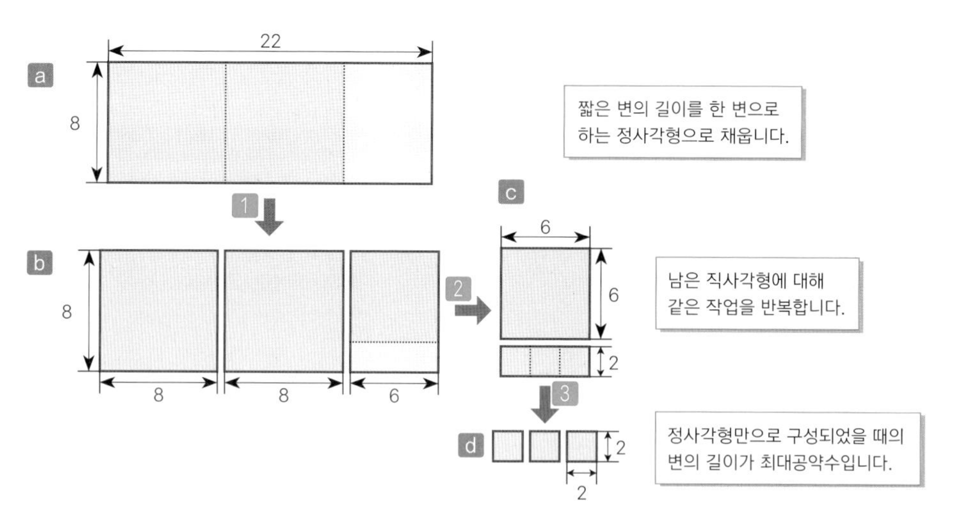

[그림 5-4] 22와 8의 최대공약수를 구하는 과정

1 a의 22 × 8 크기의 직사각형에서 짧은 변(8)을 한 변으로 하는 정사각형으로 분할합니다. 이렇게 하면 b처럼 8 × 8 크기의 정사각형 타일 2장이 생깁니다. 그리고 8 × 6 크기의 직사각형이 1개 남습니다.

2 남은 8 × 6 크기의 직사각형으로 다시 같은 과정을 수행합니다(c). 6 × 6 크기의 정사각형이 1개, 6 × 2 크기의 직사각형이 1개 남습니다.

3 다시 남은 6 × 2 크기의 직사각형으로 같은 과정을 수행합니다(d). 이번에는 2 × 2 크기의 정사각형 3개로 나눌 수 있습니다. 여기서 얻은 2가 최대공약수입니다.

이렇게 두 정수가 주어질 경우 큰 값을 작은 값으로 나누었을 때 나누어떨어지는 가장 작은 값이 최대공약수입니다(과정 3). 나누어지지 않으면 작은 값(얻은 나머지)에 대해 나누어떨어질 때까지 같은 과정을 재귀적으로 반복합니다(과정 1, 2).

이 과정을 좀 더 수학적으로 표현하기 위해 두 정수 x, y의 최대공약수를 gcd(x, y)로 표기하겠습니다. x = az와 y = bz를 만족하는 정수 a, b와 최대의 정수 z가 존재할 때 z를 gcd(x, y)

라고 할 수 있습니다. 다시 말해 최대공약수는 y가 0이면 x이고, y가 0이 아니면 gcd(y, x % y)로 구합니다. 이 알고리즘을 유클리드 호제법(Euclidean method of mutual division)이라고 합니다. 다음의 실습 5-2는 유클리드 호제법에 의해 두 정수의 최대공약수를 구하는 프로그램입니다.

Do it! 실습 5-2

• 완성 파일 chap05/euclid.c

```
01  // 유클리드 호제법에 의해 최대공약수를 구하여 출력
02  #include <stdio.h>
03
04  /*--- 정수 x, y의 최대공약수를 반환 ---*/
05  int gcd(int x, int y)
06  {
07    if(y == 0)
08      return x;
09    else
10      return gcd(y, x % y);
11  }
12
13  int main(void)
14  {
15    int x, y;
16    puts("두 정수의 최대공약수를 구합니다.");
17    printf("정수를 입력하세요: ");
18    scanf("%d", &x);
19    printf("정수를 입력하세요: ");
20    scanf("%d", &y);
21    printf("최대공약수는 %d입니다.\n", gcd(x, y));
22
23    return 0;
24  }
```

실행 결과

```
두 정수의 최대공약수를 구합니다.
정수를 입력하세요: 22
정수를 입력하세요: 8
최대공약수는 2입니다.
```

유클리드 호제법은 기원전 300년경에 기록된 유클리드의 『원론』에 나타난, 매우 역사가 깊은 알고리즘입니다.

Q1 재귀 함수 호출을 사용하지 않고 factorial 함수를 작성하세요.

Q2 재귀 함수 호출을 사용하지 않고 gcd 함수를 작성하세요.

Q3 배열 a의 모든 요소의 최대공약수를 구하는 다음 함수를 작성하세요.

```
int gcd_array(const int a[], int n);
```

05-2 재귀 알고리즘의 분석

여기에서는 재귀 알고리즘을 분석하는 방법을 살펴보고 재귀 알고리즘을 비재귀적으로 구현하는 방법을 알아보겠습니다. 또한 재귀 알고리즘의 효율을 더 높이는 방법을 살펴보겠습니다.

재귀 알고리즘 분석하기

실습 5-3에 있는 프로그램을 살펴보겠습니다. 프로그램은 재귀 함수인 recur 함수와 main 함수로 구성되어 있습니다.

Do it! 실습 5-3

• 완성 파일 chap05/recur.c

```
01 // 재귀에 대해 깊이 이해하기 위한 재귀 함수
02 #include <stdio.h >
03
04 /*--- 재귀 함수 recur ---*/
05 void recur(int n)
06 {
07    if (n > 0) {
08       recur(n - 1);
09       printf("%d\n", n);
10       recur(n - 2);
11    }
12 }
13
14 int main(void)
15 {
16    int x;
17    printf("정수를 입력하세요: ");
18    scanf("%d", &x);
19    recur(x);
20
21    return 0;
22 }
```

실행 결과

```
정수를 입력하세요: 4
1
2
3
1
4
1
2
```

recur 함수는 factorial 함수나 gcd 함수와 달리 함수 안에서 재귀 호출을 2회 실행합니다. 이처럼 재귀 호출을 여러 회 실행하는 함수를 순수하게(genuinely) 재귀적이라 하는데 실제 동작은 매우 복잡합니다. 실습 5-3의 recur 함수에 매개변수로 4를 전달하면 '1231412'라고 숫자를 한 줄에 한 글자씩 출력하는데, 이런 복잡한 구조를 가진 재귀 함수는 좀 더 전략적으로 분석해야 합니다. 여기서는 recur 함수를 하향식과 상향식의 두 방법으로 분석합니다.

하향식 분석

매개변수 n으로 4를 전달하면 recur 함수는 아래 과정을 순서대로 실행합니다.

recur(4)	① recur(3)을 실행합니다. ② 4를 출력합니다. ③ recur(2)를 실행합니다.

물론 ②에서 4를 출력하는 것은 ①의 recur(3)의 실행이 완료된 다음입니다. 따라서 recur(3)을 먼저 조사해야 합니다. 아래의 그림 5-5를 예로 들어 설명하겠습니다. 각각의 상자는 recur 함수의 동작을 나타냅니다. 다만 전달받은 값이 0 이하면 recur 함수는 아무 일도 하지 않으므로 빈 상자로 표시됩니다(상자 안에 '-'를 표기).

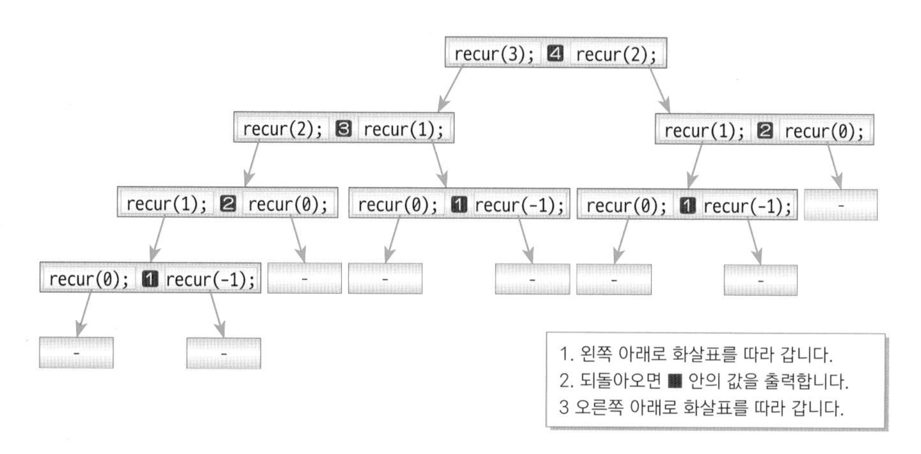

[그림 5-5] recur 함수의 하향식 분석

가장 위에 있는 상자가 recur(4)의 동작입니다. ①의 recur(3)의 호출 이후에 어떤 과정을 거치게 되는지는 왼쪽 아래 화살표를 따라 가면 됩니다. 또한 ③의 recur(2)의 호출 이후에 어떤 과정을 거치게 되는지는 오른쪽 아래 화살표를 따라 가면 됩니다. 위 그림을 읽는 방법을 더 자세히 설명하겠습니다. '왼쪽 화살표를 따라 하나 아래 상자로 이동하고, 다시 원래의 상자로 돌아오면 ■ 안의 값을 출력하고 이어서 오른쪽 화살표를 따라 한 칸 아래 상자로 이동한다'를 일련의 작업으로 생각합니다. 이렇게 하나의 작업이 완료되어야 한 칸 위의 상자로 돌아갈 수 있습니다. 물론 빈 상자에 도달하는 경우 아무것도 하지 않고 돌아갑니다.

> **조금만 더! recur(3)의 호출에 대해 더 자세히 알아볼까요?**
>
> 예를 들어 recur(3)을 호출하면 그림 5-5 왼쪽 아래 상자의 recur(0)까지는 계속 왼쪽 화살표를 따라 가기 때문에 '4'를 바로 출력할 수 없습니다. recur(0)의 왼쪽 화살표에서 빈 상자를 만나 recur(0)을 호출한 상자로 돌아가 '1'을 출력하고, 이어 일련의 작업 중 하나인 recur(-1)을 호출해 다시 빈 상자를 만나서 돌아오면 비로소 recur(0)을 호출한 상자에서 한 칸 위의 상자로 돌아갑니다. 차근차근 생각해 보면 recur(3)을 호출한 상자로 돌아가기 위해 많은 단계를 거쳐야 함을 알 수 있습니다.

이처럼 가장 위쪽에 위치한 상자의 함수 호출부터 시작해 계단식으로 자세히 조사해 가는 분석 기법을 하향식 분석(top-down analysis)이라고 합니다. 그런데 이 그림 안에는 recur(1), recur(2)의 호출이 여러 번 있습니다(같은 호출이 여러 번 있습니다). 꼭대기(top)부터 분석하면 이렇게 같은 함수의 호출이 여러 번 나올 수 있기 때문에 '하향식 분석이 반드시 효율적이다'라고 말할 수는 없습니다.

상향식 분석

위쪽부터 분석하는 하향식 분석과는 대조적으로 아래쪽부터 쌓아 올리며 분석하는 방법이 상향식 분석(bottom-up analysis)입니다. recur 함수는 n이 양수일 때만 실행하므로 먼저 recur(1)을 생각합니다. recur(1)이 수행하는 작업은 아래와 같습니다.

recur(1)	① recur(0)을 실행합니다. ② 1을 출력합니다. ③ recur(-1)을 실행합니다.

여기서 ①의 recur(0)과 ③의 recur(-1)은 출력할 내용이 없습니다. 따라서 ②의 1만 출력합니다. 그럼 recur(2)에 대해 생각해 봅시다.

recur(2)	① recur(1)을 실행합니다. ② 2를 출력합니다. ③ recur(0)을 실행합니다.

①의 recur(1)은 1을 출력하고 ③의 recur(0)은 출력할 내용이 없습니다. 전체 과정을 거치면 1과 2를 출력합니다. 이 작업을 recur(4)까지 쌓아 올려 설명한 내용이 그림 5-6입니다. 다음과 같은 과정을 거치면 recur(4)가 출력됩니다.

```
recur(-1) : 아무것도 하지 않음
recur(0)  : 아무것도 하지 않음
.....................................................
recur(1)  : recur(0) 1 recur(-1)  ⇨ 1
recur(2)  : recur(1) 2 recur(0)   ⇨ 1 2
recur(3)  : recur(2) 3 recur(1)   ⇨ 1 2 3 1
recur(4)  : recur(3) 4 recur(2)   ⇨ 1 2 3 1 4 1 2
```

[그림 5-6] recur 함수의 상향식 분석

연습 문제 Q4 오른쪽의 recur2 함수를 보고 하향식 분석과 상향식 분석을 수행해 보세요.

```
void recur2(int n)
{
  if(n > 0) {
    recur2(n - 2);
    printf("%d\n", n);
    recur2(n - 1);
  }
}
```

재귀 알고리즘의 비재귀적 표현 살펴보기

recur 함수를 비재귀적으로 구현하는 방법에 대해 살펴보겠습니다.

꼬리 재귀의 제거

함수의 꼬리에서 재귀 호출하는 함수 recur(n - 2)라는 말은 '인자로 n - 2를 전달하여 recur 함수를 호출한다'는 의미입니다. 따라서 이 호출은 아래처럼 바꿀 수 있습니다.

n값을 n - 2로 업데이트하고 함수의 시작 지점으로 돌아갑니다.

실습 5-4는 이 방법을 그대로 구현한 프로그램입니다. recur 함수는 n값을 -2만큼 줄인 다음 goto 문을 사용해 함수의 시작 지점(레이블(Label) Top이 붙은 if 문)으로 돌아갑니다.

goto 문은 본문의 설명을 코드로 간단하게 표현하기 위해 사용한 문법입니다.

Do it! 실습 5-4 • 완성 파일 chap05/recur_nr1.c

```
01  /*--- 함수 recur(꼬리 재귀를 제거) ---*/
02  void recur(int n)
03  {
04  Top :
05     if(n > 0) {
06        recur(n - 1);
07        printf("%d\n", n);
08        n = n - 2;
09        goto Top;
10     }
11  }
```

```
// 원래 버전
void recur(int n)
{
  if(n > 0) {
    recur(n - 1);
    printf("%d\n", n);
    recur(n - 2);
  }
}
```

이렇게 하면 함수의 끝에서 실행하는 꼬리 재귀(tail recursion)는 쉽게 제거할 수 있습니다.

재귀의 제거

이번에는 함수의 앞에서 호출한 재귀 함수의 제거를 살펴보겠습니다. 변수 n값을 출력하려면 먼저 recur(n - 1)을 수행해야 합니다. 그래서 재귀호출 recur(n- 1)을 아래처럼 단순하게 바꿀 수는 없습니다.

> n값을 n - 1로 업데이트하고 함수의 시작 지점으로 돌아갑니다.

예를 들어 n이 4인 경우 재귀호출 recur(3)의 처리가 완료되지 않으면 n값인 '4'를 저장해야 합니다. 즉, 아래와 같은 처리가 필요합니다.

> 현재 n값을 '잠시' 저장합니다.

또 recur(n - 1)의 처리가 완료된 다음에 n값을 출력할 때는 다음 과정을 따르게 됩니다.

> 저장했던 n을 다시 꺼내 그 값을 출력합니다.

이처럼 재귀 호출을 제거하기 위해서는 변수 n값을 '잠시' 저장해야 한다는 사실을 알았습니다. 이때 이런 문제를 잘 해결할 수 있는 데이터 구조가 바로 앞 장에서 살펴본 스택(stack)입니다. 실습 5-5 프로그램은 스택을 사용하여 비재귀적으로 구현한 recur 함수입니다.

이 프로그램의 컴파일, 실행에는 실습 4-1의 IntStack.h와 실습 4-2의 IntStack.c가 필요합니다.

Do it! 실습 5-5 • 완성 파일 chap05/recur_nr2.c

```
01  /*--- 재귀 호출을 제거한 recur 함수 ---*/
02  void recur(int n)
03  {
04    IntStack stk;                     // 스택
05    Initialize(&stk, 100);
06  Top :
07    if(n > 0) {
08       Push(&stk, n);               // n값을 푸시         ─1
09       n = n - 1;                                         ─2
10       goto Top;                                          ─3
11    }
12    if(!IsEmpty(&stk)) {            // 스택이 비어 있지 않으면
13       Pop(&stk, &n);               // 값을 저장했던 n을 팝  ─4
14       printf("%d\n", n);                                 ─5
15       n = n - 2;                                         ─6
16       goto Top;                                          ─7
17    }
18    Terminate(&stk);
19  }
```

recur(4)를 호출한 다음의 과정을 살펴보겠습니다. 매개변수로 전달받은 값 '4'는 0보다 크므로 맨 앞의 if 문에 의해 다음과 같은 과정이 진행됩니다.

1 4를 스택에 푸시합니다(그림 5-7 a).
2 n값을 하나 줄여 3으로 만듭니다.
3 goto 문이 실행되어 레이블(Label) Top이 붙은 if 문으로 돌아갑니다.

n값인 3은 0보다 크므로 첫 번째 if 문이 실행됩니다. 그 결과 위의 과정이 반복됩니다. 그러면 그림 5-7에서 볼 수 있듯이 그림 b ⇨ 그림 c ⇨ 그림 d의 순서대로 실행되면서 스택에 4, 3, 2, 1이 쌓이게 됩니다. 마지막으로 스택에 1을 쌓은 뒤 0이 되고 레이블 Top이 붙은 맨 앞 if 문으로 돌아갑니다. 그러면 n값이 0이므로 첫 번째 if 문은 그냥 지나가고 다음의 if 문에 의해 다음과 같은 과정이 진행됩니다.

4 스택에서 팝한 값 1을 n에 꺼내 놓습니다(그림 e).
5 n값 1을 출력합니다.
6 n값을 2 줄여 -1로 만듭니다.
7 goto 문이 실행되어 레이블 Top이 붙은 if 문으로 돌아갑니다.

n값이 -1이므로 앞쪽의 if 문은 통과합니다. 다시 뒤쪽의 if 문이 실행되고 그림 f처럼 스택에서 2가 팝(출력)됩니다. 그 다음의 순서에 대한 설명은 생략하겠습니다. 그림을 자세히 보면서 공부하면 충분히 이해할 수 있습니다. n이 0 이하가 되어 스택이 텅 비면 두 if 문 모두 실행되지 않고 종료됩니다.

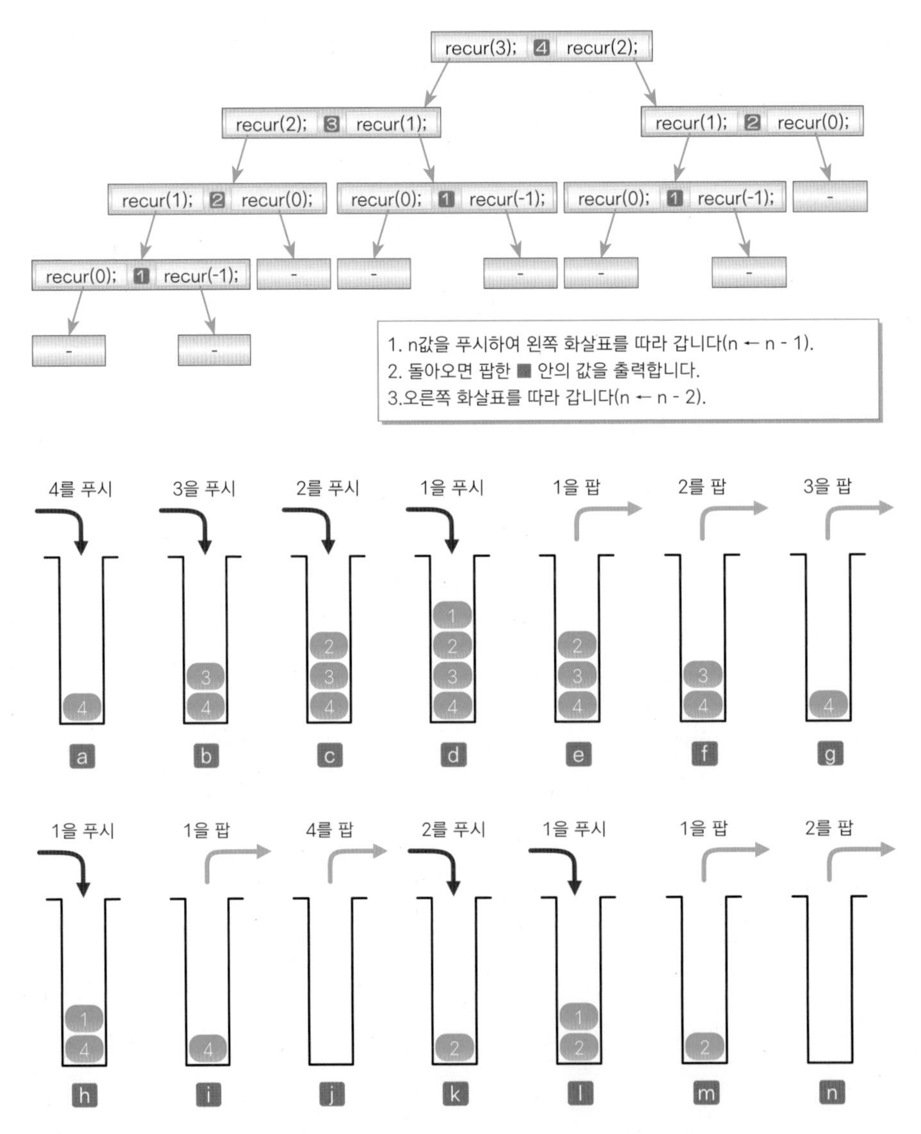

[그림 5-7] 실습 5-5의 함수 실행에 따라 변화하는 스택의 모습

메모이제이션 알아보기

recur 함수를 실행하는 과정에서는 여러 번 반복해 같은 계산을 수행합니다. 예를 들어 앞에서 살펴본 그림 5-7에서는 recur(1)이 3번이나 실행되었습니다. n값이 커질수록 이처럼 중복되는 계산 횟수는 매우 많아집니다. 따라서 같은 계산은 1회만 수행하고 여러 번 계산하지 않도록 수정하는 게 좋습니다.

이때 필요한 기술이 '메모화' 또는 '메모 기법'이라 불리는 메모이제이션(memoization)입니다. 어떤 문제(이 경우 recur 함수가 받는 n)에 대한 해답을 얻으면 그것을 메모해 둡니다. 예를 들어 recur(3)는 1, 2, 3, 1을 출력하므로 해당 문자열 "1\n2\n3\n1"을 메모합니다. recur(3)가 다시 호출되었을 때는 메모해 둔 내용(문자열)을 화면에 표시하므로 계산하지 않습니다. 이러한 아이디어를 실습 5-6의 프로그램에서 구현했습니다.

Do it! 실습 5-6 • 완성 파일 chap05/recur_memo.c

```
01  // 재귀 함수 recur를 메모이제이션으로 구현
02
03  #include <stdio.h>
04
05  static char memo[128][1024];                     // 메모용 문자열 배열
06
07  /*--- 메모이제이션을 도입한 recur 함수 ---*/
08  void recur(int n) {
09    if (memo[n + 1][0] != '\0')
10      printf("%s", memo[n + 1]);                   // 메모 출력          ─ 1
11    else {
12      if (n > 0) {
13        recur(n - 1);
14        printf("%d\n", n);                                            ─ 2
15        recur(n - 2);
16        sprintf(memo[n + 1], "%s%d\n%s", memo[n], n, memo[n - 1]);    ─ 3
17      } else {
18        strcpy(memo[n + 1], "");                                      ─ 4
19      }
20    }
21  }
```

```
22  int main(void)
23  {
24    int x;
25    printf("정수를 입력하세요: ");
26    scanf("%d", &x);
27
28    recur(x);
29
30    return 0;
31  }
```

실행 결과

```
정수를 입력하세요: 4
1
2
3
1
4
1
2
```

메모용 문자열 배열

출력할 문자열을 메모합니다. 메모는 여러 차례에 걸쳐 수행할 수 있으므로 문자열 배열에 저장합니다. 실습 5-6 프로그램에서도 저장을 위한 2차원 배열 memo를 미리 정의합니다. 여기서는 memo[] ~ memo[127] 사이에 (NULL을 포함해) 최대 1,024자의 메모를 최대 128개까지 저장합니다. 이때 static으로 선언함으로써 모든 문자가 NULL로 초기화되면 총 128개의 메모용 문자열은 빈 문자열이 됩니다. 따라서 아직 메모를 하지 않은 상태의 메모는 빈 문자열입니다.

배열 memo에서는 다음과 같이 메모할 수 있습니다.

recur(-1)의 실행 결과(출력할 문자열)	“”	memo[0]
recur(0)의 실행 결과(출력할 문자열)	“”	memo[1]
recur(1)의 실행 결과(출력할 문자열)	“1”	memo[2]
recur(2)의 실행 결과(출력할 문자열)	“1\n2”	memo[3]

즉, recur 함수가 n에게 받는 인숫값과 메모용 memo 배열의 인덱스는 1씩 어긋납니다. 그러면 recur 함수가 어떻게 움직이는지 알아보겠습니다.

• 메모를 이미 한 경우

n에 대해 이미 메모한(즉, 메모가 빈 문자열이 아닌) 경우에는 해당 메모의 내용 memo [n + 1]을 그대로 화면에 출력하면 처리가 끝납니다(실습 5-6 1).

• 메모를 하지 않은 경우

• n이 0보다 클 때:

실습 5-6 프로그램의 2 에서 원래의 recur와 같은 처리를 수행합니다. 3 에서는 출력한 문자열을 배열 요소 memo[n + 1]에 메모합니다.

• n이 0보다 크지 않을 때:

n은 0 아니면 -1입니다. 빈 문자열 “”을 메모합니다(4).

메모를 하지 않아도 초기치로서 빈 문자열이 들어가 있으므로 4 는 생략할 수 있습니다.

recur 함수의 버전별 호출 횟수를 표 5-1에 정리했습니다. 메모이제이션 버전은 호출 횟수가 줄어든 것을 알 수 있습니다.

[표 5-1] 함수의 호출 횟수

n	1	2	3	4	5	6	7	8	9	10
오리지널 버전	3	5	9	15	25	41	67	109	177	287
메모이제이션 버전	3	5	7	9	11	13	15	17	19	21

Q5 함수 호출 횟수를 출력하도록 실습 5-3과 실습 5-6 프로그램을 각각 수정하세요.

05-3 하노이의 탑

여기에서는 쌓아 놓은 원반을 최소의 횟수로 옮기기 위한 알고리즘인 '하노이의 탑'에 대해 살펴보겠습니다.

하노이의 탑 살펴보기

하노이의 탑(Towers of Hanoi)은 작은 원반이 위에, 큰 원반이 아래에 위치할 수 있도록 원반을 3개의 기둥 사이에서 옮기는 문제입니다. 모든 원반은 크기가 다르고 처음에는 모든 원반이 이 규칙에 맞게 첫 번째 기둥에 쌓여 있습니다. 이 상태에서 모든 원반을 세 번째 기둥으로 최소의 횟수로 옮기면 됩니다. 이때 원반은 1개씩만 옮길 수 있고, 큰 원반을 작은 원반 위에 쌓을 수는 없습니다.

그림 5-8은 원반이 3개일 때의 모든 과정을 나타낸 것입니다. 차례대로 살펴보면 하노이 탑의 모든 과정을 충분히 이해할 수 있습니다.

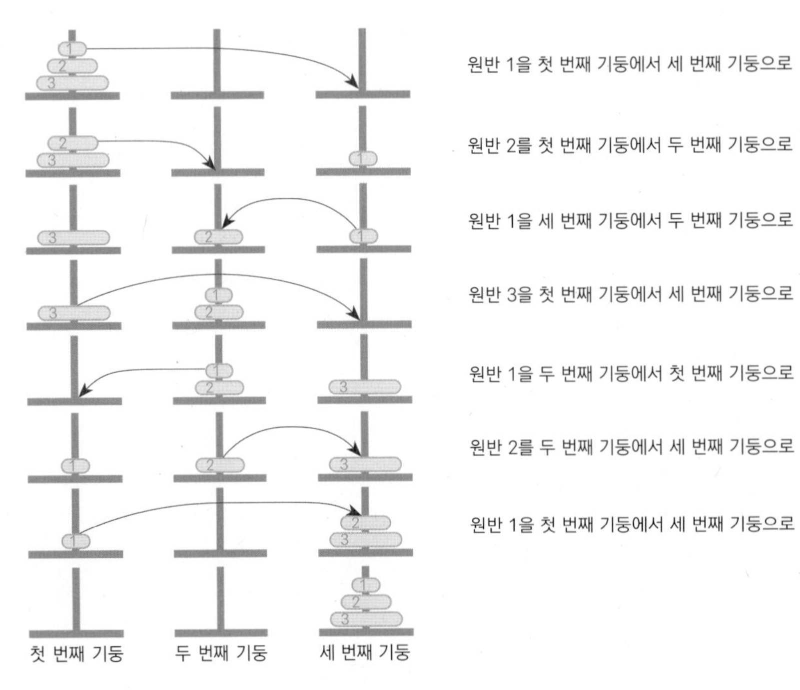

[그림 5-8] 하노이의 탑(원반 3개)

원반을 옮기는 순서를 일반화해서 살펴보겠습니다. 지금부터 처음에 원반이 놓인 기둥을 '시작 기둥', 목적지의 기둥을 '목표 기둥', 남은 중간의 기둥을 '중간 기둥'이라고 부르겠습니다. 그림 5-9는 원반이 3개일 때 옮기는 순서를 나타낸 것입니다. 원반 1과 원반 2가 겹친 것을 '그룹'이라고 하겠습니다. 이 그림에서 볼 수 있듯이 가장 큰 원반을 최소의 단계로 목표 기둥으로 옮기려면 가장 먼저 '그룹'을 중간 기둥으로 옮겨야 합니다. 그러면 총 3단계로 완료됩니다.

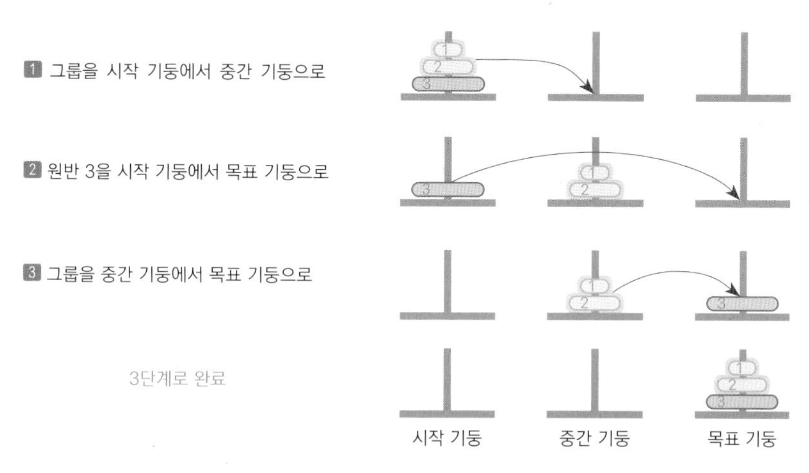

[그림 5-9] 하노이의 탑 풀이(원반 3개)

이번에는 원반 1과 원반 2가 겹친 '그룹'을 옮기는 단계를 구체적으로 어떻게 구현할지 생각해 보겠습니다. 그 순서는 그림 5-10과 같습니다. 원반 1만 '그룹'으로 보면 그림 5-9와 똑같은 3단계로 구현할 수 있습니다.

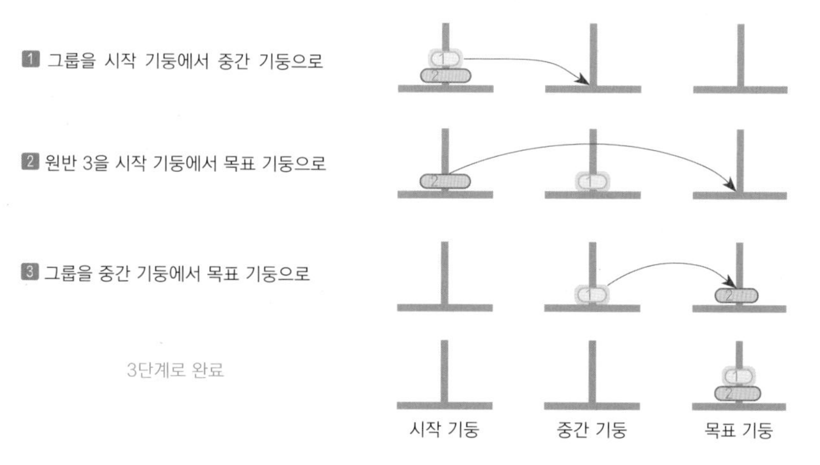

[그림 5-10] 하노이의 탑 풀이(원반 2개)

원반이 4개일 때도 마찬가지입니다. 그림 5-11과 같이 원반 1, 원반 2, 원반 3의 총 3개를 겹친 상태를 '그룹'으로 보면 다시 같은 방법(3단계)으로 옮길 수 있습니다. 그리고 다시 3개의 '그룹'을 옮기면 되는데, 이 경우는 이미 앞에서 해결했습니다. 이 방법으로 원반이 N개인 하노이의 탑 문제를 해결할 수 있습니다.

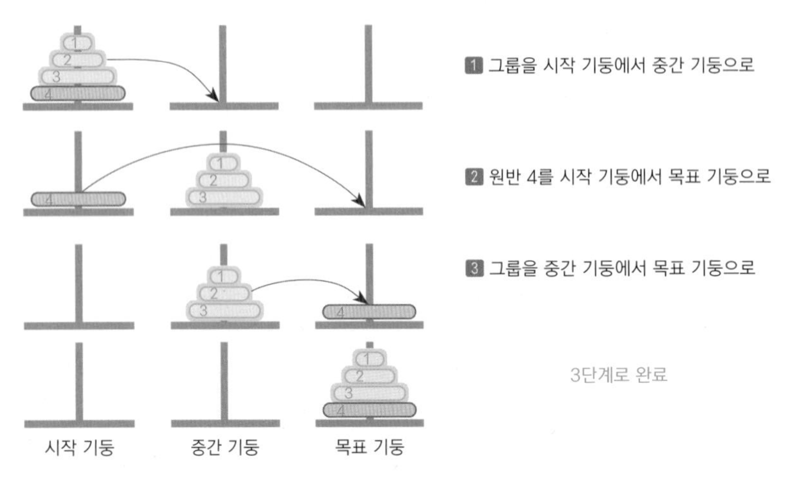

[그림 5-11] 하노이의 탑 풀이(원반 4개)

하노이의 탑을 구현하는 프로그램을 실습 5-7에 나타냈습니다. move 함수의 매개변수 no는 옮겨야 할 원반의 개수, x는 시작 기둥의 번호, y는 목표 기둥의 번호입니다.

Do it! 실습 5-7

• 완성 파일 chap05/hanoi.c

```
01  // 하노이의 탑
02  #include <stdio.h>
03
04  /*--- 원반[1] ~ 원반[no]를 x 기둥에서 y 기둥으로 옮김 ---*/
05  void move(int no, int x, int y)
06  {
07      if(no > 1)
08          move(no - 1, x, 6 - x - y);          // 그룹을 시작 기둥에서 중간 기둥으로    ①
09                                               // 바닥 원반을 목표 기둥으로
10      printf("원반[%d]를(을) %d 기둥에서 %d 기둥으로 옮김\n", no, x, y);                ②
11      if(no > 1)
12          move(no - 1, 6 - x - y, y);          // 그룹을 중간 기둥에서 목표 기둥으로    ③
13  }
14
15  int main(void)
```

```
16    {
17  int n;    // 원반의 개수
18    printf("하노이의 탑\n원반 개수: ");
19    scanf("%d", &n);
20    move(n, 1, 3);
21
22    return 0;
23  }
```

실행 결과

```
하노이의 탑
원반 개수: 3
원반[1]을 1 기둥에서 3 기둥으로 옮김
원반[2]를 1 기둥에서 2 기둥으로 옮김
원반[1]을 3 기둥에서 2 기둥으로 옮김
원반[3]을 1 기둥에서 3 기둥으로 옮김
원반[1]을 2 기둥에서 1 기둥으로 옮김
원반[2]를 2 기둥에서 3 기둥으로 옮김
원반[1]을 1 기둥에서 3 기둥으로 옮김
```

기둥 번호는 정수 1, 2, 3으로 나타냅니다. 기둥 번호의 합이 6이므로 시작 기둥, 목표 기둥이 어느 기둥이더라도 중간 기둥은 6 - x - y로 구할 수 있습니다. move 함수는 아래와 같은 세 단계를 거쳐 no개의 원반을 옮깁니다.

1 바닥 원반을 제외한 그룹(원반[1] ~ 원반[no - 1])을 시작 기둥에서 중간 기둥으로 옮깁니다.
2 바닥 원반 no를 시작 기둥에서 목표 기둥으로 옮겼음을 출력합니다.
3 바닥 원반을 제외한 그룹(원반[1] ~ 원반[no - 1)을 중간 기둥에서 목표 기둥으로 옮깁니다.

물론 1, 3은 재귀 호출로 구현합니다. no가 3일 때 move 함수의 동작을 그림 5-12에 나타냈습니다.

1, 3의 실행은 no가 1보다 큰 경우이므로 그림에서 no가 1인 부분(최하위에 해당하는 부분)에서는 2만 실행합니다.

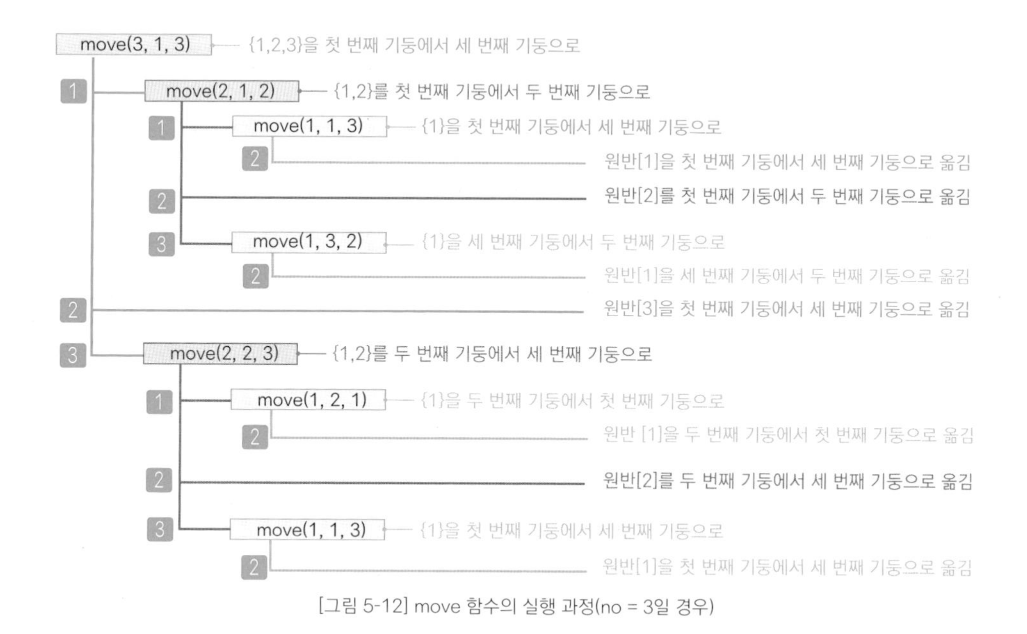

[그림 5-12] move 함수의 실행 과정(no = 3일 경우)

Q6 오른쪽의 recur3 함수를 다시 비재귀적으로 구현하세요.

이 문제는 하노이의 탑 문제가 아니라 5-2절의 문제입니다.

```
void recur3(int n)
{
    if (n > 0) {
        recur3(n - 1);
        recur3(n - 2);
        printf("%d\n", n);
    }
}
```

Q7 실습 5-7을 숫자가 아닌 문자열로 기둥 이름을 출력하도록 프로그램을 수정하세요. 예를 들어 'A 기둥', 'B 기둥', 'C 기둥'과 같이 출력하면 됩니다.

Q8 실습 5-7의 move 함수를 비재귀적으로 수정하세요.

05-4 8퀸 문제

이번에는 8퀸 문제에 대해 알아보겠습니다. 이 문제는 하노이의 탑과 마찬가지로 작은 문제로 세분하여 해결합니다.

8퀸 문제 정의하기

8퀸 문제(8-Queen problem)란 아래와 같은, 언뜻 보면 간단한 문제입니다.

> 서로 공격하여 잡을 수 없도록 8개의 퀸을 8 × 8 체스판에 놓으세요.

재귀 알고리즘에 대한 이해를 돕기 위한 예제로 자주 등장할 뿐만 아니라 19세기의 유명한 수학자 카를 프리드리히 가우스(C. F. Gauss)가 잘못된 해답을 낸 사실로도 잘 알려진 문제입니다.

퀸은 서 있는 지점에서 체스판의 어떤 지점으로든 여덟 방향으로 직선 이동이 가능합니다.

이 문제의 정답은 92가지의 조합입니다. 다음의 그림 5-13은 그중의 한 방법을 나타낸 것입니다.

서로 공격하여 잡을 수 없도록 8개의 퀸을 놓습니다.

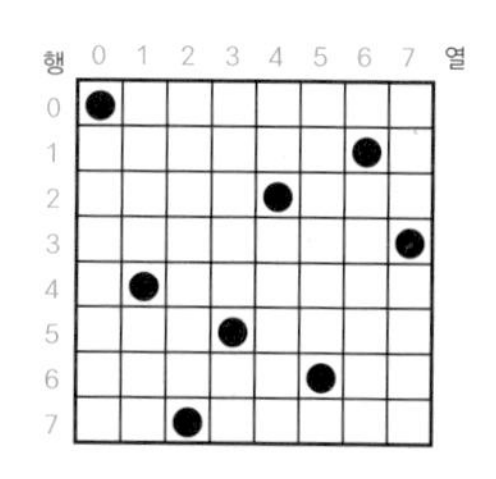

[그림 5-13] 8퀸 문제 풀이 중 한 예

체스판의 가로 줄을 행(行), 세로 줄을 열(列)이라 하고 배열 인덱스에 맞추어 행과 열에 0 ~ 7의 번호를 부여합니다. 이 그림에 놓인 퀸은 왼쪽부터 차례로 0행 0열, 4행 1열, 7행 2열, 5행 3열, 2행 4열, 6행 5열, 1행 6열, 3행 7열입니다.

퀸 놓기

8개의 퀸을 놓는 조합은 모두 몇 가지인지 알아보겠습니다. 체스판은 64칸(8 × 8)이므로 처음에 퀸을 1개 놓을 때는 64칸 중 아무 곳이나 선택할 수 있습니다. 다음 퀸을 놓을 때는 나머지 63칸에서 임의로 선택합니다. 마찬가지로 8번째까지 생각하면 다음처럼

```
64 × 63 × 62 × 61 × 60 × 59 × 58 × 57 = 178,462,987,637,760
```

가지의 조합이 만들어집니다. 그런데 이 조합을 모두 나열하고 각각의 조합이 8퀸 문제의 조건을 만족하는지 조사하는 것은 현실적이지 않습니다. 퀸은 자신과 같은 열에 있는 다른 퀸을 공격할 수 있으므로 아래와 같은 규칙을 세울 수 있습니다.

```
[규칙 1] 각 열에 퀸을 1개만 배치합니다.
```

이렇게 하면 퀸을 놓는 조합의 수는 많이 줄어들었지만 여전히 그 수는 다음과 같이 엄청나게 많습니다.

```
8 × 8 × 8 × 8 × 8 × 8 × 8 × 8 = 16,777,216
```

다음의 그림 5-14는 이 조합의 일부만 표현한 것으로, 이 가운데 8퀸 문제를 만족하는 풀이는 하나도 없습니다. 왜냐하면 퀸은 자신과 같은 행에 있는 다른 퀸을 공격할 수 있기 때문입니다.

같은 행에 퀸이 2개 이상 놓이면 안 됩니다.

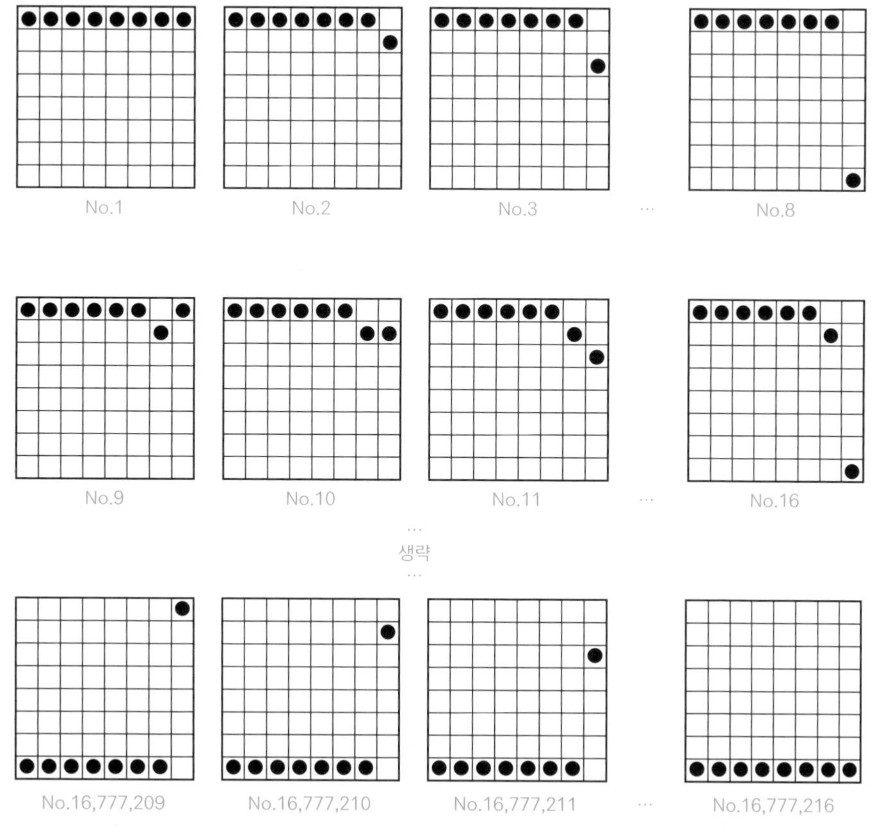

[그림 5-14] 퀸을 각 열에 1개만 배치한 조합

그래서 다음 규칙을 추가합니다.

[규칙 2] 각 행에 퀸을 1개만 배치합니다.

그림 5-15는 앞에서 소개한 그림의 배치 가운데 [규칙 2]를 만족하는 배치의 일부(네 가지)를 나타낸 것입니다. 이렇게 하면 조합의 개수는 더 줄어듭니다.

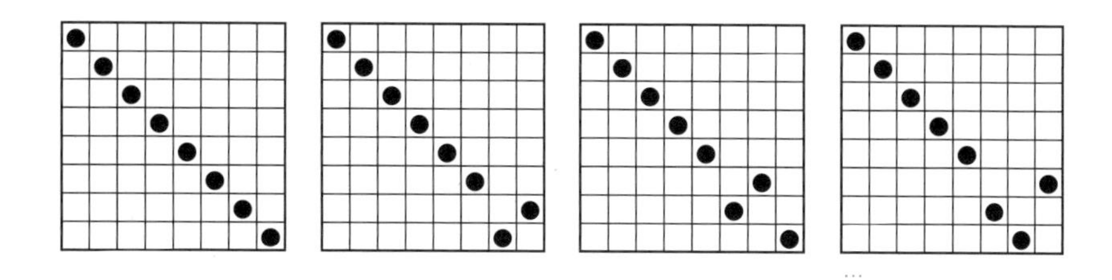

[그림 5-15] 퀸을 각 행과 열에 1개만 배치한 조합

이런 방식으로 이 조합을 나열하는 알고리즘은 다양하게 만들 수 있습니다(물론 간단히 만들어지는 건 아닙니다). 그러면 처음으로 다시 돌아가 문제를 정리하기 위해 먼저 [규칙 1]에 따라 조합을 나열하는 알고리즘을 생각해 보겠습니다.

그림 5-16은 퀸을 놓기 직전의 상태입니다. 그림 안의 '?'는 그 열에 퀸이 아직 배치되지 않았음을 의미합니다.

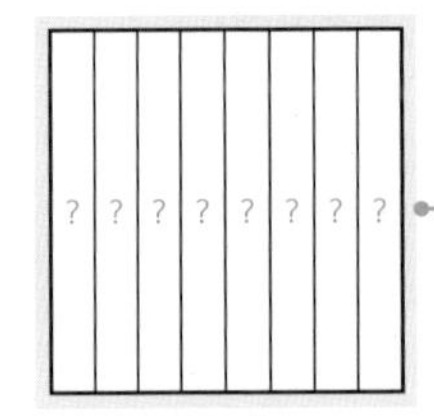

[그림 5-16] 각 열에 퀸을 1개만 배치한 원래 문제

처음에는 모든 열이 '?'이고 8열 모두 '?'를 채우면 퀸 배치가 완료됩니다. 우선 0열에서의 퀸 배치를 검토하겠습니다. 그림 5-17을 보면 0열에서의 퀸의 배치 방법은 총 8가지입니다. 그림에서 ●는 퀸이 배치된 상태를 나타냅니다. 그림 5-17 1 ~ 8의 각 그림은 모두 0열에 퀸을 배치하고 나머지 열에는 아직 배치하지 않은 상태를 나타냅니다.

조금 어려운 말로 설명하면 그림 5-16의 '원래 문제'를 '8개의 부분 문제'로 나눈 결과가 그림 5-17입니다.

0열에 퀸을 배치했습니다. 다음은 1열에 퀸을 배치하는 방법입니다.

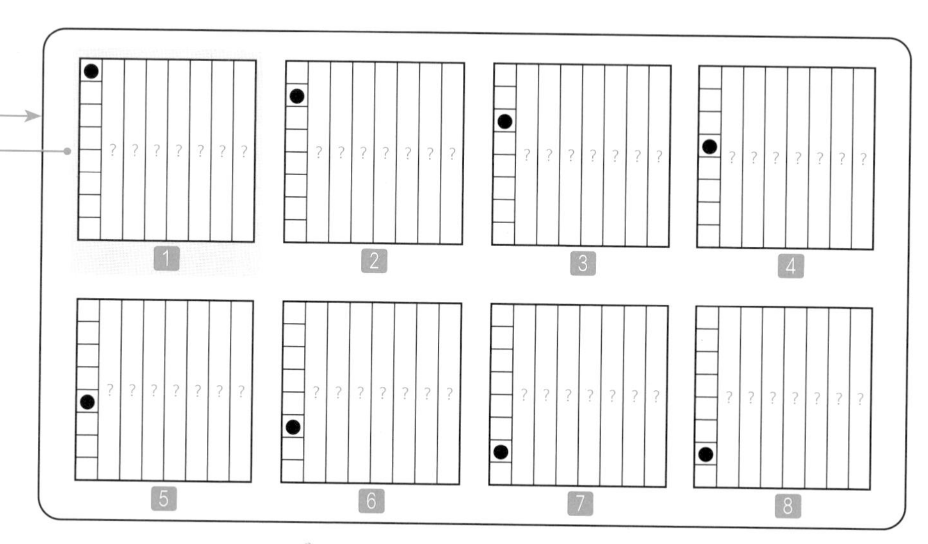

[그림 5-17] 0열에 퀸을 1개만 배치한 조합

예를 들어, '그림 5-17의 1에 대해 1열에 퀸을 배치하는' 조합을 나열하면 그림 5-18과 같이 8가지 방법으로 나열할 수 있습니다.

즉, 그림 5-17 1의 문제를 '8개의 부분 문제'로 나눈 결과가 그림 5-18입니다.

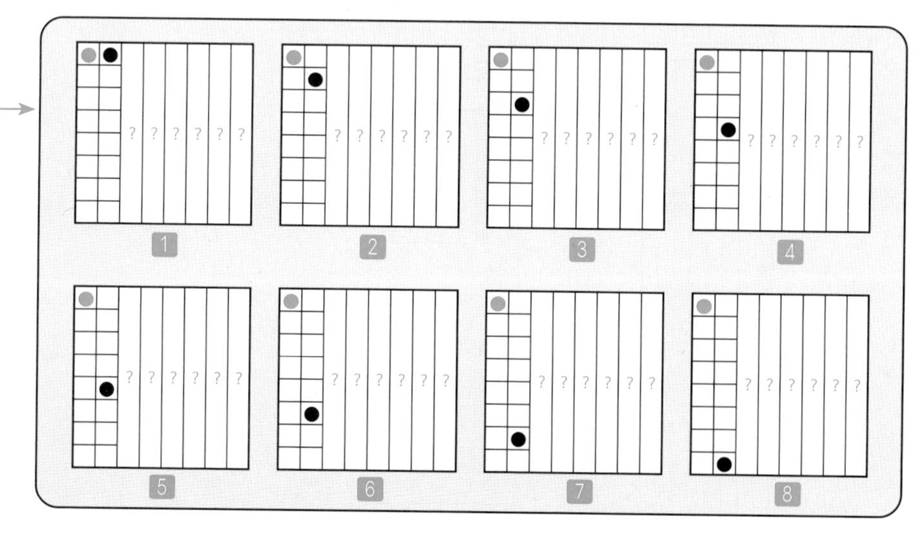

[그림 5-18] 그림 5-17의 1에 대해 1열에 퀸을 1개만 배치한 조합

그림 5-17의 2 ~ 8에 대해서도 마찬가지로 생각하면 0열과 1열에 배치하는 방법은 64가지입니다. 이 작업을 반복하여 7열까지 배치하는 조합을 모두 나타내면 그림 5-19와 같으며, 총 16,777,216가지입니다.

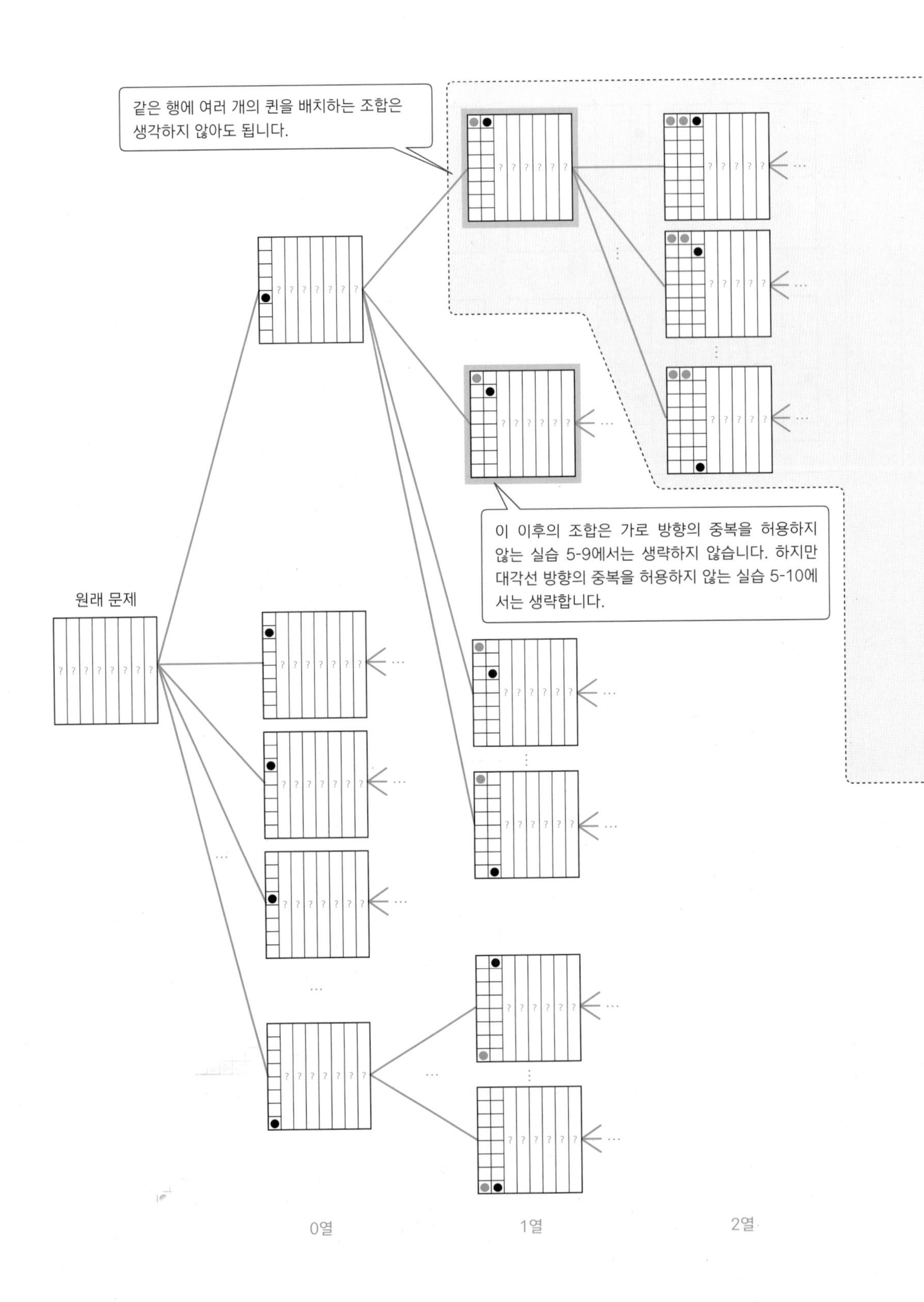

[그림 5-19] 각 열에 퀸을 1개만 배치하는 조합의 나열

이 그림에는 다음 페이지 이후에 학습할 내용도 들어 있습니다.

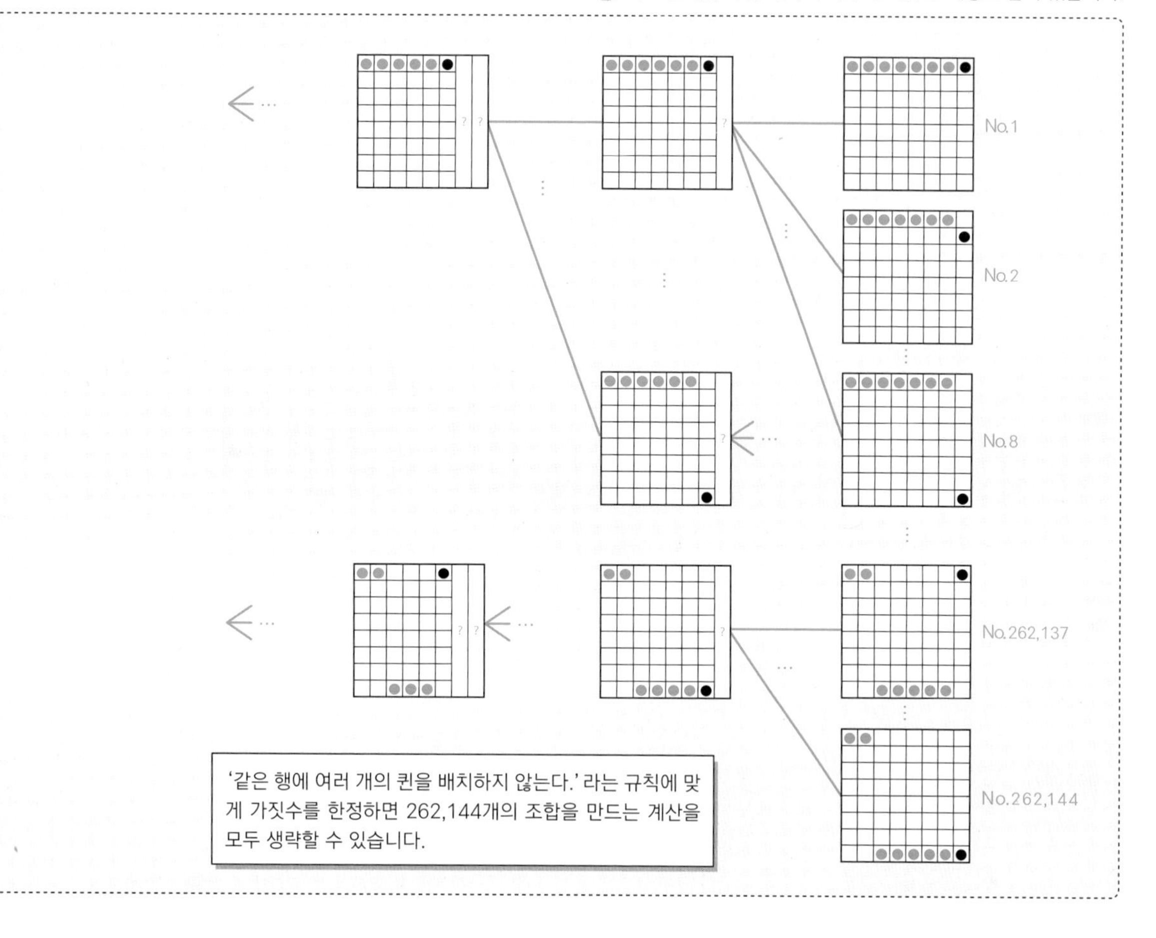

'같은 행에 여러 개의 퀸을 배치하지 않는다.' 라는 규칙에 맞게 가짓수를 한정하면 262,144개의 조합을 만드는 계산을 모두 생략할 수 있습니다.

퀸을 1개 배치하고 나서 문제를 8개의 부분 문제로 나누는 작업을 반복합니다.

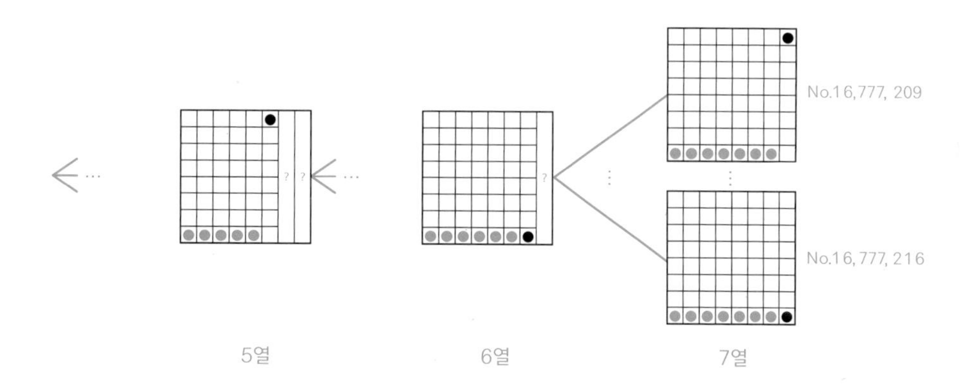

가지 뻗기

여기에서는 앞에서 살펴본 그림 5-19처럼 가지를 뻗으며 모든 조합을 나열하는 실습 5-8 프로그램을 만들어 보겠습니다.

지금은 조합만 나열하고, 8퀸 문제는 조합을 나열한 다음에 해결하겠습니다.

배열 pos는 퀸의 배치를 나타냅니다. i열에 놓인 퀸의 위치가 j행이면 pos[i]의 값을 j로 합니다(그림 5-20).

예를 들어, pos[0]의 값이 0이면 '0열의 퀸이 0행에 배치된 상태'를 의미합니다. pos[1]의 값 4는 '1열의 퀸이 4행에 배치된 상태'를 의미합니다.

i열에 놓인 퀸의 위치가 j행이면 pos[i]에 j를 대입합니다.

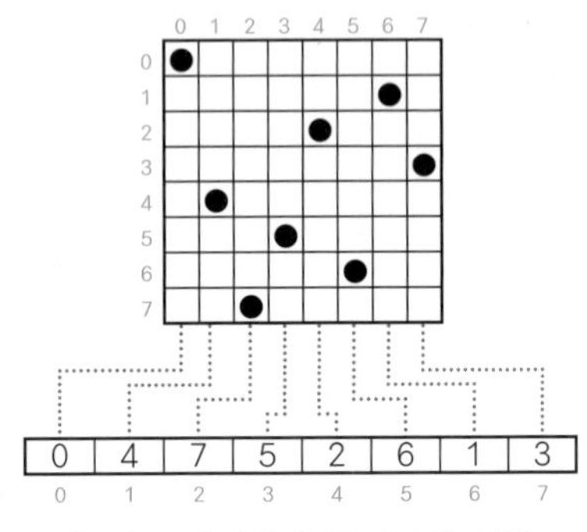

[그림 5-20] 퀸의 배치를 나타내는 배열

이때 set 함수는 pos[i]에 0부터 7까지의 값을 순서대로 대입하여 'i열에 퀸을 1개만 배치하는 8가지 조합을 만드는 재귀 함수'입니다. 매개변수 i가 이 퀸을 배치할 열입니다. 이 함수는 가장 먼저 main 함수에서 다음과 같이 호출합니다.

```
set(0);   // 0열에 퀸을 배치
```

호출된 set 함수는 매개변수 i에 0을 전달받으므로, 그림 5-19에 나타낸 것처럼 0번째 열에 퀸을 배치하는 작업을 합니다.

for 문에 의한 반복 구문에서는 j값을 0에서 7까지 증가시키면서 pos[i]에 j를 대입함으로써 퀸을 j행에 배치합니다.이 대입으로 0번째 열이 확정되므로, 다음에는 1번째 열을 확정해야 합니다.

이때 실시하는 것이 함수 말미에 보이는 아래와 같은 재귀 호출입니다.

```
set(i + 1); // 다음 열에 퀸을 배치
```

set(i + 1)에 의해 앞에서 했던 작업을 다음 열인 1열에서 수행합니다.

set(0)으로 호출된 set 함수는 그림 5-17의 1 ~ 8 조합을 나열합니다. 1을 열거할 때 호출된 set (1)은 그림 5-18의 1 ~ 8 조합을 나열합니다.

이렇게 재귀 호출을 반복하다가 i가 7이 되면 8개의 퀸이 모두 배치됩니다. 그러면 퀸을 더 배치할 필요가 없으므로 print 함수를 호출하여 퀸이 배치된 위치를 출력합니다. 출력하는 값은 pos의 배열 요솟값입니다. 이렇게 프로그램을 실행하면 그림 5-19에서 볼 수 있었던 16,777,216개의 모든 조합이 나열됩니다.

Do it! 실습 5-8 • 완성 파일 chap05/queen_b.c

```
01  // 각 열에 1개의 퀸을 배치하는 조합을 재귀적으로 나열
02  #include <stdio.h>
03
04  int pos[8];                 // 각 열에서 퀸의 위치
05
06  /*--- 각 열의 퀸의 위치를 출력 ---*/
07  void print(void)
08  {
09    for(int i = 0; i < 8; i++)
10      printf("%2d", pos[i]);
11    putchar('\n');
12  }
13
14  /*--- i열에 퀸을 배치 ---*/
15  void set(int i)             열
16  {
17    for(int j = 0; j < 8; j++) {     행
18      pos[i] = j;
19      if(i == 7)              // 모든 열에 배치를 마침
20        print();
21      else
22        set(i + 1);           // 다음 열에 퀸을 배치
23    }
24  }
25
26  int main(void)
27  {
28    set(0);                   // 0열에 퀸을 배치
29
30    return 0;
31  }
```

실행 결과

```
0 0 0 0 0 0 0 0
0 0 0 0 0 0 0 1
0 0 0 0 0 0 0 2
0 0 0 0 0 0 0 3
0 0 0 0 0 0 0 4
0 0 0 0 0 0 0 5
0 0 0 0 0 0 0 6
0 0 0 0 0 0 0 7
0 0 0 0 0 0 1 0
0 0 0 0 0 0 1 1
0 0 0 0 0 0 1 2
… 생략 …
7 7 7 7 7 7 7 6
7 7 7 7 7 7 7 7
```

가장 먼저 출력되는 '0 0 0 0 0 0 0 0'은 모든 퀸이 0행에 배치되었음을 보여줍니다(그림 5-19의 No.1). 가장 마지막에 출력되는 '7 7 7 7 7 7 7 7'은 모든 퀸이 7행에 배치되었음을 보여줍니다(그림 5-19의 No.16, 777, 216).

이렇게 가지를 뻗으며 퀸을 배치하는 조합을 모두 나열했습니다. 이러한 방법을 가지 뻗기(branching)라고 합니다. 하노이의 탑이나 8퀸 문제처럼 문제를 세분하고 세분된 작은 문제의 풀이를 결합해 전체 문제를 풀이하는 기법을 분할 해결법(divide and conquer)이라고 합니다. 물론 문제를 세분할 때는 작은 문제의 풀이에서 원래 문제의 풀이가 쉽게 도출될 수 있게 설계해야 합니다.

06장에서 학습하는 퀵 정렬(quicksort)과 병합 정렬(mergesort)도 분할 해결 알고리즘입니다.

분기 한정법 다루기

가지 뻗기로 퀸을 배치하는 모든 조합을 나열했습니다. 다음은 앞에서 분기를 한정하기 위해 정했던 규칙입니다.

> [규칙 2] 각 행에 퀸을 1개만 배치합니다.

이 개념을 적용하여 실습 5-9 프로그램을 살펴보겠습니다.

Do it! 실습 5-9 • 완성 파일 chap05/queen_bb.c

```
01  // 각 행, 각 열에 1개의 퀸을 배치하는 조합을 재귀적으로 나열
02  #include <stdio.h>
03
04  int flag[8];                    // 각 행에 퀸을 배치했는지 체크하는 배열
05  int pos[8];                     // 각 열에서 퀸의 위치
06
07  /*--- 각 열에서 퀸의 위치를 출력 ---*/
08  void print(void)
09  {
10    for(int i = 0; i < 8; i++)
11    printf("%2d", pos[i]);
12    putchar('\n');
13  }
14
15  /*--- i열에서 알맞은 위치에 퀸을 배치 ---*/
16  void set(int i)
17  {
18    for(int j = 0; j < 8; j++) {
19      if(!flag[j]) {          // j행에 퀸을 배치하지 않았다면
```

실행 결과

```
0 1 2 3 4 5 6 7
0 1 2 3 4 5 7 6
0 1 2 3 4 6 5 7
0 1 2 3 4 6 7 5
0 1 2 3 4 7 5 6
0 1 2 3 4 7 6 5
0 1 2 3 5 4 6 7
0 1 2 3 5 4 7 6
0 1 2 3 5 6 4 7
0 1 2 3 5 6 7 4
… 생략 …
7 6 5 4 3 2 1 0
```

```
20          pos[i] = j;
21          if(i == 7)          // 모든 열에 배치를 마침
22            print();
23          else {
24            flag[j] = 1;
25            set(i + 1);     // 다음 열에 배치
26            flag[j] = 0;
27          }
28        }
29      }
30    }
31
32    int main(void)
33    {
34      for(int i = 0; i < 8; i++)
35        flag[i] = 0;
36      set(0);                     // 0열에 배치
37
38      return 0;
39    }
```

실습 5-9의 프로그램은 flag라는 배열을 사용합니다. flag는 같은 행에 중복하여 퀸이 배치되는 것을 방지하기 위한 표시(flag)입니다. j행에 퀸을 배치하면 flag[j]의 값을 1로 하고, 배치되지 않은 상태의 값은 0으로 합니다. 그러면 좀 더 자세히 살펴보겠습니다. 0열에 퀸을 배치하기 위해 호출한 set 함수는 먼저 0행에 퀸을 배치합니다(flag[0]의 값은 0입니다). 0행에 퀸을 배치했기 때문에 flag[0]의 값을 1로 변경합니다. 그런 다음 set 함수를 재귀적으로 호출합니다. 이렇게 호출한 set 함수는 다음 1열에 퀸을 배치합니다. 1열에 퀸을 배치하는 set 함수의 동작을 그림 5-21에 나타냈습니다.

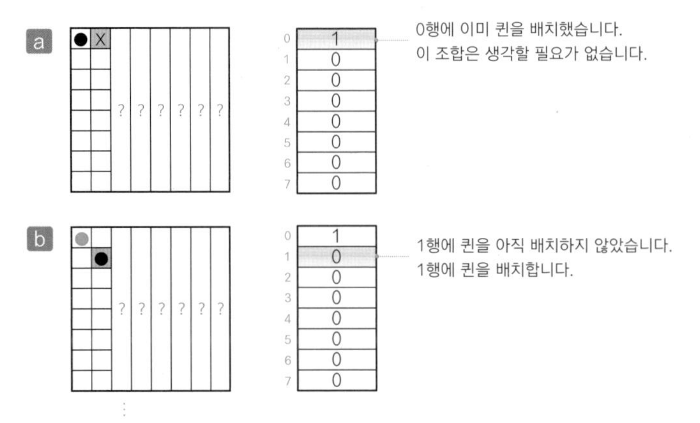

[그림 5-21] flag 배열을 사용한 한정 조작

for문은 0행부터 7행까지 퀸을 배치합니다. 다음의 a, b는 그림 5-21에 대한 설명입니다.

a 0행에 퀸을 배치하는 방법입니다. flag[0]의 값이 1이므로 이 행에는 퀸을 이미 배치했음을 알 수 있습니다. 따라서 여기에는 배치하지 않습니다(색칠한 부분의 실행을 건너뜁니다). 다시 말해 set 함수를 재귀 호출하지 않습니다. 그 결과 그림 5-19에서 색으로 표시한 부분에 있는 262,144개의 조합이 완전히 생략됩니다.

b 1행에 퀸을 배치하는 방법입니다. flag[1]의 값이 0이므로 이 행에는 퀸을 아직 배치하지 않았습니다. 따라서 여기에는 1행에 퀸을 배치합니다(색칠한 부분을 실행합니다). 다시 말해 set 함수를 재귀 호출하여 다음 열인 2번째에 퀸을 배치합니다.

2행부터 7행까지도 이와 같은 방법을 사용해 퀸을 배치합니다.

또 재귀 호출한 set(i + 1) 함수가 끝나면 아직 배치하지 않았음을 나타내는 0을 flag[j]에 대입함으로써 퀸을 j행에서 제거합니다. set 함수에서는 퀸을 배치하지 않은 행(flag[j]의 값이 0인 행)에만 퀸을 배치합니다. 이처럼 필요하지 않은 분기를 없애 불필요한 조합을 줄이는 방법을 한정(bounding) 조작이라 하고, 가지 뻗기와 한정 조작을 조합하여 문제를 풀어 가는 방법을 분기 한정법(branching and bounding method)이라고 합니다.

8퀸 문제를 푸는 프로그램 완성하기

실습 5-9의 프로그램은 퀸이 행 방향과 열 방향으로 겹쳐지지 않는 조합을 나열(출력)하기만

했습니다. 이런 경우는 '8퀸 문제를 풀었다.'가 아니라 '8룩(Rook) 문제를 풀었다.'라고 말할 수 있습니다. 퀸은 대각선 방향으로도 이동할 수 있기 때문에 어떤 대각선에서 보더라도 퀸을 1개만 배치하는 한정 조작을 추가해야 합니다. 그럼 이제 8퀸 문제를 풀기 위한 실습 5-10 프로그램을 완성하겠습니다.

Do it! 실습 5-10

• 완성 파일 chap05/eight_queen.c

```
01  // 8퀸 문제 풀이
02  #include <stdio.h>
03
04  int flag_a[8];          // 각 행에 퀸을 배치했는지 체크하는 배열
05  int flag_b[15];         // 대각선 /에 퀸을 배치했는지 체크하는 배열
06  int flag_c[15];         // 대각선 \에 퀸을 배치했는지 체크하는 배열
07  int pos[8];             // 각 열에서 퀸의 위치
08
09  /*--- 각 열에서 퀸의 위치를 출력 ---*/
10  void print(void)
11  {
12    for(int i = 0; i < 8; i++)
13      printf("%2d", pos[i]);
14    putchar('\n');
15  }
16
17  /*--- i열에서 알맞은 위치에 퀸을 배치 ---*/
18  void set(int i)
19  {
20    for(int j = 0; j < 8; j++) {
21      if(!flag_a[j] && !flag_b[i + j] && !flag_c[i - j + 7]) {   ← 1
22        pos[i] = j;
23        if(i == 7)      // 모든 열에 배치를 마침
24          print();
25        else {
26          flag_a[j] = flag_b[i + j] = flag_c[i - j + 7] = 1;
27          set(i + 1); // 다음 열에 배치
28          flag_a[j] = flag_b[i + j] = flag_c[i - j + 7] = 0;
29        }
30      }
31    }
32  }
33
```

실행 결과

```
0 4 7 5 2 6 1 3
0 5 7 2 6 3 1 4
0 6 3 5 7 1 4 2
0 6 4 7 1 3 5 2
1 3 5 7 2 0 6 4
1 4 6 0 2 7 5 3
1 4 6 3 0 7 5 2
… 생략 …
7 2 0 5 1 4 6 3
7 3 0 2 5 1 6 4
```

```
34  int main(void)
35  {
36      for(int i = 0; i < 8; i++)
37          flag_a[i] = 0;
38      for(int i = 0; i < 15; i++)
39          flag_b[i] = flag_c[i] = 0;
40      set(0);         // 0열에 배치
41  
42      return 0;
43  }
```

flag_b와 flag_c는 '/' 방향과 '\' 방향의 대각선 위에 퀸을 배치했는지 체크하는 배열입니다(그림 5-22).

실습 5-10의 프로그램에서는 실습 5-9의 배열 이름 flag를 flag_a라고 바꾸었습니다.

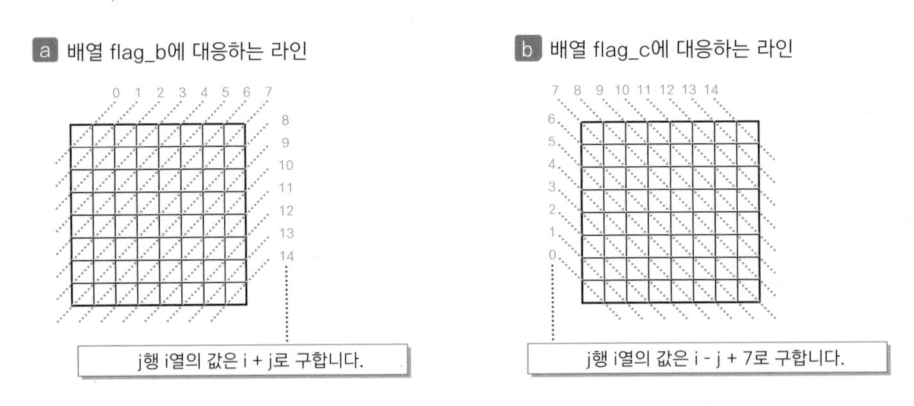

[그림 5-22] 대각선에 퀸 배치

그림 5-22의 a에서 볼 수 있듯이 / 방향을 나타내는 flag_b 배열의 인덱스(0 ~ 14)의 값은 i + j로 얻을 수 있습니다. 또 b에서 볼 수 있듯이 \ 방향을 나타내는 flag_c 배열의 인덱스(0 ~ 14)의 값은 i - j + 7 로 얻을 수 있습니다.

각 칸에 퀸의 배치를 체크할 때 같은 행에 퀸을 배치했는지 판단하고 그런 다음 이 그림(a, b)의 점선 위에 퀸을 배치했는지 검사합니다(실습 5-10의 1 부분 참고).

가로 방향(같은 행), 왼쪽 대각선 방향, 오른쪽 대각선 방향 중 어느 방향이든 1개의 라인이라도 퀸이 배치되었다면 그 칸에는 퀸을 놓을 필요가 없습니다. 이 경우 실습 5-10(23~29행)의 실행을 건너뜁니다.

구체적인 예를 들어보겠습니다. 그림 5-21(b)에서는 flag [1]의 값이 0이므로(즉, 같은 행의 왼쪽에 퀸이 배치되어 있지 않으므로) 1행 1열에 퀸을 배치했습니다.

이번 경우에는 flag_c[7] 값이 1이므로(즉, 왼쪽 위의 0행 0열에 퀸이 이미 배치되었으므로) 1행 1열에 퀸을 배치하지 않습니다.

3개의 배열(flag_a, flag_b, flag_c)을 사용하는 한정 조작을 수행하면 8퀸 문제의 조건을 만족하는 퀸의 배치를 효율적으로 수행할 수 있습니다. 프로그램을 실행하면 92개의 조합이 출력됩니다. 이렇게 8퀸 문제를 해결하는 프로그램을 완성했습니다.

Q9 실습 5-10의 print 함수를 수정하여 전각 기호 ■와 □를 사용해 퀸의 배치 상황을 출력하세요.

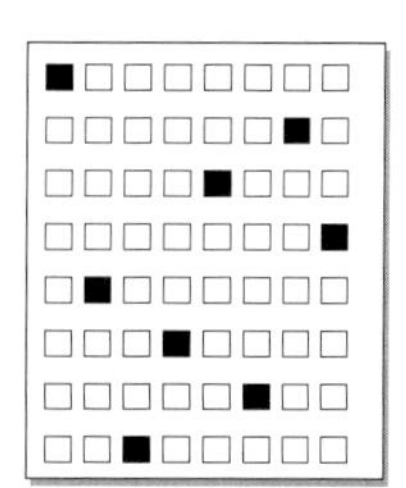

Q10 8퀸 문제를 비재귀적으로 구현한 프로그램을 작성하세요.

06

정렬 알고리즘

06-1 정렬

이 장에서는 데이터를 일정한 순서로 정렬하는 정렬 알고리즘에 대해 알아보겠습니다.

정렬 정의하기

정렬(sorting)은 이름, 학번, 키 등 핵심 항목(key)의 대소 관계에 따라 데이터 집합을 일정한 순서로 줄지어 늘어서도록 바꾸는 작업을 말합니다. 이 알고리즘을 이용해 데이터를 정렬하면 검색을 더 쉽게 할 수 있습니다. 만약 사전에 실린 수십만 개의 단어가 알파벳이나 가나다 순으로 정렬되어 있지 않으면 원하는 단어를 찾기가 어려울 것입니다. 그림 6-1처럼 키값이 작은 데이터를 앞쪽에 놓으면 오름차순(ascending order) 정렬, 그 반대로 놓으면 내림차순(descending order) 정렬이라고 부릅니다.

단순하게 '정렬'이라고 하면 보통 오름차순 정렬을 가리킵니다.

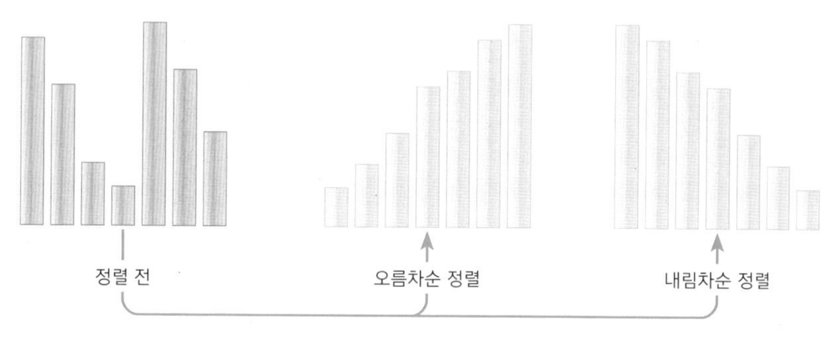

[그림 6-1] 오름차순 정렬과 내림차순 정렬

정렬 알고리즘의 안정성

이 장에서는 여러 가지 정렬 알고리즘 중에서 대표적인 알고리즘들을 소개합니다. 이때 정렬 알고리즘은 안정된(stable) 알고리즘과 그렇지 않은 알고리즘으로 나눌 수 있습니다. 그림 6-2는 안정된 정렬을 나타낸 것으로, 막대 높이는 점수를 의미하고 막대 안의 숫자(1~9)는 학번을 의미합니다. 그림 6-2의 왼쪽 그래프는 시험 점수를 학번 순으로 나열했으며, 오른쪽 그래프는 점수를 키로 삼아 정렬했습니다. 같은 점수일 경우에는 학번이 작은 사람을 앞쪽에 배치합니다. 안정된 정렬이란 이렇게 같은 값의 키를 가진 요소의 순서가 정렬 전후에도 유지되는 것을 말합니다. 안정되지 않은 알고리즘은 같은 점수인 경우 반드시 학번 순서대로 정렬되지는 않습니다.

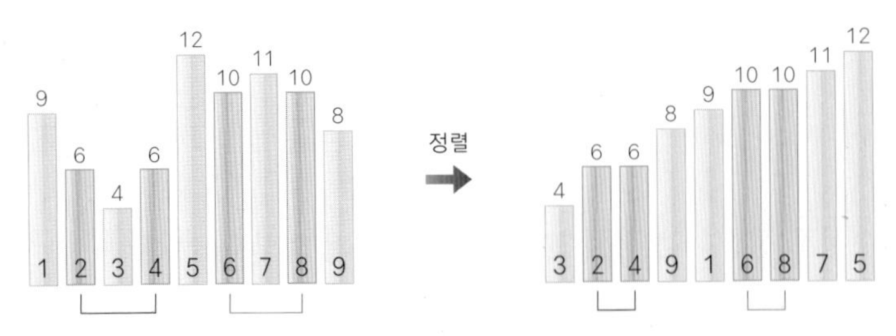

[그림 6-2] 안정된 정렬

정렬 알고리즘의 핵심 요소

정렬 알고리즘의 핵심 요소는 교환, 선택, 삽입이며 대부분의 정렬 알고리즘은 이 세 가지 요소를 응용한 것입니다.

보충수업 6-1 내부 정렬과 외부 정렬

30장의 카드를 한 줄로 늘어놓을 수 있는 책상에서 트럼프 카드를 정렬한다고 가정해 보겠습니다. 만약 카드가 30장 이하라면 모든 카드를 책상에 늘어놓고 한 번에 훑어보면서 작업할 수 있지만, 카드가 500장이라면 책상에 모든 카드를 늘어놓을 수 없기 때문에 큰 책상을 따로 마련해야 합니다. 정렬 알고리즘도 하나의 배열에서 작업할 수 있는 경우에는 내부 정렬(internal sorting)을 사용하고, 하나의 배열에서 작업할 수 없는 경우에는 외부 정렬(external sorting)을 사용합니다.

1. 내부 정렬: 정렬할 모든 데이터를 하나의 배열에 저장할 수 있는 경우에 사용하는 알고리즘입니다.
2. 외부 정렬: 정렬할 데이터가 너무 많아서 하나의 배열에 저장할 수 없는 경우에 사용하는 알고리즘입니다.

외부 정렬은 내부 정렬을 응용한 것으로, 외부 정렬을 구현하려면 작업을 위한 파일 등이 필요하고 알고리즘도 복잡합니다. 이 책에서 다루는 알고리즘은 모두 내부 정렬입니다.

06-2 버블 정렬

버블 정렬은 이웃한 두 요소의 대소 관계를 비교하여 교환을 반복합니다.

버블 정렬 알아보기

아래의 배열을 이용해 버블 정렬에 대해 알아보겠습니다.

6	4	3	7	1	9	8

먼저 끝에 있는 두 요소 9와 8부터 시작합니다. 이때 오름차순으로 배열을 정렬하고자 한다면 왼쪽의 값이 오른쪽의 값보다 작아야 합니다. 따라서 9와 8을 교환하면 배열은 아래와 같은 상태가 됩니다.

6	4	3	7	1	8	9

그런 다음 뒤쪽에서 2, 3번째 요소(1, 8)를 비교합니다. 1은 8보다 작으므로 교환할 필요가 없습니다. 이렇게 이웃한 요소를 비교하고 교환하는 작업을 첫 번째 요소까지 계속하면 그림 6-3과 같은 상태가 됩니다. 요소의 개수가 n개인 배열에서 n - 1회 비교, 교환을 하고 나면 가장 작은 요소가 맨 처음으로 이동합니다. 그리고 이런 일련의 과정(비교, 교환 작업)을 패스(pass)라고 합니다.

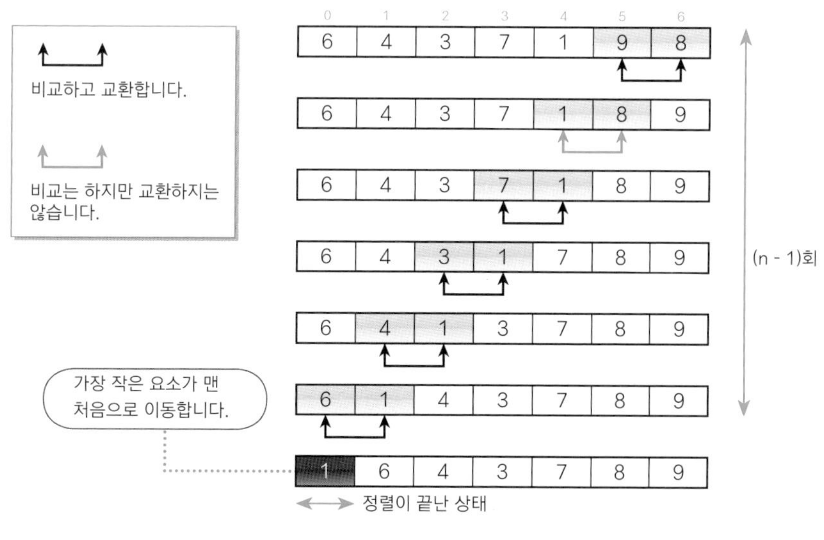

[그림 6-3] 버블 정렬의 첫 번째 패스

이어서 배열의 2번째 이후 요소에 대해 비교, 교환을 하는 패스(pass)를 수행하는 모습을 그림 6-4에 나타냈습니다.

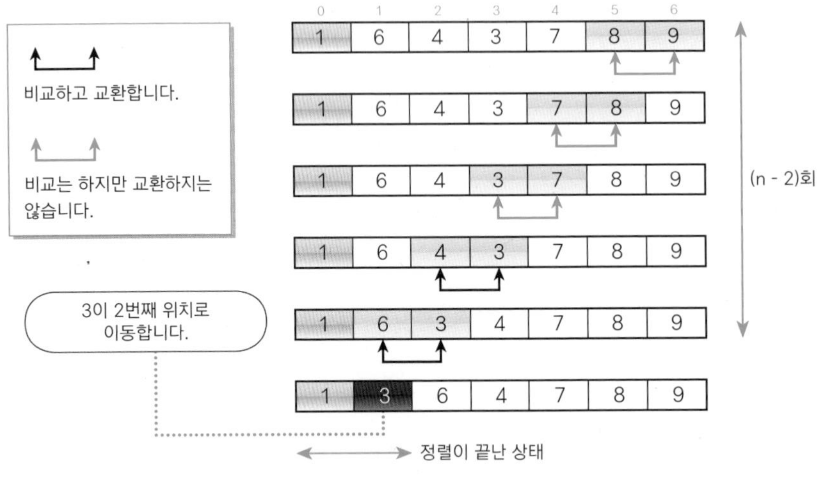

[그림 6-4] 버블 정렬의 두 번째 패스

이 패스를 수행하고 나면 3은 배열의 2번째 자리로 이동하고 그 결과 두 요소의 정렬이 끝납니다. 두 번째 패스의 비교 횟수는 첫 번째 패스보다 1회 적은 n - 2회입니다. 왜냐하면 패스를 1회 수행할 때마다 정렬할 요소가 하나씩 줄어들기 때문입니다. 패스를 k회 수행하면 앞쪽의 요소 k개가 정렬된다는 것을 알 수 있습니다. 모든 정렬이 끝나려면 n - 1회의 패스가 수행되어야 합니다.

수행하는 패스의 횟수가 n회가 아니라 n - 1회인 것은 n - 1개 요소의 정렬이 끝나면 마지막 요소는 이미 끝에 놓이기 때문입니다.

'버블 정렬(bubble sort)'이라는 말은 액체 안의 공기 방울이(액체보다 가벼운 공기 방울이) 보글보글 위로 올라오는 모습에서 착안한 것입니다.

버블 정렬 프로그램

버블 정렬 알고리즘을 프로그램으로 구현해 보겠습니다. 변수 i값을 0부터 n - 2까지 1씩 증가하며 n - 1회의 패스를 수행하는 프로그램은 아래와 같습니다.

```
for(int i = 0; i < n  -  1; i++) {
    // a[i], a[i + 1], …, a[n - 1]에 대해
    // 끝에서부터 앞쪽으로 스캔하면서 이웃하는 두 요소를 비교하고 교환
}
```

여기서 비교하는 두 요소의 인덱스를 j - 1과 j라 하고, 변수 j값을 어떻게 변화하면 좋을지 그림 6-5를 통해 살펴보겠습니다. 배열의 끝(오른쪽)부터 스캔하기 때문에 j의 시작값은 n - 1입니다. 이때 두 요소(a[j - 1], a[j])의 값을 비교하여 앞쪽이 크면 교환합니다. 그 이후의 비교, 교환 과정은 바로 앞쪽에서 수행해야 하므로 j값은 1씩 감소합니다.

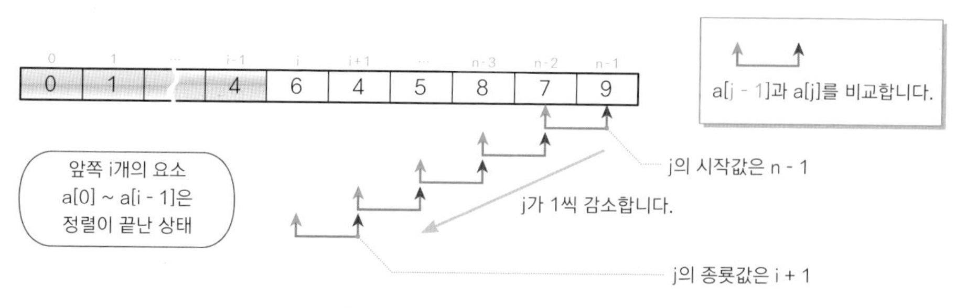

[그림 6-5] 버블 정렬의 i번째 패스

각 패스에서 앞쪽 i개의 요소는 정렬이 끝난 상태라고 가정합니다(정렬하지 않은 부분은 a[i] ~ a[n - 1]라고 가정합니다). 따라서 한 번의 패스에서는 j값이 i + 1이 될 때까지 비교, 교환을 수행하면 됩니다.

i가 0인 첫 번째 패스는 j값이 1이 될 때까지 반복하고(그림 6-3), i가 1인 두 번째 패스는 j값이 2가 될 때까지 반복(그림 6-4)합니다.

그리고 비교하는 두 요소 중에서 오른쪽 요소의 인덱스는 i + 1이 될 때까지 감소하고 왼쪽 요소의 인덱스는 i가 될 때까지 감소합니다. 서로 한 칸 이상 떨어져 있는 요소를 교환하는 것이 아니라 서로 이웃한 요소에 대해서만 교환하므로 이 정렬 알고리즘은 안정적이라고 할 수 있습니다. 비교 횟수는 첫 번째 패스는 n - 1회, 두 번째 패스는 n - 2회, … 이므로 그 합계는 다음과 같습니다.

$$(n - 1) + (n - 2) + \cdots + 1 = n(n - 1) / 2$$

그러나 실제 요소를 교환하는 횟수는 배열의 요솟값에 더 많이 영향을 받기 때문에 교환 횟수의 평균값은 비교 횟수의 절반인 n(n - 1) / 4회입니다. 또한 swap 함수 안에서 값의 이동이 3회 발생하므로 이동 횟수의 평균은 3n(n - 1) / 4회입니다.

Do it! 실습 6-1 • 완성 파일 chap06/bubble1.c

```
01  // 버블 정렬(버전 1)
02  #include <stdio.h>
03  #include <stdlib.h>
04  #define swap (type, x, y) do { type t = x; x = y; y = t; } while(0)
05
06  /*--- 버블 정렬 ---*/
07  void bubble(int a[], int n)
08  {
09    for(int i = 0; i < n - 1; i++) {
10      for(int j = n - 1; j > i; j--)
11        if(a[j - 1] > a[j])
12            swap(int, a[j - 1], a[j]);
13    }
14  }
15
16  int main(void)
17  {
18    int nx;
19
20    puts("버블 정렬");
21    printf("요소 개수: ");
22    scanf("%d", &nx);
23    int *x = calloc(nx, sizeof(int));
24
25    for(int i = 0; i < nx; i++) {
26        printf("x[%d]: ", i);
27        scanf("%d", &x[i]);
28  }
29
30    bubble(x, nx);                    // 배열 x를 버블 정렬
31
32    puts("오름차순으로 정렬했습니다.");
33    for(int i = 0; i < nx; i++)
34        printf("x[%d] = %d\n", i, x[i]);
35
36    free(x);                          // 배열 해제
37
38    return 0;
39  }
```

패스 (10~12행)

실행 결과

```
버블 정렬
요소 개수: 7
x[0]: 6
x[1]: 4
x[2]: 3
x[3]: 7
x[4]: 1
x[5]: 9
x[6]: 8
오름차순으로 정렬했습니다.
x[0] = 1
x[1] = 3
x[2] = 4
x[3] = 6
x[4] = 7
x[5] = 8
x[6] = 9
```

연습 문제

Q1 버블 정렬의 각 패스에서 비교, 교환은 처음(왼쪽)부터 수행해도 됩니다(각 패스에서 가장 큰 값의 요소가 끝으로 옮겨집니다). 그렇게 수정한 프로그램을 작성하세요.

Q2 오른쪽처럼 비교, 교환 과정을 자세히 출력하면서 버블 정렬하는 프로그램을 작성하세요. 비교하는 두 요소 사이에 교환을 수행하면 +, 수행하지 않으면 -를 출력하고 정렬을 마치면 비교 횟수와 교환 횟수를 출력하세요.

```
패스1:
 6 + 4 + 3 + 7 + 1 - 9 + 8
 6 + 4 + 3 + 7 + 1 - 8 + 9
 6 + 4 + 3 + 7 + 1 - 8 + 9
 6 + 4 + 3 + 1 + 7 - 8 + 9
 6 + 4 + 1 + 3 + 7 - 8 + 9
 6 + 1 + 4 + 3 + 7 - 8 + 9
 1 + 6 + 4 + 3 + 7 - 8 + 9
패스2:
 1 + 6 + 4 + 3 + 7 - 8 - 9
… 생략 …
비교를 21회 했습니다.
교환을 8회 했습니다.
… 이하 생략 …
```

알고리즘 개선(1)

그림 6-4에는 두 번째 요소까지 정렬된 모습을 나타냈습니다. 비교, 교환 작업을 계속하면서 이 알고리즘을 어떻게 개선할 수 있을지 살펴보겠습니다. 그림 6-6은 세 번째 패스입니다. 패스를 마치고 나면 4가 세 번째 자리에 위치합니다.

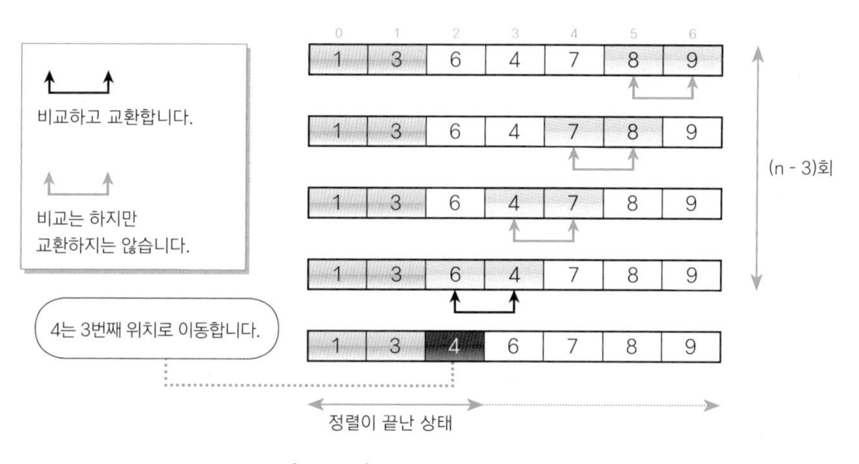

[그림 6-6] 버블 정렬의 세 번째 패스

그림 6-7은 네 번째 패스입니다. 그런데 여기서는 요소의 교환이 한 번도 이루어지지 않습니다. 왜냐하면 세 번째 패스에서 정렬을 마쳤기 때문입니다.

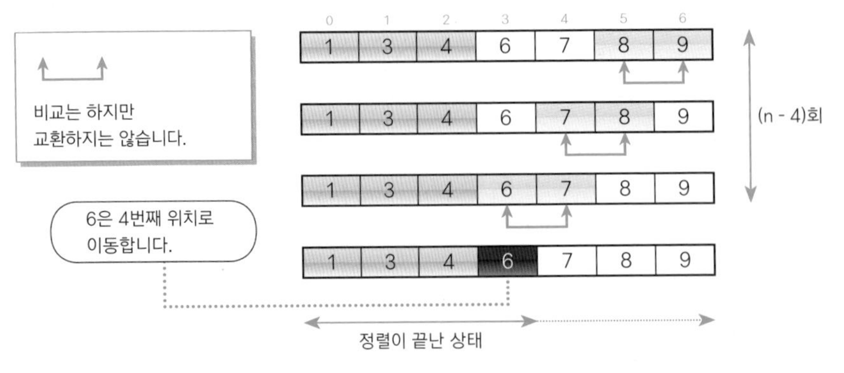

[그림 6-7] 버블 정렬의 네 번째 패스

이미 배열이 정렬을 마친 상태라면 그 이후의 패스는 요소 교환을 하지 않습니다. 그림에서는 이 모습을 생략했지만 다섯 번째, 여섯 번째 패스에서도 요소 교환을 하지 않습니다.

즉, 어떤 패스에서 요소의 교환 횟수가 0이면 더 이상 정렬할 요소가 없다는 뜻이기 때문에 정렬 작업을 멈추면 됩니다. 실습 6-2는 이런 '멈춤'으로 개선한 버블 정렬 함수(버전 2)입니다.

bubble2.c는 매크로 함수인 swap 함수와 main 함수가 필요합니다. 실습 6-1을 참고하세요.

Do it! 실습 6-2

• 완성 파일 chap06/bubble2.c

```
01  /*--- 버블 정렬(버전 2: 교환 횟수에 따라 정렬 작업을 멈춤) ---*/
02  void bubble(int a[], int n)
03  {
04      for(int i = 0; i < n - 1; i++) {
05          int exchg = 0;                       // 패스에서 시도한 교환 횟수
06          for(int j = n - 1; j > i; j--)
07              if(a[j - 1] > a[j]) {
08                  swap(int, a[j - 1], a[j]);    패스
09                  exchg++;
10              }
11          if(exchg == 0) break;                // 교환이 수행되지 않았다면 정렬을 멈춤
12      }
13  }
```

새로 도입된 변수 exchg는 패스를 시작하기 전에 0으로 초기화되고 패스에서 요소를 교환할 때마다 1씩 증가합니다. 따라서 패스를 마쳤을 때의 exchg 값은 한 번의 패스에서 시도한 교환 횟수와 같습니다. 이때 exchg 값이 0이면 정렬을 마친 것이므로 break 문으로 함수를 종료합니다.

Q3 버블 정렬(버전 2)의 아이디어는 배열이 정렬을 마쳤는지를 검사하는 데 응용할 수 있습니다. 전달받은 배열 a가 오름차순으로 정렬을 마쳤는지 검사하는 함수를 작성하세요. 이때 오름차순으로 정렬을 마친 상태라면 1, 그렇지 않으면 0을 반환하도록 작성하세요.

```
int is_sorted(const int a[], int n);
```

Q4 버블 정렬(버전 2)을 연습 문제 Q2처럼 비교, 교환 과정을 자세히 출력하는 프로그램으로 수정하세요.

알고리즘 개선(2)

다시 새로운 배열({1, 3, 9, 4, 7, 8, 6})에 대해서 버블 정렬을 수행하겠습니다. 그림 6-8은 첫 번째 패스의 비교, 교환 과정을 나타낸 것입니다.

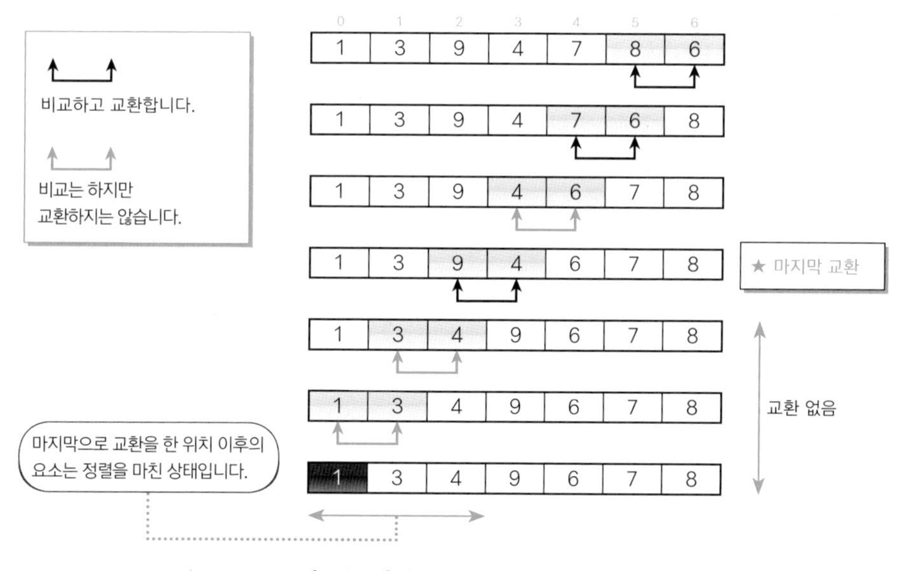

[그림 6-8] 버블 정렬의 첫 번째 패스

마지막 교환(★) 이후에 앞쪽의 세 요소({1, 3, 4})는 정렬된 상태입니다. 이렇게 각각의 패스에서 비교, 교환을 하다가 어떤 시점 이후에 교환이 수행되지 않는다면 그보다 앞쪽의 요소는 이미 정렬을 마친 상태라고 생각해도 좋습니다. 따라서 두 번째 패스는 첫 요소를 제외한 6개의 요소가 아니라 4개의 요소에 대해서 비교, 교환을 수행하면 됩니다. 그러면 그림 6-9처럼 4개의 요소에 대해서만 비교, 교환을 수행하겠습니다.

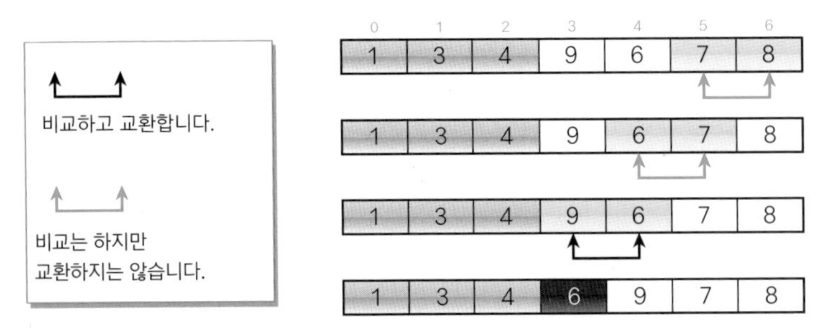

[그림 6-9] 버블 정렬의 두 번째 패스

실습 6-3은 앞의 내용을 바탕으로 개선한 bubble 함수입니다.

bubble3.c도 실습 6-1의 swap 함수와 main 함수가 필요합니다.

Do it! 실습 6-3 • 완성 파일 chap06/bubble3.c

```
01  /*--- 버블 정렬(버전 3: 스캔 범위를 제한) ---*/
02  void bubble(int a[], int n)
03  {
04    int k = 0;                    // a[k]보다 앞쪽의 요소는 정렬을 마친 상태
05    while(k < n - 1) {
06      int last = n - 1;           // 마지막으로 교환을 수행한 위치를 저장
07      for(int j = n - 1; j > k; j--)
08        if(a[j - 1] > a[j]) {
09          swap(int, a[j - 1], a[j]);       패스
10          last = j;
11        }
12      k = last;
13    }
14  }
```

교환을 수행할 때마다 오른쪽 요소의 인덱스값을 last에 저장하므로, 패스를 마친 시점에 last에는 마지막으로 교환한 두 요소 가운데 오른쪽 요소의 인덱스가 저장됩니다. 이 last값을 k에 대입하여 다음에 수행할 패스의 범위를 a[k]까지로 제한합니다. 그러면 다음 패스에서 마지막으로 비교할 두 요소는 a[k]와 a[k + 1]가 됩니다. 이때 bubble 함수의 시작 부분에서 k 값을 0으로 초기화하는 이유는 첫 번째 패스에서는 모든 요소를 검사해야 하기 때문입니다.

그림 6-8에서 첫 번째 패스를 마칠 때의 last 값은 3입니다. 따라서 다음에 수행하는 두 번째 패스(그림 6-9)에서는 j값을 6, 5, 4로 1씩 감소하면서 요소를 교환합니다.

그럼 버전 1부터 버전 3까지의 프로그램에서 수행하는 교환 과정을 비교해 보세요. 다음은 연

습문제 Q2, Q4, Q5의 실행결과를 각각 나타냅니다.

버전 1

실행 결과

```
패스1:
 1   3   9   4   7   8 + 6
 1   3   9   4   7 + 6   8
 1   3   9   4 - 6   7   8
 1   3   9 + 4   6   7   8
 1   3 - 4   9   6   7   8
 1 - 3   4   9   6   7   8
 1   3   4   9   6   7   8
패스2:
 1   3   4   9   6   7 - 8
 1   3   4   9   6 - 7   8
 1   3   4   9 + 6   7   8
 1   3   4 - 6   9   7   8
 1   3 - 4   6   9   7   8
 1   3   4   6   9   7   8
패스3:
 1   3   4   6   9   7 - 8
 1   3   4   6   9 + 7   8
 1   3   4   6 - 7   9   8
 1   3   4 - 6   7   9   8
 1   3   4   6   7   9   8
…생략(패스 6까지 실행)…
비교를 21회 했습니다.
교환을 6회 했습니다.
```

버전 2

실행 결과

```
패스1:
 1   3   9   4   7   8 + 6
 1   3   9   4   7 + 6   8
 1   3   9   4 - 6   7   8
 1   3   9 + 4   6   7   8
 1   3 - 4   9   6   7   8
 1 - 3   4   9   6   7   8
 1   3   4   9   6   7   8
패스2:
 1   3   4   9   6   7 - 8
 1   3   4   9   6 - 7   8
 1   3   4   9 + 6   7   8
 1   3   4 - 6   9   7   8
 1   3 - 4   6   9   7   8
 1   3   4   6   9   7   8
패스3:
 1   3   4   6   9   7 - 8
 1   3   4   6   9 + 7   8
 1   3   4   6 - 7   9   8
 1   3   4 - 6   7   9   8
 1   3   4   6   7   9   8
…생략(패스 5까지 실행)…
비교를 20회 했습니다.
교환을 6회 했습니다.
```

버전 3

실행 결과

```
패스1:
 1   3   9   4   7   8 + 6
 1   3   9   4   7 + 6   8
 1   3   9   4 - 6   7   8
 1   3   9 + 4   6   7   8
 1   3 - 4   9   6   7   8
 1 - 3   4   9   6   7   8
 1   3   4   9   6   7   8
패스2:
 1   3   4   9   6   7 - 8
 1   3   4   9   6 - 7   8
 1   3   4   9 + 6   7   8
 1   3   4   6   9   7   8
패스3:
 1   3   4   6   9   7 - 8
 1   3   4   6   9 + 7   8
 1   3   4   6   7   9   8
패스4:
 1   3   4   6   7   9 + 8
 1   3   4   6   7   8   9
비교를 12회 했습니다.
교환을 6회 했습니다.
```

연습문제

Q5 버블 정렬(버전 3)을 연습문제 Q2처럼 비교, 교환 과정을 자세히 출력하는 프로그램으로 수정하세요.

Q6 버블 정렬(버전 3)을 개선하여 양방향 버블 정렬을 수행하는 프로그램을 작성하세요. 예를 들어 다음과 같은 데이터를 정렬한다고 가정하겠습니다.

```
9 1 3 4 6 7 8
```

정렬이 거의 끝난 상태이기는 하지만 버전 3 알고리즘으로도 정렬 작업을 조기 중단할 수는 없습니다. 데이터 맨 앞에 있는 가장 큰 요소 9가 1회의 패스마다 하나씩만 뒤로 옮겨지기 때문입니다. 이때 홀수 번째 패스는 가장 작은 요소를 맨 앞으로 옮기고, 짝수 번째 패스는 가장 큰 요소를 맨 뒤로 옮기는 방식을 사용하면 이러한 데이터를 정렬할 때 더 적은 횟수로 비교를 수행할 수 있습니다. 버블 정렬을 개량한 이 알고리즘은 양방향 버블 정렬(bidirection bubble sort) 또는 셰이커 정렬(shakersort)이라는 이름으로도 알려져 있습니다.

06-3 단순 선택 정렬

단순 선택 정렬(straight selection sort)은 가장 작은 요소부터 선택해 알맞은 위치로 옮겨서 순서대로 정렬하는 알고리즘입니다.

단순 선택 정렬 알아보기

아래의 배열에 단순 선택 정렬 알고리즘을 적용해 보겠습니다. 이 알고리즘은 가장 작은 요소부터 정렬하는 알고리즘이기 때문에 가장 작은 값의 요소인 1을 선택해 정렬을 시작합니다.

6	4	8	3	1	9	7

1을 6과 교환합니다. 교환한 다음의 배열 상태는 아래와 같습니다.

1	4	8	3	6	9	7

가장 작은 요소인 1이 맨 앞으로 왔습니다. 이어서 두 번째로 작은 요소인 3을 선택해 정렬합니다. 3을 4와 교환하면 아래처럼 두 번째 요소의 정렬이 끝납니다.

1	3	8	4	6	9	7

아래 그림 6-10은 앞에서 진행한 것과 같은 작업을 반복하는 모습을 나타낸 것으로, 아직 정렬하지 않은 부분에서 값이 가장 작은 요소를 선택하고 아직 정렬하지 않은 부분의 첫 번째 요소와 교환합니다.

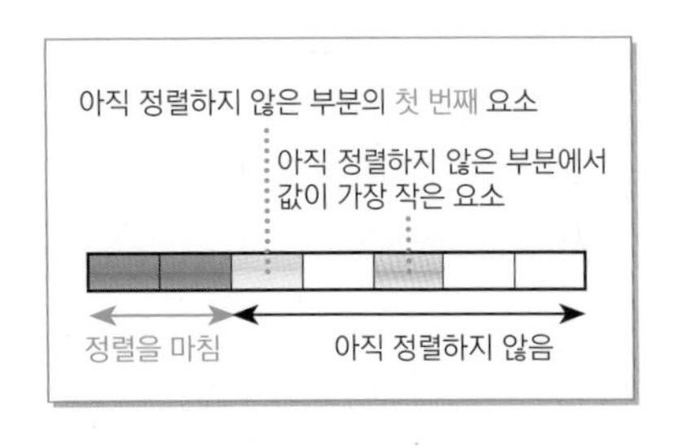

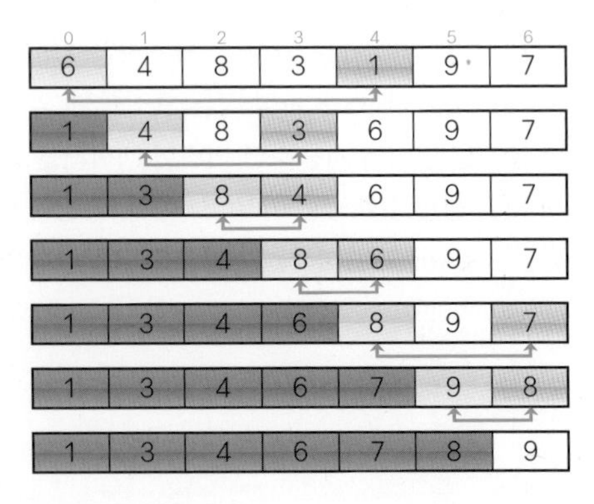

[그림 6-10] 단순 선택 정렬 과정

단순 선택 정렬의 교환 과정은 아래와 같습니다.

1. 아직 정렬하지 않은 부분에서 가장 작은 키의 값(a[min])을 선택합니다.
2. a[min]과 아직 정렬하지 않은 부분의 첫 번째 요소를 교환합니다.

이 과정을 n - 1회 반복하면 됩니다. 이 과정을 간략한 코드로 나타내면 다음과 같습니다.

```
for(int i = 0; i < n - 1; i++) {
   //min = a[i], …, a[n  -  1]에서 가장 작은 값을 가지는 요소의 인덱스
   //a[i]와 a[min]의 값을 교환
}
```

실습 6-4는 단순 선택 정렬을 수행하는 selection 함수를 보여줍니다.

실습 6-4는 단순 선택 정렬 함수 부분의 코드만 본문에 실었습니다. 실습 6-1의 main 함수에서 bubble 함수를 selection 함수로 바꾸어 실행하세요.

Do it! 실습 6-4

• 완성 파일 chap06/selection.c

```
01  /*--- 단순 선택 정렬 ---*/
02  void selection(int a[], int n)
03  {
04     for(int i = 0; i < n - 1; i++) {
05        int min = i;
06        for(int j = i + 1; j < n; j++)
07           if(a[j] < a[min])
08              min = j;
09        swap(int, a[i], a[min]);
10     }
11  }
```

단순 선택 정렬 알고리즘의 요솟값을 비교하는 횟수는 $(n^2 - n) / 2$회입니다. 그런데 이 정렬 알고리즘은 서로 떨어져 있는 요소를 교환하는 것이기 때문에 안정적이지 않습니다. 그림 6-11은 안정적이지 않은 정렬을 수행할 때의 모습을 보여줍니다. 값이 3인 요소가 중복해서(2개) 있을 때 두 요소의 순서가 뒤바뀌는 것을 알 수 있습니다.

같은 값을 가진 두 요소를 구별하기 위해 정렬하기 전의 앞쪽에 있는 요소를 3^L, 뒤쪽에 있는 요소를 3^R로 표시했습니다.

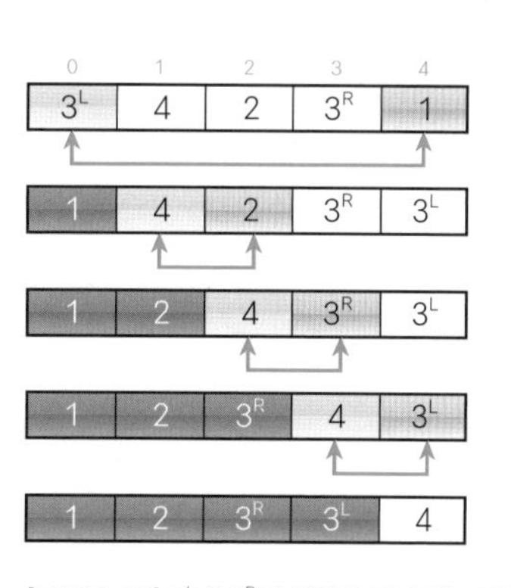

[그림 6-11] 3^L과 3^R의 위치가 뒤바뀌는 과정

06-4 단순 삽입 정렬

단순 삽입 정렬(straight insertion sort)은 선택한 요소를 그보다 더 앞쪽의 알맞은 위치에 '삽입하는' 작업을 반복하여 정렬하는 알고리즘입니다.

단순 삽입 정렬 알아보기

단순 삽입 정렬은 트럼프 카드를 한 줄로 늘어놓을 때 사용하는 방법과 비슷한 방법의 알고리즘입니다. 아래의 배열을 예로 들어 살펴보겠습니다.

6	4	1	7	3	9	8

단순 삽입 정렬은 두 번째 요소인 4부터 선택하여 진행합니다. 이때 4는 6보다 앞쪽에 위치해야 하므로 앞쪽에 삽입합니다. 이 상태에서 6을 오른쪽으로 밀면 아래처럼 됩니다.

4	6	1	7	3	9	8

다음으로 세 번째 요소 1을 선택해 앞쪽에 삽입합니다. 그 이후에도 계속해서 같은 작업을 수행합니다. 그림 6-12에서 볼 수 있듯이 정렬된 부분과 아직 정렬되지 않은 부분에서 배열이 다시 구성된다고 생각하면서 아래의 작업을 n - 1회 반복하면 정렬을 마치게 됩니다.

> 아직 정렬되지 않은 부분의 첫 번째 요소를 정렬된 부분의 알맞은 위치에 삽입합니다.

이 그림에서는 i를 1, 2, …, n - 1로 1씩 증가하면서 요소 a[i]를 꺼내 알맞은 곳에 삽입합니다. 알고리즘의 개요는 아래와 같습니다.

```
for(int i = 1; i < n; i++) {
  //tmp ← a[i]
  //a[0], …, a[i - 1]의 알맞은 곳에 tmp를 삽입
}
```

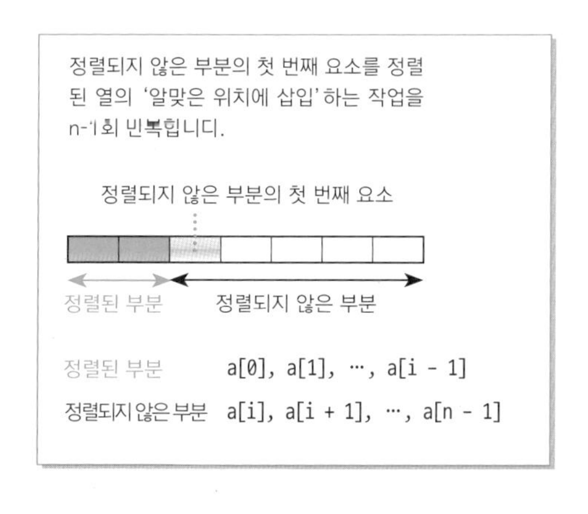

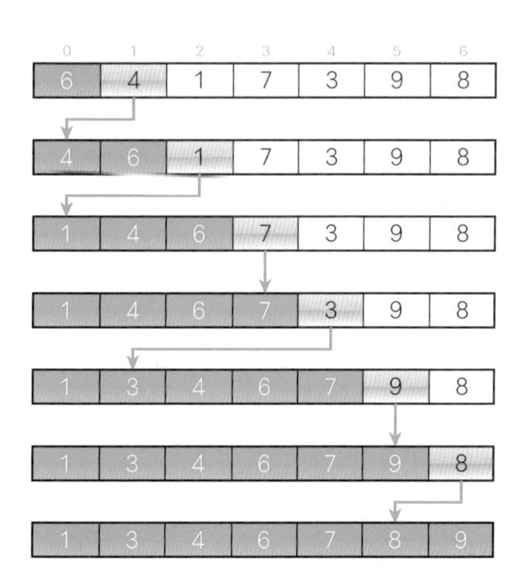

[그림 6-12] 단순 삽입 정렬 과정

그런데 C 언어에는 '배열의 요소를 알맞은 위치에 삽입합니다'라는 명령이 없습니다. '알맞은 위치에 삽입'이라는 말이 무슨 의미인지 알아보겠습니다. 그림 6-13은 값이 3인 요소를 선택해 앞쪽의 알맞은 위치에 삽입하는 과정입니다. 앞에서 살펴봤듯이 왼쪽에 이웃한 요소(7)가 선택한 요소(3)보다 크면 그 값을 대입하고 앞으로 이동하면서 이 작업을 반복합니다(①~③). 그러다가 선택한 값(3) 이하의 요소(1)를 만나면 그보다 앞쪽은 검사할 필요가 없으므로 해당 위치에 삽입할 값(3)을 대입합니다.

①~③ … 3보다 작은 요소를 만날 때까지 이웃한 왼쪽의 요소를 대입하는 작업을 반복합니다.
④ … 멈춘 위치에 3을 대입합니다.

```
j = i;
tmp = a[i];
while (j > 0 && a[j - 1] > tmp)
    a[j] = a[j - 1];
    j--
a[j] = tmp;
```

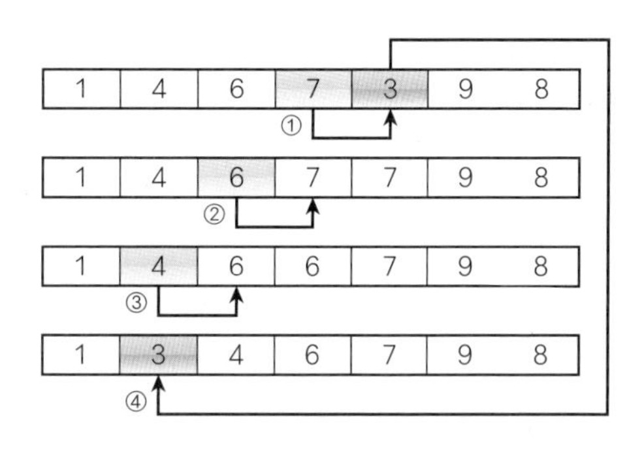

[그림 6-13] 단순 삽입 정렬에서 요소 3의 삽입 과정

다시 말해 반복 제어용 변수 j에 i를 대입하고 tmp에 a[i]를 대입한 다음 아래의 두 조건 중 하나를 만족할 때까지 j를 1씩 감소하면서 대입하는 작업을 반복합니다.

1. 정렬된 열의 왼쪽 끝에 도달합니다.
2. tmp보다 작거나 같은 key를 갖는 항목 a[j - 1]을 발견합니다.

OR 종료 조건

이때 드모르간 법칙(보충수업 1-7)을 적용하면 아래의 두 조건이 모두 성립할 때까지 반복한다고 할 수 있습니다.

1. j가 0보다 큽니다.
2. a[j - 1] 값이 tmp보다 큽니다.

AND 계속 조건

이 과정을 마치고 난 다음에 요소 a[j]에 tmp를 대입하면 한 요소에 대한 단순 삽입 정렬을 마치게 됩니다.

실습 6-5는 단순 삽입 정렬 프로그램의 예입니다.

Do it! 실습 6-5

• 완성 파일 chap06/insertion.c

```
01  // 단순 삽입 정렬
02  #include <stdio.h>
03  #include <stdlib.h>
04
05  /*--- 단순 삽입 정렬 함수 ---*/
06  void insertion(int a[], int n)
07  {
08    for(int i = 1; i < n; i++) {
09      int tmp = a[i];
10      int j;
11      for(j = i; j > 0 && a[j - 1] > tmp; j--)
12        a[j] = a[j - 1];
13      a[j] = tmp;
14    }
15  }
16
17  int main(void)
18  {
```

실행 결과

```
단순 삽입 정렬
요소 개수: 7
x[0]: 6
x[1]: 4
x[2]: 3
x[3]: 7
x[4]: 1
x[5]: 9
x[6]: 8
오름차순으로 정렬했습니다.
x[0] = 1
x[1] = 3
x[2] = 4
x[3] = 6
x[4] = 7
x[5] = 8
x[6] = 9
```

```
19      int nx;
20      puts("단순 삽입 정렬");
21      printf("요소 개수: ");
22      scanf("%d", &nx);
23      int *x = calloc(nx, sizeof(int));        // 요소의 개수가 nx인 int형 배열 x를 생성
24
25      for(int i = 0; i < nx; i++) {
26        printf("x[%d]: ", i);
27      scanf("%d", &x[i]);
28      }
29
30      insertion(x, nx);                        // 배열 x를 단순 삽입 정렬
31
32      puts("오름차순으로 정렬했습니다.");
33      for(int i = 0; i < nx; i++)
34        printf("x[%d] = %d\n", i, x[i]);
35
36      free(x);                                 // 배열을 해제
37
38      return 0;
39  }
```

앞에서 요소 삽입을 설명할 때는 while 문을 구현했습니다. 실습 6-5 프로그램에서는 for 문으로 바꿔서 구현했습니다.

이렇게 구현한 단순 삽입 정렬 알고리즘은 떨어져 있는 요소들이 서로 뒤바뀌지 않아 안정적입니다. 요소의 비교 횟수와 교환 횟수는 $n^2 / 2$회입니다.

단순 삽입 정렬은 셔틀 정렬(shuttle sort)이라고도 합니다.

단순 정렬의 시간 복잡도

지금까지 공부한 세 가지 단순 정렬(버블, 선택, 삽입)의 시간 복잡도는 모두 $O(n^2)$으로 효율이 좋지 않습니다. 다음 절부터는 이런 정렬 알고리즘의 개선 방법을 알아보겠습니다.

Q7 요소의 교환 과정을 자세하게 출력할 수 있도록 단순 선택 정렬 프로그램을 수정하세요. 오른쪽처럼 정렬하지 않은 부분의 첫 번째 요소 위에는 기호 *를, 정렬하지 않은 부분의 가장 작은 값의 요소 위에는 기호 +를 출력하세요.

😊 이 문제는 06-3절의 '단순 선택 정렬' 프로그램을 개선하는 연습문제입니다.

```
 *           +
 6  4  8  3  1  9  7
    *     +
 1  4  8  3  6  9  7
       *  +
 1  3  8  4  6  9  7
 … 생략 …
```

Q8 요소의 삽입 과정을 자세하게 출력할 수 있도록 단순 삽입 정렬 프로그램을 수정하세요. 오른쪽처럼 현재 선택한 요소 아래에 기호 +, 삽입하는 위치의 요소 아래에 기호 ^, 그 사이에 기호 -를 출력하세요. 삽입하지 않는(요소의 이동이 필요 없는) 경우에는 선택한 요소 아래에 +만 출력하면 됩니다.

```
 6  4  8  5  2  9  7
^---+
 4  6  8  5  2  9  7
       +
 4  6  8  5  2  9  7
   ^-------+
 4  5  6  8  2  9  7
^-----------+
 … 생략 …
```

Q9 단순 삽입 정렬에서 배열의 첫 번째 요소(a[0])부터 데이터를 저장하지 않고 a[1]부터 데이터를 저장하면 a[0]을 보초로 하여 삽입을 마치는 조건을 줄일 수 있습니다. 이 아이디어를 적용한 단순 삽입 정렬 함수를 수정하세요.

Q10 단순 삽입 정렬은 배열의 요소 개수가 많아지면 많아질수록 요소 삽입에 필요한 비교, 대입 비용이 무시할 수 없을 정도로 커집니다. 이때 배열에서 이미 정렬된 부분은 이진 검색을 사용할 수 있기 때문에 삽입할 위치를 더 빨리 찾을 수 있습니다. 이진 검색을 사용하여 프로그램을 수정하세요.

😊 이 정렬법은 이진 삽입 정렬(binary insertion sort)이라는 알고리즘입니다(안정적이지는 않습니다).

Q11 Q10의 알고리즘은 삽입할 위치의 검색은 빠르지만 삽입을 위해 요소를 하나씩 뒤쪽으로 미는 작업 비용이 단순 삽입 정렬 알고리즘과 같습니다. 요소를 뒤쪽으로 미는 작업을 표준 라이브러리의 memmove 함수를 사용해서 구현하면 비용을 줄여 좀 더 빠른 속도를 얻을 수 있습니다. 이 아이디어를 바탕으로 이진 삽입 정렬 함수를 수정하세요.

06-5 셸 정렬

셸 정렬은 단순 삽입 정렬의 장점은 살리고 단점은 보완하여 좀 더 빠르게 정렬하는 알고리즘입니다.

단순 삽입 정렬의 특징 이해하기

다음 배열에서 단순 삽입 정렬을 수행한다고 가정합니다.

1	2	3	4	5	0	6

2, 3, …, 5의 순서대로 선택하며 정렬합니다. 여기까지는 이미 정렬을 마친 상태이기 때문에 요소의 이동(대입)은 발생하지 않습니다. 그래서 5까지의 정렬은 빨리 마칠 수 있습니다. 그러나 0을 삽입하려면 그림 6-14처럼 총 6회에 걸쳐 요소를 이동해야 합니다.

①~⑤ … 0보다 작은 요소를 만날 때까지 왼쪽 요소를 하나씩 대입하는 작업을 반복합니다.
⑥ … 멈춘 위치에서 0을 대입합니다.

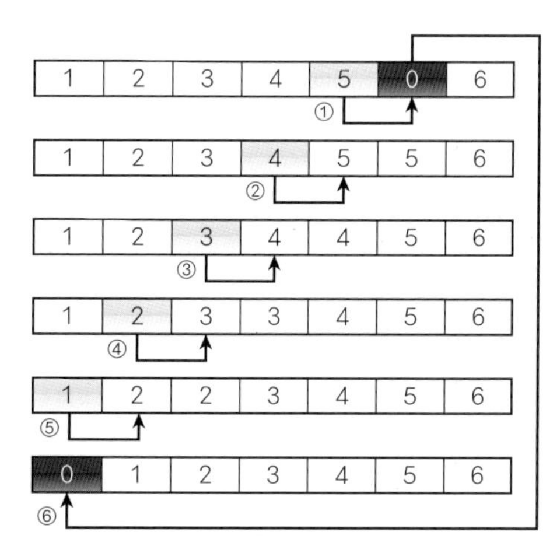

[그림 6-14] 단순 삽입 정렬에서 요소 0의 이동 과정

다음은 단순 삽입 정렬의 특징을 정리한 것입니다.

- 정렬을 마쳤거나 정렬을 마친 상태에 가까우면 정렬 속도가 매우 빨라집니다(장점).
- 삽입할 위치가 멀리 떨어져 있으면 이동(대입)해야 하는 횟수가 많아집니다(단점).

셸 정렬 살펴보기

셸 정렬(shell sort)은 단순 삽입 정렬의 장점은 살리고 단점은 보완한 정렬 알고리즘으로, 도널드 셸(D. L. Shell)이 고안했습니다. 먼저 정렬할 배열의 요소를 그룹으로 나눠 각 그룹별로 단순 삽입 정렬을 수행하고, 그 그룹을 합치면서 정렬을 반복하여 요소의 이동 횟수를 줄이는 방법입니다.

다음 절에서 살펴볼 퀵 정렬이 고안되기 전까지는 가장 빠른 알고리즘으로 알려져 있었습니다.

그림 6-15의 배열을 예로 들어 알고리즘을 살펴보겠습니다. 먼저 배열을 4개의 그룹({8, 7}, {1, 6}, {4, 3}, {2, 5})으로 나누고 각 그룹별로 정렬합니다. ①은 {8, 7}을 정렬하여 {7, 8}로, ②는 {1, 6}을 정렬하여 {1, 6}으로, ③은 {4, 3}을 정렬하여 {3, 4}로, ④는 {2, 5}를 정렬하여 {2, 5}로 정렬된 상태입니다.

이렇게 4칸만큼 떨어진 요소를 모아 그룹을 4개로 나누어 정렬하는 방법을 '4-정렬'이라고 합니다. 아직 정렬을 마친 상태는 아니지만 정렬을 마친 상태에 가까워집니다.

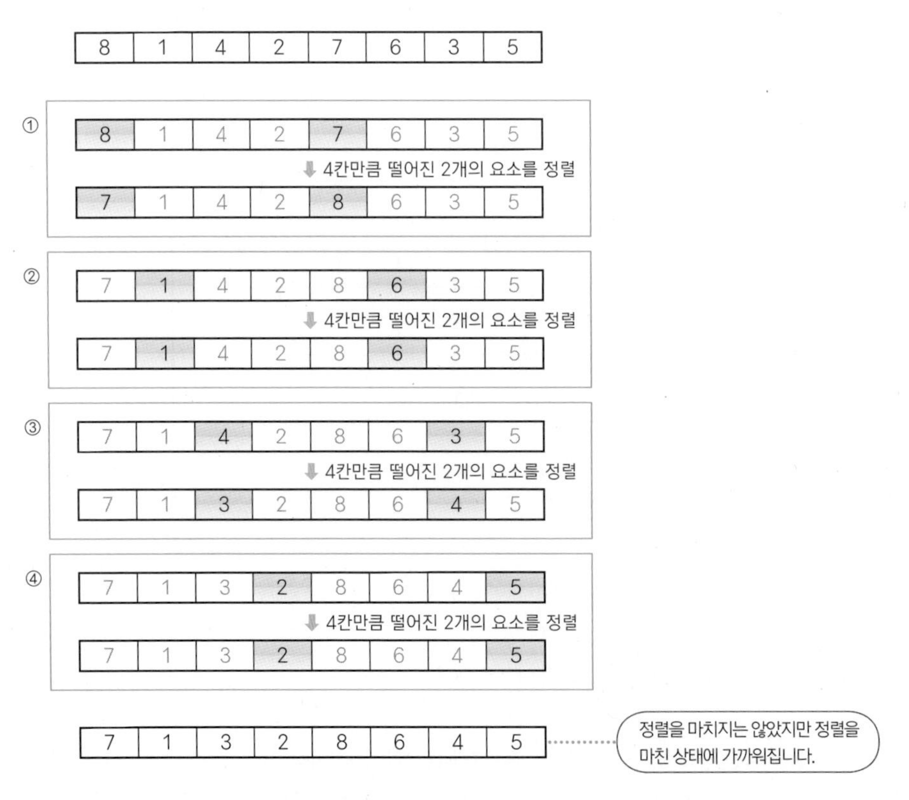

[그림 6-15] 셸 정렬의 4-정렬

그림 6-16은 앞의 '4-정렬'을 마친 상태에서 2칸만큼 떨어진 요소를 모아 두 그룹({7, 3, 8, 4}, {1, 2, 6, 5})으로 나누어 '2-정렬'을 하는 과정입니다. 정렬을 마치고 나면 각각의 그룹은 {3, 4, 7, 8}, {1, 2, 5, 6}으로 정렬됩니다.

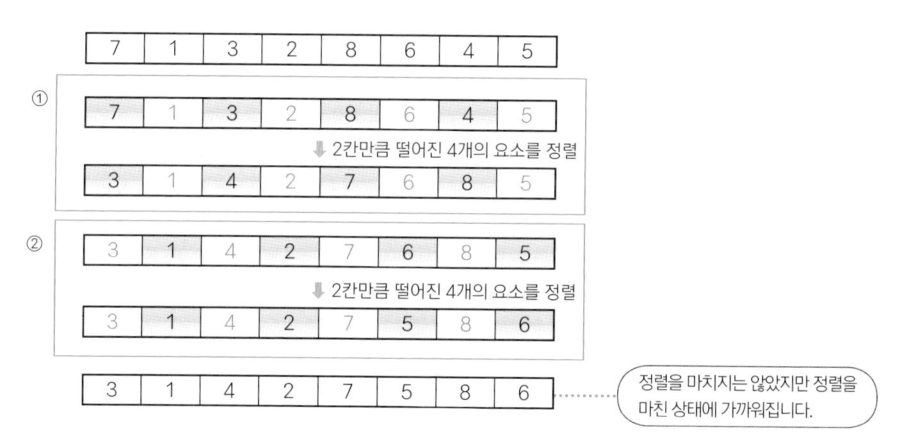

[그림 6-16] 셸 정렬의 2-정렬

이렇게 해서 얻은 배열은 좀 더 정렬된 상태에 가까워집니다. 마지막으로 '1-정렬'을 적용하면 정렬을 마치게 됩니다.

그림 6-17에 셸 정렬의 전체 흐름을 나타냈습니다. 셸 정렬 과정에서 수행하는 각각의 정렬을 'h-정렬'이라고 합니다. 그림 6-17의 경우 h값을 4, 2, 1로 감소하면서 7회의 정렬로 정렬을 마쳤습니다.

1. 2개 요소에 대해 '4-정렬'을 합니다(4개의 그룹).
2. 4개 요소에 대해 '2-정렬'을 합니다(2개의 그룹).
3. 8개 요소에 대해 '1-정렬'을 합니다(1개의 그룹).

총 7회

[그림 6-17] 셸 정렬

정렬되지 않은 상태의 배열(그림 6-17의 a)에 대해 단순 삽입 정렬을 그냥 적용하는 것이 아니라 '4-정렬', '2-정렬'로 조금이라도 정렬이 된 상태에 가까운 배열(c)로 만들어 놓은 다음에 마지막으로 단순 삽입 정렬을 수행하여 정렬을 마칩니다. 이렇게 여러 개의 그룹으로 나누어 정렬하는 이유는 단순 삽입 정렬의 장점은 살리고 단점은 보완하기 위해서입니다. 정렬해야 하는 횟수는 늘지만 전체적으로는 요소 이동의 횟수가 줄어들어 효율적인 정렬을 할 수 있습니다.

단순 삽입 정렬의 장점과 단점은 06-5절의 도입부에 정리해 두었습니다.

실습 6-6은 셸 정렬 프로그램의 한 예입니다.

Do it! 실습 6-6

• 완성 파일 chap06/shell1.c

```
01  // 셸 정렬(버전 1)
02  #include <stdio.h>
03  #include <stdlib.h>
04
05  /*--- 셸 정렬 함수 ---*/
06  void shell(int a[], int n)
07  {
08    for(int h = n / 2; h > 0; h /= 2)
09      for(int i = h; i < n; i++) {
10        int tmp = a[i];
11        int j;
12        for(j = i - h; j >= 0 && a[j] > tmp; j -= h)
13          a[j + h] = a[j];
14        a[j + h] = tmp;
15      }
16  }
17
18  int main(void)
19  {
20    int nx;
21    puts("셸 정렬");
22    printf("요소 개수: ");
23    scanf("%d", &nx);
24    int *x = calloc(nx, sizeof(int));
25    for(int i = 0; i < nx; i++) {
26      printf("x[%d]: ", i);
27      scanf("%d", &x[i]);
28    }
```

실행 결과

```
셸 정렬
요소 개수: 7
x[0]: 6
x[1]: 4
x[2]: 3
x[3]: 7
x[4]: 1
x[5]: 9
x[6]: 8
오름차순으로 정렬했습니다.
x[0] = 1
x[1] = 3
x[2] = 4
x[3] = 6
x[4] = 7
x[5] = 8
x[6] = 9
```

```
29      shell(x, nx);                          // 배열 x를 셸 정렬
30      puts("오름차순으로 정렬했습니다.");
31      for(int i = 0; i < nx; i++)
32        printf("x[%d] = %d\n", i, x[i]);
33      free(x);                               // 배열을 해제
34
35      return 0;
36  }
```

단순 삽입 정렬을 수행하는 부분(09~15행)은 실습 6-5와 거의 같습니다. 차이점은 선택한 요소와 비교하는 요소가 서로 이웃하지 않고 h칸만큼 떨어져 있다는것입니다. h의 초깃값은 n/2로 구합니다(n의 절반입니다). for 문으로 반복을 수행할 때마다 2로 나눕니다(절반이 되도록 갱신됩니다).

증분값(h값)의 선택

앞에서는 h값을 아래처럼 변화시켰습니다.

```
h = 4 → 2 → 1
```

h값은 n부터 감소하여 마지막에 1이 되면 됩니다. 그러면 h값을 어떤 수열로 감소해야 좀 더 효율적으로 정렬할 수 있을까요? 실제로 어떤 수열이 알맞을까요? 앞에서 했던 '배열을 그룹으로 나누는 과정'을 그림 6-18에서 다시 살펴보겠습니다.

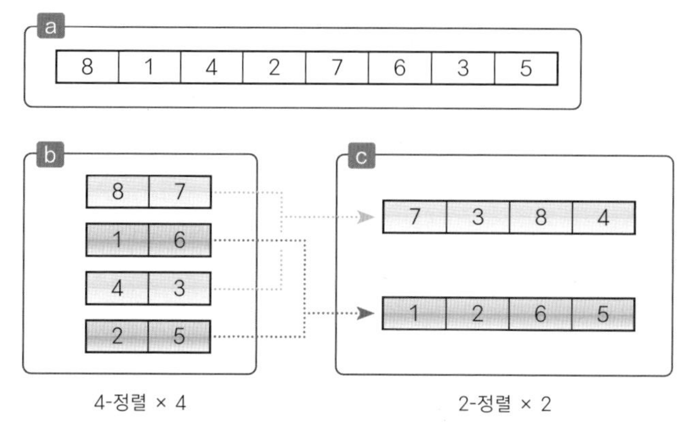

[그림 6-18] 셸 정렬의 그룹 분할 과정(h = 4, 2, 1)

여기서는 a가 학생 8명의 점수를 나타내고 있다고 가정합시다. 먼저 b처럼 학생을 2명씩 4개의 그룹으로 나누어 정렬하고 c처럼 학생을 4명씩 2개의 그룹으로 나누어 다시 정렬합니다. 여기서 b의 2개의 그룹을 각각 합치면 c의 그룹이 됩니다. 즉, 서로 다른 색으로 표현

한 이들 두 그룹은 서로 섞이지 않습니다. 그런데 이렇게 그룹이 섞이지 않으면 c를 합쳤을 때 다시 처음 단계인 a와 동일한 상태가 됩니다. 그러면 다시 a의 학생을 정렬하는 것과 같아서 기껏 그룹을 나누었음에도 정렬 알고리즘이 충분히 작동하지 않습니다.

c가 a와 동일한 상태라는 말은 그룹의 구성 요소가 같다는 뜻입니다.

이런 문제를 해결하기 위해서는 h값이 서로 배수가 되지 않도록 해야 합니다. 이렇게 하면 요소가 충분히 섞여 효율적인 정렬을 기대할 수 있습니다. 다음의 수열을 사용하면 셸 정렬 알고리즘을 간단하게 만들 수 있을 뿐만 아니라 효율적인 결과도 얻을 수 있습니다.

```
h = …, → 121 → 40 → 13 → 4 → 1
```

이 수열을 거꾸로 살펴보면 1부터 시작하여 3배한 값에 1을 더하는 수열이라는 것을 알 수 있습니다.

실습 6-7은 이 수열을 사용하여 셸 정렬을 수행하는 프로그램입니다.

Do it! 실습 6-7

• 완성 파일 chap06/shell2.c

```
01  // 셸 정렬(버전 2: h = …, 13, 4, 1)
02  #include <stdio.h>
03  #include <stdlib.h>
04
05  /*--- 셸 정렬 함수(버전 2: h = …, 13, 4, 1) ---*/
06  void shell(int a[], int n)
07  {
08     int h;
09     for(h = 1; h < n; h = h * 3 + 1)          ─ 1
10        ;
11     for(; h > 0; h /= 3)
12        for(int i = h; i < n; i++) {
13           int tmp = a[i];
14           int j;
15           for(j = i - h; j >= 0 && a[j] > tmp; j -= h)   ─ 2
16              a[j + h] = a[j];
17           a[j + h] = tmp;
18        }
19  }
```

```
20
21  int main(void)
22  {
23    int nx;
24
25    puts("셸 정렬");
26    printf("요소 개수: ");
27    scanf("%d", &nx);
28    int *x = calloc(nx, sizeof(int));
29
30    for(int i = 0; i < nx; i++) {
31      printf("x[%d]: ", i);
32      scanf("%d", &x[i]);
33    }
34    shell(x, nx);        // 배열 x를 셸 정렬
35
36    puts("오름차순으로 정렬했습니다.");
37    for(int i =0; i < nx; i++)
38      printf("x[%d] = %d\n", i, x[i]);
39    free(x);             // 배열 x를 해제
40
41    return 0;
42  }
```

실행 결과

```
셸 정렬
요소 개수: 7
x[0]: 6
x[1]: 4
x[2]: 3
x[3]: 7
x[4]: 1
x[5]: 9
x[6]: 8
오름차순으로 정렬했습니다.
x[0] = 1
x[1] = 3
x[2] = 4
x[3] = 6
x[4] = 7
x[5] = 8
x[6] = 9
```

1 은 h의 초깃값을 구합니다. 1부터 시작하여 값을 3배하고 1을 더하면서 n을 넘지 않는 가장 큰 값을 h에 대입합니다.

2 가 버전 1과 다른 점은 h의 값이 변하는 방법입니다. 반복할 때마다 h값을 3으로 나눕니다(마지막에 h값은 1이 됩니다).

실행 결과를 살펴보면 요소 개수가 7개이므로 h의 초깃값은 4가 됩니다(따라서 실질적으로 셸 정렬이 아닌 단순 삽입 정렬이 이루어집니다).

셸 정렬의 시간 복잡도는 $O(n^{1.25})$으로, 이는 기존의 시간 복잡도인 $O(n^2)$에 비해 매우 빠릅니다. 그러나 이 알고리즘도 멀리 떨어져 있는 요소를 교환해야 하므로 안정적이지는 않습니다.

연습문제

Q12 요소의 이동 횟수를 계산할 수 있도록 버전 1과 버전 2를 수정한 프로그램을 작성하세요. 여러 가지 배열을 입력하고 프로그램을 실행하며 이동 횟수를 비교해 보세요.

06-6 퀵 정렬

퀵 정렬은 가장 빠른 정렬 알고리즘 중의 하나로 널리 사용되고 있습니다.

퀵 정렬 살펴보기

퀵 정렬(quick sort)은 일반적으로 사용되고 있는 아주 빠른 정렬 알고리즘입니다. 퀵 정렬이라는 이름은 이 알고리즘의 정렬 속도가 매우 빠른 데서 착안한 찰스 앤터니 리처드 호어(C. A. R. Hoare)가 직접 붙인 이름입니다. 그림 6-19는 이 알고리즘으로 학생 수가 8명인 그룹을 키 순서대로 정렬한 모습을 나타낸 것입니다. 먼저 어느 한 사람의 키를 선택합니다. 키가 168cm인 학생 A를 선택할 경우 그 학생을 기준으로 학생 A의 키보다 작은 사람의 그룹과 큰 사람의 그룹으로 나눕니다. 이때 이 학생 A의 키를(그룹을 나누는 기준) 피벗(pivot)이라고 합니다. 퀵 정렬은 각 그룹에 대해 피벗 설정과 그룹 나눔을 반복하며 모든 그룹이 1명이 되면 정렬을 마칩니다.

피벗은 마음대로 선택할 수 있습니다. 또한 이 피벗을 어느 하나의 그룹에 포함시키고자 할 경우 왼쪽 그룹과 오른쪽 그룹 어디에 들어가도 상관없습니다.

퀵 정렬 알고리즘의 개념을 살펴봤으니 이제 좀 더 자세한 내용을 알아보겠습니다.

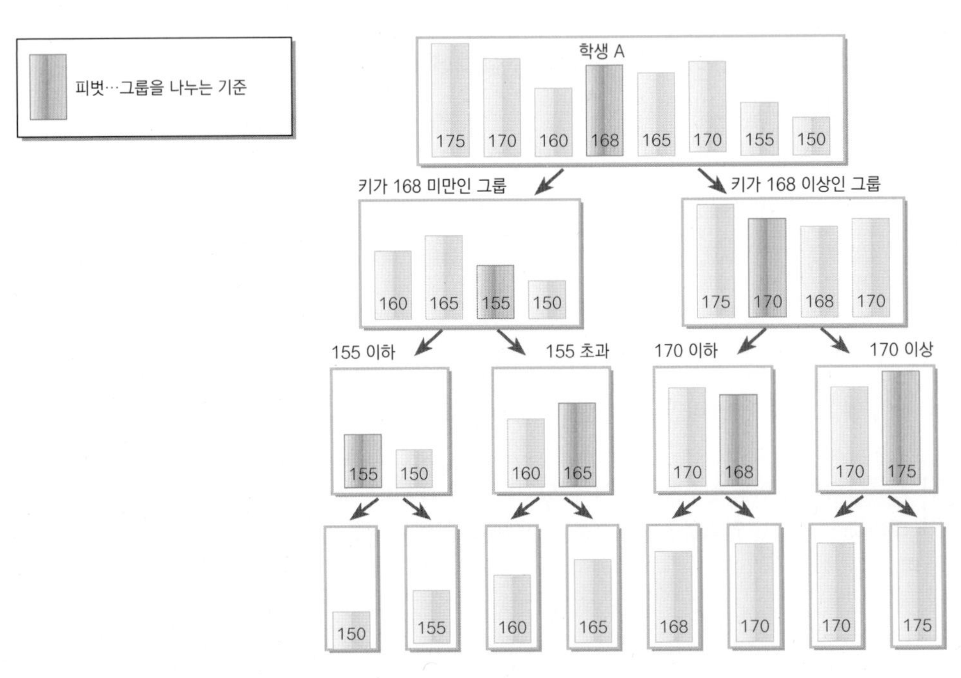

[그림 6-19] 퀵 정렬 과정

배열을 두 그룹으로 나누기

먼저 배열을 두 그룹으로 나누는 순서에 대해서 살펴보겠습니다. 다음의 배열에서 피벗으로 6을 선택하여 나눕니다. 피벗을 x, 왼쪽 끝 요소의 인덱스 pl을 왼쪽 커서, 오른쪽 끝 요소의 인덱스 pr을 오른쪽 커서라고 하겠습니다.

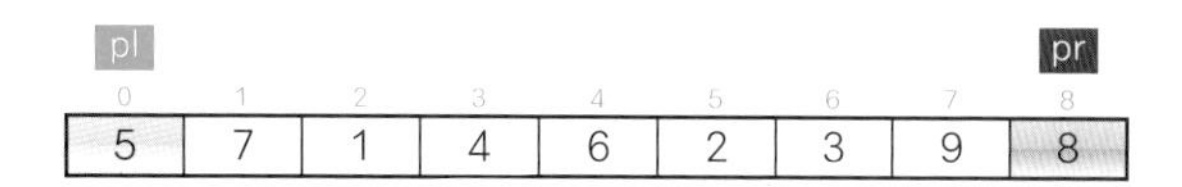

그룹을 나누려면 피벗 이하의 요소를 배열 왼쪽으로, 이상의 요소를 배열 오른쪽으로 옮겨야 합니다. 그렇게 하려면 아래의 작업을 먼저 수행해야 합니다.

1. a[pl] >= x가 성립하는 요소를 찾을 때까지 pl을 오른쪽으로 옮깁니다.
2. a[pr] <= x가 성립하는 요소를 찾을 때까지 pr을 왼쪽으로 옮깁니다.

이 과정을 거치면 pl과 pr은 아래 그림의 위치에서 멈추게 됩니다. pl이 위치한 지점은 피벗 값 이상의 요소가 있는 지점이고 pr이 위치한 지점은 피벗 값 이하의 요소가 있는 지점입니다. 이렇게 멈춘 시점에서 왼쪽(pl)과 오른쪽(pr) 커서가 가리키는 요소 a[pl]과 a[pr]의 값을 교환합니다. 그러면 피벗 이하의 값은 왼쪽으로 이동하고 피벗 이상의 값은 오른쪽으로 이동합니다.

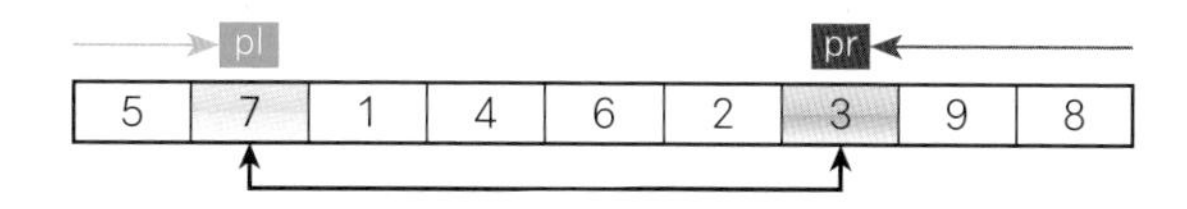

다시 스캔을 진행하면 왼쪽과 오른쪽 커서는 아래 그림의 위치에서 멈춥니다. 조금 전과 마찬가지로 다시 이 두 요소 a[pl]과 a[pr]의 값을 교환합니다.

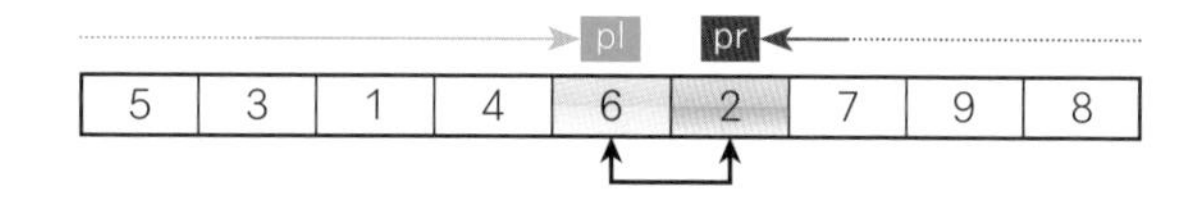

다시 스캔을 계속하면 아래 그림처럼 두 커서(pl, pr)가 교차하게 됩니다.

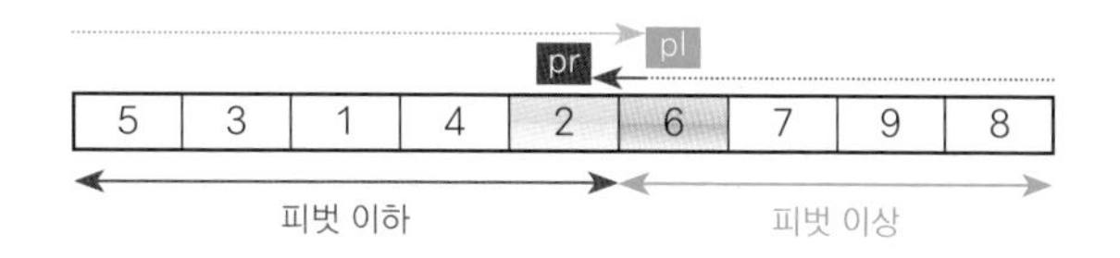

pl과 pr이 교차하면 그룹을 나누는 과정이 끝나고 배열은 아래처럼 두 그룹으로 나누어집니다.

- 피벗 이하의 그룹: a[0], …, a[pl - 1]
- 피벗 이상의 그룹: a[pr + 1], …, a[n - 1]

또 그룹을 나누는 작업이 끝난 다음 pl > pr + 1인 경우에는 다음과 같은 그룹이 생길 수 있습니다(뒤에서 검증합니다).

- 피벗과 일치하는 값을 가지는 그룹: a[pr + 1], …, a[pl - 1]

그림 6-20은 피벗과 일치하는 값을 가지는 그룹이 만들어지는 예입니다. a는 초기 상태이고 피벗의 값은 5입니다.

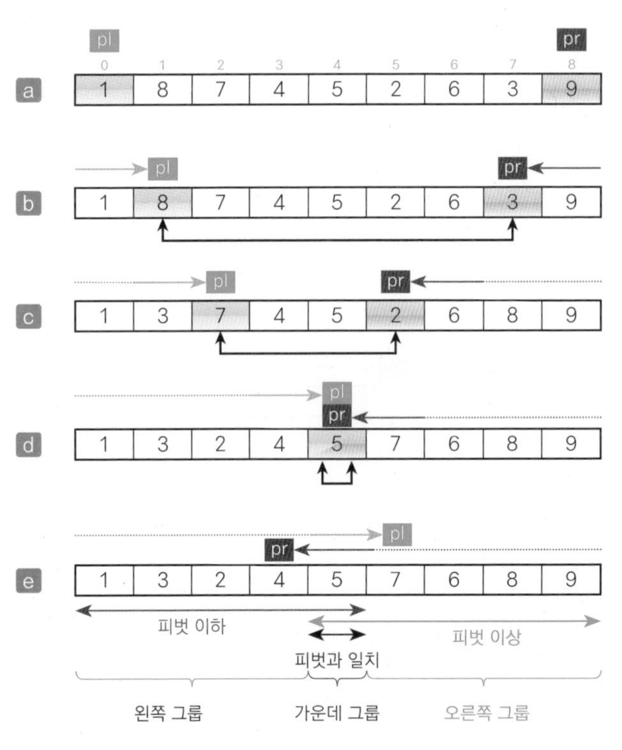

[그림 6-20] 피벗과 같은 값을 가지는 그룹이 생긴 경우

b, c, d는 왼쪽 커서, 오른쪽 커서가 피벗 이상, 피벗 이하의 요소를 찾아 멈춘 단계입니다. 그림 d는 pl, pr이 동일한 요소 a[4] 위에 있습니다. 이때 동일한 요소인 a[4]와 a[4]를 교환합니다. 동일한 요소를 교환하는 시도가 의미 없어 보이지만 이 시도는 아무리 많아야 1회이므로

해도 괜찮습니다. 계속 스캔하면 pl, pr이 교차하면서 그룹을 나누는 과정을 마칩니다(e).

만약 이런 의미 없어 보이는 시도를 줄이기 위해 같은 요소를 교환하지 않는다면 요소를 교환하기 전에 'pl, pr이 동일한 요소 위에 있는지' 매번 검사해야 합니다.

실습 6-8은 지금까지의 아이디어를 바탕으로 배열을 나누는 프로그램입니다. partition 함수의 13~21행에서 배열 a의 그룹을 나눕니다. 덧붙여 피벗은 '배열의 중앙에 위치한 요소'인 a[n/2]로 합니다. 피벗의 선택은 분할 및 정렬에 영향을 미칩니다(이 점은 나중에 살펴 보겠습니다).

Do it! 실습 6-8 • 완성 파일 chap06/partition.c

```
01  // 배열을 나누는 프로그램
02  #include <stdio.h>
03  #include <stdlib.h>
04
05  #define swap(type, x, y) do { type t = x; x = y; y = t;} while(0)
06
07  /*--- 배열을 나누는 함수 ---*/
08  void partition(int a[], int n)
09  {
10    int pl = 0;           // 왼쪽 커서
11    int pr = n - 1;       // 오른쪽 커서
12    int x = a[n / 2];     // 피벗은 가운데 요소를 선택
13    do {
14      while(a[pl] < x) pl++;
15      while(a[pr] > x) pr--;
16      if(pl <= pr) {
17        swap(int, a[pl], a[pr]);
18        pl++;
19        pr--;
20      }
21    } while(pl <= pr);
22    printf("피벗의 값은 %d입니다.\n", x);
23    printf("피벗 이하의 그룹\n");          // 피벗 이하의 그룹
24    for(int i = 0; i <= pl - 1; i++)     // a[0] ~ a[pl - 1]
25      printf("%d ", a[i]);
26    putchar('\n');
27    if(pl > pr + 1) {
28      printf("피벗과 일치하는 그룹\n");    // 피벗과 같은 그룹
```

배열 a를 피벗 x를 기준으로 나눕니다.

실행 결과

```
배열을 나눕니다.
요소 개수: 9
x[0]: 1
x[1]: 8
x[2]: 7
x[3]: 4
x[4]: 5
x[5]: 2
x[6]: 6
x[7]: 3
x[8]: 9
피벗의 값은 5입니다.
피벗 이하의 그룹
1 3 2 4 5
피벗과 일치하는 그룹
5
피벗 이상의 그룹
5 7 6 8 9
```

```
29        for(int i = pr + 1; i <= pl - 1; i++)     // a[pr + 1] ~ a[pl - 1]
30          printf("%d ", a[i]);
31        putchar('\n');
32      }
33      printf("피벗 이상의 그룹\n");                  // 피벗 이상의 그룹
34      for(int i = pr + 1; i < n; i++)             // a[pr + 1] ~ a[n - 1]
35        printf("%d ", a[i]);
36      putchar('\n');
37    }
38
39    int main(void)
40    {
41      int nx;
42      puts("배열을 나눕니다.");
43      printf("요소 개수: ");
44      scanf("%d", &nx);
45      int *x = calloc(nx, sizeof(int));           // 요소의 개수가 nx인 int형 배열 x를 생성
46      for(int i = 0; i < nx; i++) {
47        printf("x[%d]: ", i);
48        scanf("%d", &x[i]);
49      }
50      partition(x, nx);                           // 배열 x를 분할
51      free(x);                                    // 배열 x를 해제
52
53      return 0;
54    }
```

퀵 정렬하기

앞에서는 배열을 피벗을 기준으로 나누기만 했습니다. 이 방법을 좀 더 발전시키면 퀵 정렬 알고리즘이 됩니다. 그림 6-21은 이 아이디어를 그림으로 나타낸 것입니다. 요소가 9개인 배열 a를 나누면 a 처럼 왼쪽 그룹(a[0] ~ a[4])과 오른쪽 그룹(a[5] ~ a[8])으로 나누어집니다. 그러면 이 두 그룹을 다시 같은 방법으로 나눕니다(b, c). 즉, b는 a[0] ~ a[4]를 다시 두 그룹으로 나누고 c는 a[5] ~ a[8]을 다시 두 그룹으로 나눕니다.

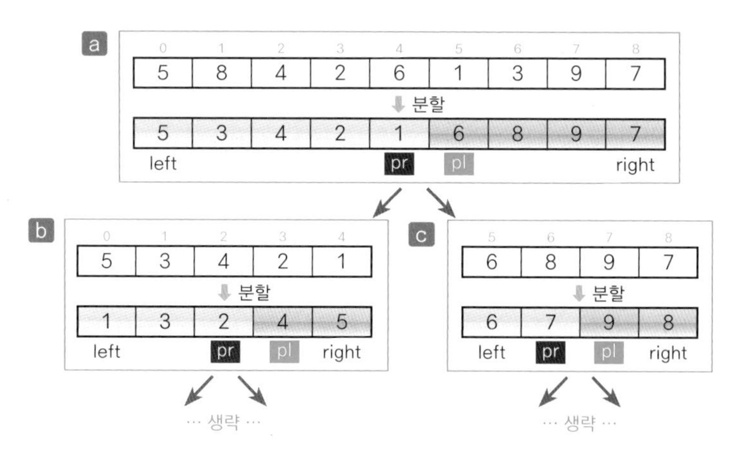

[그림 6-21] 퀵 정렬

요소의 개수가 1개인 그룹은 더 이상 그룹을 나눌 필요가 없으므로 요소의 개수가 2개 이상인 그룹만 나누면 됩니다. 따라서 아래처럼 배열을 반복해서 나누게 됩니다.

1. pr이 a[0]보다 오른쪽에 있으면(left < pr) 왼쪽 그룹을 나눕니다.
2. pl이 a[8]보다 왼쪽에 있으면(pl < right) 오른쪽 그룹을 나눕니다.

가운데 그룹(a[pr + 1] ~ a[pl - 1])은 나눌 필요가 없습니다(분할 대상에서 제외됩니다).

left < pr, pl < right는 모두 그룹의 개수가 1개인 경우에는 성립하지 않는 조건입니다. 다시 말해 요소의 개수가 2개 이상인 그룹만 나누기 위해 필요한 조건입니다.

퀵 정렬은 앞에서 공부했던 8퀸 문제와 마찬가지로 분할 정복 알고리즘이므로 재귀 호출을 사용하여 구현할 수 있습니다. 실습 6-9는 퀵 정렬 프로그램입니다. quick 함수는 배열 a, 나눌 구간의 첫 번째 요소(left), 마지막 요소(right)의 인덱스를 받아서 정렬합니다.

Do it! 실습 6-9 • 완성 파일 chap06/quick.c

```
01  // 퀵 정렬
02  #include <stdio.h>
03  #include <stdlib.h>
04  #define swap(type, x, y) do { type t = x; x = y; y = t; } while(0)
05
06  /*--- 퀵 정렬 함수 ---*/
07  void quick (int a[], int left, int right)
08  {
```

```
09    int pl = left;              // 왼쪽 커서
10    int pr = right;             // 오른쪽 커서
11    int x = a[(pl + pr) / 2];   // 피벗은 가운데 요소를 선택
12    do {
13      while(a[pl] < x) pl++;
14      while(a[pr] > x) pr--;
15      if(pl <= pr) {
16        swap(int, a[pl], a[pr]);
17        pl++;
18        pr--;
19      }
20    } while(pl <= pr);
21    if(left < pr) quick(a, left, pr);
22    if(pl < right) quick(a, pl, right);
23  }
24
25  int main(void)
26  {
27    int nx;
28    puts("퀵 정렬");
29    printf("요소 개수: ");
30    scanf("%d", &nx);
31    int *x = calloc(nx, sizeof(int));     // 요소의 개수가 nx인 int형 배열 x를 생성
32    for(int i = 0; i < nx; i++) {
33      printf("x[%d]: ", i);
34      scanf("%d", &x[i]);
35    }
36    quick(x, 0, nx - 1);                  // 배열 x에 대해서 퀵 정렬
37    puts("오름차순으로 정렬했습니다.");
38    for(int i = 0; i < nx; i++)
39      printf("x[%d] = %d\n", i, x[i]);
40    free(x);                              // 배열 x를 해제
41
42    return 0;
43  }
```

(12~20행: 1, 실습 6-8과 같습니다. / 21~22행: 2)

실행 결과

```
퀵 정렬
요소 개수: 9
x[0]: 5
x[1]: 8
x[2]: 4
x[3]: 2
x[4]: 6
x[5]: 1
x[6]: 3
x[7]: 9
x[8]: 7
오름차순으로 정렬했습니다.
x[0] = 1
x[1] = 2
x[2] = 3
x[3] = 4
x[4] = 5
x[5] = 6
x[6] = 7
x[7] = 8
x[8] = 9
```

실습 6-9의 1에서는 왼쪽, 오른쪽의 각 그룹을 다시 나누기 위해 함수 끝에 재귀 호출 과정(2)을 추가했습니다. 이 부분을 제외하면 앞에서 작성한 실습 6-8 프로그램과 거의 같습니다.

퀵 정렬은 서로 이웃하지 않고 멀리 떨어져 있는 요소를 교환해야 하므로 안정적이지 않습니다.

보충수업 6-2 퀵 정렬에서 분할 과정 출력

앞에서 작성한 퀵 정렬 프로그램은 진행 과정을 출력하지 않으므로 배열을 나누는 모습을 이해할 수 없습니다. 퀵 정렬을 수행하는 quick 함수를 실습 6C-1처럼 수정하면(08~11행 추가) 배열을 나누는 모습이 출력되어 이해하기가 조금 더 쉬워집니다.

Do it! 실습 6C-1

• 완성 파일 chap06/quick_v.c

```
01  /*--- 배열의 분할 과정을 출력하는 퀵 정렬 프로그램 ---*/
02  void quick (int a[], int left, int right)
03  {
04    int pl = left;              // 왼쪽 커서
05    int pr = right;             // 오른쪽 커서
06    int x = a[(pl + pr) / 2];  // 피벗(가운데 요소)
07
08    printf("a[%d]~a[%d]: {", left, right);
09    for(int i = left; i < right; i++)
10      printf("%d", a[i]);
11    printf("%d}\n", a[right]);
12
13    do {
14      while(a[pl] < x) pl++;
15      while(a[pr] > x) pr--;
16      if(pl <= pr) {
17        swap(int, a[pl], a[pr]);
18        pl++;
19        pr--;
20      }
21    } while(pl <= pr);
22
23    if(left < pr) quick(a, left, pr);
24    if(pl < right) quick(a, pl, right);
25  }
```

실행 결과

```
a[0]~a[8]: {5, 8, 4, 2, 6, 1, 3, 9, 7}
a[0]~a[4]: {5, 3, 4, 2, 1}
a[0]~a[2]: {1, 3, 2}
a[0]~a[1]: {1, 2}
a[3]~a[4]: {4, 5}
a[5]~a[8]: {6, 8, 9, 7}
a[5]~a[6]: {6, 7}
a[7]~a[8]: {9, 8}
…생략…
```

위의 실행 결과는 실습 6-9의 실행 결과와 같은 값을 입력한 경우를 나타낸 것입니다. 이 실행 결과에서도 알 수 있지만 좀 더 구체적으로 알아보기 위해 배열을 그림 6C-1에 나타냈습니다.

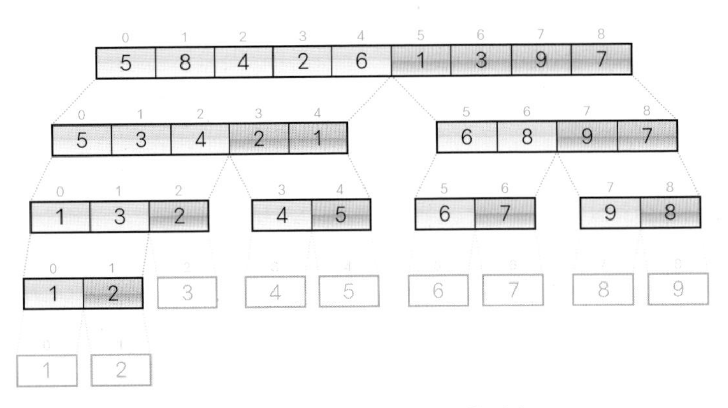

[그림 6C-1] 퀵 정렬에서 배열의 분할 과정

비재귀적인 퀵 정렬하기

05-2절에서는 recur 함수를 비재귀적으로 구현하는 방법을 알아보았습니다. 마찬가지로 quick 함수도 비재귀적으로 구현할 수 있습니다. 그 예가 실습 6-10입니다.

이 프로그램을 컴파일하려면 실습 4-1의 IntStack.h와 실습 4-2의 IntStack.c가 필요합니다. main 함수는 실습 6-9를 참고하세요.

Do it! 실습 6-10

• 완성 파일 chap06/quick_nr.c

```
01  /*--- 퀵 정렬을 비재귀적으로 구현한 프로그램 ---*/
02  void quick (int a[], int left, int right)
03  {
04      IntStack lstack;     // 나눌 첫 요소 인덱스의 스택        ─ A
05      IntStack rstack;     // 나눌 끝 요소 인덱스의 스택
06
07      Initialize(&lstack, right - left + 1);                 ─ B
08      Initialize(&rstack, right - left + 1);
09
10      Push(&lstack, left);
11      Push(&rstack, right);
12
13      while(!IsEmpty(&lstack)) {
14          int pl = (Pop(&lstack, &left), left);        // 왼쪽 커서
15          int pr = (Pop(&rstack, &right), right);      // 오른쪽 커서
16          int x = a[(left + right) / 2];               // 피벗은 가운데 요소
```

```
17        do {
18          while(a[pl] < x) pl++;
19          while(a[pr > x) pr--;
20          if(pl <= pr) {
21            swap(int, a[pl], a[pr]);
22            pl++;
23            pr--;
24          }
25        } while(pl <= pr);
26
27        if(left < pr) {
28          Push(&lstack, left);       // 왼쪽 그룹 범위의
29          Push(&rstack, pr);         // 인덱스를 푸시
30        }
31        if(pl < right) {
32          Push(&lstack, pl);         // 오른쪽 그룹 범위의
33          Push(&rstack, right);      // 인덱스를 푸시
34        }
35      }
36      Terminate(&lstack);
37      Terminate(&rstack);
38    }
```

실습 6-8, 6-9와 같습니다.

05-2절의 recur 함수는 데이터를 임시 저장하기 위해 '스택'을 사용했습니다. 이번 퀵 정렬도 마찬가지로 '스택'을 사용합니다. quick 함수는 다음 2개의 스택을 사용하고 있습니다.

- lstack … 나눌 범위의 왼쪽 끝 요소의 인덱스를 저장하는 스택입니다.
- rstack … 나눌 범위의 오른쪽 끝 요소의 인덱스를 저장하는 스택입니다.

이 스택을 생성하는 부분이 A이고 뒤이어 B에서는 이들 두 스택의 용량을 right - left + 1로 만듭니다(나눌 배열의 요소 개수).

실제로 필요한 용량에 대해서는 '스택의 용량'에서 자세히 알아보겠습니다.

프로그램의 주요 부분을 다음과 같이 나타냈습니다. 그림 6-22와 비교하면서 살펴보세요.

0 lstack에 left를, rstack에 right를 푸시합니다. 이것은 분할할 배열의 범위, 즉 앞쪽 요소의 인덱스와 뒤쪽 요소의 인덱스입니다. 그림의 a에서 볼 수 있듯이 lstack에 푸시되는 값은 0, rstack에 푸시되는 값은 8입니다.
이어서 while 문은 스택이 비어 있지 않은 동안 처리를 반복하는 반복문입니다(스택에는 나눌 배열 범위가 들어 있습니다. 비어 있으면 나눠야 할 배열이 없다는 것이고, 비어 있지 않으면 나눠야 할 배열이 있다는 것입니다).

```
Push(&lstack, left);        ─ 0
Push(&rstack, right);

while(!IsEmpty(&lstack)) {                          1
  int pl = (Pop(&lstack, &left),  left);
  int pr = (Pop(&rstack, &right), right);

 /* 생략: a[left] ~ a[right]를 나눕니다. */
                                                     2
  if(left < pr) {
    Push(&lstack, left);  // 왼쪽 그룹 범위의
    Push(&rstack, pr);    // 인덱스를 푸시합니다.
  }
  if(pl < right) {
    Push(&lstack, pl);    // 오른쪽 그룹 범위의
    Push(&rstack, right); // 인덱스를 푸시합니다.
  }

}
```

1 그림 b에서 볼 수 있듯이 lastack에서 팝한 값을 left에 대입한 다음 그 left의 값을 다시 pl에 대입합니다. rstack도 같은 과정을 거칩니다(보충학습 6-3). 그 결과 left와 pl의 값은 0, right와 pr의 값은 8이 됩니다. 이 값은 정렬할 배열의 범위를 의미합니다. 이렇게 값을 설정하면 a[0] ~ a[8]이 배열 왼쪽 그룹(a[0] ~ a[4])과 오른쪽 그룹(a[5] ~ a[8])으로 나누어집니다.

2 첫 번째 if 문에서 lstack, rstack에 각각 0과 4를 푸시하고 두 번째 if 문에서 각각 5와 8을 푸시합니다. 그 결과 스택은 c 상태가 되고 그런 다음 while 문에 의해 루프 본체(1, 2)가 반복됩니다.

1 lstack에서 5가 팝되어 left와 pl에 대입되고, rstack에서 8이 팝되어 right와 pr에 대입됩니다(d). 이 과정을 거치고 나면 배열의 한 부분(a[5] ~ a[8])으로 나누어집니다. 즉, a[5] ~ a[6]의 왼쪽 그룹과 a[7] ~ a[8]의 오른쪽 그룹으로 나누어집니다.

2 첫 if 문에서 lstack과 rstack에 {5, 6}을 푸시하고 이어지는 if 문에서 {7, 8}을 푸시합니다. 그 결과 스택은 그림의 e와 같은 상태가 됩니다.

배열을 나누는 작업이 끝나면 왼쪽 그룹 인덱스와 오른쪽 그룹 인덱스를 푸시합니다. 그리고 스택에서 팝한 범위를 나누는 작업을 반복하여 정렬을 수행합니다. 스택이 비면 정렬이 끝납니다(n).

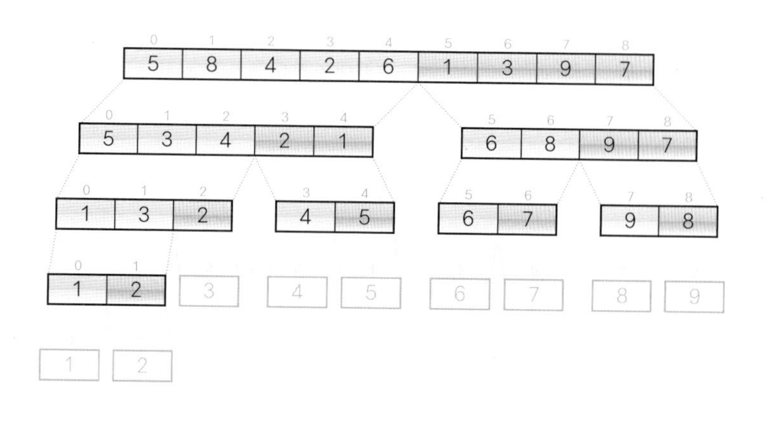

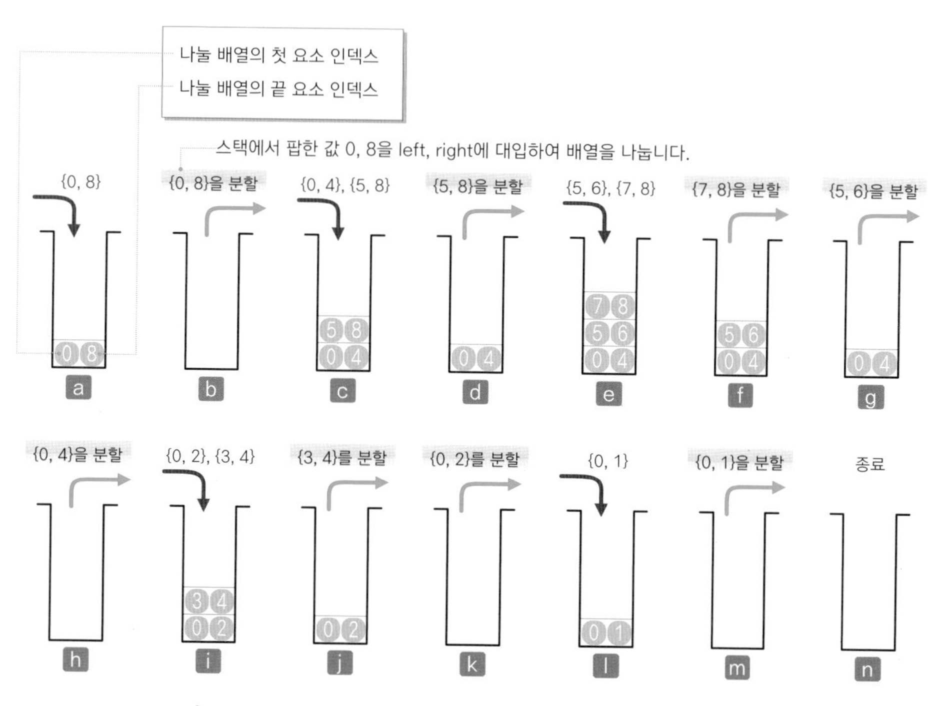

[그림 6-22] 비재귀적으로 구현한 퀵 정렬에서 배열의 분할과 스택의 변화

조금만 더! int a = (1, 2)는 어떻게 동작하나요?

```
int a = (1, 2);
```

위의 코드를 실행하면 a에는 값 2가 대입됩니다. 이 코드를 풀어쓰면 다음과 같습니다.

```
int a = 1;
a = 2;
```

위의 코드에서는 Pop 함수를 첫 번째 인자로, 변수 left를 두 번째 인자로 사용하여 코드 한 줄에서 함수 실행과 left의 값을 pl에 대입했습니다. 즉, 다음과 같습니다(Pop 함수를 실행하면 left 값에 팝한 값을 대입합니다).

```
int pl = Pop(&lstack, left);
pl = left;
```

스택의 용량

실습 6-10의 프로그램은 스택의 용량을 배열의 요소 개수로 초기화합니다. 그러면 스택의 용량은 어느 정도의 크기여야 하는지 알아보겠습니다.

스택에 푸시하는 순서는 아래처럼 두 가지 방법을 사용할 수 있습니다.

- 방법 1: 요소의 개수가 많은 그룹을 먼저 푸시합니다.
- 방법 2: 요소의 개수가 적은 그룹을 먼저 푸시합니다.

그림 6-23의 정렬을 예로 들어 확인해 보겠습니다.

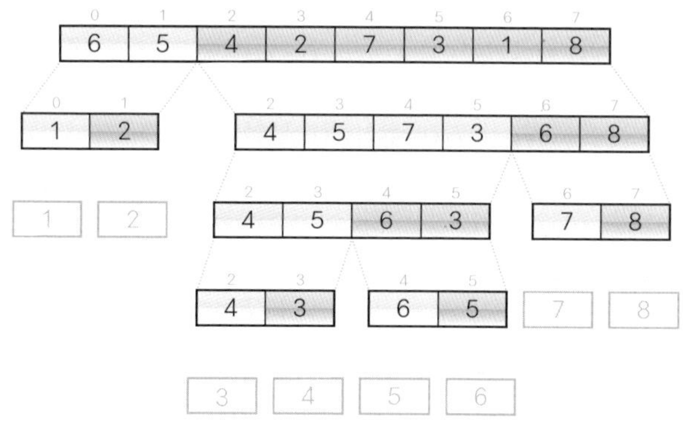

[그림 6-23] 퀵 정렬로 나눈 배열

방법 1: 요소의 개수가 많은 그룹을 먼저 푸시하는 경우

그림 6-24는 스택의 변화 과정을 보여줍니다. 먼저 그림의 b에서 꺼낸 a[0] ~ a[7]은 a[0] ~ a[1], a[2] ~ a[7]로 나누어집니다. 요소의 개수가 많은 {2, 7}을 먼저 푸시하면 스택은 c처럼 됩니다. 먼저 팝되어 나누어지는 배열은 요소의 개수가 적은 그룹 {0, 1}입니다(d). 이 과정을 정렬이 완료될 때까지 반복합니다. 그러면 스택에 쌓여 있는 데이터의 최대 개수는 2가 됩니다(c, f, i).

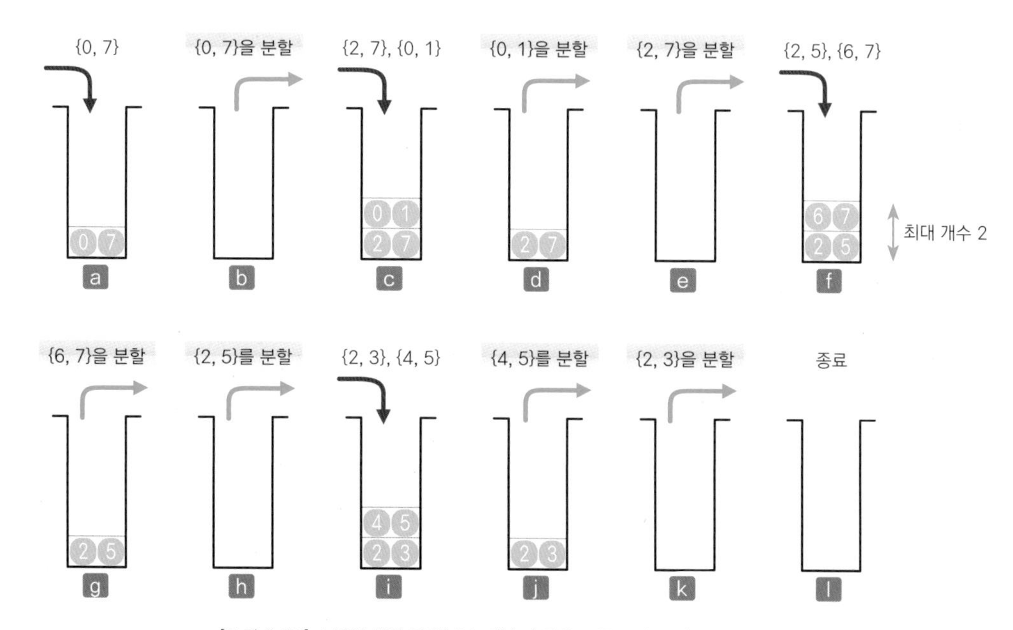

[그림 6-24] 스택의 변화 과정(요소 개수가 많은 그룹부터 푸시)

방법 2: 요소의 개수가 적은 그룹을 먼저 푸시하는 경우

그림 6-25는 스택의 변화 과정을 보여줍니다. 먼저 그림의 b에서 꺼낸 a[0] ~ a[7]은 a[0] ~ a[1], a[2] ~ a[7]로 나누어집니다. 그런 다음 요소의 개수가 적은 {0, 1}을 먼저 푸시하면 스택은 c의 상태가 됩니다. 먼저 팝되어 나누어지는 배열은 요소의 개수가 많은 그룹 {2, 7}입니다(d). 이 과정을 정렬이 완료될 때까지 반복합니다. 그러면 스택에 쌓여 있는 데이터의 최대 개수는 4가 됩니다(g).

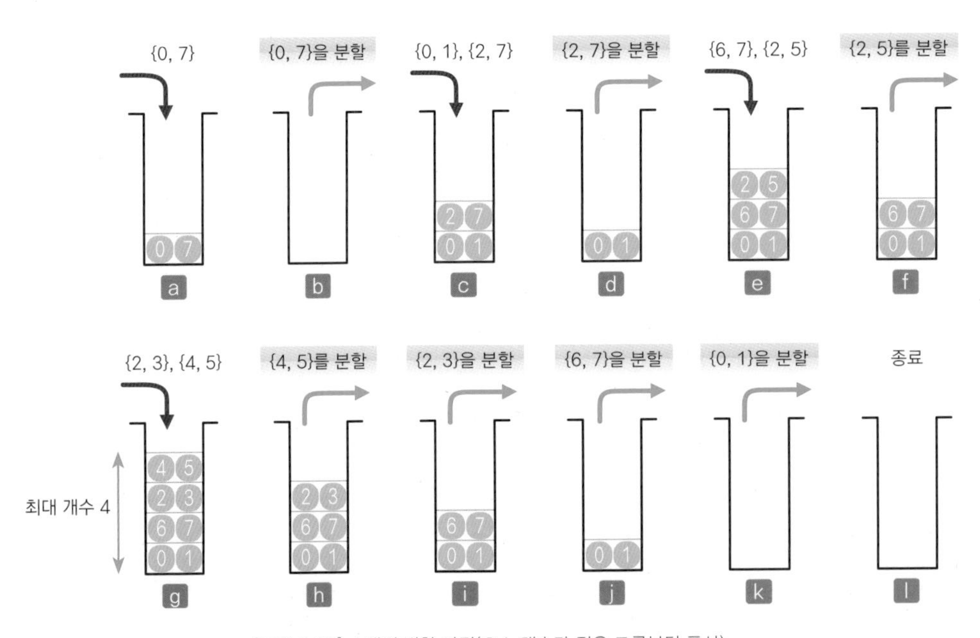

[그림 6-25] 스택의 변화 과정(요소 개수가 적은 그룹부터 푸시)

일반적으로 요소의 개수가 적은 배열일수록 적은 횟수로 분할을 종료할 수 있습니다. 따라서 방법 1과 같이 요소의 개수가 많은 그룹보다는 요소의 개수가 적은 그룹을 먼저 나누면 스택에 쌓여 있는 데이터의 최대 개수를 줄일 수 있습니다. 이때 방법 1, 2 모두 스택에 넣고 꺼내는 횟수는 같지만 스택에 쌓이는 데이터의 최대 개수는 달라집니다. 방법 1의 경우 배열의 요소 개수가 n이라고 하면 스택에 쌓이는 데이터의 최대 개수는 log n보다 적습니다. 따라서 요소의 개수가 백만 개여도 스택의 최대 용량은 20개면 충분합니다.

피벗 선택과 알고리즘 개선

피벗을 선택하는 방법은 퀵 정렬의 실행 효율에 큰 영향을 줍니다. 이번에는 피벗 선택 방법을 다음의 배열을 예로 들어 살펴보겠습니다.

8	7	6	5	4	3	2	1	0

피벗으로 왼쪽 끝 요소(8)를 선택합니다. 그러면 이 배열은 피벗의 값(8)만 있는 그룹과 나머지 그룹으로 나누어집니다. 하나의 요소와 나머지 요소로 나누어지는(한쪽으로 치우친) 분할을 반복하는 방법으로는 빠른 정렬 속도를 기대할 수 없습니다. 빠른 정렬을 원한다면 배열을 정렬한 다음에 중앙값을 피벗으로 하면 됩니다. 배열의 크기가 균등하게 나누어지기 때문입니다. 그러나 중앙값을 구하고자 할 경우 그에 대한 처리가 필요하고 이 처리에 대해 많은 계산 시간이 요구되어 배보다 배꼽이 커집니다. 이런 문제를 해결하기 위해 다음의 방법을 사용하면 적어도 최악의 경우는 피할 수 있습니다.

방법 1. 나눌 배열의 요소 개수가 3 이상이면 임의로 3 요소를 선택하고 그중에서 중앙값인 요소를 피벗으로 선택합니다.

예를 들어 위의 배열에서 첫 요소(8), 가운데 요소(4), 끝 요소(0) 중에서 한 요소를 선택해야 하는 경우 중간 크기의 값(4)을 피벗으로 하면 최악으로 그룹이 나누어지는 경우는 피할 수 있습니다.

이 아이디어를 조금 더 발전시킨 방법은 다음과 같습니다.

방법 2. 나눌 배열의 처음, 가운데, 끝 요소를 정렬한 다음 가운데 요소와 끝에서 두 번째 요소를 교환합니다. 피벗으로 끝에서 두 번째 요소의 값(a[right - 1])을 선택하여 나눌 대상의 범위를 a[left + 1] ~ a[right - 2]로 좁힙니다.

다음은 그림 6-26을 구체적으로 설명한 내용입니다.

a 정렬하기 전 상태입니다. 첫 요소(8), 가운데 요소(4), 끝 요소(0)를 선택하여 이 세 요소를 정렬합니다.

b 첫 요소는 0, 가운데 요소는 4, 끝 요소는 8이 되었습니다. 여기에서 가운데 요소(4)와 끝에서 두 번째 요소(1)를 교환합니다.

c 끝에서 두 번째 요소(4)를 피벗으로 합니다. a[left]는 피벗 이하의 값이고 a[right - 1]과 a[right]는 피벗 이상의 값입니다.

이 과정을 거치고 나면 스캔하기 위한 커서의 시작 위치는 다음과 같이 변경할 수 있습니다(나눌 대상의 범위가 좁아졌습니다).

```
• 왼쪽 커서 pl의 시작 위치    … left ⇨ left + 1        // 오른쪽으로 1 요소만큼 이동
• 오른쪽 커서 pr의 시작 위치 … right ⇨ right - 2      // 왼쪽으로 2 요소만큼 이동
```

이 방법은 나눌 그룹의 크기가 한쪽으로 치우치는 것을 피하면서도 나눌 때 스캔할 요소를 3개씩 줄일 수 있다는 장점이 있습니다. 이렇게 하면 이 방법을 사용하지 않을 때보다는 조금 더 빠른 속도로 정렬할 수 있습니다.

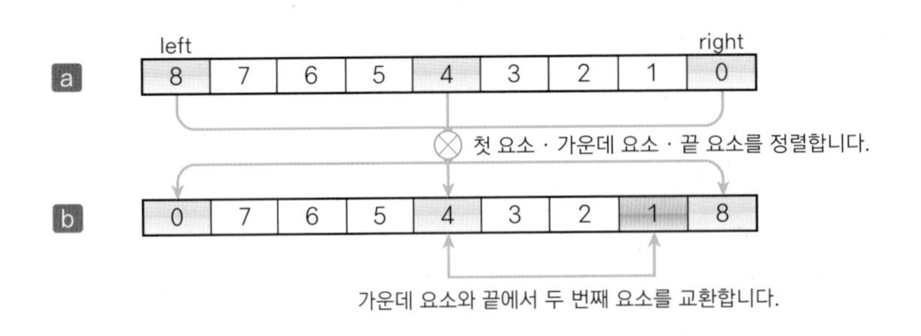

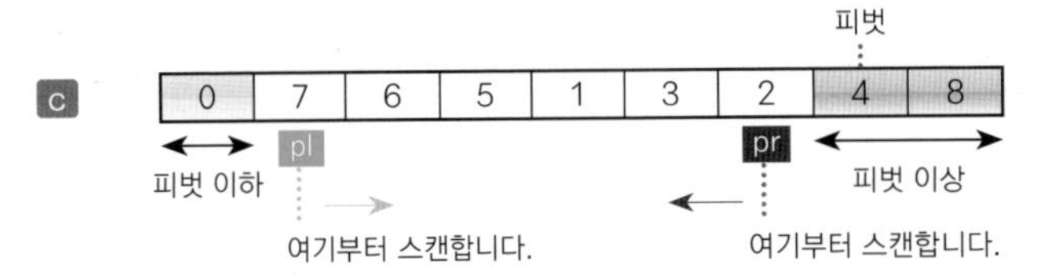

[그림 6-26] 피벗의 선택과 나눌 범위의 축소 과정

이번에는 '방법 2'를 사용해 프로그램을 실습 6-11처럼 수정해 보겠습니다.

보충수업 6-3 쉼표 연산자(comma operator)

퀵 정렬의 스택에서 값을 꺼내는 코드를 알아 보겠습니다.

```
int pl = (Pop(&lstack, &left), left);        // 왼쪽 커서
```

초기화된 Pop(&lstack, &left)과 left를 쉼표(,) 연산자가 연결하고 있습니다. 앞서 2장에서 배운 것처럼 쉼표 식 op1, op2를 평가하면 먼저 op1이 평가되고 그 다음에 op2가 평가됩니다. 이러한 쉼표 식 전체를 평가하면 오른쪽 피연산자 op2의 평가에 따른 형태와 값을 얻을 수 있습니다.
위의 코드에서는 먼저 함수 호출식 Pop(&lstack, &left)을 평가하면 lstack에서 팝된 값이 left에 저장됩니다. 그 후 오른쪽 피연산자 left를 평가합니다.

결국 쉼표 식 Pop(&lstack, &left), left 전체를 평가하면 Pop 함수를 호출한 뒤의 left 변수의 값을 얻을 수 있습니다. 선언된 pl은 그 값으로 초기화됩니다.
덧붙여 쉼표식을 둘러싸는 ()은 생략할 수 없습니다. 생략하면 다음과 같이 해석되기 때문입니다.

```
int pl = Pop(&lstack, &left);          // pl을 Pop(&lstack, &left)의 반환값으로 초기화
int left;                              // 변수 left 선언(초기화 안 함)
```

Do it! 실습 6-11

• 완성 파일 chap_6/quick2.c

```
01  // 퀵 정렬(업데이트 버전)
02  #include <stdio.h>
03  #include <stdlib.h>
04
05  #define swap(type, x, y) do { type t = x; x = y; y = t; } while (0)
06
07  /*--- x[a], x[b], x[c]를 정렬(중앙값의 인덱스를 반환) ---*/
08  int sort3elem(int x[], int a, int b, int c)
09  {
10    if (x[b] < x[a]) swap(int, x[b], x[a]);
11    if (x[c] < x[b]) swap(int, x[c], x[b]);
12    if (x[b] < x[a]) swap(int, x[b], x[a]);
13    return b;
14  }
15
16  /*--- 퀵 정렬 ---*/
17  void quick(int a[], int left, int right)
18  {
19    int pl = left;                                   // 왼쪽 커서
20    int pr = right;                                  // 오른쪽 커서
21    int m = sort3elem(a, pl, (pl + pr) / 2, pr);     // 처음, 끝, 가운데 요소 정렬   ─1
22    int x = a[m];                                    // 피벗                         ─2
23
24    swap(int, a[m], a[right - 1]);        // 가운데와 끝에서 2번째 요소를 교환       ─3
25    pl++;                                 // 왼쪽 커서를 1 요소만큼 오른쪽으로 이동  ─4
26    pr -= 2;                              // 오른쪽 커서를 2 요소만큼 왼쪽으로 이동  ─5
27
28    do {
```

```
29      while (a[pl] < x) pl++;
30      while (a[pr] > x) pr--;
31      if (pl <= pr) {
32        swap(int, a[pl], a[pr]);
33        pl++;
34        pr--;
35      }
36    } while (pl <= pr);
37
38    if (left < pr)  quick(a, left, pr);
39    if (pl < right) quick(a, pl, right);
40  }
41
42  int main(void)
43  {
44    int nx;
45
46    puts("퀵 정렬");
47    printf("요소 개수: ");
48    scanf("%d", &nx);
49    int* x = calloc(nx, sizeof(int));
50
51    for (int i = 0; i < nx; i++) {
52      printf("x[%d] : ", i);
53      scanf("%d", &x[i]);
54    }
55
56    quick(x, 0, nx - 1);          // 배열 x를 퀵 정렬
57
58    puts("오름차순으로 정렬했습니다.");
59      for (int i = 0; i < nx; i++)
60        printf("x[%d] = %d\n", i, x[i]);
61
62    free(x);                      // 배열 x를 해제
63
64    return 0;
65  }
```

실행 결과

```
퀵 정렬
요소 개수: 9
x[0]: 5
x[1]: 8
x[2]: 4
x[3]: 2
x[4]: 6
x[5]: 1
x[6]: 3
x[7]: 9
x[8]: 7
오름차순으로 정렬했습니다.
x[0] = 1
x[1] = 2
x[2] = 3
x[3] = 4
x[4] = 5
x[5] = 6
x[6] = 7
x[7] = 8
x[8] = 9
```

새로 추가된 sort3elem 함수는 배열 x의 세 요소 x[a], x[b], x[c]를 정렬하고 b 값을 그대로 반환하는 함수입니다. 또한 빠른 정렬을 수행하는 quick 함수는 배열을 나누기 전에 실습 6-11의 1 ~ 5을 수행해야 합니다.

1 sort3elem 함수를 호출해 처음 요소 a[pl]과 가운데 요소 a[(pl + pr) / 2]와 끝 요소 a[pr]를 정렬함과 동시에 가운데 요소의 인덱스를 m에 대입합니다.

2 가운데 요솟값 a[m]을 피벗 x로서 꺼냅니다.
3 가운데 요소 a[m]과 끝에서 2번째 요소 a[right-1]을 교환합니다.
4 왼쪽 커서 pl을 오른쪽으로 1 요소만큼 옮깁니다.
5 오른쪽 커서 pr을 왼쪽으로 2 요소만큼 옮깁니다.

퀵 정렬의 시간 복잡도

퀵 정렬은 배열을 조금씩 나누어 더 작은 문제를 해결하는 과정을 반복하므로 시간 복잡도는 O(n log n)입니다. 다만 정렬할 배열의 초깃값이나 피벗의 선택 방법에 따라 시간 복잡도가 증가하는 경우도 있습니다. 예를 들어 매번 단 하나의 요소와 나머지 요소로 나누어지면 n번의 분할이 필요합니다. 따라서 최악의 시간 복잡도는 $O(n^2)$이 됩니다.

연습문제

Q13 실습 6-10을 수정하여 푸시, 팝, 분할 과정을 자세히 출력하는 프로그램을 작성하세요.

Q14 실습 6-9와 6-10의 quick 함수를, 요소의 개수가 적은 그룹을 먼저 나누는 함수로 수정하세요.

Q15 퀵 정렬은 요소의 개수가 적은 배열에 대해서는 처리가 아주 빠르게 진행되지는 않는다고 알려져 있습니다. 나뉜 그룹의 요소 개수가 9개 이하이면 단순 삽입 정렬로 동작하도록 실습 6-11의 quick 함수를 수정하세요.

Q16 quick 함수는 받는 인수가 3개라는 점에서 이 장의 다른 정렬 함수와는 다릅니다. Q15에서 작성한 프로그램을 수정하여 다음 형식으로 퀵 정렬하는 함수를 작성하세요.

```
qsort (int a[ ], int n);
```

이때 첫 번째 인수 a는 정렬할 배열이고 두 번째 인수 n은 요소 개수입니다.

qsort 함수를 사용해 정렬하기

C 언어의 표준 라이브러리에서 제공하는 qsort 함수에 대해 살펴보겠습니다.

qsort 함수	
헤더	#include <stdlib.h>
형식	void qsort(void *base, size_t nmemb, size_t size, int(*compar)(const void *, const void *));
해설	qsort 함수에서 base는 정렬할 배열을 가리키고, nmemb는 요소의 개수입니다. size는 배열 요소의 크기이고 마지막으로 전달하는 함수의 인자 compar는 비교 함수입니다. 즉, compar에 지정한 비교 함수를 사용하여 정렬하게 됩니다. compar에 전달할 비교 함수는 다음과 같은 기능을 할 수 있도록 직접 작성해야 합니다. 첫 번째 인수가 두 번째 인수보다 작은 경우에는 0보다 작은 값을, 같을 경우에는 0을, 클 경우에는 0보다 큰 정수를 반환합니다. 비교하는 두 요소가 같을 경우에는 순서를 다시 배치하지 않습니다.

qsort 함수는 bsearch 함수와 마찬가지로 int형이나 double형 등의 배열뿐만 아니라 구조체형 배열 등 모든 자료형의 배열에 적용할 수 있습니다. 함수 이름은 퀵 정렬에서 따왔지만 내부적으로 항상 퀵 정렬 알고리즘을 사용하지는 않습니다(함수 이름일 뿐입니다).

qsort 함수에 전달하는 4개 인수는 앞에서부터 차례대로 배열의 첫 번째 요소에 대한 포인터, 요소의 개수, 요소의 크기, 비교 함수에 대한 포인터입니다. qsort 함수가 사용된 부분을 주의 깊게 살펴보세요.

비교 함수는 아래의 값을 반환하는 함수이며 직접 작성해야 합니다.

비교 함수의 반환값

- 첫 번째 인수가 가리키는 값이 더 작은 경우 음숫값(-1)을 반환합니다.
- 첫 번째 인수가 가리키는 값과 두 번째 인수가 가리키는 값이 같은 경우 0을 반환합니다.
- 첫 번째 인수가 가리키는 값이 더 큰 경우 양숫값(1)을 반환합니다.

실습 6-12는 qsort 함수를 사용하여 정렬하는 프로그램입니다. int형 배열의 값을 읽어 오름차순으로 정렬한 뒤 출력합니다. 이 프로그램에서 정의하는 비교 함수 int_cmp(05~14행)는 bsearch 함수에서 사용한 비교 함수와 같습니다.

Do it! 실습 6-12

• 완성 파일 chap06/qsort1.c

```
01  // qsort 함수를 사용하여 정수 배열을 오름차순으로 정렬
02  #include <stdio.h>
03  #include <stdlib.h>
04
05  /*--- int형 비교 함수(오름차순 정렬에 사용) ---*/
06  int int_cmp (const int *a, const int *b)
07  {
08    if(*a < *b)
09      return -1;
10    else if(*a > *b)
11      return 1;
12    else
13      return 0;
14  }
15
16  int main(void)
```

실습 3-5와 같습니다.

실행 결과

```
qsort에 의한 정렬
요소 개수: 7
x[0]: 6
x[1]: 4
x[2]: 3
x[3]: 7
x[4]: 1
x[5]: 9
x[6]: 8
오름차순으로 정렬했습니다.
x[0] = 1
x[1] = 3
x[2] = 4
x[3] = 6
x[4] = 7
x[5] = 8
x[6] = 9
```

```
17  {
18    int nx;
19    printf("qsort에 의한 정렬\n");
20    printf("요소 개수: ");
21    scanf("%d", &nx);
22    int *x = calloc(nx, sizeof(int));      // 요소의 개수가 nx인 int형 배열 x를 생성
23    for(int i = 0; i < nx; i++) {
24      printf("x[%d]: ", i);
25      scanf("%d", &x[i]);
26    }
27    qsort(x,                                          // 배열
28          nx,                                         // 요소의 개수
29          sizeof(int),                                // 요소의 크기
30         (int(*)(const void *, const void *))int_cmp  // 비교 함수
31        );
32    puts("오름차순으로 정렬했습니다.");
33    for(int i = 0; i < nx; i++)
34      printf("x[%d] = %d\n", i, x[i]);
35    free(x);                                          // 배열 x를 해제
36
37    return 0;
38  }
```

실습 6-12에서는 오름차순으로 정렬했습니다. 만약 오름차순이 아닌 내림차순으로 정렬하려면 qsort에 전달하는 비교 함수는 오른쪽과 같이 작성해야 합니다(chap06/qsort1r.c 파일을 참고하세요).

```
/*--- int형 비교 함수(내림차순 정렬 사용) ---*/
int int_cmpr(const int *a, const int *b)
{
  if(*a < *b)
    return 1;
  else if(*a > *b)
    return -1;
  else
    return 0;
}
```

오름차순으로 작성한 비교 함수와의 차이점은 코드에 표시한 부분입니다. 즉, 비교 함수 int_cmpr의 반환값을 int_cmp 함수와 반대로 작성하면 됩니다.

실습 6-13은 구조체 배열을 정렬하는 프로그램입니다. 정렬하려는 데이터는 name(이름), height(키), weight(몸무게)의 멤버로 구성된 구조체 Person의 배열 x입니다.

Do it! 실습 6-13 • 완성 파일 chap06 / qsort2.c

```
01  // qsort 함수를 사용하여 구조체 배열을 정렬
02  #include <stdio.h>
03  #include <stdlib.h>
04  #include <string.h>
05
06  typedef struct {
07    char name[10];   // 이름
08    int height;      // 키
09    int weight;      // 몸무게
10  } Person;
11
12  /*--- Person형 비교 함수(이름 오름차순 정렬) ---*/
13  int npcmp (const Person *x, const Person *y)
14  {                                                  ⓵
15    return strcmp(x->name, y->name);
16  }
17
18  /*--- Person형 비교 함수(키 오름차순 정렬) ---*/
19  int hpcmp (const Person *x, const Person *y)
20  {                                                  ⓶
21    return x->height < y->height ? -1:
22           x->height > y->height ?  1 : 0;
23  }
24
25  /*--- Person형 비교 함수(몸무게 내림차순 정렬) ---*/
26  int wpcmp(const Person *x, const Person *y)
27  {                                                  ⓷
28    return x->weight < y->weight ?  1 :
29           x->weight > y->weight ? -1 : 0;
30  }
31
32  /*--- 사람 no명의 데이터를 출력 ---*/
33  void print_person (const Person x[], int no)
34  {
35    for(int i = 0; i < no; i++)
36      printf("%-10s %dcm %dkg\n", x[i].name, x[i].height, x[i].weight);
37  }
38
39  int main ()
40  {
```

실행 결과

```
정렬 전
sunmi     170cm 52kg
yoobin    180cm 70kg
sohee     172cm 63kg
jina      165cm 50kg

이름 오름차순으로 정렬 후
jina      165cm 50kg
sohee     172cm 63kg
sunmi     170cm 52kg
yoobin    180cm 70kg

키 오름차순으로 정렬 후
jina      165cm 50kg
sunmi     170cm 52kg
sohee     172cm 63kg
yoobin    180cm 70kg

몸무게 내림차순으로 정렬 후
yoobin    180cm 70kg
sohee     172cm 63kg
sunmi     170cm 52kg
jina      165cm 50kg
```

```
41      Person x[] = {
42        {"sunmi", 170, 52},
43        {"yoobin", 180, 70},
44        {"sohee", 172, 63},
45        {"jina", 165, 50},
46      };
47
48      int nx = sizeof(x) / sizeof(x[0]);      // 배열 x의 요소 개수
49
50      puts("정렬 전");
51      print_person(x, nx);
52
53      // 이름 오름차순으로 정렬
54      qsort(x, nx, sizeof(Person),(int(*)(const void *, const void *)) npcmp);
55      puts("\n이름 오름차순으로 정렬 후");
56      print_person(x, nx);
57
58      // 키 오름차순으로 정렬
59      qsort(x, nx, sizeof(Person),(int(*)(const void *, const void *)) hpcmp);
60      puts("\n키 오름차순으로 정렬 후");
61      print_person(x, nx);
62
63      // 몸무게 내림차순으로 정렬
64      qsort(x, nx, sizeof(Person),(int(*)(const void *, const void *)) wpcmp);
65      puts("\n몸무게 내림차순으로 정렬 후");
66      print_person(x, nx);
67
68      return 0;
69  }
```

이 프로그램은 배열 x를 이름, 키, 몸무게를 기준으로 3회 정렬합니다. 각 정렬에 사용하는 비교 함수는 아래와 같습니다.

1 이름 오름차순 정렬용 비교 함수 … npcmp 함수
2 키 오름차순 정렬용 비교 함수 … hpcmp 함수
3 몸무게 내림차순 정렬용 비교 함수 … wpcmp 함수

이름의 비교 함수는 strcmp 함수의 반환값을 그대로 반환합니다. strcmp 함수는 문자열을 비교하는 함수로, 이 함수에 대한 내용은 07장에서 살펴봅니다.

qsort 함수는 같은 키값을 가지고 있는 데이터가 2개 이상인 경우에 이름의 오름차순으로 정렬이 되기는 하지만 정렬 전후의 데이터가 같은 순서를 유지하지는 않습니다(안정된 정렬은 아닙니다).

연습문제

Q17 qsort 함수를 사용하여 아래 두 배열을 오름차순으로 정렬하는 프로그램을 작성하세요. 프로그램에서 정렬하는 부분의 코드는 각각 독립적인 함수로 구현하세요.

```
char   a[][7] = {"LISP", "C", "Ada", "Pascal"};
char   *p[]   = {"LISP", "C", "Ada", "Pascal"};
```

Q18 퀵 정렬 알고리즘을 사용하여 qsort 함수와 같은 형식으로 호출할 수 있는 아래의 함수를 직접 작성하세요.

```
void q_sort(void *base, size_t nmemb, size_t size,
            int(*compar)(const void *, const void *));
```

06-7 병합 정렬

병합 정렬은 배열을 앞부분과 뒷부분으로 나누어 각각 정렬한 다음 병합하는 작업을 반복하여 정렬을 수행하는 알고리즘입니다.

정렬을 마친 배열 병합하기

먼저 정렬을 마친 두 배열의 병합(merge)을 살펴보겠습니다. '각 배열에서 선택한 요소의 값을 비교하여 작은 값의 요소를 꺼내 새로운 배열에 넣는 작업'을 반복하여 정렬을 마치는 배열을 만듭니다. 실습 6-14는 이 과정을 수행하는 프로그램입니다. merge 함수는 요소의 개수가 na개인 배열 a와 요소의 개수가 nb개인 배열 b를 병합하여 배열 c에 저장합니다(그림 6-27).

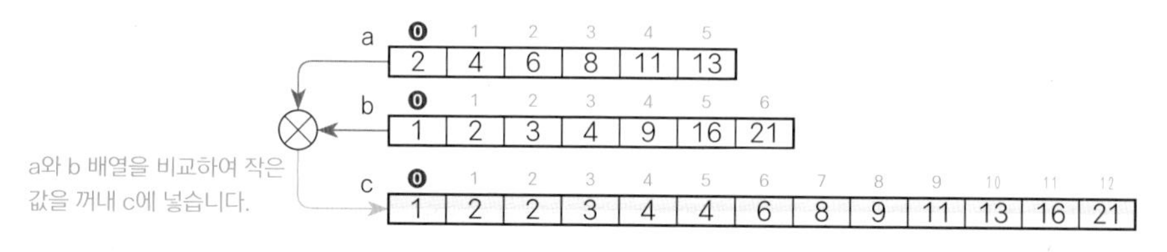

[그림 6-27] 정렬을 마친 배열의 병합

이 함수에서는 세 개의 배열 a, b, c를 동시에 스캔합니다. 이때 각 배열이 선택한 요소의 인덱스는 pa, pb, pc입니다. 이 인덱스를 저장한 변수를 지금부터 커서라고 하겠습니다. 처음에는 첫 요소를 선택하므로 커서를 모두 0으로 초기화합니다(●으로 표시).

다음은 실습 6-14에 표시한 번호와 그림 6-27에 대한 설명입니다.

설명을 먼저 읽은 다음에 코드를 보면서 의미를 다시 생각해 보세요.

1 배열 a에서 선택한 요소(a[pa])와 배열 b에서 선택한 요소(b[pb])를 비교하여 작은 값을 c[pc]에 저장합니다. 그런 다음 커서 pb, pc를 한 칸 옮기고 커서 pa는 그대로 둡니다. 그림 6-27을 예로 들면 b[0]의 1이 a[0]의 2보다 작으므로 c[0]에 대입하는 값은 1입니다.

커서 pa, pb가 가리키는 값을 비교하여 작은 값을 c[pc]에 대입하고 커서 pa, pb, pc를 진행하는 작업을 반복합니다. 커서 pa가 배열 a의 끝에 다다르거나 커서 pb가 배열 b의 끝에 다다르면 이 작업을 종료합니다.

2 이 while 문의 실행 조건은 1의 과정을 통해 배열 b의 모든 요소를 배열 c로 복사하고 배열 a에는 아직 복사하지 못한 요소가 남아 있는 상태를 전제로 합니다. 커서 pa를 한 칸씩 진행하면서 복사하지 않은 모든 배열 a의 요소를 배열 c에 복사합니다.

3 이 while 문의 실행 조건은 1의 과정을 통해 배열 a의 모든 요소를 배열 c로 복사하고 배열 b에는 아직 복사하지 못한 요소가 남아 있는 상태를 전제로 합니다. 커서 pb를 한 칸씩 진행하면서 복사하지 않은 모든 배열 b의 요소를 배열 c에 복사합니다.

Do it! 실습 6-14

• 완성 파일 chap06/merge_ary.c

```
01  /* 정렬을 마친 배열을 병합하는 프로그램 */
02  #include <stdio.h>
03  #include <stdlib.h>
04  /* 정렬을 마친 배열 a와 b를 병합하여 c에 저장 */
05  void merge (const int a[], int na, const int b[], int nb, int c[])
06  {
07    int pa = 0;
08    int pb = 0;
09    int pc = 0;
10    while(pa < na && pb < nb)                            ─ 1
11      c[pc++] =(a[pa] <= b[pb]) ? a[pa++]: b[pb++];
12    while(pa < na)                                        ─ 2
13      c[pc++] = a[pa++];
14    while(pb < nb)                                        ─ 3
15      c[pc++] = b[pb++];
16  }
17
18  int main(void)
19  {
20    int na, nb;
21    printf("a의 요소 개수: ");  scanf("%d", &na);
22    printf("b의 요소 개수: ");  scanf("%d", &nb);
23    int *a = calloc(na, sizeof(int));
24    int *b = calloc(nb, sizeof(int));
25    int *c = calloc(na + nb, sizeof(int));
26    printf("a[0]: ");
27    scanf("%d", &a[0]);
28    for(int i = 1; i < na; i++) {
29      do {
30        printf("a[%d]: ", i);
```

실행 결과

```
a의 요소 개수: 6
b의 요소 개수: 7
a[0]: 2
a[1]: 4
a[2]: 6
a[3]: 8
a[4]: 11
a[5]: 13
b[0]: 1
b[1]: 2
b[2]: 3
b[3]: 4
b[4]: 9
b[5]: 16
b[6]: 21
배열 a와 b를 병합하여
배열 c에 저장했습니다.
c[ 0] =  1
c[ 1] =  2
c[ 2] =  2
c[ 3] =  3
c[ 4] =  4
c[ 5] =  4
c[ 6] =  6
c[ 7] =  8
c[ 8] =  9
c[ 9] = 11
c[10] = 13
c[11] = 16
c[12] = 21
```

```
31          scanf("%d", &a[i]);
32        } while(a[i] < a[i - 1]);
33      }
34      printf("b[0]: ");
35      scanf("%d", &b[0]);
36      for(int i = 1; i < nb; i++) {
37        do {
38          printf("b[%d]: ", i);
39          scanf("%d", &b[i]);
40        } while(b[i] < b[i - 1]);
41      }
42
43      /* 배열 a와 b를 병합하여 c에 저장 */
44      merge(a, na, b, nb, c);
45      puts("배열 a와 b를 병합하여 배열 c에 저장했습니다.");
46      for(int i = 0; i < na + nb; i++)
47        printf("c[%2d] = %2d\n", i, c[i]);
48      free(a);
49      free(b);
50      free(c);
51
52      return 0;
53  }
```

실습 6-14는 3개의 반복문을 늘어놓는 단순하면서도 속도가 빠른 알고리즘으로 구현되어 있습니다. 병합에 필요한 시간 복잡도는 O(n)입니다.

병합 정렬하기

정렬을 마친 배열의 병합을 응용하여 분할 정복법에 따라 정렬하는 알고리즘을 병합 정렬(merge sort)이라고 합니다. 그림 6-28은 병합 정렬을 간단히 나타낸 것으로, 먼저 배열을 앞부분과 뒷부분으로 나눕니다. 이 그림은 배열의 요소 개수가 12개이므로 6개의 배열로 각각 나눕니다. 나눈 두 배열을 각각 정렬하고 병합하면 배열 모두를 정렬할 수 있습니다.

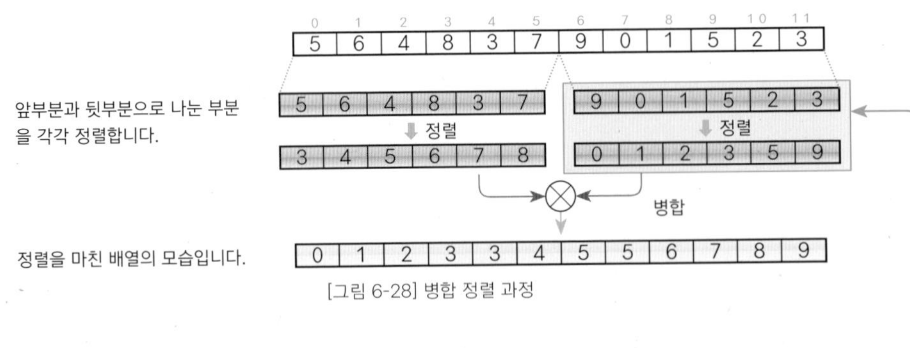

[그림 6-28] 병합 정렬 과정

이때 앞뒤에 놓인 6개의 요소를 정렬할 때는 그냥 정렬하는 것이 아니라 다시 병합 정렬을 적용합니다. 예를 들어 뒷부분은 오른쪽 그림 6-29처럼 정렬합니다. 물론 이 과정에서 만들어지는 앞부분({9, 0, 1})과 뒷부분({5, 2, 3})도 같은 순서에 따라 정렬합니다.

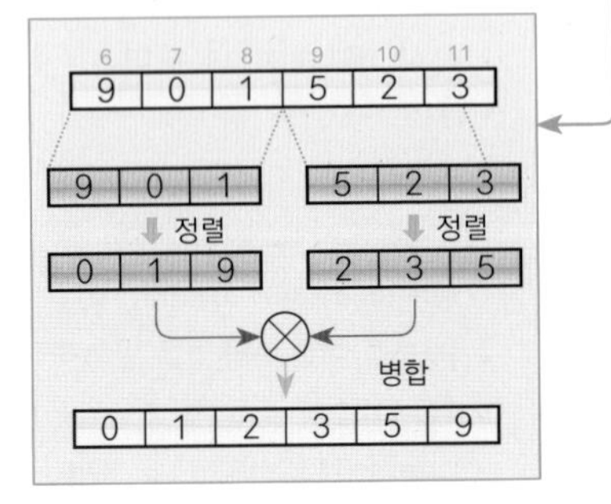

[그림 6-29] 뒷부분의 정렬

병합 정렬 알고리즘

병합 정렬 알고리즘의 순서를 정리하면 다음과 같습니다.

- 배열의 요소 개수가 2개 이상인 경우
  1. 배열의 앞부분을 병합 정렬로 정렬합니다.
  2. 배열의 뒷부분을 병합 정렬로 정렬합니다.
  3. 배열의 앞부분과 뒷부분을 병합합니다.

실습 6-15는 병합 정렬 프로그램입니다.

Do it! 실습 6-15

• 완성 파일 chap06/merge.c

```
01  /* 병합 정렬 프로그램 */
02  #include <stdio.h>
03  #include <stdlib.h>
04
05  static int *buff;       // 작업용 배열
06
07  /*--- 병합 정렬(main) ---*/
08  static void __mergesort (int a[], int left, int right)
09  {
```

```
10    if(left < right) {
11      int center =(left + right) / 2;
12      int p = 0;
13      int i;
14      int j = 0;
15      int k = left;
16      __mergesort(a, left, center);           // 앞부분에 대한 병합 정렬
17      __mergesort(a, center + 1, right);      // 뒷부분에 대한 병합 정렬
18      for(i = left; i <= center; i++)
19        buff[p++] = a[i];
20      while(i <= right && j < p)
21        a[k++] =(buff[j] <= a[i]) ? buff[j++]: a[i++];
22      while(j < p)
23        a[k++] = buff[j++];
24    }
25  }
26
27  /*--- 병합 정렬 함수 ---*/
28  int mergesort (int a[], int n)
29  {
30    if((buff = calloc(n, sizeof(int))) == NULL)
31      return -1;
32    __mergesort(a, 0, n - 1);                 // 배열 전체를 병합 정렬
33    free(buff);
34    return 0;
35  }
36
37  int main(void)
38  {
39    int nx;
40    puts("병합 정렬");
41    printf("요소 개수: ");
42    scanf("%d", &nx);
43    int *x = calloc(nx, sizeof(int));
44
45    for(int i = 0; i < nx; i++) {
46      printf("x[%d]: ", i);
47      scanf("%d", &x[i]);
48    }
49    mergesort(x, nx);                 // 배열 x를 병합 정렬
50    puts("오름차순으로 정렬했습니다.");
```

실행 결과

```
병합 정렬
요소 개수: 7
x[0]: 6
x[1]: 4
x[2]: 3
x[3]: 7
x[4]: 1
x[5]: 9
x[6]: 8
오름차순으로 정렬했습니다.
x[0]= 1
x[1]= 3
x[2]= 4
x[3]= 6
x[4]= 7
x[5]= 8
x[6]= 9
```

```
51      for(int i = 0; i < nx; i++)
52        printf("x[%d] = %d\n", i, x[i]);
53      free(x);                                // 배열 x를 해제
54
55      return 0;
56    }
```

merge.c의 주요 부분을 보면서 프로그램을 좀 더 자세히 살펴보겠습니다.

```
static void __mergesort(int a[], int left, int right)
{
  if(left < right) {
    int center = (left + right) / 2;
    /* 생략: 변수 선언 */
    __mergesort(a, left, center);         // 앞부분에 대한 병합 정렬
    __mergesort(a, center + 1, right);   // 뒷부분에 대한 병합 정렬
    /* 생략: 앞부분과 뒷부분을 병합 */
  }
}

int mergesort(int a[], int n)
{
  if((buff = calloc(n, sizeof(int))) == NULL)             ─A
    return -1;
  __mergesort(a, 0, n - 1);          // 배열 전체를 병합 정렬  ─B
  free(buff);                                              ─C
  return 0;
}
```

실습 6-15의 B에서 호출되는 __mergesort 함수는 아래와 같은 병합 작업을 수행합니다.

A 병합한 결과를 일시적으로 저장할 작업용 배열인 buff를 생성합니다.
B 그런 다음 실제로 정렬 작업을 수행할 __mergesort 함수를 호출합니다.
C 작업용 배열 buff를 해제합니다.

__mergesort 함수는 a(정렬할 배열), left, right(첫 번째, 마지막 요소의 인덱스)를 인자로 전달받으며 left가 right보다 작을 때 동작합니다. 가장 먼저 앞부분(a[left] ~ a[center])과 뒷부분(a[center + 1] ~ a[right])에 대해서 __mergesort 함수를 재귀 호출합니다. 그런 다음 그림 6-30처럼 배열의 앞부분과 뒷부분은 정렬을 마치게 됩니다.

```
__mergesort(int a[], int left, int right);
```

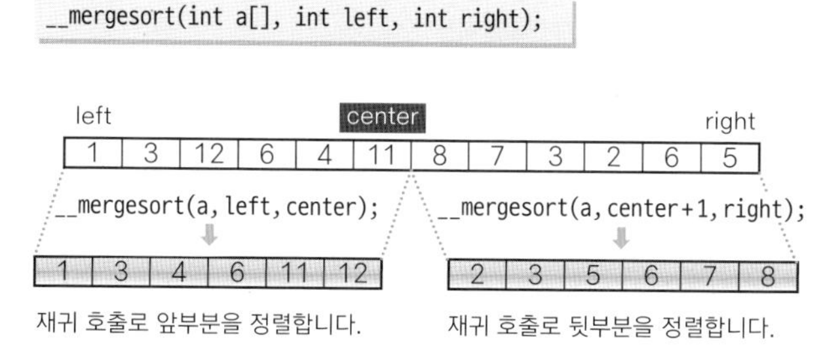

[그림 6-30] 앞부분과 뒷부분의 정렬

정렬을 마친 앞부분과 뒷부분의 병합은 작업용 배열 buff를 사용합니다. 병합을 수행하는 순서는 아래 코드와 같이 3단계로 이루어집니다(그림 6-31).

```
for(i = left; i <= center; i++)
  buff[p++] = a[i];                                          ← 1
while(i <= right && j < p)
  a[k++] = (buff[j] <= a[i]) ? buff[j++]: a[i++];            ← 2
while(j < p)
  a[k++] = buff[j++];                                        ← 3
```

1 배열의 앞부분(a[left] ~ a[center])을 buff[0] ~ buff[center - left]로 복사합니다. for 문이 끝날 때 p값은 복사한 요소의 개수 center - left + 1이 됩니다(a).

2 배열의 뒷부분(a[center + 1] ~ a[right])과 buff로 복사한 배열의 앞부분 p개를 병합한 결과를 배열 a에 저장합니다(b).

3 배열 buff에 남아 있는 요소를 배열 a로 복사합니다(c).

a 배열 a의 앞부분을 배열 buff에 복사합니다.

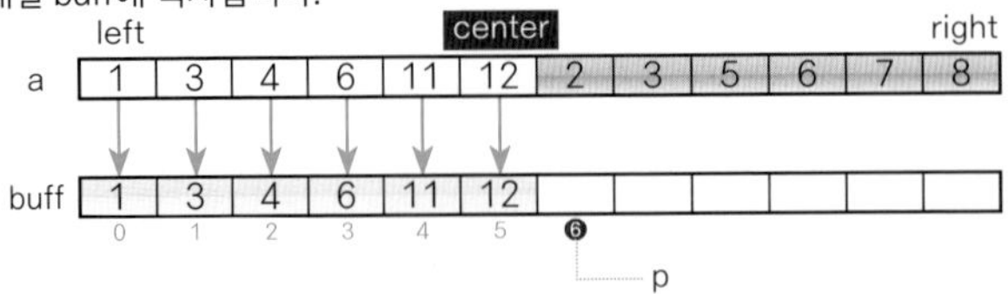

b 배열 a의 뒷부분과 배열 buff를 배열 a에 병합합니다.

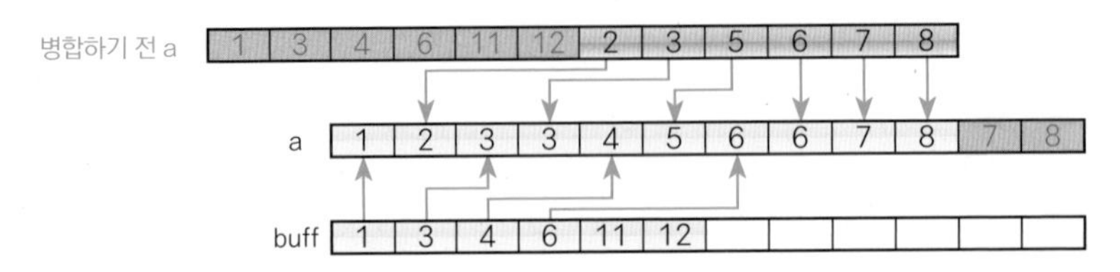

c 배열 buff의 나머지 요소를 배열 a에 복사합니다.

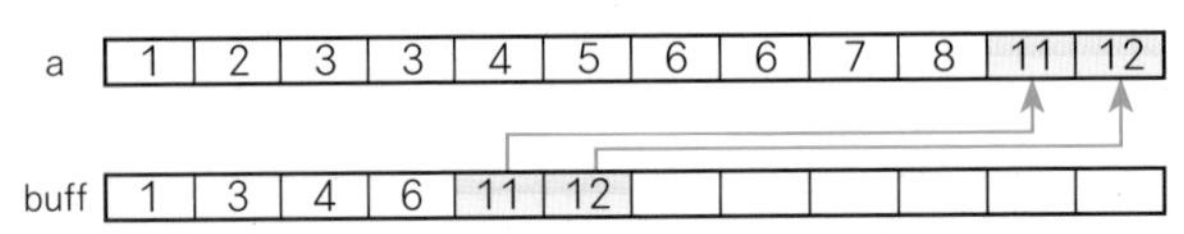

[그림 6-31] 병합 정렬에서 배열의 앞부분과 뒷부분의 병합 과정

배열 병합의 시간 복잡도는 O(n)이고 데이터의 요소 개수가 n개일 때, 병합 정렬의 단계는 log n만큼 필요하므로 전체 시간 복잡도는 O(n log n)이라고 할 수 있습니다. 병합 정렬은 서로 떨어져 있는 요소를 교환하는 것이 아니므로 안정적인 정렬 방법이라고 할 수 있습니다.

06-8 힙 정렬

선택 정렬을 응용한 알고리즘인 힙 정렬(heap sort)은 힙(heap)의 특성을 이용하여 정렬을 수행합니다.

힙 정의하기

힙 정렬은 힙을 사용하여 정렬하는 알고리즘입니다. 힙은 '부모의 값이 자식의 값보다 항상 크다'는 조건을 만족하는 완전이진트리입니다.

원래 힙은 '쌓아 놓음' 또는 '쌓아 놓은 더미'라는 뜻의 단어입니다. 만약 힙 정렬이 어렵거나 트리에 대해 잘 모르겠다면 9장을 먼저 읽은 다음에 다시 이 부분을 공부하면 됩니다.

그림 6-32의 a는 힙이 아닌 완전이진트리입니다. a를 힙으로 만들면 b와 같은 상태가 됩니다. 부모와 자식 관계는 항상 '부모의 값 ≧ 자식의 값'입니다. 따라서 힙의 가장 위쪽에 있는 루트가 가장 큰 값이 됩니다.

값의 크고 작은 관계는 반대(부모의 값 ≦ 자식의 값)라도 괜찮습니다. 이때 힙의 가장 위쪽에 있는 루트는 최솟값입니다.

조금만 더! 트리에 대해 알고 싶어요!

9장에서 트리에 대해 설명하겠지만 여기에서 먼저 간단히 알아보겠습니다. 트리의 가장 윗부분을 루트(root)라고 합니다. 그리고 요소의 상하 관계를 '부모(parent)'와 '자식(child)'이라고 합니다. 그리고 자식 간의 관계는 '형제(sibling)'라고 합니다.

완전이진트리란 트리의 한 종류를 말합니다. 사람도 유전적인 특징에 의해 분류하는 것처럼 트리의 종류도 여러 가지입니다. 완전이진트리의 특징은 '완전이진' 상태라는 것입니다. 여기서 '완전'이라는 말은 부모는 자식을 왼쪽부터 추가하는 모양을 유지하라는 뜻입니다. 그리고 '이진'이라는 말은 '부모가 가질 수 있는 자식의 개수는 최대 2개다'라는 의미입니다.

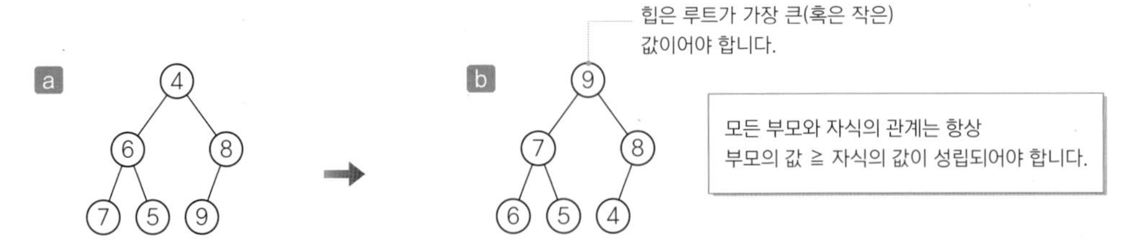

[그림 6-32] 완전이진트리를 힙으로 전환하는 과정

힙에서 부모와 자식 관계는 일정하지만 형제 사이의 대소 관계는 일정하지 않습니다. 예를 들어 그림 b 에서 형제인 7과 8의 작은 쪽 7은 왼쪽에 있지만 6과 5의 작은 쪽 5는 오른쪽에 있습니다.

힙은 형제의 대소 관계가 정해져 있지 않은 특성이 있기 때문에 부분순서트리(partial ordered tree)라고도 합니다.

그림 6-33은 힙의 요소를 배열에 저장하는 과정을 나타낸 것입니다. 먼저 가장 위쪽에 있는 루트(10)를 a[0]에 넣습니다. 그리고 한 단계 아래 요소를 왼쪽에서 오른쪽으로 따라 갑니다. 이때 인덱스의 값을 1씩 늘리면서 배열의 각 요소에 힙의 요소를 대입합니다.

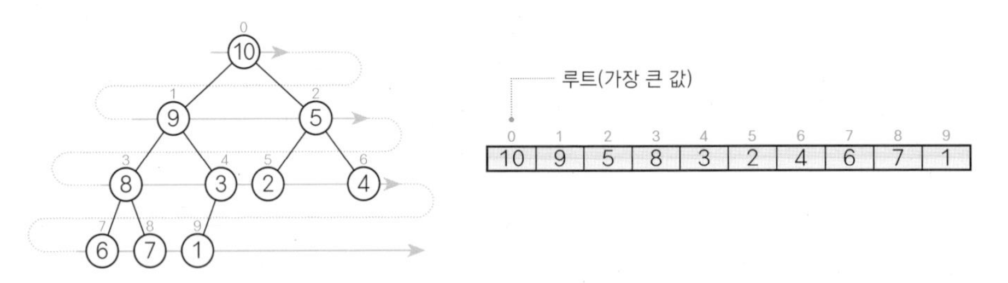

[그림 6-33] 힙 요소와 배열 요소의 대응

이 과정을 거쳐 힙의 요소를 배열에 저장하면 부모와 자식의 인덱스 사이에 다음과 같은 관계가 성립합니다.

1. 부모는 a[(i - 1) / 2]
2. 왼쪽 자식은 a[i * 2 + 1]
3. 오른쪽 자식은 a[i * 2 + 2]

정말로 이런 관계가 성립되는지 그림 6-33의 트리를 보면 a[3]의 부모는 a[1]이고 왼쪽, 오른쪽 자식은 각각 a[7], a[8]입니다. 그리고 a[2]의 부모는 a[0]이고 왼쪽, 오른쪽 자식은 각각 a[5], a[6]입니다. 모두 위의 관계를 만족합니다.

힙 정렬 알아보기

힙 정렬은 '가장 큰 값이 루트에 위치'하는 특징을 이용하는 정렬 알고리즘입니다. 구체적으로는 다음과 같은 작업을 반복합니다.

- 힙에서 가장 큰 값인 루트를 꺼냅니다.
- 루트 이외의 부분을 힙으로 전환합니다.

이 과정에서 꺼낸 값을 늘어놓으면 정렬이 끝난 배열이 완성됩니다.

즉, 힙 정렬은 선택 정렬을 응용한 알고리즘이며, 힙에서 가장 큰 값인 루트를 꺼내고 남은 요소에서 다시 가장 큰 값을 구해야 합니다. 예를 들어 힙으로 구성된 10개의 요소에서 가장 큰 값을 없애면 나머지 9개의 요소에서 가장 큰 값을 루트로 정해야 합니다. 따라서 나머지 9개의 요소로 만든 트리도 힙의 형태를 유지할 수 있도록 재구성해야 합니다.

선택 정렬은 가장 작은(혹은 큰) 값을 선택해 정렬하는 알고리즘입니다.

루트를 없애고 힙 상태 유지하기

다음은 루트를 없앤 다음 다시 힙을 만드는 순서를 그림으로 나타낸 것입니다.

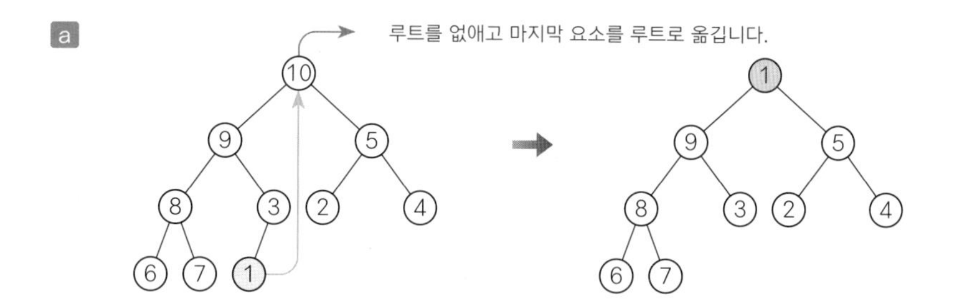

힙에서 루트인 10을 꺼냅니다. 그런 다음 비어 있는 루트 위치로 힙의 마지막 요소(오른쪽 아래 끝에 있는 자식 요소)인 1을 옮깁니다. 이때 1 이외의 요소는 힙 상태를 유지하고 있습니다. 따라서 이 값만 알맞은 위치로 이동하면 힙 상태를 유지할 수 있습니다.

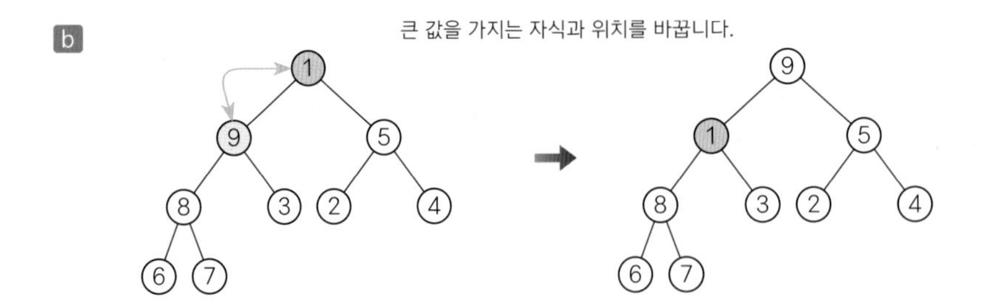

이제 루트로 이동시킨 1을 올바른 위치로 보내야 합니다. 현재 이동할 1의 자식은 9와 5입니다. 힙이 되려면 이 3개의 값 가운데 가장 큰 값이 위쪽에 있어야 합니다. '부모의 값 ≧ 자식의 값'이라는 힙의 조건을 만족하려면 두 자식을 비교하여 큰 쪽인 9와 바꾸면 됩니다. 그러면 1이 왼쪽으로 내려옵니다.

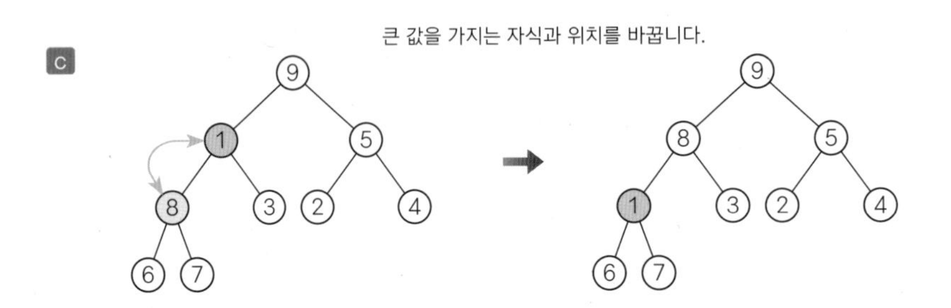

1의 두 자식은 8과 3입니다. 앞에서와 마찬가지로 큰 값을 가진 8과 바꿉니다. 그러면 1이 왼쪽으로 내려옵니다.

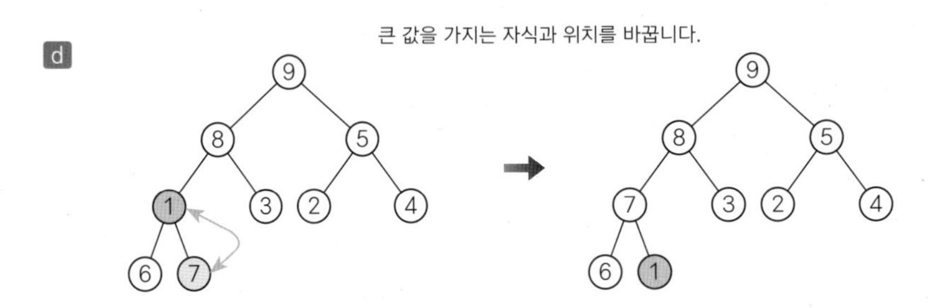

1의 두 자식은 6, 7입니다. 큰 값을 가진 오른쪽 자식 7과 바꾸면 1이 오른쪽으로 내려옵니다. 이제 1을 트리의 가장 아랫부분으로 이동시켰으니 작업을 마치게 됩니다.

이렇게 만든 트리는 힙 상태를 유지하게 됩니다. 여기에서는 1을 가장 아래까지 옮겼습니다. 하지만 요소를 항상 끝까지 옮겨야 하는 것은 아닙니다. 옮길 요소보다 왼쪽이나 오른쪽의 두 자식이 더 작으면 바꿀 수 없습니다. 이때 루트를 없앤 다음 다시 힙을 만들기 위해 요소를 알맞은 위치로 내려보내야 하는데 그 순서는 다음과 같습니다.

1. 루트를 꺼냅니다.
2. 마지막 요소를 루트로 이동합니다.
3. 자기보다 큰 값을 가지는 자식 요소와 자리를 바꾸며 아래쪽으로 내려가는 작업을 반복합니다. 이때 자식의 값이 작거나 잎에 다다르면 작업이 종료됩니다.

힙 정렬 알고리즘으로 확장하기

이제 이 힙을 사용하여 힙 정렬 알고리즘으로 확장하면 됩니다. 그림 6-34를 보며 힙 정렬 알고리즘의 흐름을 살펴보겠습니다. 다음은 그림에 대한 설명입니다.

a 힙의 루트(a[0])에 있는 가장 큰 값(10)을 꺼내 배열 마지막 요소(a[9])와 바꿉니다.

b 가장 큰 값을 a[9]로 옮기면 a[9]는 정렬을 마치게 됩니다. 앞에서 살펴본 순서대로 a[0] ~ a[8]의 요소를 힙으로 만듭니다. 그 결과 두 번째로 큰 요소인 9가 루트에 위치하게 됩니다. 힙의 루트 a[0]에 있는 가장 큰 값인 9를 꺼내 아직 정렬하지 않은 부분의 마지막 요소인 a[8]과 바꿉니다.

c 두 번째로 큰 값을 a[8]로 옮기면 a[8] ~ a[9]는 정렬을 마치게 됩니다. 그런 다음 a[0] ~ a[7]의 요소를 힙으로 만듭니다. 그 결과 세 번째로 큰 요소인 8이 루트에 위치하게 됩니다. 힙의 루트 a[0]에 있는 가장 큰 값인 8을 꺼내 아직 정렬하지 않은 부분의 마지막 요소인 a[7]과 바꿉니다.

마찬가지로 그림 6-34의 **d**, **e**, … 와 같이 반복하면 배열의 마지막부터 큰 값이 차례대로 대입됩니다. 위의 과정을 간단히 정리하면 다음과 같습니다(배열의 요소 개수를 n이라고 합니다).

1. 변수 i값을 n - 1로 초기화합니다.
2. a[0]과 a[i]를 바꿉니다.
3. a[0], a[1], …, a[i - 1]을 힙으로 만듭니다.
4. i값을 1씩 줄여 0이 되면 끝이 납니다. 그렇지 않으면 '2'로 돌아갑니다.

이 순서대로 힙 정렬을 수행하면 됩니다. 이때 초기 상태의 배열이 힙 상태가 아닐 수도 있습니다. 따라서 이 과정을 적용하기 전에 배열을 힙 상태로 만들어야 합니다.

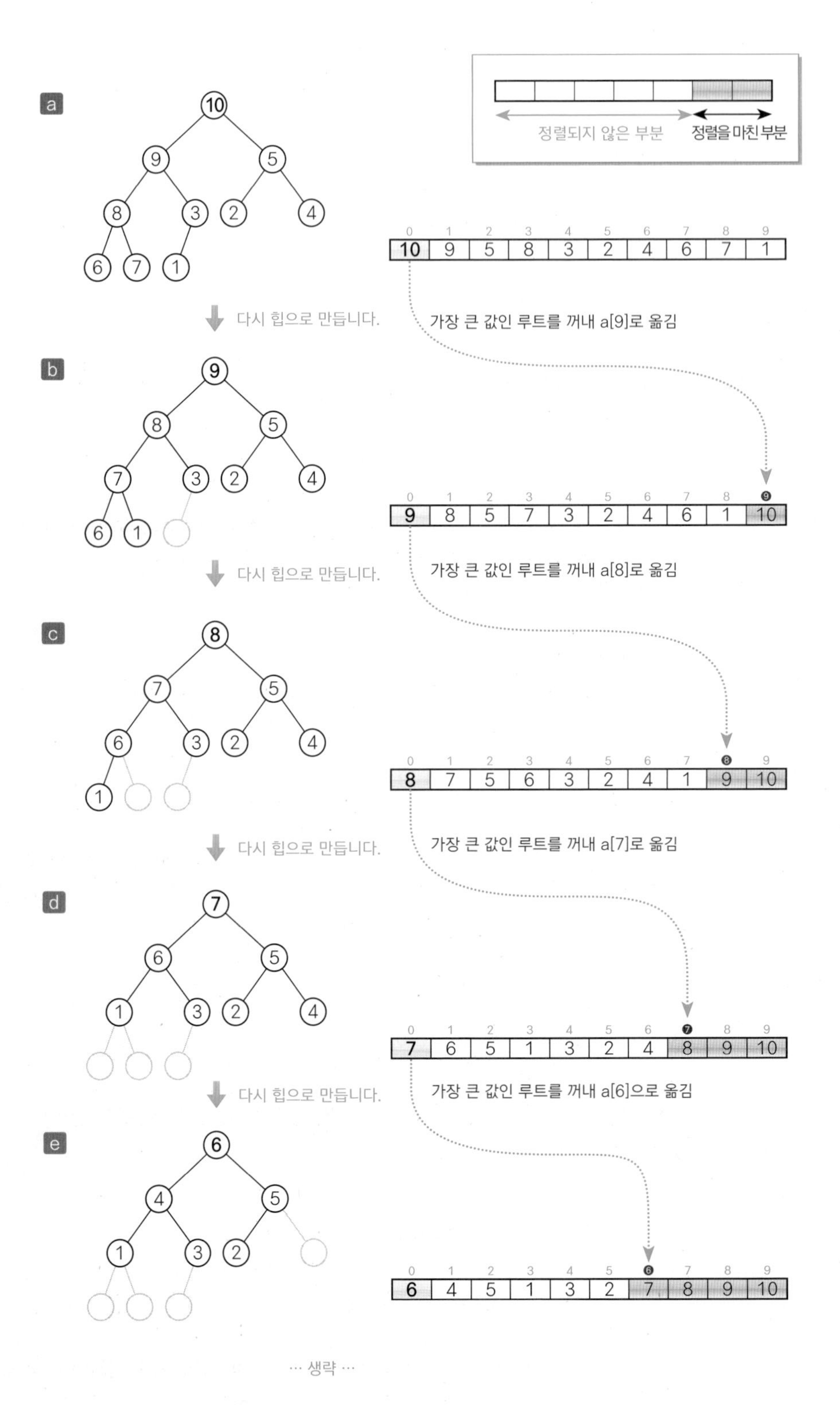

정렬되지 않은 부분
정렬을 마친 부분
a
b
c
d
e
다시 힙으로 만듭니다.
가장 큰 값인 루트를 꺼내 a[9]로 옮김
가장 큰 값인 루트를 꺼내 a[8]로 옮김
가장 큰 값인 루트를 꺼내 a[7]로 옮김
가장 큰 값인 루트를 꺼내 a[6]으로 옮김
… 생략 …

[그림 6-34] 힙 정렬

배열로 힙 만들기

그림 6-35와 같은 이진트리가 있다고 가정합니다. 4를 루트로 하는 부분트리(A)는 힙이 아닙니다. 그러나 왼쪽 자식 8을 루트로 하는 부분트리(B)와 오른쪽 자식 5를 루트로 하는 부분트리(C)는 모두 힙입니다.

부분트리는 트리의 일부를 지칭하는 말입니다.

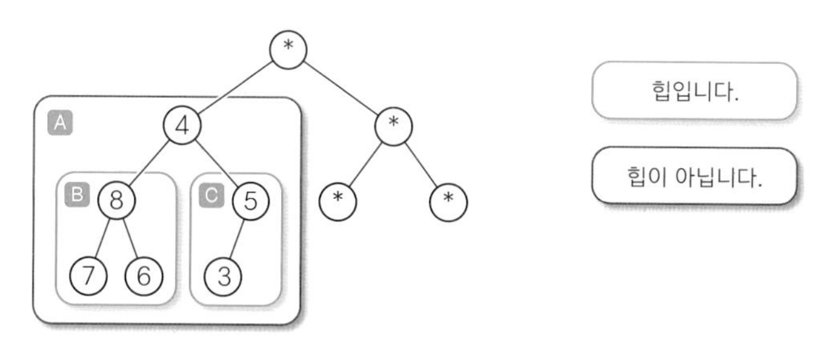

[그림 6-35] 왼쪽 부분트리와 오른쪽 부분트리가 힙 상태인 부분트리

앞에서는 루트를 없앤 다음 마지막 요소를 루트로 옮기고 루트로 옮긴 요소를 알맞은 위치로 옮기면서 힙을 만들었습니다. 여기서도 이 방법으로 루트 4를 알맞은 위치로 옮기면 부분트리 A를 힙으로 만들 수 있습니다.

즉, 이 방법을 이용하면 아랫부분의 작은 부분트리부터 시작해 올라가는 방식(bottom-up)으로 전체 배열을 힙으로 만들 수 있습니다. 그림 6-36은 이 내용을 나타낸 것으로, 가장 아랫부분의 오른쪽 부분트리부터 시작해 왼쪽으로 진행하면서 힙으로 만듭니다. 가장 아랫부분의 단계가 끝나면 하나 위쪽으로 부분트리 범위를 확장하고 다시 왼쪽으로 진행하면서 부분트리를 힙으로 만듭니다. 다음은 그림 6-36에 대한 설명입니다.

- a 이 트리는 힙이 아닙니다. 마지막(가장 아랫부분의 가장 오른쪽) 부분트리인 {9, 10}을 선택합니다. 요소 9를 내려 힙으로 만듭니다.
- b 바로 왼쪽의 부분트리인 {7, 6, 8}을 선택합니다. 요소 7을 오른쪽으로 내려 힙으로 만듭니다.
- c 가장 아랫부분의 단계가 끝났습니다. 이제 부분트리의 선택 범위를 위로 한 칸 확장하여 마지막(가장 오른쪽) 부분트리인 {5, 2, 4}를 선택합니다. 이미 힙이므로 옮길 필요가 없습니다(우연한 힙 상태).
- d 바로 왼쪽에 있는 부분트리(3을 루트로 하는 부분트리)를 선택합니다. 여기서는 요소 3을 오른쪽 아래로 내려 힙으로 만듭니다.
- e 부분트리의 선택 범위를 위로 한 칸 확장해 트리 전체를 선택합니다. 왼쪽에 있는 자식 10을 루트로 하는 부분트리와 오른쪽에 있는 자식 5를 루트로 하는 부분트리는 모두 힙입니다. 그래서 요소 1을 알맞은 위치로 내려 힙으로 만들고 끝냅니다.

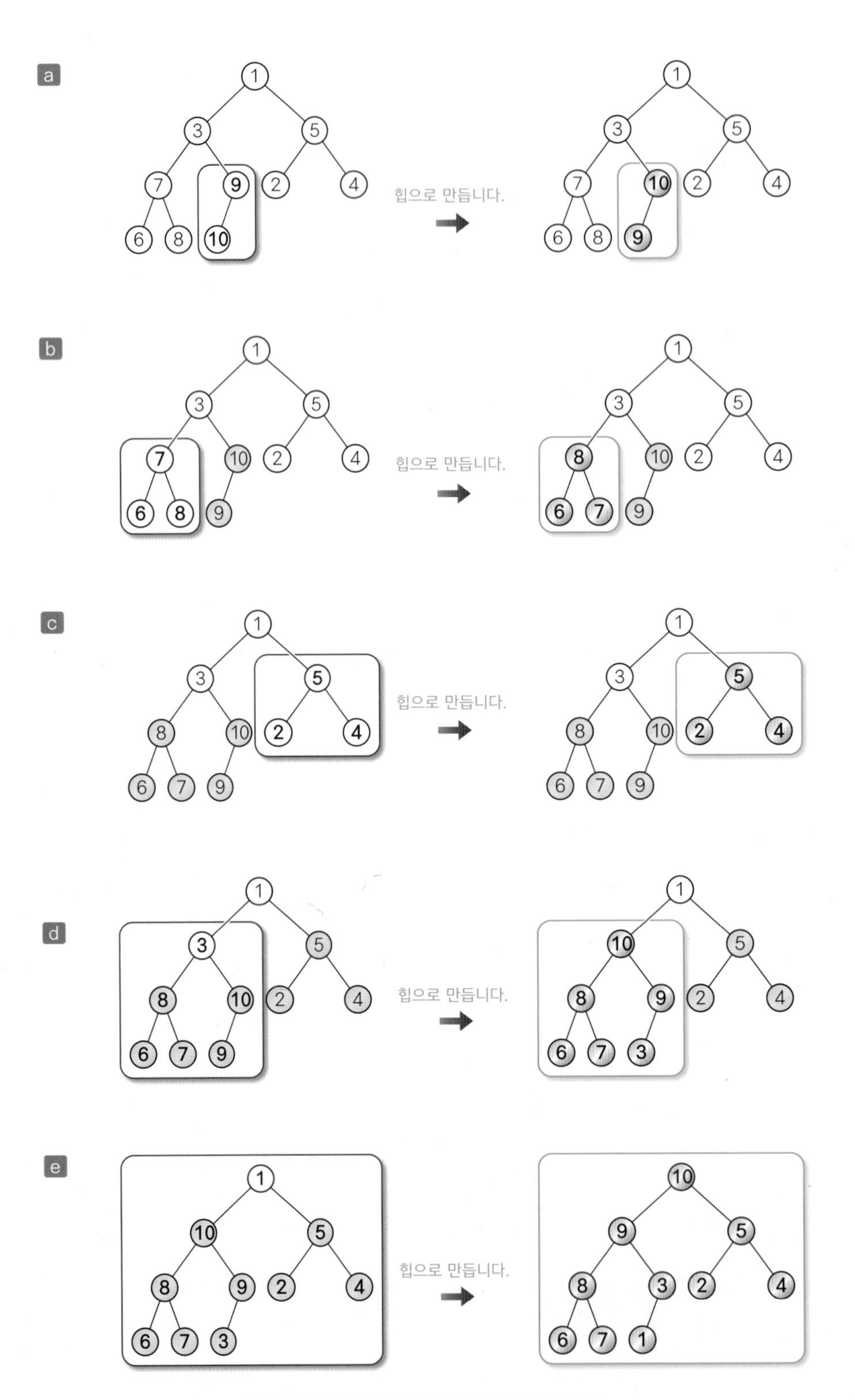

[그림 6-36] 정렬되지 않은 배열을 힙으로 만드는 과정

힙 정렬 프로그램을 작성할 준비가 끝났습니다. 곧 설명할 실습 6-16이 힙 정렬을 수행하는 프로그램입니다.

힙 정렬의 시간 복잡도 이해하기

앞에서 설명한 대로 힙 정렬은 선택 정렬을 응용한 알고리즘입니다. 단순 선택 정렬은 정렬되지 않은 영역의 모든 요소를 대상으로 가장 큰 값을 선택합니다. 힙 정렬에서는 첫 요소를 꺼내는 것만으로 가장 큰 값이 구해지므로 첫 요소를 꺼낸 다음 나머지 요소를 다시 힙으로 만들어야 그 다음에 꺼낼 첫 요소도 가장 큰 값을 유지합니다. 따라서 단순 선택 정렬에서 가장 큰 요소를 선택할 때의 시간 복잡도 O(n)의 값을 한 번에 선택할 수 있어 O(1)로 줄일 수 있습니다. 그 대신 힙 정렬에서 다시 힙으로 만드는 작업의 시간 복잡도는 O(log n)입니다.

루트를 알맞은 위치로 내리는 작업은 이진 검색과 비슷해 스캔할 때마다 스캔의 범위가 거의 반으로 줄어들기 때문입니다.

따라서 단순 선택 정렬은 전체 정렬에 걸리는 시간 복잡도의 값이 $O(n^2)$이지만 힙 정렬은 힙으로 만드는 작업을 요소의 개수만큼 반복하므로 시간 복잡도의 값이 O(n log n)으로 크게 줄어듭니다.

연습문제

Q19 병합 정렬 알고리즘을 사용해 qsort 함수와 같은 형식으로 호출할 수 있는 다음 함수를 안정된 정렬이 될 수 있도록 작성하세요.

```
void m_sort(void *base, size_t nmemb, size_t size,
            int(*compar)(const void *, const void *));
```

Q20 downheap 함수가 호출될 때마다 오른쪽 그림처럼 배열의 값을 트리 형식으로 출력하는 프로그램을 작성하세요.

```
          10
         /  \
       09     05
      /  \   / \
    08   03 02 04
    / \  /
  06 07 01
```

Do it! 실습 6-16

• 완성 파일 chap06/heap.c

```
01  // 힙 정렬 프로그램
02  #include <stdio.h>
03  #include <stdlib.h>
04
05  #define swap (type, x, y) do { type t = x; x = y; y = t; } while(0)
06
07  /*--- a[left] ~ a[right]를 힙으로 만드는 함수 ---*/
08  static void downheap (int a[], int left, int right)
09  {
10    int temp = a[left];                              // 루트
11    int child;
12    int parent;
13    for(parent = left; parent < (right + 1) / 2; parent = child) {
14      int cl = parent * 2 + 1;                       // 왼쪽 자식
15      int cr = cl + 1;                               // 오른쪽 자식
16      child = (cr <= right && a[cr] > a[cl]) ? cr: cl;  // 큰 값을 선택
17      if(temp >= a[child])
18        break;
19      a[parent] = a[child];
20    }
21    a[parent] = temp;
22  }
23
24  /*--- 힙 정렬 함수 ---*/
25  void heapsort(int a[], int n)
26  {
27    for(int i = (n - 1) / 2; i >= 0; i--)      ─ 1
28      downheap(a, i, n - 1);
29    for(int i = n - 1; i > 0; i--) {          ─ 2
30      swap(int, a[0], a[i]);
31      downheap(a, 0, i - 1);
32    }
33  }
34
35  int main(void)
36  {
37    int nx;
38    puts("힙 정렬");
39    printf("요소 개수: ");
40    scanf("%d", &nx);
```

실행 결과

```
힙 정렬
요소 개수: 7
x[0]: 6
x[1]: 4
x[2]: 3
x[3]: 7
x[4]: 1
x[5]: 9
x[6]: 8
오름차순으로 정렬했습니다.
x[0] = 1
x[1] = 3
x[2] = 4
x[3] = 6
x[4] = 7
x[5] = 8
x[6] = 9
```

```
41      int *x = calloc(nx, sizeof(int));
42      for(int i = 0; i < nx; i++) {
43        printf("x[%d]: ", i);
44        scanf("%d", &x[i]);
45      }
46      heapsort(x, nx);    // 배열 x를 힙 정렬
47      puts("오름차순으로 정렬했습니다.");
48      for(int i = 0; i < nx; i++)
49        printf("x[%d] = %d\n", i, x[i]);
50      free(x);            // 배열 x를 해제
51
52      return 0;
53  }
```

downheap 함수

배열 a 가운데 a[left] ~ a[right]의 요소를 힙으로 만드는 함수입니다. a[left] 이외에는 모두 힙 상태라고 가정하고 a[left]를 아랫부분의 알맞은 위치로 옮겨 힙 상태를 만듭니다.

앞에서 공부한 '루트를 없애고 힙 상태 유지하기'에 대한 내용입니다.

heapsort 함수

요소의 개수가 n개인 배열 a를 힙 정렬하는 함수입니다. 아래의 2단계로 구성됩니다.

1. downheap 함수를 사용하여 배열 a를 힙으로 만듭니다.
2. 루트(a[0])에 있는 가장 큰 값을 빼내어 배열 마지막 요소와 바꾸고 배열의 나머지 부분을 다시 힙으로 만드는 과정을 반복하여 정렬을 수행합니다.

1은 '배열로 힙 만들기'에 대한 내용이고, 2는 '힙 정렬 알고리즘 살펴보기'에 대한 내용입니다.

06-9 도수 정렬

도수 정렬은 요소의 대소 관계를 판단하지 않고 빠르게 정렬할 수 있는 알고리즘입니다.

도수 정렬하기

지금까지의 정렬 알고리즘은 두 요소의 키값을 비교해야 했습니다. 하지만 도수 정렬은 요소를 비교할 필요가 없다는 특징이 있습니다. 그러면 10점 만점의 테스트에서 학생 9명의 점수를 예로 들어 도수 정렬 알고리즘을 살펴보겠습니다. 도수 정렬 알고리즘은 도수분포표 만들기, 누적도수분포표 만들기, 목적 배열 만들기, 배열 복사하기의 4단계로 이루어집니다.

정렬하는 배열은 a, 요소의 개수는 n, 점수의 최댓값은 max입니다.

1단계 도수분포표 만들기

먼저 배열 a를 바탕으로 '각 점수에 해당하는 학생이 몇 명인지'를 나타내는 도수분포표를 작성합니다. 도수분포표를 나타내기 위해 배열 f를 사용합니다(그림 6-37). 먼저 배열 f의 모든 요소의 값을 0으로 초기화합니다([0]). 그런 다음 배열 a를 처음부터 스캔하면서 도수분포표를 만들면 됩니다. a[0]은 5점이므로 f[5]를 1만큼 증가시킵니다(1). a[1]은 7점이므로 f[7]을 1만큼 증가시켜 1로 만듭니다(2). 이 작업을 배열 끝까지 반복하면 도수분포표가 완성됩니다.

예를 들어, f[3]의 값(2)은 3점을 맞은 학생이 2명이라는 뜻입니다.

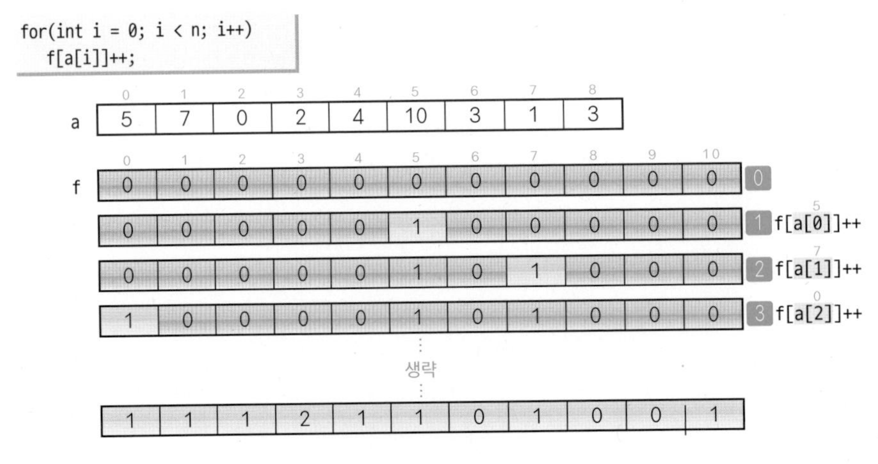

[그림 6-37] 도수분포표 생성

2단계 누적도수분포표 만들기

도수분포표를 만든 다음에 '0점부터 점수 n까지 몇 명의 학생이 있는지' 누적된 값을 나타내는 누적도수분포표를 만들어 보겠습니다. 그림 6-38에 배열 f의 두 번째 요소부터 바로 앞의 요솟값을 더하는 과정을 나타냈습니다. 가장 마지막 그림이 누적도수분포표의 완성된 모습입니다.

예를 들어, f[4]의 값(6)은 0~4점을 받은 학생이 6명임을 의미하고, f[10]의 값(9)은 0~10점을 받은 학생이 9명임을 의미합니다.

```
for(int i = 1; i <= max; i++)
   f[i] += f[i - 1];
```

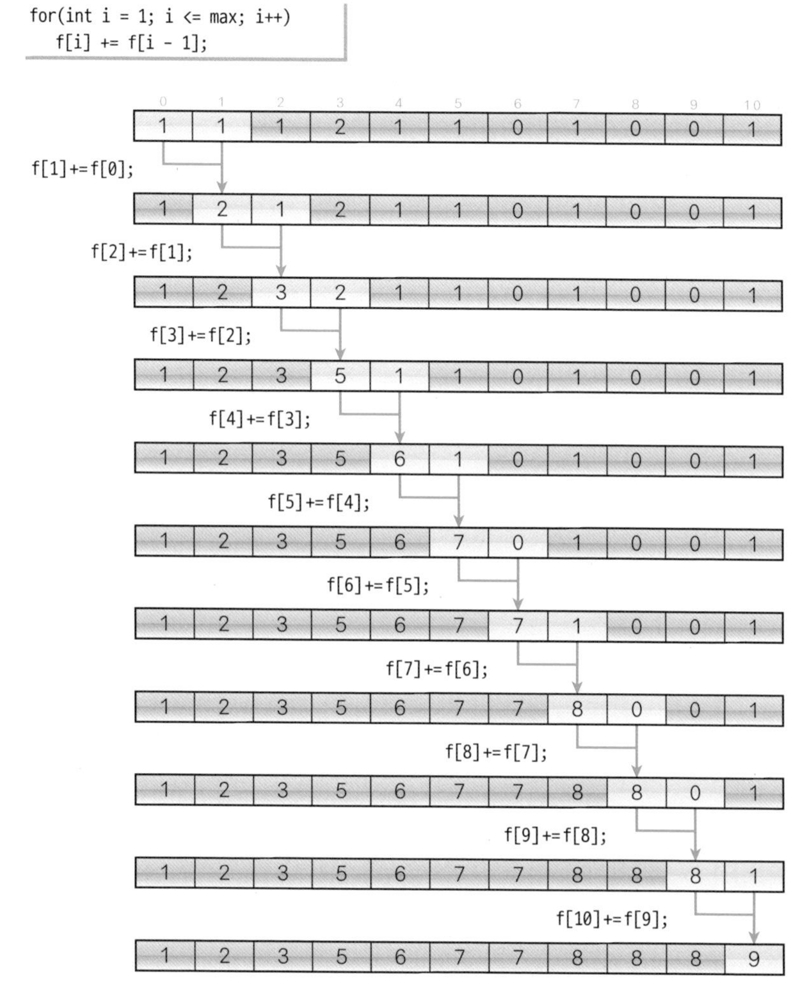

[그림 6-38] 누적도수분포표 생성

3단계 목적 배열 만들기

각각의 점수를 받은 학생이 몇 번째에 위치하는지 알 수 있으므로 이 시점에서 정렬은 거의 마쳤다고 할 수 있습니다.

```
for(int i = n - 1; i >= 0; i--)
   b[--f[a[i]]] = a[i];
```

남은 작업은 배열 a의 각 요솟값과 누적도수분포표 f를 대조하여 정렬을 마친 배열을 만드는 작업입니다. 이 작업은 배열 a와 같은 요소의 개수를 갖는 작업용 배열 b가 필요합니다. 그러면 배열 a의 요소를 마지막 위치부터 처음 위치까지 스캔하면서 배열 f와 대조하는 작업을 수행하겠습니다.

1 요소 a[8]

마지막 요소(a[8])의 값은 3입니다(그림 6-39). 누적도수를 나타내는 배열(f[3])의 값이 5이므로 0~3점 사이에 5명이 있음을 알 수 있습니다. 목적 배열인 b[4]에 3을 저장합니다. 조금 복잡해 보이는 과정이지만 그림을 잘 살펴보면서 이해하세요.

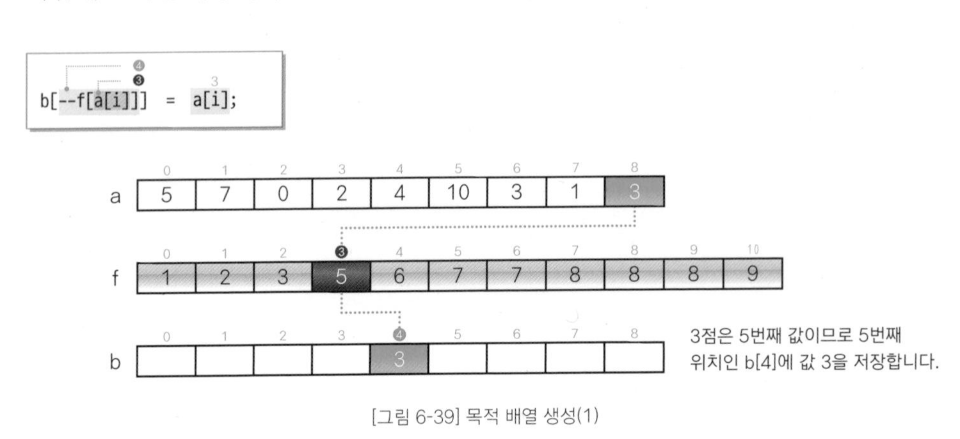

[그림 6-39] 목적 배열 생성(1)

이 작업을 할 때 f[3]의 값을 5에서 1만큼 감소시켜 4로 만듭니다. 그 이유는 3에서 설명하겠습니다.

2 요소 a[7]

바로 앞의 요소인 a[7]의 값은 1입니다(그림 6-40). 누적도수를 나타내는 f[1]의 값(2)은 0~1점 사이에 2명이 있음을 의미합니다. 따라서 작업용 목적 배열 b[1]에 1을 저장합니다.

배열의 2번째 요소는 인덱스가 1입니다. 따라서 이 작업을 할 때도 f[1]의 값을 2에서 1만큼 감소시켜 1로 만듭니다.

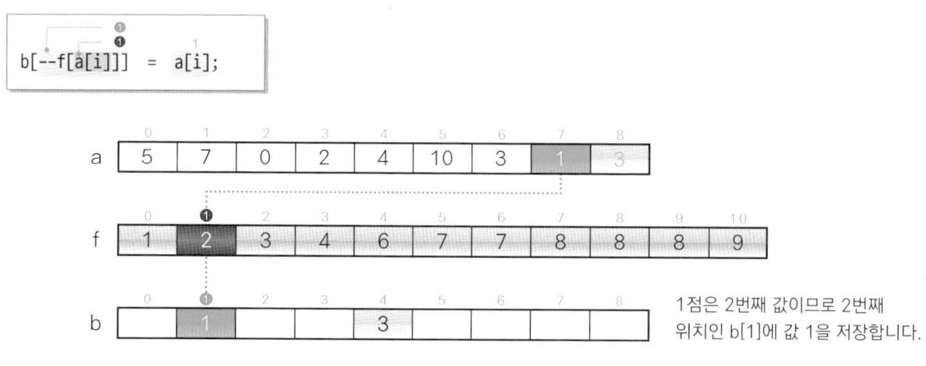

[그림 6-40] 목적 배열 생성(2)

3 요소 a[6]

배열 a에서의 스캔을 계속하겠습니다. 다음에 살펴볼 값은 a[6]입니다(그림 6-41). 이때 a[8]에서 3점 학생을 배열 b에 저장하는 과정을 이미 한 번 진행했기 때문에 두 번째로 진행해야 합니다. 이때 1에서 a[8]의 값(3)을 목적 배열에 넣을 때 f[3]의 값을 1만큼 감소시켜 4로 만들었음을 기억하세요.

이렇게 미리 값을 감소시켰기 때문에 중복되는 값인 3을 목적 배열의 4번째 요소(b[3])에 저장할 수 있습니다.

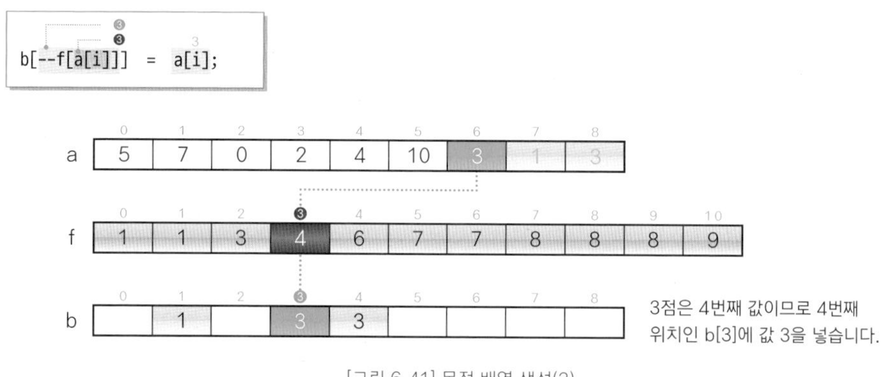

[그림 6-41] 목적 배열 생성(3)

정렬하기 전 배열의 뒤쪽 요소 a[8]이 b[4]에 저장되고, 앞쪽 요소 a[6]이 b[3]에 저장됩니다.

목적 배열에 값을 저장할 때 참조하는 배열 f의 요솟값을 1씩 줄여나가는 이유는 같은 값의 요소가 여러 개 존재할 경우 저장 장소가 중복되지 않도록 하려는 것입니다. 이때도 f[3]의 값은 1이 줄어들어 3이 됩니다.

위의 작업을 a[0]까지 진행하면 배열 a의 모든 요소를 배열 b의 알맞은 위치에 저장할 수 있습니다.

4단계 배열 복사하기

정렬은 끝났지만 정렬 결과를 저장한 곳은 작업 배열(b)입니다. 배열 a는 정렬하기 전 상태이므로 배열 b 값을 배열 a로 복사해야 합니다.

```
for(int i = 0; i < n; i++)
  a[i] = b[i];
```

도수 정렬은 if 문 대신 for 문만을 사용해 정렬할 수 있는 매우 아름다운 알고리즘입니다. 실습 6-17은 도수 정렬 프로그램입니다.

Do it! 실습 6-17

• 완성 파일 chap06/counting.c

```
01  // 도수 정렬 프로그램
02  #include <stdio.h>
03  #include <stdlib.h>
04
05  /*--- 도수 정렬 함수(배열의 요솟값은 0 이상 max 이하) ---*/
06  void counting(int a[], int n, int max)
07  {
08    int *f = calloc(max + 1, sizeof(int));                // 누적 도수
09    int *b = calloc(n, sizeof(int));                      // 작업용 목적 배열
10
11    for(int i = 0; i <= max; i++) f[i] = 0;               // [Step0]
12    for(int i = 0; i < n; i++) f[a[i]]++;                 // [Step1]
13    for(int i = 1; i <= max; i++) f[i] += f[i - 1];       // [Step2]
14    for(int i = n - 1; i >= 0; i--) b[--f[a[i]]] = a[i];  // [Step3]
15    for(int i = 0; i < n; i++) a[i] = b[i];               // [Step4]
16
17    free(b);
18    free(f);
19  }
20
21  int main(void)
22  {
23    int nx;
24    const int max = 100;                                  // 가장 큰 값
25    puts("도수 정렬");
26    printf("요소 개수: ");
27
28    scanf("%d", &nx);
29    int *x = calloc(nx, sizeof(int));
30    printf("0 ~ %d의 정수를 입력하세요.\n", max);
31
```

```
32      for(int i = 0; i < nx; i++) {
33        do {
34          printf("x[%d]: ", i);
35          scanf("%d", &x[i]);
36        } while(x[i] < 0 || x[i] > max);
37      }
38
39      counting(x, nx, max);    // 배열 x를 도수 정렬
40      puts("오름차순으로 정렬했습니다.");
41
42      for(int i = 0; i < nx; i++)
43        printf("x[%d] = %d\n", i, x[i]);
44
45      free(x);                 // 배열 x를 해제
46
47      return 0;
48  }
```

실행 결과

```
도수 정렬
요소 개수: 7
0 ~ 100의 정수를 입력하세요.
x[0]: 22
x[1]: 5
x[2]: 11
x[3]: 32
x[4]: 97
x[5]: 68
x[6]: 71
오름차순으로 정렬했습니다.
x[0] = 5
x[1] = 11
x[2] = 22
x[3] = 32
x[4] = 68
x[5] = 71
x[6] = 97
```

counting 함수는 배열의 모든 요솟값이 0 이상 max 이하임을 전제로 배열 a에 대해서 도수 정렬을 수행합니다.

main 함수의 33~36행은 키보드로 입력하는 값을 0 이상 max 이하의 값으로 제한합니다.

counting 함수는 정렬을 위한 작업용 배열 f와 b를 만듭니다. 앞에서 공부한 대로 배열 f는 도수분포와 누적도수를 넣는 배열이고 배열 b는 정렬한 배열을 임시로 저장하는 배열입니다.

배열 f는 인덱스로 0 ~ max가 필요하므로 총 요소의 개수는 max + 1입니다. 또 배열 b는 정렬 결과를 임시로 저장하는 배열이므로 요소의 개수는 배열 a와 같습니다(n).

프로그램에서 구현한 함수는 총 4단계의 for 문을 거칩니다. 1단계의 for 문부터 4단계의 for 문까지 각각 도수분포표 만들기, 누적도수분포표 만들기, 목적 배열 만들기, 배열 복사하기(지금까지 공부한 내용)를 의미합니다.

0단계의 for 문은 도수분포와 누적도수분포를 넣어두는 배열 f를 0으로 초기화합니다. 사실 이 for 문은 생략할 수 있습니다. calloc 함수가 동적으로 확보하는 메모리의 모든 값은 0으로 초기화되기 때문입니다.

도수 정렬 알고리즘은 데이터의 비교, 교환 작업이 필요 없어 매우 빠릅니다. 단일 for 문만을 사용하며 재귀 호출, 이중 for 문이 없어 아주 효율적인 알고리즘입니다. 하지만 도수분포표가 필요하기 때문에 데이터의 최솟값과 최댓값을 미리 알고 있는 경우에만 사용할 수 있습니다.

각 단계(for 문)에서 배열 요소를 건너뛰지 않고 순서대로 스캔하기 때문에 같은 값에 대해서 순서가 바뀌는 일이 없어 이 정렬 알고리즘은 안정적이라고 할 수 있습니다. 그러나 3단계(목적 배열 만들기)에서 배열 a를 스캔할 때 마지막 위치부터가 아닌 처음부터 스캔을 하면 안정적이지 않습니다. 처음부터 스캔하면 안정적이지 않은 이유를 앞에서 봤던 그림을 이용해 설명하겠습니다. 그림 6-39와 그림6-41의 실행 순서가 거꾸로 바뀌면 원래 배열(a)에서 처음에 위치한 값인 3이 a[4]에 저장되고 마지막에 위치한 값인 3이 a[3]에 저장됩니다. 즉, 순서가 반대로 바뀝니다.

Q21 도수 정렬의 각 단계(for 문)에서 배열 a, b, f의 요솟값의 변화를 출력하는 프로그램을 작성하세요.

Q22 요솟값의 범위가 min 이상 max 이하이고 요소의 개수가 n개인 배열 a를 도수 정렬하는 함수를 작성하세요.

```
void counting(int a[], int n, int min, int max);
```

07

문자열 검색

07-1 문자열의 기본

07-2 브루트-포스법

07-3 KMP법

07-4 보이어-무어법

07-1 문자열의 기본

이번 장에서는 문자열 안에 들어 있는 부분 문자열을 검색하는 알고리즘을 살펴보겠습니다. 그런데 문자열을 다루는 알고리즘을 공부하려면 문자열의 기본을 먼저 알아야 합니다. 문자열의 기본에 대해 먼저 살펴보겠습니다.

문자열 정의하기

프로그램에서 문자의 '나열'이라고 해서 나타내는 것이 문자열(string)입니다. 이때 문자의 '나열'은 어떤 문자가 항상 있어야 하는 것은 아닙니다. 문자가 하나만 있어도 좋고, 비어 있어도 상관없습니다. 빈 문자열도 문자열입니다.

문자열 리터럴 알아보기

C 언어에서는 "STRING"이나 "ABC" 또는 그냥 "" 처럼 (0개 이상의) 문자 나열을 2개의 큰따옴표(")로 묶은 것을 문자열 리터럴(string literal)이라고 합니다. 그림 7-1은 문자열 리터럴 "STRING"의 내부입니다. 이처럼 문자열 안의 문자는 메모리 공간에 연속으로 배치됩니다.

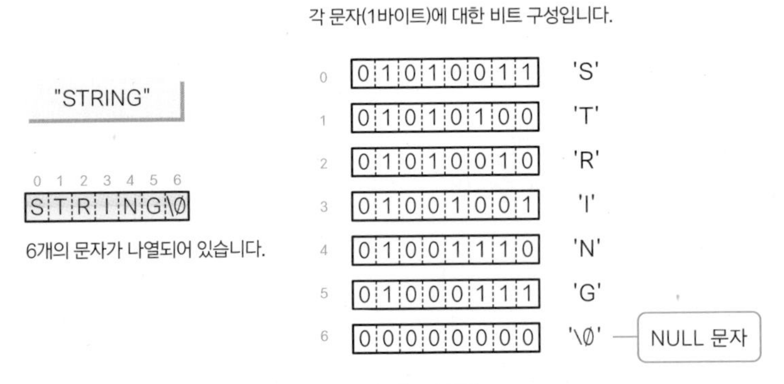

[그림 7-1] 문자열 리터럴과 메모리 공간

여기에 나타낸 문자열 리터럴의 모습은 아스키 코드(ASCII) 체계를 기준으로 한 것입니다. 문자가 차지하는 비트 수는 컴퓨터 환경에 따라 다릅니다(이 예는 8비트를 기준으로 했습니다).

위 그림에서 볼 수 있듯이 컴퓨터는 문자열 리터럴의 끝을 나타내기 위해 널 문자(null character)를 자동으로 추가합니다. 널 문자 내부는 컴퓨터 환경이나 문자 코드에 관계없이 모든 비트의 값이 0입니다. 실제로 문자열 리터럴 "STRING"의 내부가 어떻게 되어 있는지 실습 7-1을 통해 알아보겠습니다. 이 프로그램은 "STRING"을 구성하는 모든 문자의 값을 앞에서부터 순서대로 16진수와 2진수로 출력합니다(끝에 널 문자는 출력하지 않습니다).

Do it! 실습 7-1

• 완성 파일 chap07/str_dump.c

```
01  // 문자열 안의 문자를 16진수와 2진수로 출력
02  #include <stdio.h>
03  #include <limits.h>
04
05  /*--- 문자열 s 안의 문자를 16진수와 2진수로 출력하는 함수 ---*/
06  void str_dump (const char *s)
07  {
08    for ( ; *s != '\0'; s++) {
09      printf("%c %0*X ", *s,(CHAR_BIT + 3) / 4, *s);
10      for(int i = CHAR_BIT - 1; i >= 0; i--)
11        putchar(((*s >> i) & 1U) ? '1': '0');
12      putchar('\n');
13    }
14  }
15
16  int main (void)
17  {
18    str_dump("STRING");
19    return 0;
20  }
```

실행 결과

```
S 53 01010011
T 54 01010100
R 52 01010010
I 49 01001001
N 4E 01001110
G 47 01000111
```

프로그램을 실행하면 위와 같은 결과를 확인할 수 있습니다. 그런데 문자열 리터럴은 내용을 자유롭게 바꿀 수 없습니다. 자유롭게 읽고 쓰는 문자열은 배열로 구현해야 합니다.

보충수업 7-1 문자열 리터럴

여기서는 문자열 리터럴의 특징을 간단히 알아보겠습니다.

1. 문자열 리터럴의 자료형

문자열 리터럴의 자료형은 char형 배열입니다. 그러나 문자열 리터럴의 표현식을 평가하여 얻는 자료형은 char *형이고 그 값은 첫 번째 문자에 대한 포인터입니다. 예를 들어 문자열 리터럴 "STRING"을 평가하면 첫 번째 글자 'S'에 대한 포인터를 얻습니다.

2. 문자열 리터럴의 메모리 영역 기간

문자열 리터럴의 메모리 영역 기간은 정적 메모리 영역의 기간과 같습니다. 그러므로 프로그램의 시작부터 끝까지 메모리 영역이 유지됩니다.

3. 같은 문자열 리터럴이 여러 개 있는 경우 컴퓨터에서 처리하는 방법

같은 문자열 리터럴이 여러 개 있는 경우에는 이를 각각 다른 메모리 영역에 넣어두는 컴퓨터 환경도 있고 같은 영역에 넣어두고 공유하는 컴퓨터 환경도 있습니다.

4. 상수의 성질을 갖는 문자열 리터럴

문자열 리터럴은 변수가 아니라 상수의 성질을 가지고 있습니다. 즉, 문자열 리터럴이 저장된 메모리 영역에 값을 대입할 수 없습니다.

배열에 문자열 저장하기

문자열 값을 char형 배열에 저장하면 자유롭게 값을 꺼내고 쓸 수 있습니다. 실습 7-2는 배열에 문자열 "ABCD"를 저장하고 해당 문자열을 출력하는 프로그램입니다.

Do it! 실습 7-2 • 완성 파일 chap07/str_ary1.c

```
01  // 문자열을 배열로 저장해서 출력
02  #include <stdio.h>
03
04  int main (void)
05  {
06    char st[8];
07    st[0] = 'A';
08    st[1] = 'B';
09    st[2] = 'C';
10    st[3] = 'D';
11    st[4] = '\0';
12    printf("문자열 st에는 \"%s\"가 들어 있습니다.\n", st);
13
14    return 0;
15  }
```

실행 결과

```
문자열 st에는 "ABCD"가 들어 있습니다.
```

요소의 자료형이 char형이고 요소의 개수가 8인 char[8]형 배열 st의 요소에 문자열을 구성할 문자를 하나씩 순서대로 대입합니다. 대입한 후 배열 st의 모습은 그림 7-2와 같습니다.

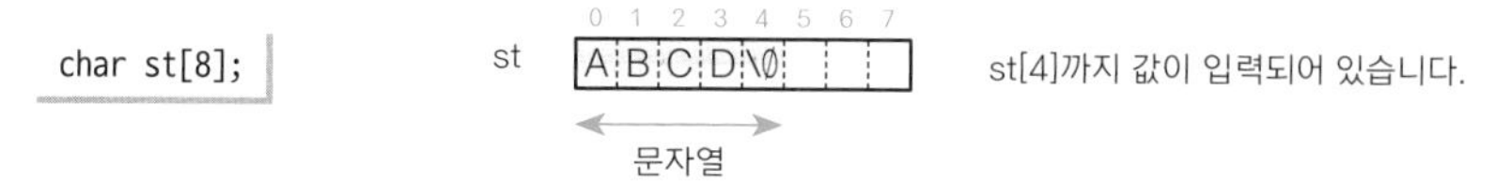

[그림 7-2] char형 배열에 대입한 문자의 모습

st[4]에 대입된 널 문자는 문자열의 끝을 나타냅니다. 이처럼 C 언어에서 널 문자는 문자열의 끝을 나타냅니다. 따라서 st[5]부터 어떤 문자를 대입해도 널 문자까지만 문자열이라고 인식합니다. 아래와 같이 st[5]에 문자를 대입해도 ABCD로 출력됩니다.

```
st[5] = 'X';
```

Q1 위에서 설명한 대로 널 문자 다음에 문자를 대입해도 정말 결과가 동일한지 확인하세요.

문자열 초기화

문자열을 선언하면서 동시에 초기화할 수도 있습니다. 위에서 선언했던 배열 st를 초기화하며 선언하는 코드는 다음과 같습니다. 보통은 아래의 코드 중 두 번째의 간단한 선언 방식을 많이 사용합니다.

```
char st[10] = {'A', 'B', 'C', 'D', '\0'};
char st[10] = "ABCD";
```

Do it! 실습 7-3 • 완성 파일 chap07/str_ary2.c

```
01  // 문자열을 배열에 초기화하며 선언
02  #include <stdio.h>
03
04  int main (void)
05  {
06    char st[8] = "ABCD";
07    printf("문자열 st에는 \"%s\"가 들어 있습니다.\n", st);
08
09    return 0;
10  }
```

실행 결과
문자열 st에는 "ABCD"가 들어 있습니다.

요소 개수를 생략하고 선언하면 초기화할 문자열의 저장에 필요한 최소한의 요소 개수로 배열이 만들어집니다. 예를 들어 다음 코드에서 배열 st의 요소 개수는 5입니다.

```
char st[] ="ABCD";    // 배열 st의 요소 개수는 5
```

이때 주의할 점은 앞에서 초기화할 때 사용한 코드는 초기화에서만 사용해야 한다는 것입니다. 즉, 다음과 같은 코드는 실행되지 않습니다.

```
char st[10];
st = {'A', 'B', 'C', 'D', '\0'};     // 오류
st = "ABCD";                         // 오류
```

앞의 예에서 볼 수 있듯이 초기화와 대입은 다릅니다.

보충수업 7-2 printf 함수와 scanf 함수

문자열을 나타내는 형식 문자열(%s)의 's'는 string에서 따왔습니다. 아래처럼 scanf 함수를 사용하여 읽을 때도 형식 문자열(%s)을 사용합니다(chap07/str_scan_print.c 파일을 참고하세요).

```
char st[ 128 ] ;
printf("문자열: ");
scanf("%s", st);    // st는 첫 번째 문자에 대한 포인터이므로 & 연산자가 필요하지 않음
printf("%s", st);   // st는 첫 번째 문자에 대한 포인터이므로 & 연산자가 필요하지 않음
```

포인터로 문자열 나타내기

문자열을 나타낼 때 배열이 아니라 포인터를 사용하는 방법이 있습니다. 실습 7-4를 보면서 살펴보겠습니다.

Do it! 실습 7-4 • 완성 파일 chap07/str_ptr.c

```
01  // 문자열을 출력(포인터를 사용)
02  #include <stdio.h>
03
04  int main (void)
05  {
06      char *pt = "12345";
07      printf("포인터 pt는 \"%s\"를(을) 가리킵니다.\n", pt);
08
09      return 0;
10  }
```

실행 결과

```
포인터 pt는 "12345"를(을) 가리킵니다.
```

선언한 char *형 포인터 pt는 초기화 요소로 문자열 리터럴 "12345"를 줍니다. 문자열 리터럴을 평가하여 얻는 값은 그 문자열 리터럴의 첫 번째 문자에 대한 포인터이므로 포인터 pt는 그림 7-3에 나타낸 것처럼 "12345"가 들어 있는 메모리 영역의 첫 번째 문자 '1'을 가리키며 초기화됩니다.

문자열 리터럴을 평가하면 그 문자열 리터럴의 첫 번째 문자에 대한 포인터를 얻을 수 있기 때문입니다(보충수업 7-1).

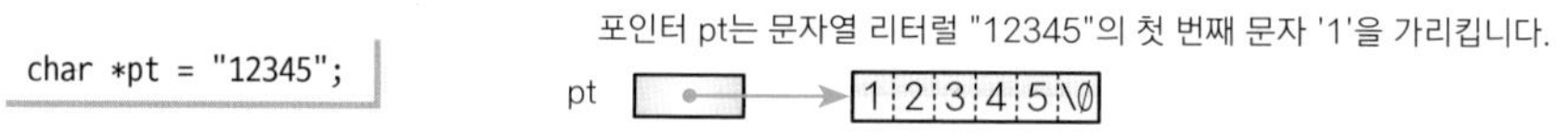

char *pt = "12345";

포인터 pt는 문자열 리터럴 "12345"의 첫 번째 문자 '1'을 가리킵니다.

pt → 1 2 3 4 5 \0

[그림 7-3] 포인터와 문자열

포인터 pt는 마치 배열인 것처럼 행동합니다. 따라서 문자열 리터럴 "12345"의 문자 '1', '2', '3', '4', '5'는 순서대로 pt[0], pt[1], pt[2], pt[3], pt[4]의 인덱스 식으로 접근할 수 있습니다. 배열에 의한 문자열과 포인터에 의한 문자열이 갖는 메모리 영역의 크기를 비교하면 다음과 같습니다.

```
char st[] = "12345";      // 배열에 의한 문자열의 크기는 6바이트
char *pt = "12345";       // 포인터에 의한 문자열의 크기는 sizeof(char *) + 6바이트
```

02장에서 포인터 p가 가리키는 배열의 요소로부터 i만큼 뒤에 있는 요소는 인덱스 연산자([])를 사용한 인덱스 식 p[i]와 같은 방법으로 접근할 수 있다고 했습니다.

배열에 저장한 문자열은 6바이트의 메모리 영역을 갖습니다. 하지만 포인터로 표현한 문자열은 문자열 리터럴을 저장하기 위한 영역 외에도 pt가 갖는 메모리 영역이 더 필요합니다. 즉, pt를 위한 영역인 sizeof(char *) 바이트와 또 문자열 리터럴을 위한 영역인 sizeof("12345")

바이트만큼 메모리 영역이 필요합니다. 다시 말해 포인터로 표현한 문자열은 배열에 저장한 문자열보다 더 많은 메모리 영역을 차지합니다.
실습 7-5는 문자열 리터럴을 가리키는 두 포인터의 값을 서로 교환하는 프로그램입니다.

Do it! 실습 7-5 • 완성 파일 chap07/swap_ptr.c

```
01  // 두 포인터값을 서로 교환하는 함수가 있는 프로그램
02  #include <stdio.h>
03
04  /*--- 두 포인터를 서로 교환하는 함수 ---*/
05  void swap_ptr (char **x, char **y)
06  {
07     char *tmp = *x;
08     *x = *y;
09     *y = tmp;
10  }
11
12  int main (void)
13  {
14     char *s1 = "ABCD";     // s1은 "ABCD"의 첫 글자 'A'를 가리킴
15     char *s2 = "EFGH";     // s2는 "EFGH"의 첫 글자 'E'를 가리킴
16
17     printf("포인터 s1은 \"%s\"를 가리킵니다.\n", s1);
18     printf("포인터 s2는 \"%s\"를 가리킵니다.\n", s2);
19
20     swap_ptr(&s1, &s2);
21
22     puts("\n포인터 s1과 s2의 값을 서로 교환했습니다.\n");
23
24     printf("포인터 s1은 \"%s\"를 가리킵니다.\n", s1);
25     printf("포인터 s2는 \"%s\"를 가리킵니다.\n", s2);
26
27     return 0;
28  }
```

실행 결과

```
포인터 s1은 "ABCD"를 가리킵니다.
포인터 s2는 "EFGH"를 가리킵니다.

포인터 s1과 s2의 값을 서로 교환했습니다.

포인터 s1은 "EFGH"를 가리킵니다.
포인터 s2는 "ABCD"를 가리킵니다.
```

main 함수에서 2개의 포인터 s1과 s2를 선언한 다음 포인터 s1은 "ABCD", 포인터 s2는 "EFGH"를 가리키며 초기화됩니다. swap_ptr 함수는 2개의 포인터값을 서로 교환합니다. 이 함수가 전달받는 매개변수 x, y의 자료형은 포인터(s1, s2)의 주소를 받아야 하기 때문에 char **형으로 정의합니다(포인터를 가리키는 포인터). 그림 7-4처럼 함수를 호출하면 각각의 포인터가 가리키는 문자열이 바뀝니다.

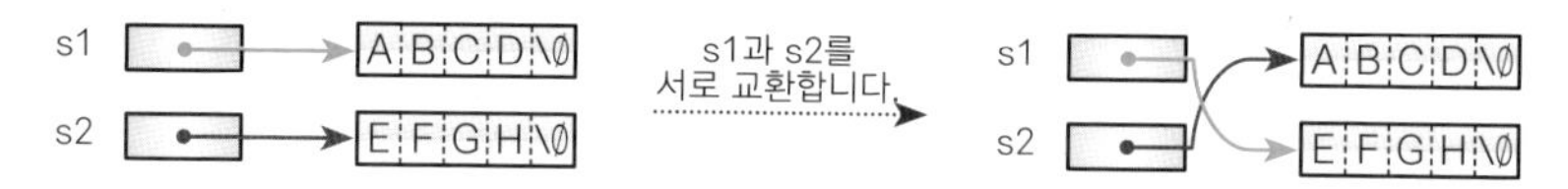

[그림 7-4] 두 포인터를 교환하는 과정

연습 문제

Q2 실습 7-5에서 포인터를 교환하는 함수를 실습 2-7에서 만든 함수 형식 매크로 swap와 같은 방법으로 바꾸어보세요.

Q3 포인터 x, y가 가리키는 문자열의 내용을 모두 바꾸어 넣는 함수를 작성하세요.

```
void swap_str(char *x, char *y);
```

문자열의 길이 구하기

다음으로 문자열의 길이를 구하는 알고리즘을 살펴보겠습니다. 그림 7-5와 같이 문자열의 첫 문자부터 널 문자까지 선형 검색을 하면 됩니다. 이때 문자열의 끝은 널 문자이므로 찾은 널 문자의 인덱스는 문자열의 길이와 같습니다.

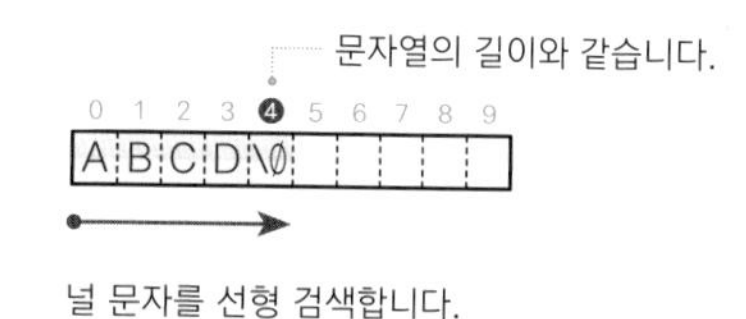

[그림 7-5] 문자열의 길이를 구하는 과정

문자열의 길이는 널 문자를 제외한 문자의 개수를 의미합니다.

이렇게 문자열의 길이를 구하는 프로그램이 실습 7-6입니다.

Do it! 실습 7-6

• 완성 파일 chap07/str_len1.c

```
01  // 문자열의 길이를 구하는 프로그램
02  #include <stdio.h>
03
04  /*--- 문자열 s의 길이를 구하는 함수(버전 1) ---*/
05  int str_len (const char *s)
06  {
07    int len = 0;
08
09    while(s[len])
10      len++;
11    return len;
12  }
```

실행 결과

```
문자열: easyspublishing
이 문자열의 길이는 15입니다.
```

```
13
14  int main (void)
15  {
16    char str[256];
17    printf("문자열: ");
18    scanf("%s", str);
19    printf("이 문자열의 길이는 %d입니다.\n", str_len(str));
20
21    return 0;
22  }
```

str_len 함수는 전달받은 문자열 s의 길이를 구하는 함수입니다. while 문은 문자열을 앞에서부터 차례로 스캔합니다. s[len]이 0이 아니면 반복해 같은 작업을 수행합니다. 그러다가 널 문자를 만나면 s[len]가 0이 되어 문자열 스캔을 중단합니다. while 문을 빠져나온 후 len의 값은 널 문자가 들어 있는 요소의 인덱스와 같습니다. 즉, 문자열의 길이가 됩니다.

문자열의 끝에는 반드시 널 문자가 있습니다. 따라서 검색에 실패하는 경우는 없습니다. 문자열의 길이를 구하는 알고리즘은 검색에 실패할 가능성을 고려할 필요가 없는 '보초법에 의한 선형 검색'입니다. 실습 7-7과 실습 7-8은 str_len 함수를 각각 다른 방법으로 구현한 프로그램입니다.

• 완성 파일 chap07/str_len2.c

Do it! 실습 7-7

```
01  /*--- 문자열 s의 길이를 구하는 함수(버전 2) ---*/
02  int str_len (const char *s)
03  {
04    int len = 0;
05    while(*s++)
06      len++;
07    return len;
08  }
```

Do it! 실습 7-8 • 완성 파일 chap07/str_len3.c

```
01  /*--- 문자열 s의 길이를 구하는 함수(버전 3) ---*/
02  int str_len (const char *s)
03  {
04    const char *p = s;
05    while (*s)
06      s++;
07    return s - p;
08  }
```

strlen 함수

C 언어 표준 라이브러리에는 문자열의 길이를 구하는 strlen 함수가 있습니다. 앞에서는 문자열의 길이를 구하는 방법을 알아보기 위해 함수를 만들었는데 실제로는 다음과 같은 strlen 함수를 사용합니다.

strlen 함수	
헤더	#include <string.h>
형식	size_t strlen(const char *s);
해설	s가 가리키는 문자열의 길이를 구합니다.
반환값	구한 문자열의 길이를 반환합니다.

이 함수의 반환값은 size_t형입니다(int형이 아니라는 점에 주의하세요).

 size_t형은 sizeof 연산자가 생성하는 결과를 나타내는 부호 없는 정수형입니다. <stddef.h>로 정의되며 <stdio.h>, <stdlib.h>, <string.h>, <time.h>, <wchar.h> 중에 어떤 헤더를 포함해도 선언을 받아들일 수 있는 구조로 이루어집니다.

연습문제 Q4 실습 7-6, 실습 7-7, 실습 7-8의 str_len 함수를 strlen 함수처럼 동작하는 함수로 수정하세요. 또 수정한 함수들을 서로 비교해 보세요.

문자열에서 문자 검색하기

이번에는 실습 7-9를 통해 널 문자가 아닌 문자를 문자열에서 검색하는 과정을 살펴보겠습니다.

Do it! 실습 7-9

• 완성 파일 chap07/str_chr.c

```
01  /* 문자열에서 문자를 검색하는 프로그램 */
02  #include <stdio.h>
03
04  /*--- 문자열 s에서 문자 c를 검색하는 함수 ---*/
05  int str_chr (const char *s, int c)
06  {
07     int i = 0;
08     c = (char)c;
09     while(s[i] != c) {
10        if(s[i] == '\0')                     // 검색 실패
11           return -1;
12        i++;
13     }
14     return i;                               // 검색 성공
15  }
16  int main (void)
17  {
18     char str[128];                          // 이 문자열에서 검색
19     char tmp[128];
20     int ch;                                 // 검색할 문자
21     int idx;
22
23     printf("문자열: ");
24     scanf("%s", str);
25
26     printf("검색할 문자: ");
27     scanf("%s", tmp);                       // 먼저 문자열로 검색할 문자를 읽음
28     ch = tmp[0];                            // 첫 번째 문자를 검색할 문자로 지정
29
30     if((idx = str_chr(str, ch)) == -1)      // 처음 나오는 문자를 검색
31        printf("문자 '%c'은(는) 문자열에 없습니다.\n", ch);
32     else
33        printf("문자 '%c'은(는) %d번째에 있습니다.\n", ch, idx + 1);
34
35     return 0;
36  }
```

실행 결과

```
문자열: SURROUND
검색할 문자: R
문자 'R'은(는) 3번째에 있습니다.
```

str_chr 함수는 문자열 s에서 문자 c를 선형 검색하고 검색에 성공하면 찾은 문자의 인덱스를 반환합니다. 이때 같은 문자가 여러 개 있는 경우 가장 앞쪽에 있는 문자의 인덱스를 반환합니다. 검색에 실패할 경우 -1을 반환합니다. 그림 7-6은 문자열 "SURROUND"에서 문자 'R'을 검색하는 과정을 나타낸 것입니다. 검색에 성공한 str_chr 함수는 찾은 요소의 인덱스값인 2를 반환합니다.

[그림 7-6] 문자열에서 문자를 검색하는 과정

strchr 함수와 strrchr 함수

C 언어 표준 라이브러리는 문자열 안에 들어 있는 문자를 검색하는 함수로, strchr 함수와 strrchr 함수를 제공합니다. 검색할 문자가 문자열 안에 여러 개 있는 경우 strchr 함수는 가장 앞쪽의 문자를 검색하지만 strrchr 함수는 가장 뒤쪽의 문자를 찾습니다.

strchr 함수	
헤더	#include <string.h>
형식	char *strchr(const char *s, int c);
해설	s가 가리키는 문자열에서 가장 앞쪽에 있는 c를 찾습니다. 이때 c는 널 문자여도 됩니다.
반환값	찾은 문자에 대한 포인터를 반환합니다. 문자가 없으면 널 포인터를 반환합니다.

strrchr 함수	
헤더	#include <string.h>
형식	char *strrchr(const char *s, int c);
해설	s가 가리키는 문자열 가운데 가장 뒤쪽에 있는 c를 찾습니다. 이때 c는 널 문자여도 됩니다.
반환값	찾은 문자에 대한 포인터를 반환합니다. 문자가 없으면 널 포인터를 반환합니다.

이 함수는 찾은 문자의 인덱스가 아니라 그 문자에 대한 포인터를 반환합니다(문자의 인덱스를 반환하는 게 아니라는 점을 명심하세요). 예를 들어 방금 살펴본 그림 7-6에서 검색을 수행하면 2가 아니라 'R'에 대한 포인터를 반환합니다(strchr 함수에서는 가장 앞쪽의 'R'에 대한 포인터가 반환되고 strrchr 함수에서는 가장 뒤쪽의 'R'에 대한 포인터가 반환됩니다). 또 검색에 실패할 경우에는 널 포인터 NULL을 반환합니다. 여기서 주의할 점은 앞에서 살펴본 str_chr 함수와 strchr, strrchr 함수는 모두 두 번째 인수를 char형이 아닌 int형으로 받고 있다는 점입니다. 초기의 C 언어는 함수로 전달하는 매개변수로 char형이나 short형 등의 값을 먼저 int형으로 형 변환을 했기 때문에 표준 라이브러리 함수에서 '문자'를 주고받을 때는

char형이 아니라 int형으로 주고받습니다.

Q5 실습 7-9의 str_chr 함수를 strchr 함수와 같은 동작을 할 수 있게 수정하세요.

Q6 strrchr 함수와 같은 동작을 할 수 있게 str_rchr 함수를 작성하세요.

```
char *str_rchr(const char *s, int c);
```

문자열의 대소 관계 비교하기

두 문자열의 대소 관계를 판단하는 표준 라이브러리 함수로 strcmp 함수와 strncmp 함수를 제공합니다. 그러면 이 함수에 대해 자세히 알아보겠습니다. 계속해서 문자열을 다루는 함수에 대해 살펴보는 것이 지루하게 느껴질 수도 있을 것입니다. 하지만 문자열을 다루는 실용적인 프로그램을 만들기 위해서는 이런 함수에 대해 확실히 이해하고 있어야 합니다. 특히 strcmp 함수는 08장의 선형 리스트와 09장의 이진트리 프로그램에서 사용합니다.

strcmp 함수

먼저 알아볼 함수는 strcmp 함수입니다.

strcmp 함수	
헤더	#include <string.h>
형식	int strcmp(const char *s1, const char *s2);
해설	s1, s2가 가리키는 문자열의 대소 관계를 비교합니다. 처음부터 순서대로 한 문자씩 unsigned char형 값으로 비교합니다.
반환값	문자열이 같으면 0, s1이 s2보다 크면 양의 정수, 작으면 음의 정숫값을 반환합니다.

이 함수는 그림 7-7과 같이 두 문자열을 처음부터 순서대로 비교합니다. 이때 a 와 같이 모든 문자가 일치하면 0을 반환합니다. 하지만 b 와 같이 문자를 비교하는 도중에 하나의 문자라도 다르면 두 문자열은 일치하지 않음을 알 수 있습니다. 따라서 0이 아닌 값을 반환합니다. 다음 그림을 보면 5번째 문자 'N'과 'K'가 일치하지 않습니다. 일반적인 문자 코드 체계에서 'N'은 'K'보다 크다고 판단하므로 양의 정수를 반환합니다.

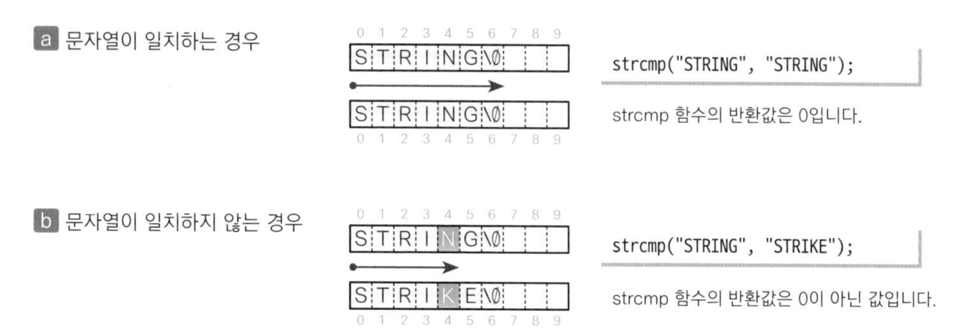

[그림 7-7] strcmp 함수를 사용한 문자열의 대소 관계 비교

strcmp 함수는 문자 코드 체계에 따라 문자열의 대소 관계를 비교하고 판단 결과를 반환합니다. 예를 들어 'A'가 '1'보다 큰지 혹은 'A'가 'a'보다 큰지와 같은 판단 기준은 문자 코드 체계에 따라 달라집니다. 뿐만 아니라 strcmp 함수가 반환하는 값도 컴퓨터 환경에 종속적입니다. 예를 들어, 'N'이 'K'보다 큰 경우 1을 반환하는 컴퓨터 환경도 있고 문자 코드 값의 차이인 'N' - 'K'의 값을 그대로 계산하여 반환하는 컴퓨터 환경도 있습니다.

실습 7-10은 strcmp 함수와 동일하게 동작하는 문자열 비교 함수를 작성한 프로그램입니다.

Do it! 실습 7-10

• 완성 파일 chap07/str_cmp.c

```
01  // 문자열을 비교하는 프로그램
02  #include <stdio.h>
03
04  /*--- 두 문자열 s1과 s2를 비교하는 함수 ---*/
05  int str_cmp (const char *s1, const char *s2)
06  {
07    while(*s1 == *s2) {
08      if(*s1 == '\0')      // 같음
09        return 0;
10      s1++;
11      s2++;
12    }
13    return (unsigned char)*s1 - (unsigned char)*s2;
14  }
15  int main (void)
16  {
17    char st[128];
18    puts("\"ABCD\"와 비교합니다.");
```

실행 결과

```
"ABCD"와 비교합니다.
"XXXX"면 종료합니다.
문자열 st: AX
str_cmp("ABCD", st) = -22
문자열 st: AA
str_cmp("ABCD", st) = 1
문자열 st: ABCD
str_cmp("ABCD", st) = 0
문자열 st: XXXX
```

```
19      puts("\"XXXX\"면 종료합니다.");
20      while(1) {
21        printf("문자열 st: ");
22        scanf("%s", st);
23        if(str_cmp("XXXX", st) == 0)
24          break;
25        printf("str_cmp(\"ABCD\", st) = %d\n", str_cmp("ABCD", st));
26      }
27
28      return 0;
29    }
```

이 프로그램은 문자열 "ABCD"와 입력한 문자열을 비교합니다. strcmp 함수와 마찬가지로 두 문자열이 다를 때 위의 str_cmp 함수가 반환하는 값은 문자 코드 체계에 따라 다릅니다.

strncmp 함수

이번에는 strncmp 함수입니다. 이 함수도 strcmp 함수와 마찬가지로 두 개 문자열의 대소 관계를 비교합니다. strcmp 함수는 문자열의 길이를 지정하여 비교할 수 없었지만 strncmp 함수는 3번째 인수로 지정한 문자열의 길이만큼만 비교할 수 있습니다. 또한 널 문자가 없는 '문자 배열' 간의 비교도 가능합니다.

strncmp 함수	
헤더	#include <string.h>
형식	int strncmp(const char *s1, const char *s2 size_t n);
해설	s1, s2가 가리키는 문자 배열에서 n번째 문자까지의 대소 관계를 비교합니다. 처음부터 순서대로 한 문자씩 unsigned char형 값으로 비교합니다. 널 문자 이후의 비교는 하지 않습니다.
반환값	문자 배열이 같으면 0, s1이 s2보다 크면 양의 정숫값, 작으면 음의 정숫값을 반환합니다.

그림 7-8은 strncmp 함수로 두 문자열인 "STRING"과 "STRIKE"를 비교한 그림입니다. a는 처음 3개의 문자를 비교한 경우이고, b는 처음 5개의 문자를 비교한 경우입니다.

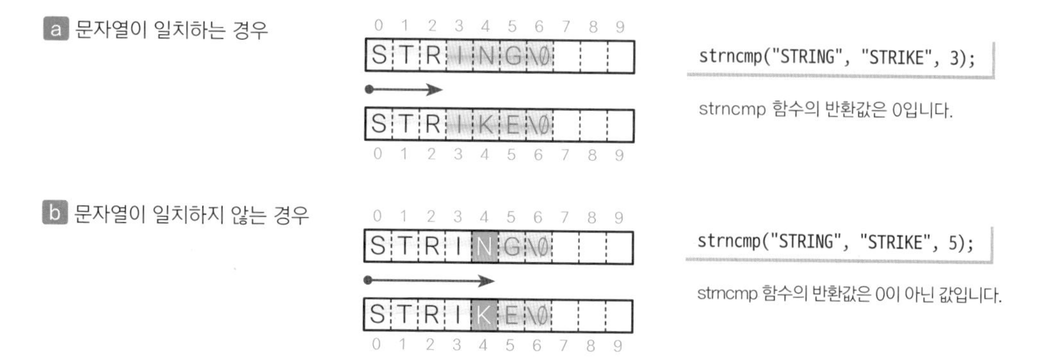

[그림 7-8] strncmp 함수를 사용한 문자열의 대소 관계 비교

실습 7-11은 strncmp 함수를 사용한 프로그램입니다. 이 프로그램은 문자열 "STRING"과 배열 st로 읽은 문자열에서 처음부터 3개의 문자를 비교한 결과를 출력합니다.

Do it! 실습 7-11 • 완성 파일 chap07/strncmp_test.c

```
01  // 문자열을 비교하는 프로그램(strncmp 함수 사용)
02  #include <stdio.h>
03  #include <string.h>
04
05  int main (void)
06  {
07    char st[128];
08    puts("\"STRING\"의 처음 3개의 문자와 비교합니다.");
09    puts("\"XXXX\"를 입력하면 종료합니다.");
10    while(1) {
11      printf("문자열 st: ");
12      scanf("%s", st);
13      if(strncmp("XXXX", st, 3) == 0)
14        break;
15      printf("strncmp(\"STRING\", st, 3) = %d\n", strncmp("STRING", st, 3));
16    }
17
18    return 0;
19  }
```

실행 결과

```
"STRING"의 처음 3개의 문자와 비교합니다.
"XXXX"를 입력하면 종료합니다.
문자열 st: STAR
strncmp("STRING", st, 3) = 17
문자열 st: STRIKE
strncmp("STRING", st, 3) = 0
문자열 st: XXXX
```

연습 문제

Q7 strncmp 함수와 같은 동작을 하는 함수 str_ncmp를 작성하세요.

```
int str_ncmp(const char *s1, const char *s2, size_t n);
```

Q8 알파벳 대문자 / 소문자를 구분하지 않고 두 문자열의 대소 관계를 판단하는 함수를 작성하세요.

```
int str_cmpic(const char *s1, const char *s2);
int str_ncmpic(const char *s1, const char *s2, size_t n);
```

보충수업 7-3 문자 코드

사람은 모양과 소리로 문자를 구별하지만 컴퓨터는 정숫값인 코드로 문자를 구별합니다. 대부분의 컴퓨터에서 사용하는 문자 코드는 미국에서 정한 아스키 코드(ASCII)를 기준으로 합니다. 아스키 코드는 http://www.asciitable.com을 참고하세요.

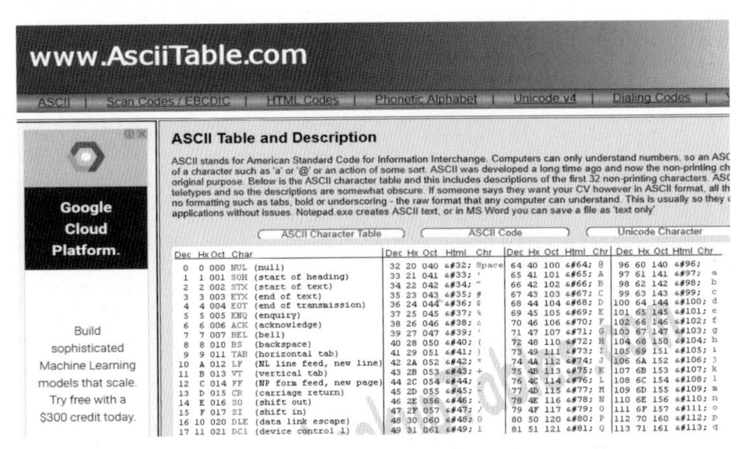

그림 7C-1 아스키 코드 표(http://www.asciitable.com)

07-2 브루트-포스법

이번에는 문자열에서 문자열을 검색하는 알고리즘인 브루트-포스법(brute force method)을 살펴보겠습니다.

문자열 검색 정의하기

이제는 본격적으로 문자열을 검색하는(string searching) 알고리즘에 대해 알아보겠습니다. 문자열 검색이란 어떤 문자열 안에 다른 문자열이 들어 있는지 조사하고 들어 있다면 그 위치를 찾아내는 것을 말합니다.

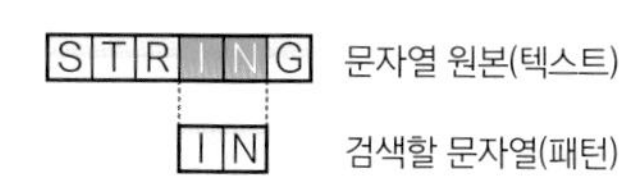

해당 문자열 패턴(IN)을 문자열 원본(STRING)에서 검색합니다.

[그림 7-9] 문자열 검색

예를 들어, 문자열 "STRING"에서는 "IN"을 검색하면 문자열 검색에 성공합니다. 하지만 문자열 "QUEEN"에서 "IN"을 검색하면 문자열 검색에 실패합니다. 그러면 지금부터는 이해하기 쉽게 검색할 문자열을 패턴(pattern)이라 하고 문자열 원본을 텍스트(text)라고 하겠습니다.

브루트-포스법으로 검색하기

다음 그림 7-10은 텍스트 "ABABCDEFGHA"에서 패턴 "ABC"를 브루트-포스법을 사용해 검색하는 순서를 간략하게 나타낸 그림입니다.

a 텍스트의 첫 문자 'A'부터 시작하는 3개의 문자와 "ABC"가 일치하는지 검사합니다. 'A'와 'B'는 일치하고 'C'는 다릅니다.

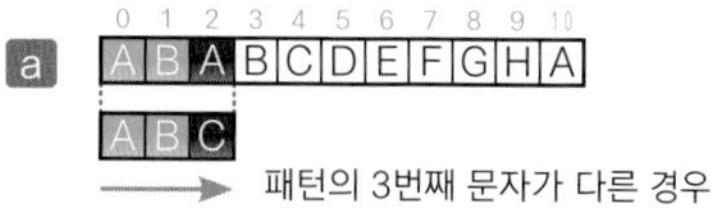

a
0 1 2 3 4 5 6 7 8 9 10
ABABCDEFGHA
ABC
패턴의 3번째 문자가 다른 경우

b 패턴을 1칸 뒤로 옮깁니다. 텍스트의 2번째 문자부터 3개의 문자가 일치하는지 조사합니다. 'A'와 'B'가 다릅니다.

b
0 1 2 3 4 5 6 7 8 9 10
ABABCDEFGHA
ABC
패턴의 1번째 문자가 다른 경우

c 패턴을 다시 1칸 뒤로 옮깁니다. 'A', 'B', 'C' 모두 일치합니다.

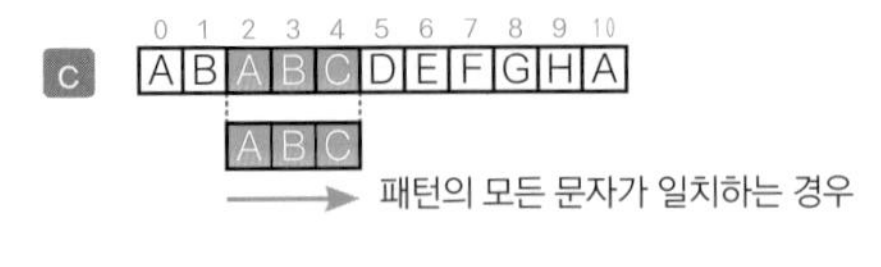

[그림 7-10] 브루트-포스법

브루트-포스법은 선형 검색을 확장한 알고리즘이므로 단순법(單純法), 소박법(素朴法)이라고도 합니다. 다음의 그림 7-11은 앞에서 살펴본 그림 7-10을 조금 더 자세히 나타낸 그림입니다.

a 텍스트의 ⓿ 문자와 패턴의 ⓪ 문자가 겹치도록 두 줄로 놓고 1번째 문자부터 순서대로 일치하는지 검사합니다. 1, 2처럼 문자가 일치하면 계속해서 패턴과 텍스트의 문자를 검사합니다. 그러다가 3처럼 다른 문자가 나타나면 검사를 중단합니다.

b 검사할 텍스트의 위치를 1칸 뒤로 이동해서 텍스트의 ❶ 문자와 패턴의 ⓪ 문자를 겹치도록 두 줄로 놓습니다.
4에서 볼 수 있듯이 1번째 문자부터 다릅니다. 검사를 중단합니다.

c 조사할 텍스트의 위치를 1칸 뒤로 이동해서 텍스트의 ❷ 문자와 패턴의 ⓪ 문자를 겹치도록 두 줄로 놓습니다. 5, 6, 7에서 볼 수 있듯이 모든 문자가 일치합니다. 검색 성공입니다.

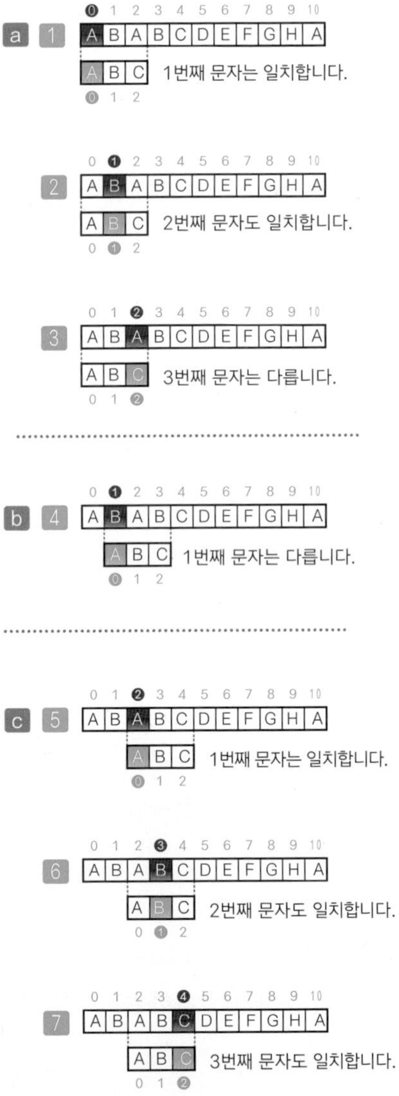

a 1 A B A B C D E F G H A / A B C — 1번째 문자는 일치합니다.

2 A B A B C D E F G H A / A B C — 2번째 문자도 일치합니다.

3 A B A B C D E F G H A / A B C — 3번째 문자는 다릅니다.

b 4 A B A B C D E F G H A / A B C — 1번째 문자는 다릅니다.

c 5 A B A B C D E F G H A / A B C — 1번째 문자는 일치합니다.

6 A B A B C D E F G H A / A B C — 2번째 문자도 일치합니다.

7 A B A B C D E F G H A / A B C — 3번째 문자도 일치합니다.

[그림 7-11] 브루트-포스법으로 검색하는 과정

이때 3 에서 텍스트의 검사 위치를 ❷까지 진행시켜도 4 에서는 다시 ❶부터 검사합니다. 즉, 이미 검사를 진행한 위치를 기억하지 못하므로 브루트-포스법의 효율은 좋지 않다고 할 수 있습니다.

여기서는 검색에 성공하는 예를 검증했습니다. 패턴을 하나씩 옮기다가 패턴의 끝부분이 텍스트의 끝부분을 벗어나면 검색에 실패합니다.

실습 7-12는 브루트-포스법으로 문자열을 검색하는 프로그램입니다.

Do it! 실습 7-12

• 완성 파일 chap07/bf_match.c

```
01  // 브루트-포스법으로 문자열을 검색하는 프로그램
02  #include <stdio.h>
03
04  /*--- 브루트-포스법으로 문자열을 검색하는 함수 ---*/
05  int bf_match (const char txt[], const char pat[])
06  {
07    int pt = 0;       // txt 커서
08    int pp = 0;       // pat 커서
09    while(txt[pt] != '\0' && pat[pp] != '\0') {
10      if(txt[pt] == pat[pp]) {
11        pt++;
12        pp++;
13      } else {
14        pt = pt - pp + 1;
15        pp = 0;
16      }
17    }
18    if(pat[pp] == '\0')
19      return pt - pp;
20    return -1;
21  }
22
23  int main (void)
24  {
25    char s1[256];     // 텍스트
26    char s2[256];     // 패턴
27    puts("브루트-포스법");
28    printf("텍스트: ");
```

실행 결과

```
브루트-포스법
텍스트: ABABCDEFGHA
패턴: ABC
3번째 문자부터 match합니다.
```

```
29      scanf("%s", s1);
30      printf("패턴: ");
31      scanf("%s", s2);
32      int idx = bf_match(s1, s2);  // 텍스트(s1)에서 패턴(s2)을 브루트-포스법으로 검색
33      if(idx == -1)
34        puts("텍스트에 패턴이 없습니다.");
35      else
36        printf("%d번째 문자부터 match합니다.\n", idx + 1);
37
38      return 0;
39    }
```

bf_match 함수는 텍스트(txt)에서 패턴(pat)을 검색하여 텍스트의 위치(인덱스)를 반환합니다. 텍스트에 패턴이 여러 개 있는 경우에 가장 앞쪽에 위치한 텍스트의 인덱스를 반환합니다. 검색에 실패하면 -1을 반환합니다. 텍스트(txt)를 스캔하기 위한 변수로 pt를 사용하고, 패턴(pat)을 스캔하기 위한 변수로 pp를 사용합니다. 두 변수는 처음에 0으로 초기화하고 스캔을 하거나 패턴을 옮길 때마다 업데이트합니다.

그림 7-11에서 ●은 변수 pt, ●은 변수 pp입니다.

Q9 오른쪽처럼 브루트-포스법의 검색 과정을 자세히 출력하는 프로그램을 작성하세요. 패턴을 옮길 때마다 검사하는 텍스트의 첫 번째 문자 인덱스를 출력하고 검사 과정에서 비교하는 두 문자가 일치하면 +, 다르면 |를 출력하세요. 마지막에는 비교한 횟수를 출력하세요.

```
0 ABABCDEFGHA
  +
  ABC
  ABABCDEFGHA
   +
  ABC
  ABABCDEFGHA
    |
  ABC
1 ABABCDEFGHA
   |
   ABC

… 생략 …

비교를 7회 시도합니다.
3번째에 일치합니다.
```

Q10 bf_match 함수는 텍스트에 패턴이 여러 개 있으면 가장 앞쪽의 인덱스를 반환합니다. 이제는 가장 뒤쪽의 인덱스를 반환하는 bf_matchr 함수를 작성해 보세요.

```
int bf_matchr(const char txt[], const char pat[]);
```

보충수업 7-4 포인터를 이용한 배열의 문자열 검색

문자열의 길이를 구하는 실습 7-7과 실습 7-8에서는 포인터를 증가시켜 문자열을 검색했습니다. 포인터의 증가와 감소에 관해서는 아래 사항을 알아두어야 합니다.

> 배열 내의 요소를 가리키는 포인터를 증가시키면 1칸 뒤의 요소를 가리키도록 바뀌고, 감소시키면 1칸 앞의 요소를 가리키도록 바뀝니다.

포인터에 대해 증가 연산자 ++가 특별한 기능을 하지는 않습니다. 애초에 p가 포인터인지 여부와 상관없이 다음과 같은 규칙이 있습니다.

> p++는 p = p + 1을 의미합니다.

포인터 p가 배열 내의 어떤 요소를 가리킬 때, 거기에 1을 더한 포인터 p + 1은 1칸 뒤의 요소를 가리킵니다(보충수업 2-2). 따라서 p++나 ++p를 평가 및 실행하면 1칸 뒤의 요소를 가리키듯이 p가 갱신됩니다. 마찬가지로 감소시키는 식 p--또는 --p를 평가 및 실행하면 1칸 앞의 요소를 가리키듯이 p가 갱신됩니다.

p++ 및 p--의 평가에서는 포인터의 증가/감소 이전의 포인터를 얻을 수 있습니다. 또한 ++p 및 --p의 평가에서는 포인터의 증가/감소 이후의 포인터를 얻을 수 있습니다.

C 언어에서는 포인터가 배열의 앞쪽 요소를 가리키도록 한 뒤 해당 포인터를 반복해 증가시키면서 배열이나 문자열을 검색하는 방법을 자주 사용합니다.

07-3 KMP법

KMP법은 다른 문자를 만나면 패턴을 1칸씩 옮긴 다음 다시 패턴의 처음부터 검사하는 브루트-포스법과는 다르게 중간 검사 결과를 효율적으로 사용하는 알고리즘입니다.

KMP법 알아보기

브루트-포스법은 다른 문자를 만나면 패턴에서 문자를 검사했던 위치 결과를 버리고 다음 텍스트의 위치로 1칸 이동한 다음 다시 패턴의 첫 번째 문자부터 검사하는 알고리즘입니다. 예를 들어 "apple"이라는 텍스트에서 "app"이라는 패턴을 찾을 경우, 텍스트에서 패턴의 'a'를 찾은 다음에 텍스트의 'p'를 찾으려면 다시 패턴의 'a'부터 검사합니다. 이렇게 하면 처음에 찾았던 패턴의 'a'부터 다시 검사하기 때문에 비효율적입니다. 하지만 KMP법은 검사했던 위치 결과를 버리지 않고 이를 효율적으로 활용하는 알고리즘입니다.

D. E. Knuth, V. R. Pratt, J. H. Morris가 거의 같은 시기에 고안했기 때문에 이들의 이름 앞 글자를 각각 따서 KMP법이라고 부릅니다.

그러면 텍스트 "ZABCABXACCADEF"에서 패턴 "ABCABD"를 검색하는 경우를 예로 들어 KMP 알고리즘에 대해 알아보겠습니다. 먼저 다음 그림과 같이 텍스트, 패턴의 첫 문자부터 순서대로 검사합니다. 텍스트의 1번째 문자 'Z'는 패턴에 없는 문자이므로 일치하지 않는다고 판단합니다.

×
Z A B C A B X A C C A D E F
A B C A B D
×

그런 다음 패턴을 1칸 뒤로 이동시킵니다. 이때 패턴을 처음부터 순서대로 검사하면 패턴의 마지막 문자는 'D'여서 텍스트의 X와 일치하지 않습니다.

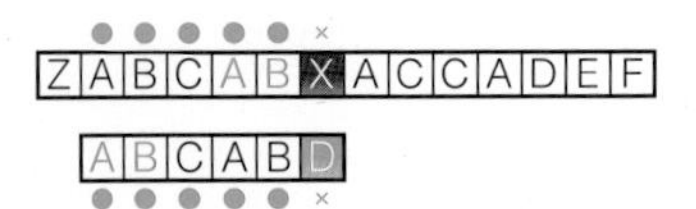

여기서 텍스트의 초록색 문자 "AB"와 패턴의 "AB"가 일치한다는 점을 이용하면 됩니다. 이 부분은 '이미 검사를 마친 부분'이므로 텍스트의 'X' 다음 문자부터 패턴의 "CABD"가 일치하는지만 검사하면 됩니다.

그래서 다음과 같이 "AB"가 겹치도록 패턴을 한 번에(3칸) 이동시키고 3번째 문자인 'C'부터 검사하면 됩니다.

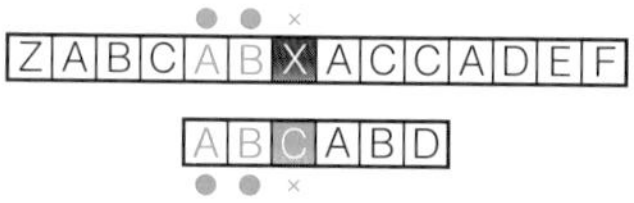

ZABCABXACCADEF

ABCABD

이와 같이 KMP법은 텍스트와 패턴의 겹치는 부분을 찾아내어 검사를 다시 시작할 위치를 구합니다. 이런 방법으로 패턴을 최소의 횟수로 옮겨 알고리즘의 효율을 높입니다.

하지만 몇 번째 문자부터 다시 검색을 시작할지 패턴을 이동시킬 때마다 다시 계산해야 한다면 높은 효율을 기대할 수 없습니다. 그래서 '몇 번째 문자부터 다시 검색할지'에 대한 값을 그림 7-12처럼 미리 '표'로 만들어 이 문제를 해결합니다.

다음 그림에서 왼쪽 그림은 텍스트와 패턴이 일치하지 않는 상태를 나타내고, 오른쪽 그림은 몇 번째 문자부터 검사를 다시 시작할지를 나타냈습니다.

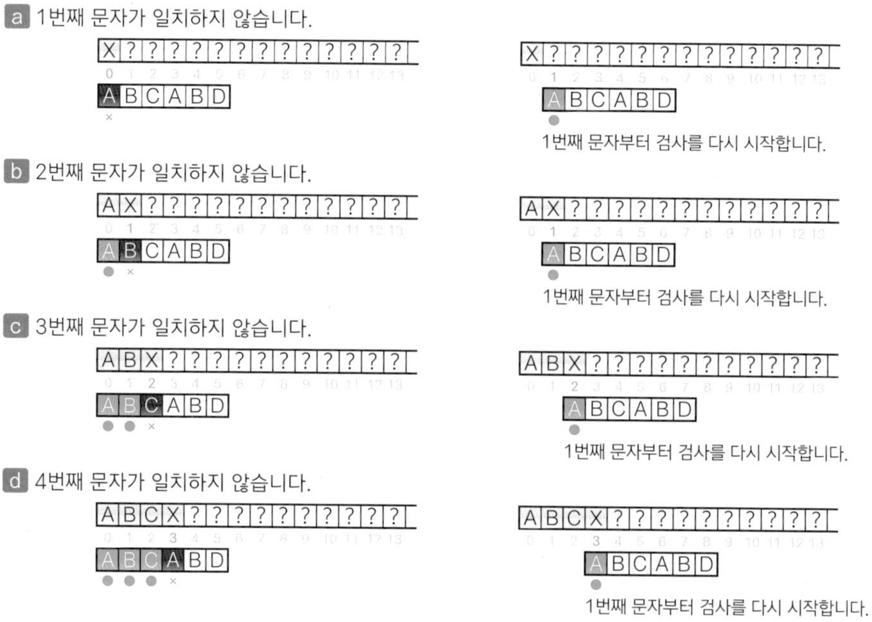

a 1번째 문자가 일치하지 않습니다.

X?????????????? / ABCABD → 1번째 문자부터 검사를 다시 시작합니다.

b 2번째 문자가 일치하지 않습니다.

AX????????????? / ABCABD → 1번째 문자부터 검사를 다시 시작합니다.

c 3번째 문자가 일치하지 않습니다.

ABX???????????? / ABCABD → 1번째 문자부터 검사를 다시 시작합니다.

d 4번째 문자가 일치하지 않습니다.

ABCX??????????? / ABCABD → 1번째 문자부터 검사를 다시 시작합니다.

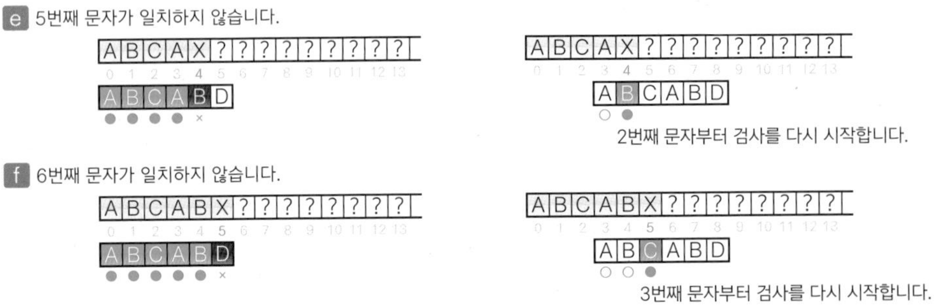

e 5번째 문자가 일치하지 않습니다.

2번째 문자부터 검사를 다시 시작합니다.

f 6번째 문자가 일치하지 않습니다.

3번째 문자부터 검사를 다시 시작합니다.

[그림 7-12] 각 단계에서 검사를 다시 시작할 위치의 값

a ~ d … 패턴의 1 ~ 4번째 문자에서 검사에 실패한 경우에는 패턴을 옮긴 다음 1번째 문자부터 다시 검사합니다.

e … 패턴의 5번째 문자에서 검사에 실패한 경우에는 패턴을 옮긴 다음 1번째 문자가 일치하므로 2번째 문자부터 다시 검사할 수 있습니다.

f … 패턴의 6번째 문자에서 검사에 실패한 경우에는 3번째 문자부터 다시 검사할 수 있습니다.

표를 작성할 때는 패턴 안에서 중복되는 문자의 나열을 먼저 찾아야 합니다. 이 과정에서 KMP법을 사용합니다. 패턴 안에서 중복되는 문자의 나열을 찾기 위해 패턴끼리 겹쳐놓고 생각해 보겠습니다. 패턴의 1번째 문자가 서로 다른 경우 아래의 패턴을 1칸 뒤로 옮기고 1번째 문자부터 다시 검사합니다.

패턴 "ABCABD"를 1칸 뒤로 옮긴 다음 겹칩니다. 그림을 보면 초록색 부분이 겹치지 않으므로 패턴을 옮긴 다음 앞쪽의 1번째 문자부터 검사를 다시 시작해야 한다는 것을 알 수 있습니다. 따라서 표에서 2번째 문자(B)의 값을 0으로 합니다. 표에서 2번째 값이 0인 이유는 아래에 위치시킨 패턴의 첫 번째 문자의 인덱스가 0이고 이 위치에서 다시 검사를 시작하기 때문입니다.

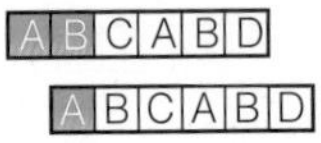

A	B	C	A	B	D
–	0				

패턴을 1칸 뒤로 옮깁니다. 문자가 일치하지 않으므로 표에서 3번째 문자(C)의 값을 0으로 합니다.

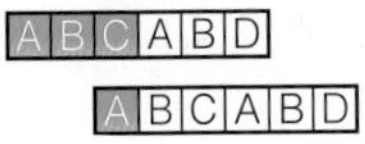

A	B	C	A	B	D
–	0	0			

패턴을 1칸 뒤로 옮기면 "AB"가 일치합니다. 여기서 다음과 같은 사실을 알아낼 수 있습니다.

1. 패턴의 4번째 문자 'A'까지 일치한다면 아래에 위치한 패턴을 1칸 옮긴 다음 "A"를 건너뛰고 2번째 문자부터 검사할 수 있습니다(e).
2. 패턴의 5번째 문자 'B'까지 일치한다면 아래에 위치한 패턴을 1칸 옮긴 다음 "AB"를 건너뛰고 3번째 문자부터 검사할 수 있습니다(f).

따라서 표에서 두 문자의 값을 1, 2로 할 수 있습니다.

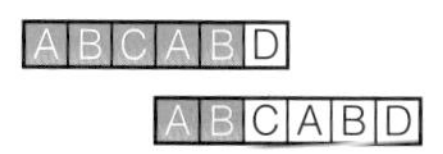

A	B	C	A	B	D
–	0	0	1	2	

이어서 아래에 위치한 패턴을 2칸 뒤로 옮기면 문자가 일치하지 않습니다. 표에서 패턴의 마지막 문자 'D'의 값을 0으로 합니다.

ABCABD
ABCABD

A	B	C	A	B	D
–	0	0	1	2	0

이제 표 만들기가 끝났습니다.

실습 7-13은 KMP법을 사용해 문자열을 검색하는 함수를 작성한 프로그램입니다.

이 함수는 검색할 문자에 대한 포인터를 증가시켜서 텍스트와 패턴을 스캔합니다(보충수업 7-4).

Do it! 실습 7-13 • 완성 파일 chap07/kmp_match.c

```
01  /*--- KMP법으로 문자열을 검색 ---*/
02  int kmp_match (const char txt[], const char pat[])
03  {
04    int pt = 1;          // txt 커서
05    int pp = 0;          // pat 커서
06    int skip[1024];      // 건너뛰기 표
07
08    skip[pt] = 0;
09    while(pat[pt] != '\0') {
10      if(pat[pt] == pat[pp])
11        skip[++pt] = ++pp;
12      else if(pp == 0)                      1 표 만들기
13        skip[++pt] = pp;
14      else
```

```
15            pp = skip[pp];
16        }
17
18        pt = pp = 0;
19        while(txt[pt] != '\0' && pat[pp] != '\0') {
20            if(txt[pt] == pat[pp]) {
21                pt++; pp++;
22            } else if(pp == 0)
23                pt++;
24            else
25                pp = skip[pp];
26        }
27        if(pat[pp] == '\0')
28            return pt - pp;
29
30        return -1;
31    }
```

2 검색

kmp_match 함수가 받는 인수와 반환값은 브루트-포스법의 bf_match 함수와 같습니다.

1에서 다시 시작 값의 표를 만들고 2에서 검색을 수행합니다. KMP법에서 텍스트를 스캔하는 커서 pt는 다시 뒤로 돌아오지 않습니다. 무엇보다 KMP법은 브루트-포스법보다는 복잡하고, 다음 절에서 공부할 보이어-무어법과는 성능이 같거나 좋지 않아 실제 프로그램에서는 거의 사용하지 않습니다.

Q11 Q9와 마찬가지로 KMP법을 사용해 검색 과정을 출력하는 프로그램을 작성하세요.

07-4 보이어-무어법

보이어-무어법은 브루트-포스법을 개선한 KMP법보다 효율이 더 우수하기 때문에 실제 문자열 검색에 널리 사용하는 알고리즘입니다.

보이어-무어법 살펴보기

R. S. Boyer와 J. S. Moore가 만든 보이어-무어법은 KMP법보다 효율이 더 좋습니다. 이 알고리즘은 패턴의 마지막 문자부터 앞쪽으로 검사를 진행하면서 일치하지 않는 문자가 있으면 미리 준비한 표에 따라 패턴을 옮길 크기를 정합니다.

텍스트 "ABCXDEZCABACABAC"에서 패턴 "ABAC"를 검색하는 경우를 예로 들어 이 알고리즘을 살펴보겠습니다(그림 7-13). a처럼 텍스트와 패턴의 첫 번째 문자를 위, 아래로 겹치고 패턴의 마지막 문자 'C'를 검사합니다. 텍스트의 'X'는 패턴에 없습니다. 이 문자는 패턴에 아예 없는 문자이기 때문에 b ~ d처럼 패턴을 1 ~ 3칸 옮겨도 문자열 "ABCX"와 패턴 안의 문자는 일치하지 않는다는 것을 알 수 있습니다.

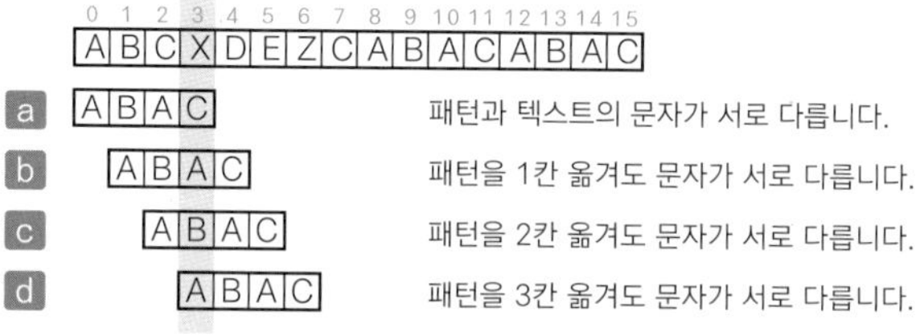

```
   0 1 2 3 4 5 6 7 8 9 10 11 12 13 14 15
   A B C X D E Z C A B A  C  A  B  A  C
a  A B A C                  패턴과 텍스트의 문자가 서로 다릅니다.
b    A B A C                패턴을 1칸 옮겨도 문자가 서로 다릅니다.
c      A B A C              패턴을 2칸 옮겨도 문자가 서로 다릅니다.
d        A B A C            패턴을 3칸 옮겨도 문자가 서로 다릅니다.
```

[그림 7-13] 패턴의 마지막 문자가 다른 경우

이와 같이 텍스트 안에서 패턴에 들어 있지 않은 문자를 찾으면 해당 위치까지의 문자는 건너뛸 수 있습니다. 이 방법을 사용하면 b ~ d의 비교는 생략하고 패턴을 단숨에 4칸 뒤로 옮겨 그림 7-14의 상태가 됩니다. 이 상태는 패턴의 마지막 문자 'C'와 텍스트의 'C'가 일치하기 때문에 패턴을 1칸 앞의 문자 'A'로 옮길 수 있습니다. 그림 7-15를 보면서 계속 살펴보겠습니다.

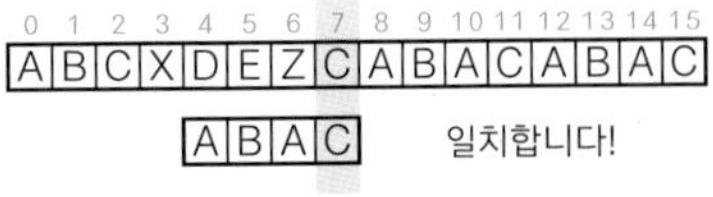

```
 0 1 2 3 4 5 6 7 8 9 10 11 12 13 14 15
 A B C X D E Z C A B A C A B A C
             A B A C     일치합니다!
```

[그림 7-14] 패턴의 마지막 문자가 일치하는 경우

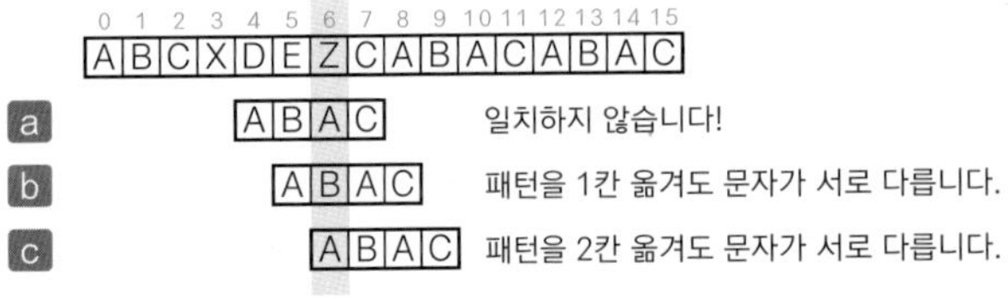

```
   0 1 2 3 4 5 6 7 8 9 10 11 12 13 14 15
   A B C X D E Z C A B A C A B A C
a        A B A C       일치하지 않습니다!
b          A B A C     패턴을 1칸 옮겨도 문자가 서로 다릅니다.
c            A B A C   패턴을 2칸 옮겨도 문자가 서로 다릅니다.
```

[그림 7-15] 패턴과 텍스트의 문자가 다른 경우

패턴의 문자 'A'는 텍스트의 'Z'와 다르기도 하지만 텍스트의 'Z'는 패턴에 없는 문자입니다. 따라서 b, c처럼 패턴을 1 ~ 2칸 옮긴다고 하더라도 패턴과 일치하지 않는 것을 알 수 있습니다. 패턴을 한꺼번에 3칸 옮겨 그림 7-16의 상태로 만듭니다.

이렇게 패턴의 길이를 n이라고 하면 현재 검사하고 있는 텍스트의 문자 위치로부터 '다음에 검사할 패턴의 마지막 문자 위치'가 n만큼 떨어질 수 있도록 패턴을 옮기면 됩니다. 예를 들어 그림 7-14에서는 패턴을 4칸 옮겼지만 이번에는 검사하고 있는 텍스트의 위치(6)로부터 4만큼 떨어진 위치(10)에서 검사를 시작하기 위해 패턴을 3칸 옮깁니다.

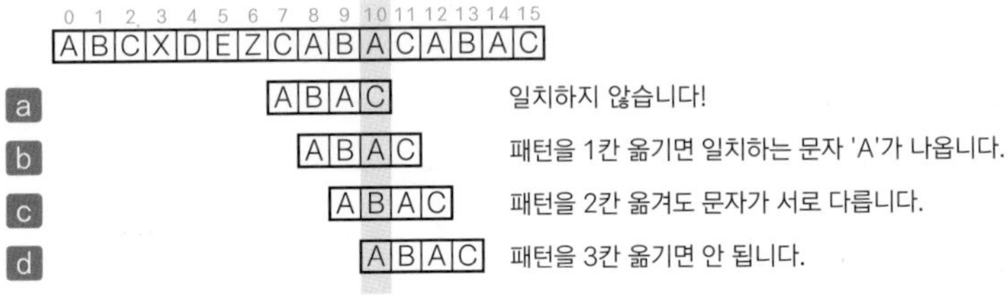

```
   0 1 2 3 4 5 6 7 8 9 10 11 12 13 14 15
   A B C X D E Z C A B A C A B A C
a              A B A C     일치하지 않습니다!
b                A B A C   패턴을 1칸 옮기면 일치하는 문자 'A'가 나옵니다.
c                  A B A C 패턴을 2칸 옮겨도 문자가 서로 다릅니다.
d                    A B A C 패턴을 3칸 옮기면 안 됩니다.
```

[그림 7-16] 패턴과 텍스트의 문자가 다른 경우

이렇게 옮긴 다음에 다시 검사를 시작해도 텍스트의 'A'와 패턴의 마지막 문자 'C'를 비교합니다(a). 하지만 문자 'A'는 패턴의 1, 3번째 인덱스에 들어 있습니다. 이런 경우에는 b와 같이 패턴의 뒤쪽에 위치한 'A'가 텍스트와 위, 아래로 겹치도록 패턴을 1칸만 옮깁니다. d와 같은 방법으로 패턴의 첫 번째 문자인 'A'와 겹치도록 하기 위해 3칸을 옮기면 안 됩니다. 패턴을 1칸만 옮기면 다음의 그림 7-17과 같은 상태가 됩니다. 이후 b의 상태에서 다시 패턴의 마지막 위치에서 순서대로 문자를 비교하면 모두 일치하기 때문에 검색 성공입니다.

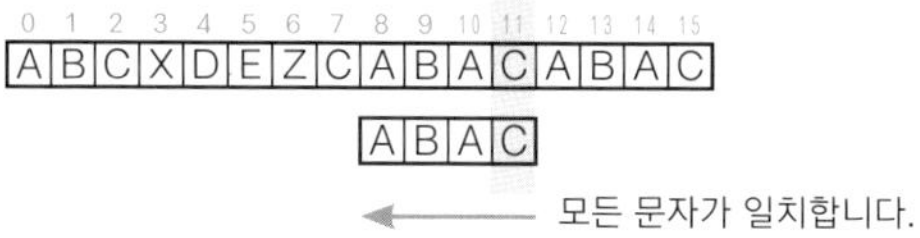

```
 0 1 2 3 4 5 6 7 8 9 10 11 12 13 14 15
|A|B|C|X|D|E|Z|C|A|B|A|C|A|B|A|C|
                |A|B|A|C|
                ←—— 모든 문자가 일치합니다.
```

[그림 7-17] 검색에 성공한 경우

그런데 보이어-무어 알고리즘도 각각의 문자를 만났을 때 패턴을 옮길 크기를 저장할 표(건너뛰기 표)를 미리 만들어야 합니다. 패턴 문자열의 길이가 n일 때 옮길 크기는 아래와 같은 방법으로 결정합니다.

건너뛰기 표는 KMP법에서 이미 작성해 보았습니다.

패턴에 들어 있지 않은 문자를 만난 경우

1. 패턴을 옮길 크기는 n입니다. 그림 7-13을 다시 예로 들어 살펴보면 'X'는 패턴에 들어 있지 않으므로 4만큼 옮깁니다.

패턴에 들어 있는 문자를 만난 경우

1. 마지막에 나오는 위치의 인덱스가 k이면 패턴을 옮길 크기는 n - k - 1입니다. 그림 7-16을 다시 예로 들면 'A'는 패턴의 두 곳에 들어 있지만 마지막 인덱스를 기준으로 하여 패턴을 1만큼(4-2-1) 옮깁니다.
2. 같은 문자가 패턴 안에 중복해서 들어 있지 않다면("ABAC"의 'C'는 패턴 안에 1개만 들어 있습니다) 패턴을 옮길 크기는 n입니다.

위의 규칙에 의해 만든 건너뛰기 표를 그림 7-18에 나타냈습니다.

이 그림에 표시된 옮길 크기는 대문자뿐입니다. 이 표에 없는 문자(숫자나 기호 등)의 옮길 크기는 모두 4입니다.

텍스트 … "ABCXDEZCABACABAC"　패턴 … "ABAC"

A	B	C	D	E	F	G	H	I	J	K	L	M
1	2	4	4	4	4	4	4	4	4	4	4	4

N	O	P	Q	R	S	T	U	V	W	X	Y	Z
4	4	4	4	4	4	4	4	4	4	4	4	4

[그림 7-18] 건너뛰기 표

실습 7-14는 보이어-무어법을 사용한 프로그램입니다. bm_match 함수가 받는 인수와 반환값은 지금까지 살펴본 두 개 함수와 같습니다. 이때 패턴에 존재할 수 있는 모든 문자의 옮길 크기를 계산하고 저장해야 하기 때문에 건너뛰기 표(배열 skip)의 요소 개수는 UCHAR_MAX + 1입니다.

UCHAR_MAX는 unsigned char형으로 출력할 수 있는 문자의 개수를 의미합니다.

여기서 설명한 하나의 배열만 사용해서 검사하는 방법은 간단하게 구현한 보이어-무어 알고리즘입니다. 원래의 보이어-무어법은 2개의 배열로 문자열을 검사합니다.

Do it! 실습 7-14

• 완성 파일 chap07/bm_match.c

```
01  // 보이어-무어법으로 문자열을 검색하는 프로그램
02  #include <stdio.h>
03  #include <string.h>
04  #include <limits.h>
05
06  /*--- 보이어-무어법으로 문자열을 검색하는 함수 ---*/
07  int bm_match (const char txt[], const char pat[])
08  {
09     int pt;                                  // txt 커서
10     int pp;                                  // pat 커서
11     int txt_len = strlen(txt);               // txt 문자 개수
12     int pat_len = strlen(pat);               // pat 문자 개수
13     int skip[UCHAR_MAX + 1];                 // 건너뛰기 표
14     for(pt = 0; pt <= UCHAR_MAX; pt++)       // 건너뛰기 표 만들기
15        skip[pt] = pat_len;
16     for(pt = 0; pt < pat_len - 1; pt++)
17        skip[pat[pt]] = pat_len - pt - 1;
18                                              // pt == pat_len - 1
19     while(pt < txt_len) {
20        pp = pat_len - 1;                     // pat의 마지막 문자부터 검사
21        while(txt[pt] == pat[pp]) {
22           if(pp == 0)
23              return pt;
24           pp--;
25           pt--;
26        }
27        pt += (skip[txt[pt]] > pat_len - pp) ? skip[txt[pt]]: pat_len - pp;
28     }
29     return -1;
30  }
31
32  int main (void)
33  {
34     char s1[256];                            // 텍스트
35     char s2[256];                            // 패턴
36     puts("보이어-무어법");
37     printf("텍스트: ");
38     scanf("%s", s1);
39     printf("패턴: ");
40     scanf("%s", s2);
```

실행 결과

```
보이어-무어법
텍스트: ABABCDEFGHA
패턴: ABC
3번째 문자부터 match합니다.
```

```
41      int idx = bm_match(s1, s2);      // 문자열 s1에서 문자열 s2를 보이어-무어법을 사용해 검색
42      if(idx == -1)
43        puts("텍스트에 패턴이 없습니다.");
44      else
45        printf("%d번째 문자부터 match합니다.\n", idx + 1);
46
47      return 0;
48    }
49
```

Q12 보이어-무어법을 구현한 프로그램의 검색 과정을 자세히 출력하는 프로그램을 작성하세요.

strstr 함수 알아보기

C 언어는 문자열을 검색하는 표준 라이브러리 strstr 함수를 제공합니다.

strstr 함수	
헤더	#include <string.h>
형식	char *strstr(const char *s1, const char *s2);
해설	s1이 가리키는 문자열에서 s2가 가리키는 문자열과 일치하는(널 문자를 포함하지 않는) 문자열을 찾습니다. 가장 앞쪽에 나오는 문자열을 찾습니다.
반환값	찾아낸 문자열에 대한 포인터(첫 번째 문자에 대한 포인터)를 반환합니다. 찾지 못하면 널 포인터를 반환합니다. s2가 길이가 0인 문자열이면 s1을 반환합니다.

strchr, strrchr 함수와 마찬가지로 찾은 위치의 인덱스가 아닌 그 문자에 대한 포인터를 반환한다는 점을 주의해야 합니다(검색에 실패하면 널 포인터를 반환합니다). 예를 들어 그림 7-10의 경우 텍스트의 앞쪽에서 3번째 문자인 'A'에 대한 포인터를 반환합니다.

실습 7-15는 strstr 함수를 사용하여 문자열을 검색하는 프로그램입니다.

Do it! 실습 7-15 • 완성 파일 chap07/strstr_test.c

```
01  // strstr 함수를 사용한 프로그램
02  #include <stdio.h>
03  #include <string.h>
04  
05  int main (void)
06  {
07    char s1[256], s2[256];
08    puts("strstr 함수");
09    printf("텍스트: ");
10    scanf("%s", s1);
11    printf("패턴: ");
12    scanf("%s", s2);
13    char *p = strstr(s1, s2);     // 문자열 s1에서 문자열 s2를 검색
14    if(p == NULL)
15      printf("텍스트에 패턴이 없습니다. \n");
16    else {
17      int ofs = p - s1;
18      printf("\n%s\n", s1);
19      printf("%*s|\n", ofs, "");
20      printf("%*s%s\n", ofs, "", s2);
21    }
22  
23    return 0;
24  }
```

실행 결과

```
strstr 함수
텍스트: ABABCDEFGHA
패턴: ABC
ABABCDEFGHA
  |
  ABC
```

이 프로그램은 printf 함수를 적절히 사용하여 같은 문자가 위, 아래로 겹쳐지도록 출력합니다.

Q13 strstr 함수와 같은 기능을 하는 str_str 함수를 작성하세요.

```
char *str_str(const char *s1, const char *s2);
```

Q14 텍스트 문자열 s1에서 가장 마지막에 나오는 패턴 문자열 s2를 검색하는 str_rstr 함수를 작성하세요. 반환하는 값은 텍스트에서 찾은 문자열의 첫 번째 문자에 대한 포인터로 합니다. 검색에 실패할 경우 널 포인터를 반환합니다.

```
char *str_rstr(const char *s1, const char *s2);
```

보충수업 7-5 문자열 검색 알고리즘의 시간 복잡도와 실용성

텍스트의 문자 개수가 n이고 패턴의 문자 개수가 m이라고 할 때 이 장에서 학습한 세 가지 문자열 검색 알고리즘의 시간 복잡도와 실용성을 알아보겠습니다.

브루트-포스법

이 알고리즘의 시간 복잡도는 O(mn)이지만 일부러 꾸민 패턴이 아니라면 시간 복잡도는 O(n)으로 된다고 알려져 있습니다. 단순한 알고리즘이지만 실제는 아주 빠르게 동작합니다.

KMP법

이 알고리즘의 시간 복잡도는 가장 나쁜 경우에도 O(n)입니다. 다만 처리가 복잡하고 패턴 안에 반복이 없으면 효율이 좋지 않습니다. 그러나 검색 과정에서 검사하는 위치를 앞으로 되돌릴 필요가 없다는 특징이 있어 순서 파일을 읽으며 검색할 때 많이 사용합니다.

보이어-무어법

이 알고리즘의 시간 복잡도는 가장 나쁜 경우라도 O(n)이고 평균적으로 O(n/m)입니다. 앞에서는 배열을 1개만 사용하여 알고리즘을 구현했지만 2개의 배열을 사용하면 KMP법과 마찬가지로 배열을 만드는 데 복잡한 처리가 필요하므로 효과가 떨어집니다. 1개의 배열을 사용하는 방법으로 간단하게 구현한 보이어-무어법을 사용해도 충분히 빠릅니다.

이 알고리즘 가운데 가장 실용적인 문자열 검색 알고리즘은 간단하게 구현한 보이어-무어법이고 경우에 따라 브루트-포스법을 사용하기도 합니다.

08

리스트

08-1 선형 리스트

리스트는 데이터를 순서대로 나열한(줄지어 늘어놓은) 자료구조입니다. 여기서는 가장 간단한 리스트 구조를 가지고 있는 선형 리스트에 대해 살펴보겠습니다.

선형 리스트 정의하기

이번에 살펴볼 내용은 선형 리스트입니다. 우선 리스트가 어떤 것인지 간단한 그림을 통해 알아보겠습니다. 그림 8-1에 리스트 구조를 간단히 나타냈습니다. 이와 같이 리스트는 데이터를 순서대로 나열해 놓은 자료구조를 말합니다.

04장에서 공부한 스택과 큐도 리스트 구조로 되어 있습니다.

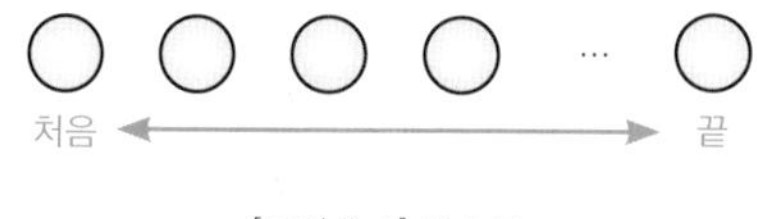

[그림 8-1] 리스트

가장 단순한 구조를 가진 리스트를 선형 리스트(linear list) 또는 연결 리스트(linked list)라고 합니다. 그림 8-2는 연결 리스트의 한 예입니다. 그림을 보면 A부터 F까지 6개의 데이터가 순서대로 나열되어 있고 각각의 데이터가 화살표로 연결되어 있음을 알 수 있습니다. 이때 각 데이터의 연결 관계를 '이야기 전달하기 게임'에 비유할 수 있습니다. A가 B에게 이야기를 전달하고 B가 C에게 이야기를 전달하는 방식으로 F에게 이야기를 전달합니다. 즉, 한 사람을 건너뛰어 이야기를 전달할 수 없습니다.

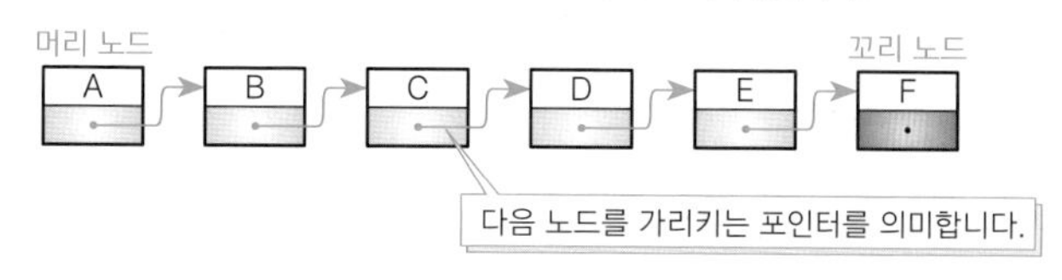

[그림 8-2] 연결 리스트

이때 리스트의 각 요소(element)는 노드(node)라고 합니다. 각각의 노드는 데이터와 다음 노드를 가리키는 포인터를 가지고 있습니다. 처음과 끝에 있는 노드는 특별히 각각 머리 노드(head node), 꼬리 노드(tail node)라고 합니다. 또한 하나의 노드에 대해 바로 앞에 있는 노드를 앞쪽 노드(predecessor node), 바로 뒤에 있는 노드를 다음 노드(successor node)라고 합니다. 그림 8-2를 보면 노드 C의 앞쪽 노드는 노드 B이고, 다음 노드는 노드 D입니다. 이때 노드 C가 갖는 포인터는 다음 노드인 D를 가리킵니다.

배열로 선형 리스트 만들기

전화번호부를 선형 리스트로 저장하기 위해 간단한 배열로 구현하고 그림으로 나타내 보았습니다(그림 8-3). 요소의 자료형이 Person인 배열 data의 요소 개수는 7개입니다. 즉, 최대 7명의 회원 데이터를 삽입할 수 있습니다.

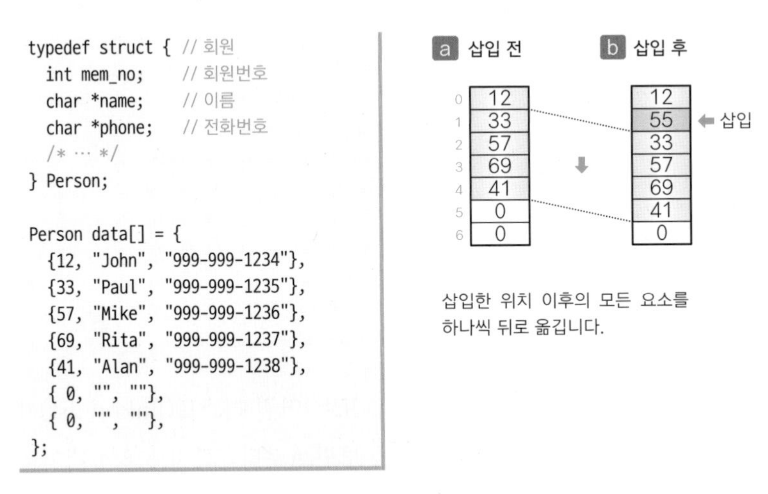

[그림 8-3] 배열에 의한 선형 리스트에 삽입

위의 삽입 전의 그림은 회원이 5명 저장되어 있고 data[5], data[6]은 아직 데이터가 등록되지 않은 상태입니다.

오른쪽의 배열 그림에는 간단히 회원번호만 표시했습니다.

다음 노드 꺼내기

배열의 각 요소에는 연락할 순서대로 데이터가 저장되어 있습니다. 전화를 걸기 위해 필요한 '다음 노드 꺼내기'는 1만큼 큰 인덱스를 갖는 요소에 접근하면 됩니다.

노드의 삽입과 삭제

회원번호가 55인 회원이 새로 가입했고 이 회원의 정보를 회원번호 12, 33 사이에 삽입하려고 합니다. 이런 경우에는 b와 같이 삽입 요소 다음의 모든 요소를 하나씩 뒤로 밀어야 합니다. 삭제하는 경우도 모든 요소를 뒤로 밀거나 앞으로 당겨야 합니다. 이런 작업이 필요하기 때문에 배열로 구현한 선형 리스트는 다음과 같은 문제를 갖게 됩니다.

- 쌓이는 데이터의 크기를 미리 알아야 합니다.
- 데이터의 삽입, 삭제에 따라 데이터를 모두 옮겨야 하기 때문에 효율이 좋지 않습니다.

08-2 포인터를 이용한 연결 리스트

이번 절에서는 다음 노드를 가리키는 포인터를 각 노드에 포함시키는 연결 리스트를 살펴보겠습니다.

포인터로 연결 리스트 만들기

노드용 객체를, 연결 리스트에 데이터를 삽입할 때 만들고 삭제할 때 없애면, 앞에서 제시한 데이터를 밀고 당기는 문제를 해결할 수 있습니다. 그렇게 작성한 연결 리스트 프로그램의 헤더 부분을 실습 8-1에, 소스 부분을 실습 8-2에 나타냈습니다.

Do it! 실습 8-1[A]

• 완성 파일 chap08/LinkedList.h

```
01  // 포인터로 만든 연결 리스트(헤더)
02  #ifndef ___LinkedList
03  #define ___LinkedList
04
05  #include "Member.h"   — 실습 10-1에서 작성
06
07  /*--- 노드 ---*/
08  typedef struct __node {
09    Member        data;     // 데이터
10    struct __node *next;    // 뒤쪽 포인터(다음 노드에 대한 포인터)
11  } Node;
12
13  /*--- 연결 리스트 ---*/
14  typedef struct {
15    Node *head;             // 머리 노드에 대한 포인터
16    Node *crnt;             // 선택한 노드에 대한 포인터
17  } List;
18
```

(실습 8-1[B]에서 계속)

노드용 구조체 Node는 다음의 두 멤버, data와 next로 구성되어 있습니다.

- data … 데이터(Member형)
- next … 다음 노드에 대한 포인터(자기 자신과 같은 구조체형을 가리키는 포인터형)

이와 같이 자기 자신과 같은 자료형의 객체를 가리키는 데이터가 내부에 포함됩니다. 이러한 자료구조를 자기 참조(self-referential)형이라고 합니다. 그림 8-4는 노드용 구조체 Node의 이미지를 나타냅니다.

구조체에 대해 두 개의 이름을 부여(태그이름 __node를 선언하면서 동시에 typeof 이름 Node를 선언)하는 이유는 보충수업 8-1에서 설명합니다.

앞으로 '다음 노드에 대한 포인터'를 뒤쪽 포인터라고 부르겠습니다.

다음 노드를 갖지 않는 꼬리 노드의 뒤쪽 포인터인 next값은 널(NULL) 값을 대입합니다.

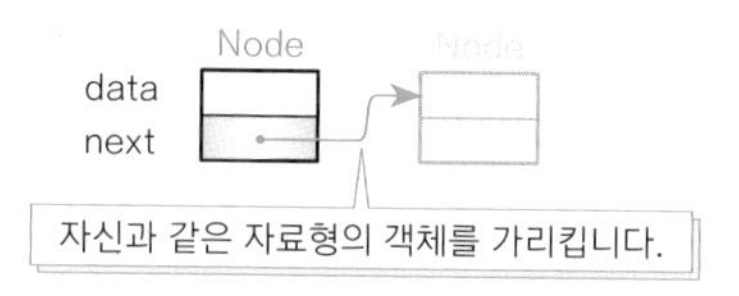

[그림 8-4] 연결 리스트를 구현하기 위한 노드의 구조

Do it! 실습 8-1[B]

• 완성 파일 chap08/LinkedList.h

```
01  /*--- 연결 리스트를 초기화 ---*/
02  void Initialize(List *list);
03
04  /*--- 함수 compare로 x와 같은 노드를 검색 ---*/
05  Node *Search(List *list, const Member *x,
06                            int compare(const Member *x, const Member *y));
07
08  /*--- 머리에 노드를 삽입 ---*/
09  void InsertFront(List *list, const Member *x);
10
11  /*--- 꼬리에 노드를 삽입 ---*/
12  void InsertRear(List *list, const Member *x);
13
14  /*--- 머리 노드를 삭제---*/
15  void RemoveFront(List *list);
16
17  /*--- 꼬리 노드를 삭제 ---*/
18  void RemoveRear(List *list);
```

```
19
20  /*--- 선택한 노드를 삭제 ---*/
21  void RemoveCurrent(List *list);
22
23  /*--- 모든 노드를 삭제 ---*/
24  void Clear(List *list);
25
26  /*--- 선택한 노드의 데이터를 출력---*/
27  void PrintCurrent(const List *list);
28
29  /*--- 선택한 노드의 데이터를 출력(줄 바꿈 문자 포함) ---*/
30  void PrintLnCurrent(const List *list);
31
32  /*--- 모든 노드의 데이터를 리스트 순서대로 출력 ---*/
33  void Print(const List *list);
34
35  /*--- 연결 리스트 종료---*/
36  void Terminate(List *list);
37
38  #endif
```

연결 리스트를 관리하는 구조체 List

노드용 구조체 Node를 사용한 연결 리스트를 나타낸 것이 리스트용 구조체 List입니다. List는 두 멤버로 구성되어 있고 모두 Node에 대한 포인터 자료형을 가지고 있습니다. 이 구조체를 사용한 리스트의 이미지를 그림 8-5에 나타냈습니다.

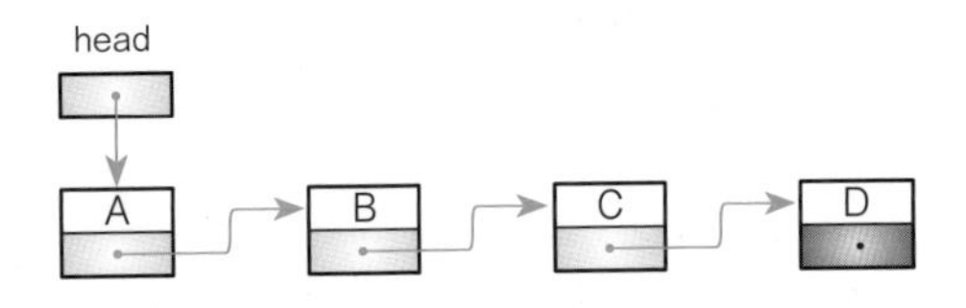

[그림 8-5] 연결 리스트의 이미지

위에서 head는 연결 리스트의 머리 노드를 가리키는 머리 포인터이고, crnt는 현재 선택한 노드를 가리키는 선택 포인터입니다. '검색'한 노드를 선택하고 '삭제'하는 용도로 사용합니다.

각 함수를 실행한 다음 crnt 값이 어떻게 변화하는지는 표 8-1에 정리해 두었습니다.

Member.h는 이후 프로그램에서도 계속 사용합니다.

연결 리스트를 관리하는 구조체 List는 2개의 포인터만 가집니다. 그림 8-5에 나타낸 A~D의 각 노드는 Node형 객체이지 List의 일부는 아닙니다.

Do it! 실습 8-2[A] • 완성 파일 chap08/LinkedList.c

```
01  /* 포인터로 만든 연결 리스트(소스) */
02  #include <stdio.h>
03  #include <stdlib.h>
04  #include "Member.h"      실습 10-1에서 작성
05  #include "LinkedList.h"
06
07  /*--- 노드를 동적으로 생성 ---*/
08  static Node *AllocNode(void)
09  {
10    return calloc(1, sizeof(Node));
11  }
12  /*--- n이 가리키는 노드의 각 멤버에 값을 설정 ----*/
13  static void SetNode(Node *n, const Member *x, const Node *next)
14  {
15    n->data = *x;        // 데이터
16    n->next = next;      // 뒤쪽 포인터
17  }
18  /*--- 연결 리스트를 초기화 ---*/
19  void Initialize (List *list)
20  {
21    list->head = NULL; // 머리 노드
22    list->crnt = NULL; // 선택 노드
23  }
24
```

(실습 8-2[B]에서 계속)

노드를 만드는 AllocNode 함수

AllocNode 함수는 Node형 객체를 만들고 만든 객체의 포인터를 반환합니다.

노드의 멤버값을 설정하는 SetNode 함수

SetNode 함수는 Node형 객체의 두 멤버(data, next)의 값을 설정하는 함수입니다. 첫 번째 매개변수 n으로 전달받은 포인터가 가리키는 Node형 객체에 x가 가리키는 값을 대입하고 n의 next에 세 번째 매개변수로 전달받은 next를 대입합니다.

연결 리스트를 초기화하는 Initialize 함수

Initialize 함수는 연결 리스트를 사용하기 전에 초기화하는 함수입니다. 머리 노드를 가리키는 list->head에 널(NULL) 값을 대입하여 노드가 하나도 없는 텅 빈 연결 리스트를 만듭니다(그림 8-6 a). 그림 8-6에서는 머리 노드를 가리키는 포인터 list->head를 간단히 head라고 표기했습니다. 앞으로도 설명이나 그림에서 'list->'를 생략한 표현을 사용할 것이므로 head가 머리 노드에 대한 포인터라는 것을 기억하기 바랍니다. 빈 연결 리스트는 노드가 하나도 없는 상태이기 때문에 head가 가리키는 노드도 없습니다.

선택 포인터 list->crnt에도 널을 대입하여 노드를 선택하지 않은 상태로 초기화합니다.

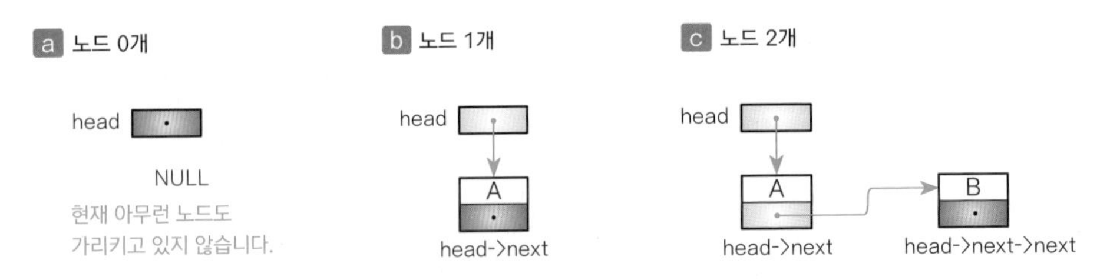

[그림 8-6] 연결 리스트와 노드 개수에 따른 상태

그러면 그림을 보면서 연결 리스트를 좀 더 자세히 살펴보겠습니다.

연결 리스트가 비어 있는지 판단하는 방법

a는 노드가 하나도 없는 상태입니다(빈 연결 리스트). 이때 리스트가 비어 있는지 판단하는 방법은 다음과 같습니다.

```
list->head == NULL                    // 연결 리스트가 비어 있는지(노드가 0개인지) 확인
```

노드가 1개인 연결 리스트를 판단하는 방법

b는 연결 리스트에 노드가 1개만 있는 상태입니다. 머리 포인터 list->head가 가리키는 노드는 머리 노드 A입니다. 이때 연결 리스트에는 1개의 노드만 있기 때문에 머리 노드 A는 리스트의 꼬리 노드이기도 합니다. 따라서 next값은 널입니다. list->head가 가리키는 노드 안의 뒤쪽 포인터 next값이 널이므로 연결 리스트의 노드가 1개인지 판단하는 방법은 다음과 같습니다.

```
list->head->next == NULL              // 노드가 1개인지 확인
```

노드가 2개인 연결 리스트를 판단하는 방법

C는 노드가 2개 있는 상태입니다. 머리 노드는 A, 두 번째 노드이자 꼬리 노드는 B입니다. 이때 머리 포인터 list->head가 가리키는 노드 A의 뒤쪽 포인터 next는 노드 B를 가리킵니다. 꼬리 노드 B의 뒤쪽 포인터 next는 NULL값을 가지므로 연결 리스트의 노드가 2개인지 판단하는 방법은 다음과 같습니다.

```
list->head->next->next == NULL        // 노드가 2개인지 확인
```

노드 A의 데이터는 list->head->data이고 노드 B의 데이터는 list->head->next->data입니다.

포인터가 머리 노드를 가리키는지 판단하는 방법

자료형이 Node *형인 변수 p는 리스트의 노드 중 하나를 가리킵니다. 변수 p가 가리키는 노드가 연결 리스트의 머리 노드인지 판단하는 방법은 다음과 같습니다.

```
p == list->head    // p가 가리키는 노드가 머리 노드인지 확인
```

포인터가 꼬리 노드를 가리키는지 판단하는 방법

자료형이 Node *형인 변수 p는 리스트의 노드 중 하나를 가리킵니다. 변수 p가 가리키는 노드가 연결 리스트의 꼬리 노드인지 판단하는 방법은 다음과 같습니다.

```
p->next == NULL    // p가 가리키는 노드가 꼬리 노드인지 확인
```

검색을 수행하는 Search 함수

Search 함수는 어떤 조건을 만족하는 노드를 검색합니다. 실습 8-2[B]를 살펴보며 설명하겠습니다.

Do it! 실습 8-2[B]

• 완성 파일 chap08/LinkedList.c

```
01  /*--- compare 함수를 사용해 x를 검색 ---*/
02  Node *search(List *list, const Member *x,
03                                int compare(const Member *x, const Member *y))
04  {
05      Node *ptr = list->head;                                         ─1
06      while(ptr != NULL) {
07          if(compare(&ptr->data, x) == 0) { // 키값이 같은 경우
08              list->crnt = ptr;
09   3─         return ptr;                        // 검색 성공              ─2
10          }
11   4─     ptr = ptr->next;                       // 다음 노드를 선택
12      }
13      return NULL;                               // 검색 실패              ─5
14  }
15                                                        (실습 8-2[C]에서 계속)
```

이 함수가 전달받는 매개변수는 다음과 같습니다.

- list … 검색 대상인 연결 리스트를 가리키는 포인터입니다.
- x … 검색하는 키값을 저장한 회원 데이터를 가리키는 포인터입니다.
- compare … 두 번째 매개변수 x가 가리키는 객체와, 연결 리스트의 노드 안의 데이터를 비교하는 함수를 가리키는 포인터입니다. 이 비교 함수는 검색에 성공하면 0을 반환합니다.

이 함수가 반환하는 값은 찾은 노드에 대한 포인터입니다. 만약 검색에 실패하면 널을 반환합니다. 검색에 사용하는 알고리즘은 선형 검색이고, 그림 8-7처럼 검색할 노드를 만날 때까지 머리 노드부터 스캔합니다. 그림 8-7은 노드 D를 검색하는 모습으로 ① -> ② -> ③ -> ④와 같이 검색하면 성공합니다.

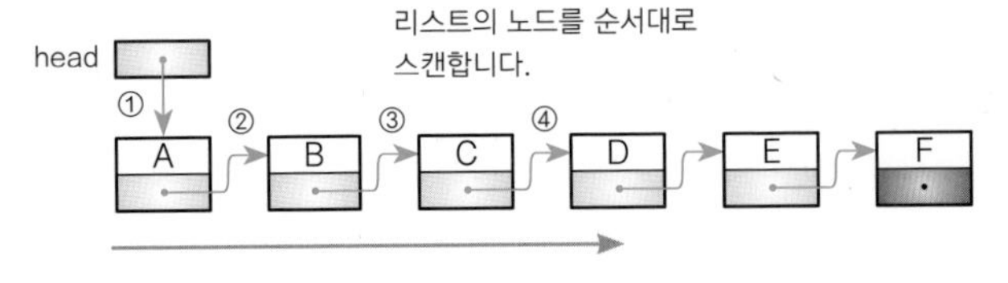

[그림 8-7] 연결 리스트에서 노드 D를 선형 검색하는 과정

노드 스캔은 아래의 조건 중 하나만 성립하면 종료됩니다.

종료 조건 1. 검색 조건을 만족하는 노드를 찾지 못하고 꼬리 노드를 지나가기 직전인 경우 종료 조건 2. 검색 조건을 만족하는 노드를 찾은 경우	OR

그럼, 실습 8-2[B]의 프로그램을 다음 페이지의 그림 8-8과 비교하면서 살펴보겠습니다.

1 스캔하고 있는 노드를 가리키는 포인터 ptr을 list->head로 초기화합니다. 그림 a와 같이 ptr이 가리키는 노드는 list->head가 가리키고 있는 머리 노드인 A입니다.

2 종료 조건 1을 먼저 판단합니다. ptr값이 널이 아니면 루프 본문의 3, 4를 실행합니다. ptr값이 널이면 스캔할 노드가 없음을 의미하기 때문에 while 문을 빠져나와 5로 진행합니다.

3 종료 조건 2를 판단하기 위해 스캔하고 있는 노드의 데이터(ptr->data)와 x가 가리키는 데이터를 compare 함수로 비교합니다. compare 함수는 검색에 성공하면 0을 반환합니다. 즉, 종료 조건 2가 성립합니다. 곧바로 포인터 list->crnt에 ptr을 대입하고 찾은 노드에 대한 포인터인 ptr을 반환합니다.

4 ptr에 ptr->next를 대입합니다. 이렇게 하면 ptr이 다음 노드를 가리키기 때문에 계속해서 스캔할 수 있습니다.

ptr이 노드 A를 가리키는 그림 a에서 ptr = ptr->next를 대입하면 그림 b와 같은 상태가 됩니다. 다음 노드 B를 가리키는 포인터인 ptr->next를 ptr에 대입하면 ptr이 가리키는 노드가 A에서 B로 업데이트됩니다.

5 검색에 실패하면 널을 반환합니다.

다음 그림 8-8에 검색 과정을 자세히 나타냈습니다.

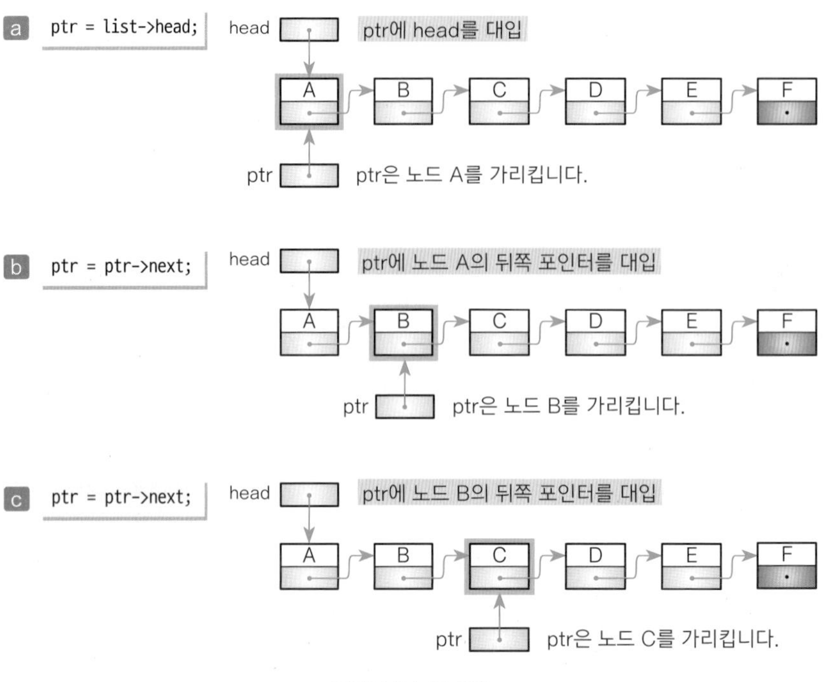

[그림 8-8] 노드 검색

머리에 노드를 삽입하는 InsertFront 함수

InsertFront 함수는 연결 리스트의 머리에 노드를 삽입하는 함수입니다. 다음 실습 8-2[C]에 이 함수를 나타냈습니다.

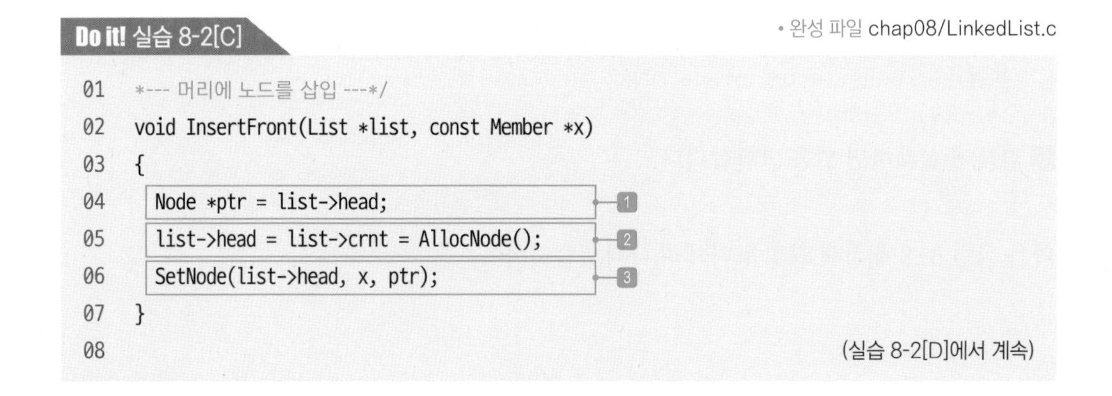

Do it! 실습 8-2[C]

• 완성 파일 chap08/LinkedList.c

```
01  *--- 머리에 노드를 삽입 ---*/
02  void InsertFront(List *list, const Member *x)
03  {
04      Node *ptr = list->head;                 ― 1
05      list->head = list->crnt = AllocNode();  ― 2
06      SetNode(list->head, x, ptr);            ― 3
07  }
08
```

(실습 8-2[D]에서 계속)

다음 그림 8-9를 통해 삽입 과정을 더 자세히 살펴보겠습니다. 그림 a의 리스트 머리에 노드 G를 삽입하고 나면 그림 b 상태가 됩니다.

실습 8-2[C]의 처리 과정은 다음과 같습니다.

1 삽입 전의 머리 노드 A에 대한 머리 포인터를 ptr에 대입합니다.

2 삽입할 노드 G를 AllocNode 함수로 만들고 만든 노드 G를 가리키도록 머리 포인터 list->head를 업데이트합니다.

선택 포인터 list->crnt도 새로 만든 노드를 가리키도록 업데이트합니다.

3 SetNode 함수를 호출하여 값을 설정합니다. 이때 삽입한 다음 머리 노드의 다음을 가리키는 포인터의 값을 ptr(삽입하기 전의 머리 노드 A)로 업데이트합니다.

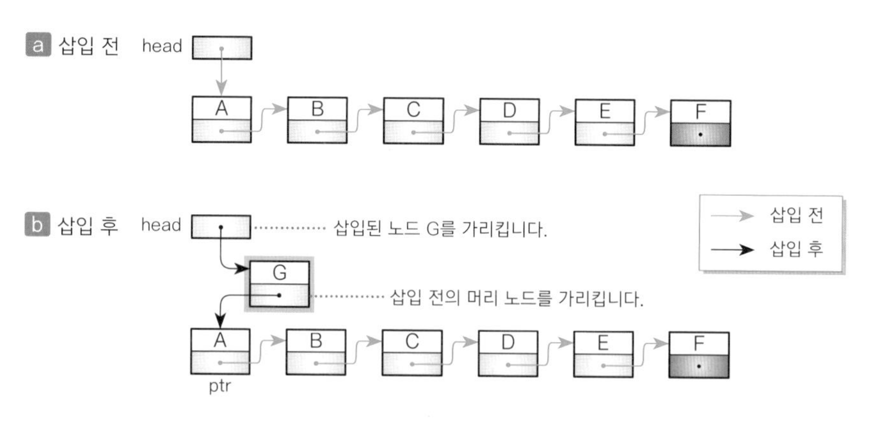

[그림 8-9] 머리에 노드를 삽입하는 과정

꼬리에 노드를 삽입하는 InsertRear 함수

InsertRear 함수는 연결 리스트 꼬리에 노드를 삽입하는 함수입니다. 리스트가 비어 있는지 아닌지 먼저 확인(list->head == NULL)하고 경우에 따라 다음의 작업을 수행합니다.

1. **리스트가 비어 있는 경우**
   머리에 노드를 삽입하는 처리와 같습니다. InsertFront 함수로 처리합니다.
2. **리스트가 비어 있지 않은 경우**
   리스트 꼬리에 노드 G를 삽입합니다(그림 8-10).

Do it! 실습 8-2[D]

• 완성 파일 chap08/LinkedList.c

```
01  /*--- 꼬리에 노드를 삽입하는 함수 ---*/
02  void InsertRear (List *list, const Member *x)
03  {
04    if(list->head == NULL)        // 비어 있는 경우
05      InsertFront(list, x);       // 머리에 삽입
06    else {
07      Node *ptr = list->head;
08  ④  while(ptr->next != NULL)         while 문이 종료되면 ptr은
09        ptr = ptr->next;               꼬리 노드를 가리킵니다.
10      ptr->next = list->crnt = AllocNode();
11  ⑤  SetNode(ptr->next x, NULL);
12    }
13  }
14                                                    (실습 8-2[E]에서 계속)
```

④ 꼬리 노드를 찾습니다. 머리 노드를 가리키도록 초기화한 ptr이 가리키는 노드를, 계속해서 다음 노드를 가리키도록 업데이트하는 과정을 반복합니다. 이렇게 반복하면 노드를 처음부터 차례로 스캔할 수 있습니다. ptr->next가 가리키는 노드가 널이 되면 while 문을 종료합니다. 이때 ptr이 가리키는 노드는 꼬리 노드 F입니다.

⑤ 삽입할 노드 G를 AllocNode 함수로 만듭니다. 그리고 삽입하기 전의 꼬리 노드 F의 다음 포인터 ptr->next가 가리키는 노드에, 삽입한 다음의 꼬리 노드 G를 대입합니다. 그런 다음 SetNode 함수를 호출해 앞에서 만든 노드 G의 값을 설정합니다. 이때 노드 G의 다음 노드에 널을 대입합니다.

다음 노드에 널을 대입해 꼬리 노드가 어떤 노드도 가리키지 않게 합니다.

[그림 8-10] 꼬리 노드를 삽입하는 과정

머리 노드를 삭제하는 RemoveFront 함수

RemoveFront 함수는 머리 노드를 삭제하는 함수입니다. 리스트가 비어 있지 않은 경우(list->head != NULL)에만 삭제를 실행합니다.

Do it! 실습 8-2[E] • 완성 파일 chap08/LinkedList.c

```
01  /*--- 머리 노드를 삭제 ---*/
02  void RemoveFront(List *list)
03  {
04    if (list->head != NULL) {
05      Node *ptr = list->head->next;      // 2번째 노드에 대한 포인터
06      free(list->head);                   // 머리 노드를 해제
07      list->head = list->crnt = ptr;      // 새로운 머리 노드
08    }
09  }
10
```

(실습 8-2[F]에서 계속)

그림 8-11을 통해 삭제하는 과정을 자세히 살펴보겠습니다. a의 리스트에서 머리 노드 A를 삭제하고 나면 b 상태가 됩니다(먼저, 삭제하기 전의 머리 노드 A의 메모리 영역을 해제합니다). 이어서 머리 노드에 대한 포인터 list->head에 두 번째 노드 B에 대한 포인터 list->head->next를 대입하여 머리 노드에 대한 포인터가 노드 B를 가리키도록 업데이트합니다.

선택한 노드 crnt가 가리키는 노드도 B로 업데이트합니다.

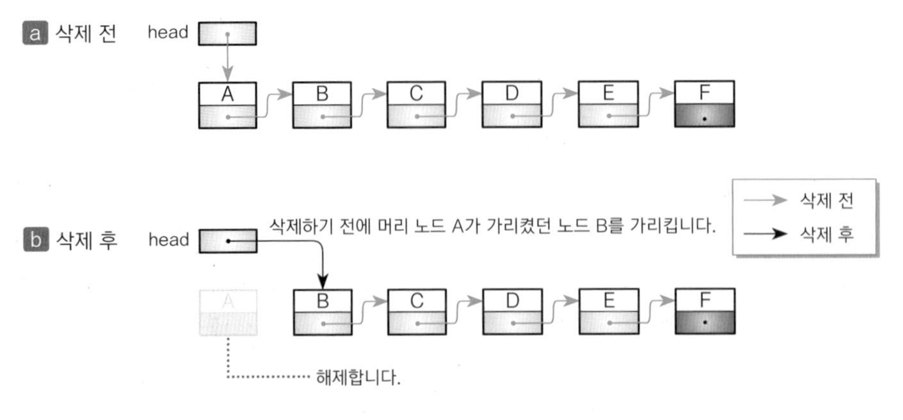

[그림 8-11] 머리 노드를 삭제하는 과정

만약 리스트에 노드가 1개만 있어도 오류 없이 삭제할 수 있고 리스트는 빈 상태가 됩니다. 삭제하기 전의 머리 노드는 꼬리 노드이기 때문에 다음 노드를 가리키는 list->head->next의 값은 널입니다. 널을 list->head에 대입하면 리스트는 빈 상태가 됩니다.

꼬리 노드를 삭제하는 RemoveRear 함수

RemoveRear 함수는 꼬리 노드를 삭제하는 함수입니다. 리스트에 노드가 1개뿐인지(list->next==NULL) 아니면 2개 이상인지에 따라 서로 다른 작업을 수행합니다.

Do it! 실습 8-2[F] • 완성 파일 chap08/LinkedList.c

```
01  /*--- 꼬리 노드를 삭제하는 함수 ---*/
02  void RemoveRear (List *list)
03  {
04    if(list->head != NULL) {
05      if((list->head)->next == NULL)    // 노드가 1개만 있는 경우
06        RemoveFront(list);              // 머리 노드를 삭제
07      else {
08        Node *ptr = list->head;
09        Node *pre;
10        while(ptr->next != NULL) {
11          pre = ptr;
12          ptr = ptr->next;
13        }
14        pre->next = NULL;               // pre는 꼬리 노드로부터 두 번째 노드
15        free(ptr);                      // ptr은 꼬리 노드
16        list->crnt = pre;
```

1 while 문이 종료되면 ptr은 꼬리 노드를 가리키고, pre는 꼬리 노드로부터 두 번째 노드를 가리킵니다.

```
17            }
18        }
19    }
20
```

(실습 8-2[G]에서 계속)

1. **리스트에 노드가 1개만 있는 경우**
   머리 노드를 삭제하는 것과 같습니다. RemoveFront 함수로 처리합니다.
2. **리스트에 노드가 2개 이상 있는 경우**
   그림 8-12를 통해 삭제 과정을 구체적으로 나타냈습니다.

1 '꼬리 노드'와 '꼬리 노드로부터 두 번째 노드'를 찾습니다. 스캔하는 방법은 InsertRear 함수와 비슷하지만 현재 스캔하고 있는 노드의 '앞에 있는 노드'를 가리키는 변수 pre를 추가한 점이 다릅니다. while 문이 종료되면 pre는 노드 E를, ptr은 노드 F를 가리킵니다(그림 8-12).

2 꼬리 노드부터 두 번째 노드 E의 다음을 가리키는 포인터에 널을 대입하고 꼬리 노드 F의 메모리 영역을 해제합니다.

선택한 노드 crnt가 가리키는 노드는 삭제한 다음의 꼬리 노드 pre가 됩니다.

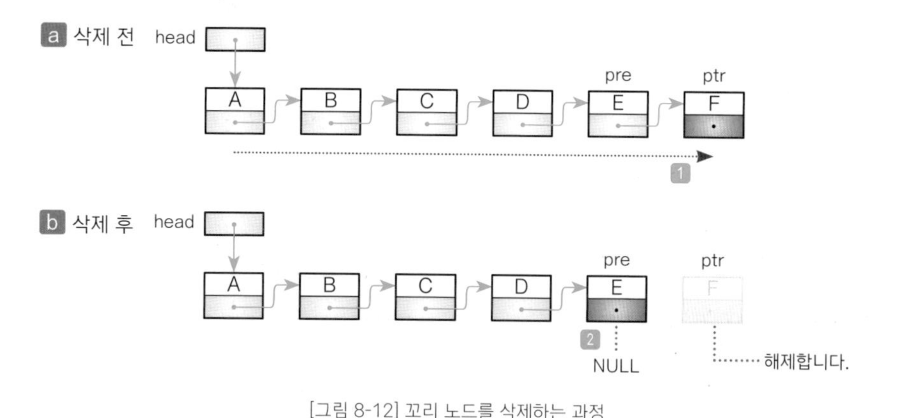

[그림 8-12] 꼬리 노드를 삭제하는 과정

선택한 노드를 삭제하는 RemoveCurrent 함수

RemoveCurrent 함수는 현재 선택한 포인터(list->crnt)가 가리키는 노드를 삭제하는 함수입니다. 삭제할 노드가 머리 노드인지 아닌지에 따라 다음의 작업을 수행합니다.

1. crnt가 머리 노드인 경우
머리 노드를 삭제하면 됩니다. RemoveFront 함수로 처리합니다.

2. crnt가 머리 노드가 아닌 경우
그림 8-13을 통해 삭제 과정을 구체적으로 나타냈습니다.

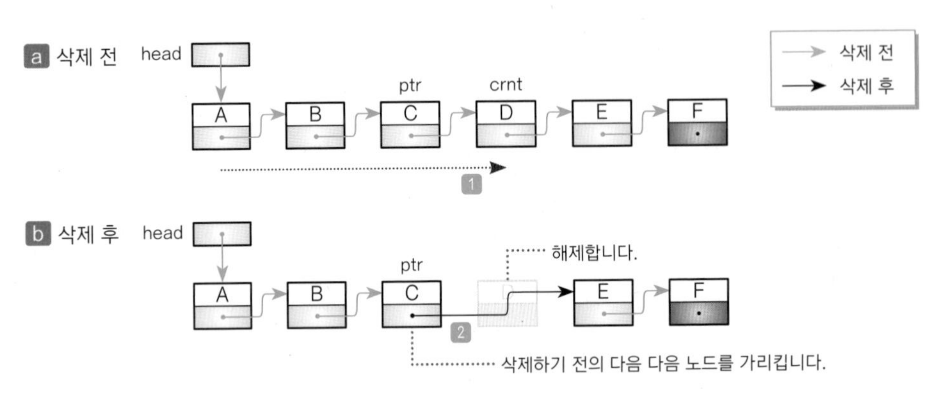

[그림 8-13] 노드를 삭제하는 과정

이러한 처리 과정을 실습 8-2[G]와 함께 자세히 살펴보겠습니다.

Search 함수로 노드를 검색하는 데 성공하면, 현재 선택한 포인터가 가리키는 노드는 찾아낸 노드가 됩니다.그 상태에서 RemoveCurrent 함수를 호출하면 검색한 노드를 삭제할 수 있습니다.

Do it! 실습 8-2[G]

• 완성 파일 chap08/LinkedList.c

```
01  /*--- 선택한 노드를 삭제하는 함수 ---*/
02  void RemoveCurrent (List *list)
03  {
04    if(list->head != NULL) {
05      if(list->crnt == list->head)         // 머리 노드를 선택한 상태라면
06        RemoveFront(list);                 // 머리 노드를 삭제
07      else {
08        Node *ptr = list->head;
09        while(ptr->next != list->crnt)     ─ 1
10          ptr = ptr->next;
11        ptr->next = list->crnt->next;      ─ 1
12        free(list->crnt);
13        list->crnt = ptr;
14      }
15    }
16  }
17                                                        (실습 8-2[H]에서 계속)
```

while문이 종료되면 ptr은 선택한 노드의 앞쪽 노드를 가리킵니다.

1 선택한 노드의 앞 노드를 찾습니다. while 문은 머리 노드부터 스캔을 시작합니다. 선택한 노드 ptr의 다음 노드를 가리키는 포인터 ptr->next가 list->crnt와 같을 때까지 반복합니다. while 문이 종료되고 난 다음 ptr이 가리키는 노드는 삭제하기 위해 선택한 노드 D의 앞쪽 노드인 노드 C가 됩니다.

2 삭제하기 위해 선택한 노드 D의 다음 노드 포인터 list->crnt->next를 노드 C의 다음 노드 포인터 ptr->next에 대입합니다. 그러면 노드 C의 다음 노드 포인터가 가리키는 노드가 노드 E로 업데이트됩니다. 그런 다음 노드 D의 메모리 영역을 해제합니다.

선택한 노드 crnt가 가리키는 노드는 삭제한 노드의 앞 노드(노드 C)로 업데이트됩니다.

모든 노드를 삭제하는 Clear 함수

Clear 함수는 연결 리스트의 모든 노드를 삭제하는 함수입니다. 연결 리스트가 완전히 텅 빈 상태(head == NULL)가 될 때까지 머리 요소의 삭제 작업을 반복합니다.

모든 노드를 삭제하면 리스트가 완전히 빈 상태가 됩니다. 따라서 list->crnt의 값도 NULL로 업데이트됩니다.

선택한 노드의 데이터를 출력하는 PrintCurrent / PrintLnCurrent 함수

PrintCurrent, PrintLnCurrent 함수는 선택한 포인터 list->crnt가 가리키는 노드의 데이터를 출력하는 함수입니다. 선택한 노드가 없는 경우(list->crnt == NULL)에는 '선택한 노드가 없습니다.'라고 출력합니다.

Do it! 실습 8-2[H] • 완성 파일 chap08/LinkedList.c

```
01  /*--- 모든 노드를 삭제 ---*/
02  void Clear(List *list)
03  {
04    while (list->head != NULL)          // 텅 빌 때까지
05      RemoveFront(list);                // 머리 노드를 삭제
06    list->crnt = NULL;
07  }
08
09  /*--- 선택한 노드의 데이터를 출력 ---*/
10  void PrintCurrent(const List *list)
11  {
12    if (list->crnt == NULL)
13      printf("선택한 노드가 없습니다.");
14    else
15      PrintMember(&list->crnt->data);
```

```
16 }
17
18 /*--- 선택한 노드의 데이터를 출력(줄 바꿈 문자 포함) ---*/
19 void PrintLnCurrent(const List *list)
20 {
21   PrintCurrent(list);
22   putchar('\n');
23 }
24                                                  (실습 8-2[I]에서 계속)
```

리스트의 모든 노드를 출력하는 Print 함수

Print 함수는 리스트의 모든 노드를 순서대로 출력하는 함수입니다. 머리 노드부터 꼬리 노드까지 포인터 ptr이 가리키는 데이터를 출력합니다.

연결 리스트를 종료하는 Terminate 함수

Terminate 함수는 연결 리스트를 종료하는 함수입니다. 모든 노드를 삭제하는 Clear 함수를 호출합니다.

Do it! 실습 8-2[I] • 완성 파일 chap08/LinkedList.c

```
01 /*--- 모든 노드의 데이터를 리스트 순으로 출력하는 함수 ---*/
02 void Print (const List *list)
03 {
04   if(list->head == NULL)
05     puts("노드가 없습니다.");
06   else {
07     Node *ptr = list->head;
08     puts("【 모두 보기 】");
09     while(ptr != NULL) {
10       PrintLnMember(&ptr->data);
11       ptr = ptr->next;              // 다음 노드를 선택
12     }
13   }
14 }
15 /*--- 연결 리스트를 종료하는 함수 ---*/
16 void Terminate(List *list)
17 {
18   Clear(list);                      // 모든 노드를 삭제
19 }
```

표 8-1은 각 함수를 실행한 후의 crnt 값입니다.

[표 8-1] 함수를 실행한 후의 선택 노드(crnt) 값

함수	함수를 실행한 후 선택 노드(crnt)가 가리키는 노드
Initialize	NULL
Search	검색에 성공하면 검색한 노드, 검색에 실패하면 업데이트하지 않음
InsertFront	삽입한 머리 노드
InsertRear	삽입한 꼬리 노드
RemoveFront	삭제한 후 머리 노드, 리스트가 비어 있다면 NULL
RemoveRear	삭제한 후 꼬리 노드, 리스트가 비어 있다면 NULL
RemoveCurrent	삭제한 노드의 앞쪽 노드, 리스트가 비어 있다면 NULL
Clear	NULL
PrintCurrent	업데이트하지 않음
PrintLnCurrent	업데이트하지 않음
Print	업데이트하지 않음
Terminate	NULL

보충수업 8-1 자기 참조 구조체와 typedef 선언

노드형 구조체 Node의 선언에 대해 좀 더 살펴보겠습니다.

```
/*--- 노드 ---*/
typedef struct __node {          ← 태그 이름
    Member data;              // 데이터
    struct __node *next;      // 다음 노드를 가리키는 포인터
} Node;                          ← typedef 이름
```

멤버 next는 '자신과 같은 자료형의 객체를 가리키는 포인터'입니다. 이러한 구조체를 자기 참조라고 부릅니다. 자기 참조라는 말에 속아 멤버 next가 '자기 자신을 가리키는 포인터'라고 잘못 생각할 수도 있습니다. 하지만 여기서 말하는 '자기 참조 구조체'란 '자기 자신과 같은 자료형의 객체를 가리키는 포인터(struct __node)를 멤버로 가지고 있다'라는 뜻입니다. 그림 8C-1의 a처럼 포인터 next가 자기 자신을 가리키는 경우도 있지만 b처럼 자기 자신과 같은 자료형을 가진 다른 객체를 가리키는 경우도 있기 때문입니다.

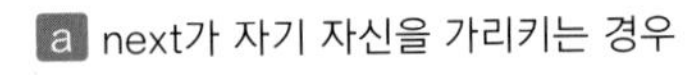

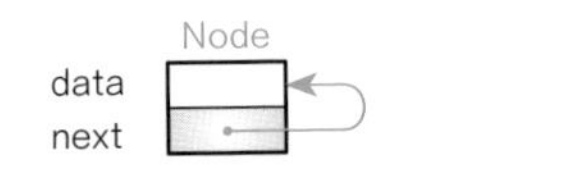

b next가 다른 객체를 가리키는 경우

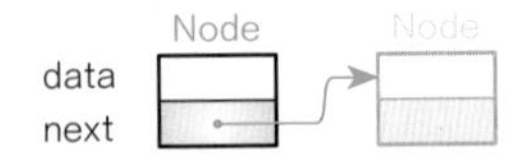

[그림 8C-1] 자기 참조 구조체

이때 Node를 선언하면서(태그 이름인 __node를 부여하면서) 구조체를 선언함과 동시에 typeof 선언도 하고 있다는 점에 대해 좀 더 알아보겠습니다. 위의 구조체 선언문을 다시 보면 구조체 자료형의 이름인 'struct __node'에 대해 typedef로 'Node'라고 이름을 다시 정의하고 있습니다. 그러면 구조체는 typedef로 정의한 이름도 주어집니다. 이때 구조체를 정의하는 부분에서 멤버 next는 struct __node *형이 아니라 Node *형으로 선언할 수 있다고 생각하는 실수를 저지를 수 있습니다. 정말로 그렇게 되는지 살펴보겠습니다.

X

```
/*--- 노드 ---*/
typedef struct __node {
   Member data;
   Node *next;        // 컴파일 오류
} Node;
```

안타깝게도 이 프로그램을 컴파일하면 컴파일 오류가 발생합니다. 멤버 next를 선언하는 순간에는 아직 Node형의 typedef 선언이 종료되지 않았기 때문입니다. 다음 코드를 보면 좀 더 이해하기가 쉬울 것입니다.

X

```
/*--- 노드 ---*/
typedef struct __node {
   Member data;
   Node *next;    // Node형이 아직 정의되지 않음
} Node;           // 이 부분에서 Node형의 typedef 선언이 완료됨
```

연결 리스트를 사용한 프로그램

실습 8-3은 연결 리스트 LinkedList를 사용한 프로그램입니다.

이 프로그램을 컴파일하려면 Member.h, Member.c, LinkedList.h, LinkedList.c가 필요합니다.

Do it! 실습 8-3 • 완성 파일 chap08/LinkedListTest.c

```
01  // 연결 리스트를 사용하는 프로그램
02  #include <stdio.h>
03  #include "Member.h"   ── 실습 10-1에서 작성
04  #include "LinkedList.h"
05
06  /*--- 메뉴 ---*/
07  typedef enum {
08    TERMINATE, INS_FRONT, INS_REAR, RMV_FRONT, RMV_REAR, PRINT_CRNT,
09    RMV_CRNT, SRCH_NO, SRCH_NAME, PRINT_ALL, CLEAR
10  } Menu;
11
12  /*--- 메뉴 선택 ---*/
13  Menu SelectMenu (void)
14  {
15    int ch;
16    char *mstring[] = {
17      "머리에 노드를 삽입",    "꼬리에 노드를 삽입",    "머리 노드를 삭제",
18      "꼬리 노드를 삭제",      "선택한 노드를 출력",    "선택한 노드를 삭제",
19      "번호로 검색",           "이름으로 검색",         "모든 노드를 출력",
20      "모든 노드를 삭제",
21    };
22    do {
23      for(int i = TERMINATE; i < CLEAR; i++) {
24        printf("(%2d) %-18.18s ", i + 1, mstring[i]);
25        if((i % 3) == 2)
26          putchar('\n');
27      }
28      printf("(0) 종료: ");
29      scanf("%d", &ch);
30    } while(ch < TERMINATE || ch > CLEAR);
31    return(Menu)ch;
32  }
33
34  /*--- 메인 ---*/
35  int main (void)
36  {
37    Menu menu;
38    List list;
39    Initialize(&list);              // 연결 리스트를 초기화
40    do {
```

```
41        Member x;
42        switch(menu = SelectMenu()) {
43          /* 머리에 노드를 삽입 */
44          case INS_FRONT :
45            x = ScanMember("머리에 삽입", MEMBER_NO | MEMBER_NAME);
46            InsertFront(&list, &x);
47            break;
48
49          /* 꼬리에 노드를 삽입 */
50          case INS_REAR :
51            x = ScanMember("꼬리에 삽입", MEMBER_NO | MEMBER_NAME);
52            InsertRear(&list, &x);
53            break;
54
55          /* 머리 노드를 삭제 */
56          case RMV_FRONT :
57            RemoveFront(&list);
58            break;
59
60          /* 꼬리 노드를 삭제 */
61          case RMV_REAR :
62            RemoveRear(&list);
63            break;
64
65          /* 선택한 노드의 데이터를 출력*/
66          case PRINT_CRNT :
67            PrintLnCurrent(&list);
68            break;
69
70          /* 선택한 노드를 삭제 */
71          case RMV_CRNT :
72            RemoveCurrent(&list);
73            break;
74
75          /* 번호로 검색 */
76          case SRCH_NO :
77            x = ScanMember("검색", MEMBER_NO);
78            if(search(&list, &x, MemberNoCmp) != NULL)
79              PrintLnCurrent(&list);
80            else
81              puts("그 번호의 데이터가 없습니다.");
```

```
82              break;
83
84            /* 이름으로 검색 */
85            case SRCH_NAME :
86              x = ScanMember("검색", MEMBER_NAME);
87              if(search(&list, &x, MemberNameCmp) != NULL)
88                PrintLnCurrent(&list);
89              else
90                puts("그 이름의 데이터가 없습니다.");
91              break;
92
93            /* 모든 노드의 데이터를 출력 */
94            case PRINT_ALL :
95              Print(&list);
96              break;
97
98            /* 모든 노드를 삭제 */
99            case CLEAR :
100             Clear(&list);
101             break;
102         }
103     } while(menu != TERMINATE);
104     Terminate(&list);                    // 연결 리스트 종료
105
106     return 0;
107 }
```

회원번호 검색에 사용하는 비교 함수는 MemberNoCmp 함수, 이름 검색에 사용하는 비교 함수는 MemberNameCmp 함수입니다. 모두 Member.h에서 선언하고 Member.c에서 정의합니다.

실행 결과

```
( 1) 머리에 노드를 삽입     ( 2) 꼬리에 노드를 삽입     ( 3) 머리 노드를 삭제
( 4) 꼬리 노드를 삭제       ( 5) 선택한 노드를 출력     ( 6) 선택한 노드를 삭제
( 7) 번호로 검색            ( 8) 이름으로 검색          ( 9) 모든 노드를 출력
(10) 모든 노드를 삭제       ( 0) 종료: 1
머리에 삽입하는 데이터를 입력하세요.
번호: 1 ........................................ {1, 모모}를 머리에 삽입
이름: 모모

( 1) 머리에 노드를 삽입     ( 2) 꼬리에 노드를 삽입     ( 3) 머리 노드를 삭제
( 4) 꼬리 노드를 삭제       ( 5) 선택한 노드를 출력     ( 6) 선택한 노드를 삭제
( 7) 번호로 검색            ( 8) 이름으로 검색          ( 9) 모든 노드를 출력
```

```
(10) 모든 노드를 삭제        ( 0) 종료: 2
꼬리에 삽입하는 데이터를 입력하세요.
번호: 5 ······································ {5, 나연}을 꼬리에 삽입
이름: 나연

( 1) 머리에 노드를 삽입      ( 2) 꼬리에 노드를 삽입      ( 3) 머리 노드를 삭제
( 4) 꼬리 노드를 삭제        ( 5) 선택한 노드를 출력      ( 6) 선택한 노드를 삭제
( 7) 번호로 검색             ( 8) 이름으로 검색           ( 9) 모든 노드를 출력
(10) 모든 노드를 삭제        ( 0) 종료: 1
머리에 삽입하는 데이터를 입력하세요.
번호: 10 ····································· {10, 정연}을 머리에 삽입
이름: 정연

( 1) 머리에 노드를 삽입      ( 2) 꼬리에 노드를 삽입      ( 3) 머리 노드를 삭제
( 4) 꼬리 노드를 삭제        ( 5) 선택한 노드를 출력      ( 6) 선택한 노드를 삭제
( 7) 번호로 검색             ( 8) 이름으로 검색           ( 9) 모든 노드를 출력
(10) 모든 노드를 삭제        ( 0) 종료: 2
꼬리에 삽입하는 데이터를 입력하세요.
번호: 12 ····································· {12, 사나}를 꼬리에 삽입
이름: 사나

( 1) 머리에 노드를 삽입      ( 2) 꼬리에 노드를 삽입      ( 3) 머리 노드를 삭제
( 4) 꼬리 노드를 삭제        ( 5) 선택한 노드를 출력      ( 6) 선택한 노드를 삭제
( 7) 번호로 검색             ( 8) 이름으로 검색           ( 9) 모든 노드를 출력
(10) 모든 노드를 삭제        ( 0) 종료: 1
머리에 삽입하는 데이터를 입력하세요.
번호: 14 ····································· {14, 지효}를 머리에 삽입
이름: 지효

( 1) 머리에 노드를 삽입      ( 2) 꼬리에 노드를 삽입      ( 3) 머리 노드를 삭제
( 4) 꼬리 노드를 삭제        ( 5) 선택한 노드를 출력      ( 6) 선택한 노드를 삭제
( 7) 번호로 검색             ( 8) 이름으로 검색           ( 9) 모든 노드를 출력
(10) 모든 노드를 삭제        ( 0) 종료: 4 ················ 꼬리의 {12, 사나}를 삭제

( 1) 머리에 노드를 삽입      ( 2) 꼬리에 노드를 삽입      ( 3) 머리 노드를 삭제
( 4) 꼬리 노드를 삭제        ( 5) 선택한 노드를 출력      ( 6) 선택한 노드를 삭제
( 7) 번호로 검색             ( 8) 이름으로 검색           ( 9) 모든 노드를 출력
(10) 모든 노드를 삭제        ( 0) 종료: 8
검색하는 데이터를 입력하세요.
이름: 사나 ··································· {사나} 검색 실패
그 이름의 데이터가 없습니다.

( 1) 머리에 노드를 삽입      ( 2) 꼬리에 노드를 삽입      ( 3) 머리 노드를 삭제
( 4) 꼬리 노드를 삭제        ( 5) 선택한 노드를 출력      ( 6) 선택한 노드를 삭제
( 7) 번호로 검색             ( 8) 이름으로 검색           ( 9) 모든 노드를 출력
(10) 모든 노드를 삭제        ( 0) 종료: 7
```

```
검색하는 데이터를 입력하세요.
번호: 10
10 정연

( 1) 머리에 노드를 삽입      ( 2) 꼬리에 노드를 삽입      ( 3) 머리 노드를 삭제
( 4) 꼬리 노드를 삭제        ( 5) 선택한 노드를 출력      ( 6) 선택한 노드를 삭제
( 7) 번호로 검색             ( 8) 이름으로 검색           ( 9) 모든 노드를 출력
(10) 모든 노드를 삭제        ( 0) 종료: 5
10 정연

( 1) 머리에 노드를 삽입      ( 2) 꼬리에 노드를 삽입      ( 3) 머리 노드를 삭제
( 4) 꼬리 노드를 삭제        ( 5) 선택한 노드를 출력      ( 6) 선택한 노드를 삭제
( 7) 번호로 검색             ( 8) 이름으로 검색           ( 9) 모든 노드를 출력
(10) 모든 노드를 삭제        ( 0) 종료: 9

【 모두 보기 】
14 지효
10 정연
1 모모
5 나연

( 1) 머리에 노드를 삽입      ( 2) 꼬리에 노드를 삽입      ( 3) 머리 노드를 삭제
( 4) 꼬리 노드를 삭제        ( 5) 선택한 노드를 출력      ( 6) 선택한 노드를 삭제
( 7) 번호로 검색             ( 8) 이름으로 검색           ( 9) 모든 노드를 출력
(10) 모든 노드를 삭제        ( 0) 종료: 7
검색하는 데이터를 입력하세요.
번호: 1
1 모모

( 1) 머리에 노드를 삽입      ( 2) 꼬리에 노드를 삽입      ( 3) 머리 노드를 삭제
( 4) 꼬리 노드를 삭제        ( 5) 선택한 노드를 출력      ( 6) 선택한 노드를 삭제
( 7) 번호로 검색             ( 8) 이름으로 검색           ( 9) 모든 노드를 출력
(10) 모든 노드를 삭제        ( 0) 종료: 6

( 1) 머리에 노드를 삽입      ( 2) 꼬리에 노드를 삽입      ( 3) 머리 노드를 삭제
( 4) 꼬리 노드를 삭제        ( 5) 선택한 노드를 출력      ( 6) 선택한 노드를 삭제
( 7) 번호로 검색             ( 8) 이름으로 검색           ( 9) 모든 노드를 출력
(10) 모든 노드를 삭제        ( 0) 종료: 3

( 1) 머리에 노드를 삽입      ( 2) 꼬리에 노드를 삽입      ( 3) 머리 노드를 삭제
( 4) 꼬리 노드를 삭제        ( 5) 선택한 노드를 출력      ( 6) 선택한 노드를 삭제
( 7) 번호로 검색             ( 8) 이름으로 검색           ( 9) 모든 노드를 출력
(10) 모든 노드를 삭제        ( 0) 종료: 9

【 모두 보기 】
10 정연
5 나연
```

{10} 검색 성공

선택한 노드는 {10, 정연}

모든 노드를 순서대로 출력

{1} 검색 성공

선택한 노드 삭제

머리 노드 삭제

모든 노드를 순서대로 출력

```
( 1) 머리에 노드를 삽입        ( 2) 꼬리에 노드를 삽입        ( 3) 머리 노드를 삭제
( 4) 꼬리 노드를 삭제          ( 5) 선택한 노드를 출력        ( 6) 선택한 노드를 삭제
( 7) 번호로 검색               ( 8) 이름으로 검색             ( 9) 모든 노드를 출력
(10) 모든 노드를 삭제          ( 0) 종료: 0
```

연습문제

Q1 비교 함수인 compare 함수를 사용해 서로 같은 노드를, 가장 앞쪽의 노드를 남기고 모두 삭제하는 다음의 함수를 작성하세요.

```
void Purge(List *list, int compare(const Member *x, const Member *y));
```

Q2 머리부터 n개 뒤의 노드에 대한 포인터(n이 0이면 머리 노드에 대한 포인터, n이 1이면 두 번째 노드에 대한 포인터, ...)를 반환하는 다음의 함수를 작성하세요. n이 음수거나 노드 개수보다 크거나 같으면 NULL을 반환합니다.

```
Node *Retrieve(List *list, int n);
```

08-3 커서를 이용한 연결 리스트

이번에는 각 노드를 배열 안의 요소에 저장하고 그 요소를 잘 이용해 연결 리스트를 구현하는 방법을 알아보겠습니다.

커서로 연결 리스트 만들기

08-2절에서 살펴본 연결 리스트는 '노드의 삽입, 삭제를 데이터 이동 없이 수행한다'라는 특징이 있었지만 삽입, 삭제를 수행할 때마다 노드용 객체를 위한 메모리 영역을 만들고 해제하는 과정이 필요했습니다. 메모리 영역을 만들고 해제하는 데 필요한 비용은 결코 무시할 수 없습니다. 이때 프로그램 실행 중에 데이터의 개수가 크게 바뀌지 않고 데이터 개수의 최댓값을 미리 알 수 있다고 가정하면 그림 8-14처럼 배열을 사용해 효율적으로 연결 리스트를 운용할 수 있습니다. 이 그림에서는 a의 연결 리스트를 배열에 저장한 모습을 b에 나타냈습니다.

a 배열로 구현한 연결 리스트의 논리적인 이미지

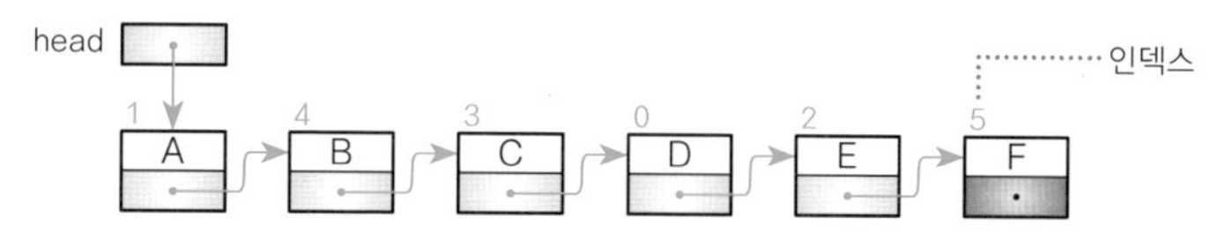

b 연결 리스트를 배열로 구현한 경우

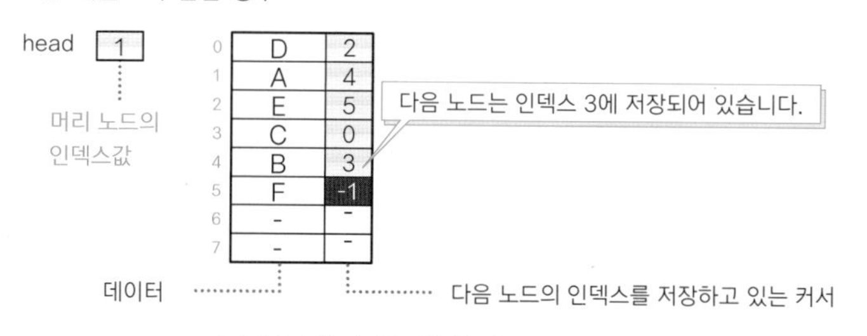

[그림 8-14] 커서를 사용한 연결 리스트

배열의 커서에 해당하는 값은 다음 노드에 대한 포인터가 아니라 다음 노드가 들어 있는 요소의 인덱스에 대한 값입니다. 여기서 포인터 역할을 하는 인덱스를 커서(cursor)라고 합니다.

예를 들어, 노드 B의 커서 3은 B의 다음 노드 C가 인덱스 3인 위치에 저장되어 있음을 의미합니다. 꼬리 노드의 커서는 배열의 인덱스로는 있을 수 없는 값인 -1로 하면 됩니다. 이 그림에서는 노드 F의 커서가 -1입니다. 이 그림에서는 노드 F의 커서가 -1입니다.머리 노드를 나타내는 head도 커서이기 때문에 머리 노드 A가 들어 있는 곳인 인덱스 1이 head의 값이 됩니다. 이와 같은 방법을 사용하면 노드의 삽입, 삭제 시 요소를 옮길 필요가 없습니다. 예를 들어, 그림 8-14의 연결 리스트의 머리에 노드 G를 삽입하면 그림 8-15와 같은 상태가 됩니다. head를 1에서 6으로 업데이트하고 노드 G의 커서에 1을 대입하면 됩니다. 이러한 점이 앞서 08-1절에서 살펴본 '배열로 선형 리스트 만들기'와의 큰 차이점입니다.

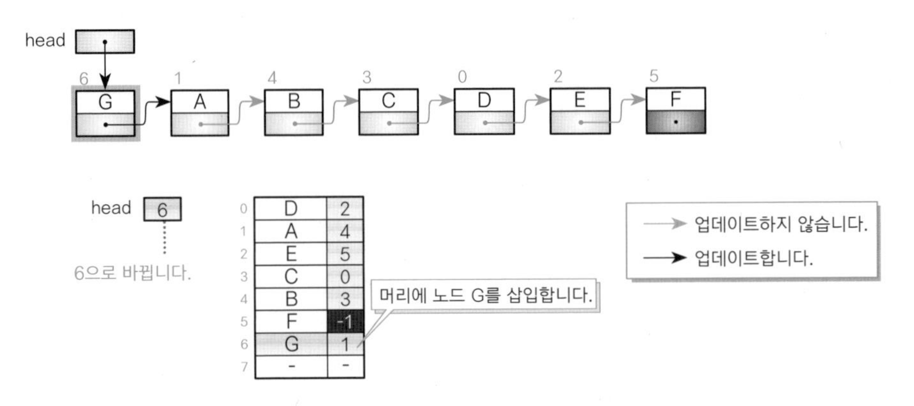

[그림 8-15] 머리에 노드를 삽입하는 과정

잠시 뒤에 살펴볼 실습 8-4와 8-5는 이런 방식으로 구현한 프로그램입니다.

실습 8-4는 헤더, 실습 8-5는 소스입니다.

커서의 자료형 Index

Index는 커서의 자료형을 나타내는 typedef 이름입니다. 커서는 단순한 정숫값을 가지기 때문에 int형과 동일하게 정의합니다.

노드의 자료형 Node

연결 리스트의 노드를 의미하는 구조체 Node입니다. 커서 next의 자료형은 커서의 자료형인 Index입니다.

연결 리스트를 관리하는 구조체 List

구조체 List는 연결 리스트를 관리하는 구조체입니다.

구조체 Node와 List는 08-2절의 프로그램에 비해 멤버가 많습니다. 멤버가 많아진 이유에 대해서도 곧이어 자세히 살펴보겠습니다.

Do it! 실습 8-4

• 완성 파일 chap08/ArrayLinkedList.h

```
01  /* 커서로 만든 연결 리스트(헤더) */
02  #ifndef ___ArrayLinkedList
03  #define ___ArrayLinkedList
04
05  #include "Member.h"        실습 10-1에서 작성
06
07  #define Null  -1        // 빈 커서
08
09  typedef int Index;      // 커서의 자료형
10
11  /*--- 노드 ---*/
12  typedef struct {
13    Member data;          // 데이터
14    Index next;           // 다음 노드
15    Index Dnext;          // 프리 리스트의 다음 노드
16  } Node;
17
18  /*--- 연결 리스트 ---*/
19  typedef struct {
20    Node *n;              // 리스트 본체(배열)
21    Index head;           // 머리 노드
22    Index max;            // 사용 중인 꼬리 레코드
23    Index deleted;        // 프리 리스트의 머리 커서
24    Index crnt;           // 선택한 노드
25  } List;
26
27  /*--- 연결 리스트를 초기화(가장 큰 요소 개수는 size) ---*/
28  void Initialize(List *list, int size);
29
30  /*--- 함수 compare로 x와 같은 노드를 검색 ---*/
31  Index search(List *list, const Member *x, int compare(const Member *x, const Member *y));
32
33  /*--- 머리에 노드를 삽입 ---*/
34  void InsertFront(List *list, const Member *x);
35
36  /*--- 꼬리에 노드를 삽입 ---*/
37  void InsertRear(List *list, const Member *x);
38
39  /*--- 머리 노드를 삭제 ---*/
40  void RemoveFront(List *list);
```

```
41
42  /*--- 꼬리 노드를 삭제 ---*/
43  void RemoveRear(List *list);
44
45  /*--- 선택한 노드를 삭제 ---*/
46  void RemoveCurrent(List *list);
47
48  /*--- 모든 노드를 삭제 ---*/
49  void Clear(List *list);
50
51  /*--- 선택한 노드의 데이터를 출력 ---*/
52  void PrintCurrent(const List *list);
53
54  /*--- 선택한 노드의 데이터를 출력(줄 바꿈 문자 추가) ---*/
55  void PrintLnCurrent(const List *list);
56
57  /*--- 모든 노드의 데이터를 출력 ---*/
58  void Print(const List *list);
59
60  /*--- 연결 리스트 종료 ---*/
61  void Terminate(List *list);
62  #endif
```

Do it! 실습 8-5[A]

• 완성 파일 chap08/ArrayLinkedList.c

```
01  /* 커서로 만든 연결 리스트(소스) */
02  #include <stdio.h>
03  #include <stdlib.h>
04  #include "Member.h"   실습 10-1에서 작성
05  #include "ArrayLinkedList.h"
06
07  /*--- 삽입할 레코드의 인덱스를 구한 다음 반환 ---*/
08  static Index GetIndex (List *list)
09  {
10    if(list->deleted == Null)     // 삭제할 레코드가 없는 경우
11      return ++(list->max);
12    else {
13      Index rec = list->deleted;
14      list->deleted = list->n[rec].Dnext;
15      return rec;
```

```
16        }
17    }
18
19    /*--- 지정된 레코드를 삭제 리스트에 등록 ---*/
20    static void DeleteIndex (List *list, Index idx)
21    {
22        if(list->deleted == Null) {        // 삭제할 레코드가 없는 경우
23            list->deleted = idx;
24            list->n[idx].Dnext = Null;
25        }
26        else {
27            Index ptr = list->deleted;
28            list->deleted = idx;
29            list->n[idx].Dnext = ptr;
30        }
31    }
32
33    /*--- n이 가리키는 노드의 각 멤버에 값을 설정 ----*/
34    static void SetNode(Node *n, const Member *x, Index next)
35    {
36        n->data = *x;                       // 데이터
37        n->next = next;                     // 다음 커서
38    }
39
40    /*--- 연결 리스트를 초기화 ---*/
41    void Initialize(List *list, int size)
42    {
43        list->n = calloc(size, sizeof(Node));
44        list->head = Null;                  // 머리 노드
45        list->crnt = Null;                  // 선택한 노드
46        list->max = Null;
47        list->deleted = Null;
48    }
49
50    /*--- compare 함수로 x와 일치하는 노드 검색 ---*/
51    Index search (List *list, const Member *x, int compare(const Member *x, const Member *y))
52    {
53        Index ptr = list->head;
54        while(ptr != Null) {
55            if(compare(&list->n[ptr].data, x) == 0) {
56                list->crnt = ptr;
```

```
57          return ptr;        // 검색 성공
58        }
59        ptr = list->n[ptr].next;
60      }
61      return Null;             // 검색 실패
62    }
63
```

(실습 8-5[B]에서 계속)

Do it! 실습 8-5[B]

• 완성 파일 chap08/ArrayLinkedList.c

```
01  /*--- 머리에 노드를 삽입 ---*/
02  void InsertFront (List *list, const Member *x)
03  {
04    Index ptr = list->head;
05    list->head = list->crnt = GetIndex(list);
06    SetNode(&list->n[list->head], x, ptr);
07  }
08
09  /*--- 꼬리에 노드를 삽입 ---*/
10  void InsertRear (List *list, const Member *x)
11  {
12    if(list->head == Null)     /* 비어 있는 경우 */
13      InsertFront(list, x);    /* 머리에 삽입 */
14    else {
15      Index ptr = list->head;
16      while(list->n[ptr].next != Null)
17          ptr = list->n[ptr].next;
18      list->n[ptr].next = list->crnt = GetIndex(list);
19      SetNode(&list->n[list->n[ptr].next], x, Null);
20    }
21  }
22
23  /*--- 머리 노드를 삭제 ---*/
24  void RemoveFront (List *list)
25  {
26    if(list->head != Null) {
27      Index ptr = list->n[list->head].next;
28      DeleteIndex(list, list->head);
29      list->head = list->crnt = ptr;
30    }
31  }
```

```
32
33  /*--- 꼬리 노드를 삭제 ---*/
34  void RemoveRear (List *list)
35  {
36    if(list->head != Null) {
37      if(list->n[list->head].next == Null)  // 노드가 1개만 있으면
38        RemoveFront(list);                   // 머리 노드를 삭제
39      else {
40        Index ptr = list->head;
41        Index pre;
42        while(list->n[ptr].next != Null) {
43          pre = ptr;
44          ptr = list->n[ptr].next;
45        }
46        list->n [pre].next = Null;
47        DeleteIndex(list, ptr);
48        list->crnt = pre;
49      }
50    }
51  }
52
53  /*--- 선택한 노드를 삭제 ---*/
54  void RemoveCurrent (List *list)
55  {
56    if(list->head != Null) {
57      if(list->crnt == list->head)          // 머리 노드가 선택되어 있으면
58        RemoveFront(list);                   // 머리 노드를 삭제
59      else {
60        Index ptr = list->head;
61        while(list->n[ptr].next != list->crnt)
62          ptr = list->n[ptr].next;
63        list->n[ptr].next = list->n[list->crnt].next;
64        DeleteIndex(list, list->crnt);
65        list->crnt = ptr;
66      }
67    }
68  }
69
70  /*--- 모든 노드를 삭제 ---*/
71  void Clear(List *list)
72  {
```

```
73      while(list->head != Null)           // 텅 빌 때까지
74        RemoveFront(list);                // 머리 노드를 삭제
75      list->crnt = Null;
76    }
77
78    /*--- 선택한 노드의 데이터를 출력 ---*/
79    void PrintCurrent(const List *list)
80    {
81      if(list->crnt == Null)
82        printf("선택한 노드가 없습니다.");
83      else
84        PrintMember(&list->n[list->crnt].data);
85    }
86
87    /*--- 선택한 노드의 데이터를 출력(줄 바꿈 문자 추가) ---*/
88    void PrintLnCurrent(const List *list)
89    {
90      PrintCurrent(list);
91      putchar('\n');
92    }
93
94    /*--- 모든 노드의 데이터를 출력 ---*/
95    void Print(const List *list)
96    {
97      if(list->head == Null)
98        puts("노드가 없습니다.");
99      else {
100       Index ptr = list->head;
101       puts("【 모두 보기 】");
102       while(ptr != Null) {
103         PrintLnMember(&list->n[ptr].data);
104         ptr = list->n[ptr].next;     // 다음 노드
105       }
106     }
107   }
108
109   /*--- 연결 리스트 종료 ---*/
110   void Terminate(List *list)
111   {
112     Clear(list);                        // 모든 노드를 삭제
113     free(list->n);
114   }
```

앞에서 살펴본 08-2절의 '포인터로 연결 리스트 만들기' 프로그램은 calloc 함수를 사용한 메모리 영역 확보에 실패한 경우에 대한 처리를 하지 않습니다. 이번 08-3절의 '커서로 연결 리스트 만들기' 프로그램도 마찬가지로 배열의 크기를 넘어 노드를 추가하는 경우에 대한 처리를 하지 않았습니다.

배열의 비어 있는 요소 처리하기

실습 8-5에서 작성한 프로그램의 각 함수는 08-2절에서 작성한 포인터로 연결 리스트 만들기 프로그램(실습 8-1, 8-2)과 거의 일대일로 대응합니다. 그중 가장 다른 부분인 '삭제한 노드 관리'로 관심을 옮겨 조금 더 자세히 살펴보겠습니다. 그러면 그림 8-16을 통해 노드의 삽입과 삭제에 대해 알아보겠습니다.

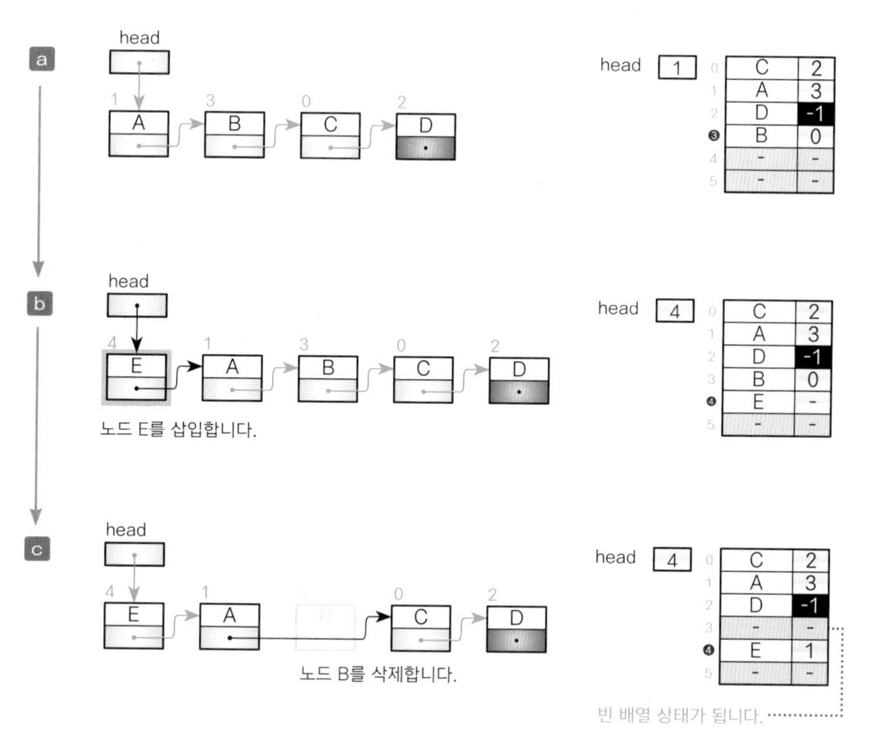

[그림 8-16] 연결 리스트에서 노드의 삽입과 삭제

a 연결 리스트에 4개의 노드가 A → B → C → D 순서대로 나열되어 있는 상태입니다. 이때 배열에 데이터가 들어 있는 순서는 A → B → C → D가 아니라 머리부터 차례대로 C → A → D → B입니다. 따라서 배열의 상태는 다음과 같습니다.

1. 머리 노드를 가리키는 머리 커서 head의 값은 노드 A가 들어 있는 인덱스 1입니다.
2. 노드 A의 커서값은 3입니다. 다음 노드 B가 인덱스 3인 요소에 들어 있기 때문입니다.
3. 노드 B의 커서값은 0입니다. 다음 노드 C가 인덱스 0인 요소에 들어 있기 때문입니다.
4. 노드 C의 커서값은 2입니다. 다음 노드 D가 인덱스 2인 요소에 들어 있기 때문입니다.
5. 노드 D의 커서값은 꼬리 노드이기 때문에 -1입니다.

b 연결 리스트의 머리에 노드 E를 삽입한 다음의 상태입니다. 인덱스가 4인 위치에 노드 E가 들어 있습니다. 바뀐 배열의 상태는 다음과 같습니다.

1. 머리 노드를 가리키는 head의 값은 노드 E가 들어 있는 인덱스의 값인 4로 바뀌었습니다.
2. 삽입한 노드 E는 다음 노드 A가 인덱스 1에 들어 있으므로 커서의 값을 1로 지정합니다.

이렇게 삽입한 노드는 물리적으로는 '배열의 꼬리 인덱스 위치'에 들어 있는 것 같지만 '연결 리스트의 꼬리'에 추가한 것이 아니라 머리에 삽입한 것입니다. 다시 말해 배열에 저장한 데이터의 물리적인 위치(1, 2, 3번째)는 연결 리스트에 저장된 데이터의 논리적인 순서와 다릅니다(연결 리스트 상으로 n번째 노드가 배열의 n번째 요소에 들어 있지 않습니다). 앞으로 연결 리스트의 순서와 배열의 순서를 구별하기 위해 배열의 n번째 인덱스에 들어 있는 노드를 'n번째 레코드'라고 하겠습니다. 예를 들어, 그림 8-16에서 삽입한 노드 E는 4번째 레코드에 있습니다.

c 3번째 노드 B를 삭제한 다음의 상태입니다. 노드를 삭제하면 3번째 레코드가 비어 있는 상태가 됩니다. 이때 노드 B를 삭제하면 노드 A의 다음 노드는 C로 바뀝니다. 따라서 노드 A의 커서값도 3에서 0으로 업데이트합니다.

이렇게 삭제를 여러 번 하면 배열은 빈 레코드가 너무 많아져 효율이 떨어집니다. 즉, 비어 있는 레코드를 효율적으로 활용해야 합니다. 지금은 1개의 레코드만 삭제했기 때문에 '삭제한 인덱스를 다른 변수에 넣어 관리하면 돼'라고 생각할 수도 있지만 실제로는 많은 레코드를 삭제하기 때문에 이런 방법으로 해결하면 안 됩니다.

보충수업 8-2 힙의 내부 관리

앞서 2장에서 calloc 함수와 malloc 함수로 메모리 영역을 확보하고 free 함수로 해제하는 방법을 살펴보았습니다. free 함수를 호출할 때는 '몇 바이트만큼 메모리를 해제하라.'와 같은 지시를 따로 하지 않아도 해제할 메모리 크기가 자동으로 판단되었습니다.

사실 메모리 영역을 확보할 때는 '이 주소를 바탕으로 확보할 영역의 크기는 ○○바이트'라는 정보가, 프로그램에서는 보이지 않는 특별한 영역에 저장되어 있습니다. 다시 말해 확보한 영역과는 별개로 몇 바이트에서 몇십 바이트 정도 크기의 영역이 내부적으로 소비된다는 의미입니다.

예를 들어 malloc(1) 함수에 의해 단 1바이트의 메모리 영역을 확보한 경우라도 실제로 소비되는 메모리 영역의 크기는 1바이트가 아닙니다. calloc 함수나 malloc 함수에 의해 동적으로 메모리 영역을 확보할 때는 확보된 영역 이외에도 그것을 관리할 영역이 필요하므로 작은 메모리 영역을 많이 확보할수록 상당량의 메모리 영역이 소비된다는 것을 알아 둡시다.

프리 리스트 구현하기

이 프로그램에서 삭제한 여러 레코드를 관리하면 앞에서 발생한 '사용하지 않는 빈 배열'의 문제를 해결할 수 있습니다. 이때 삭제한 레코드를 관리하기 위해 사용하는 자료구조를 프리 리스트(free list)라고 부릅니다. 프리 리스트는 앞에서 다룬 '커서로 연결 리스트 만들기'와 삭제한 레코드를 관리하기 위한 프리 리스트를 결합해 구현할 수 있습니다. 따라서 노드용 구조체 Node와 연결 리스트를 관리하는 구조체 List에 포인터 버전에 없는 멤버를 추가합니다.

프리 리스트는 삭제된 레코드를 관리하기 위해 만든 연결 리스트를 이 책에서 지칭한 것입니다.

노드 구조체 Node에 추가한 멤버

- Dnext … 프리 리스트의 다음 포인터(프리 리스트의 다음 노드를 가리키는 다음 커서)

연결 리스트를 관리하는 구조체 List에 추가한 멤버

- deleted … 프리 리스트의 머리 커서(프리 리스트의 머리 노드를 가리키는 커서)
- max … 배열의 가장 꼬리 쪽에 들어 있는 노드의 레코드 번호(그림 8-16의 ● 안에 표시한 값이 max이며, 이 값은 3,4,4로 바뀌었습니다.)

그러면 그림 8-17을 통해 노드의 삽입, 삭제에 따라 프리 리스트가 어떻게 변화하는지 알아보겠습니다.

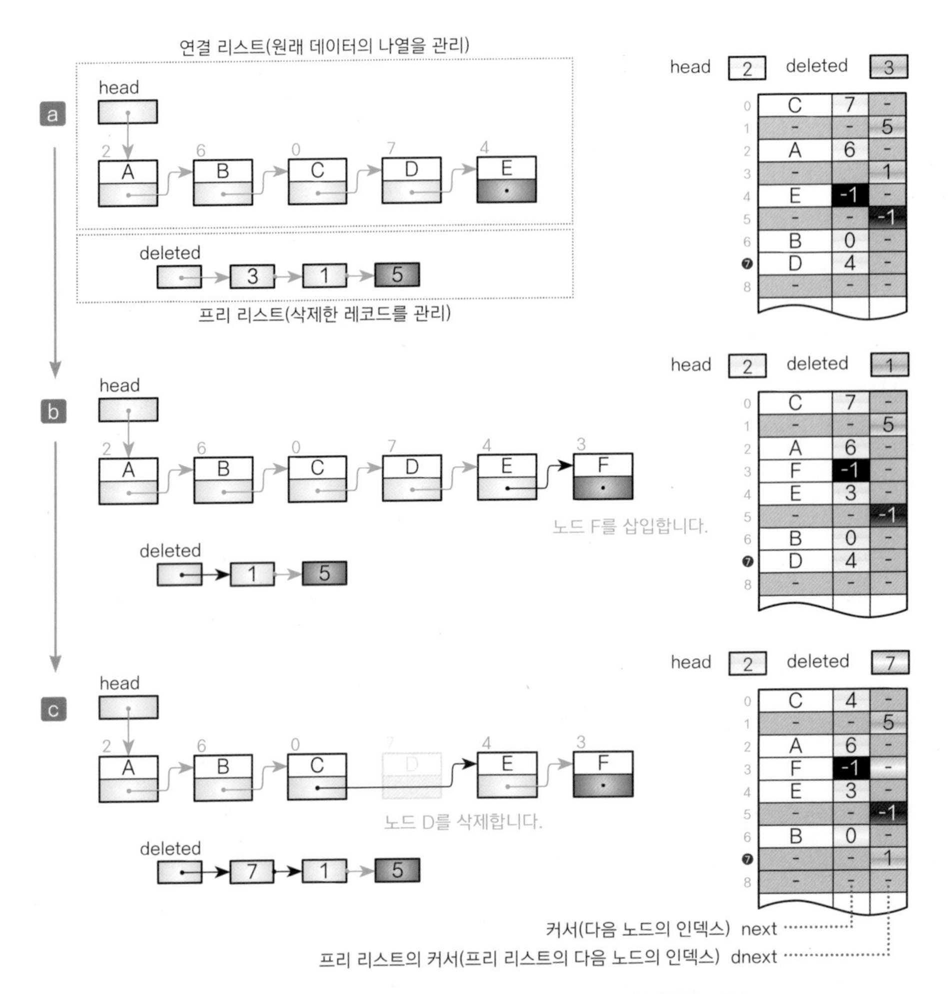

[그림 8-17] 노드의 삽입과 삭제에 따라 프리 리스트가 변화하는 모습

a 연결 리스트에 5개의 노드 A → B → C → D → E가 순서대로 저장되어 있습니다. max의 값은 7이며, 8번째 레코드는 아직 사용하지 않은 상태입니다. 또한 3개의 레코드 1, 3, 5가 삭제를 마친 빈 레코드면 프리 리스트는 3 → 1 → 5가 됩니다. 프리 리스트의 머리 노드의 인덱스 3은 연결 리스트용 구조체 List의 멤버 deleted에 저장합니다.

b 연결 리스트 꼬리에 노드 F를 삽입한 이후의 상태입니다. 노드를 삽입하는 위치는 새로 정하는 것이 아니라 프리 리스트 3, 1, 5 가운데 머리 노드의 값인 3을 사용합니다. 따라서 노드 F를 3번째 레코드에 저장하고 프리 리스트에서 3을 삭제해 1 → 5의 상태로 만듭니다. 이런 방법으로 프리 리스트에 빈 레코드가 등록된 경우에는 '새 레코드를 지정하고 max의 값을 증가한 다음 해당 레코드에 데이터를 저장'하지 않습니다. 따라서 max의 값은 8이 아니라 7인 상태를 유지합니다.

c 노드 D를 삭제한 다음의 상태입니다. 7번째 레코드에 넣어둔 데이터를 삭제했기 때문에 7을 프리 리스트의 머리 노드로 추가합니다. 프리 리스트는 기존의 1 → 5에서 7 → 1 → 5의 상태가 됩니다.

삭제한 레코드를 프리 리스트에 등록하는 함수의 이름은 DeleteIndex이고 노드를 삽입할 때 레코드 번호를 정하는 함수의 이름은 GetIndex입니다. 그림 b의 경우를 예로 들면 이미 삭제한 레코드가 있으므로 GetIndex 함수를 실행하면 프리 리스트에 등록된 레코드를 가져와 새 노드를 저장합니다. 만약 삭제한 레코드가 없어 프리 리스트가 비어 있다면 max의 값을 1만큼 증가하고 배열 꼬리의 아직 사용하지 않은 레코드를 사용합니다.

배열 커서로 연결 리스트 만들기 프로그램

실습 8-6은 배열 커서로 연결 리스트 만들기 프로그램입니다. 실행 결과는 생략합니다. 직접 실행해 보세요.

이 프로그램을 컴파일하려면 Member.h, Member.c, ArrayLinkedList.h, ArrayLinkedList.c가 필요합니다

Do it! 실습 8-6 • 완성 파일 chap08/ArrayLinkedListTest.c

```
01  /* 배열 커서로 만든 연결 리스트 프로그램 */
02  #include <stdio.h>
03  #include "Member.h"   // 실습 10-1에서 작성
04  #include "ArrayLinkedList.h"
05
06  /*--- 메뉴 ---*/
07  typedef enum {
08    TERMINATE, INS_FRONT, INS_REAR, RMV_FRONT, RMV_REAR, PRINT_CRNT,
09    RMV_CRNT, SRCH_NO, SRCH_NAME, PRINT_ALL, CLEAR
10  } Menu;
11
12  /*--- 메뉴 선택 ---*/
13  Menu SelectMenu(void)
14  {
15    int ch;
16    char *mstring[] = {
17      "머리에 노드를 삽입",   "꼬리에 노드를 삽입",   "머리 노드를 삭제",
18      "꼬리 노드를 삭제",     "선택한 노드를 출력",   "선택한 노드를 삭제",
19      "번호로 검색",          "이름으로 검색",        "모든 노드를 출력",
20      "모든 노드를 삭제",
21    };
```

```
22    do {
23      for(int i = TERMINATE; i < CLEAR; i++) {
24        printf("(%2d) %-18.18s  ", i + 1, mstring[i]);
25        if((i % 3) == 2)
26          putchar('\n');
27      }
28      printf("(0) 종료: ");
29      scanf("%d", &ch);
30    } while(ch < TERMINATE || ch > CLEAR);
31    return(Menu)ch;
32  }
33
34  /*--- 메인 ---*/
35  int main (void)
36  {
37    Menu menu;
38    List list;
39    Initialize(&list, 30);     // 연결 리스트 초기화
40    do {
41      Member x;
42      switch(menu = SelectMenu()) {
43        /* 머리에 노드를 삽입 */
44        case INS_FRONT :
45          x = ScanMember("머리에 삽입", MEMBER_NO | MEMBER_NAME);
46          InsertFront(&list, &x);
47          break;
48
49        /* 꼬리에 노드를 삽입 */
50        case INS_REAR :
51          x = ScanMember("꼬리에 삽입", MEMBER_NO | MEMBER_NAME);
52          InsertRear(&list, &x);
53          break;
54
55        /* 머리 노드를 삭제 */
56        case RMV_FRONT :
57          RemoveFront(&list);
58          break;
59
60        /* 꼬리 노드를 삭제 */
61        case RMV_REAR :
62          RemoveRear(&list);
63          break;
```

```
64
65          /* 선택한 노드의 데이터를 출력 */
66          case PRINT_CRNT :
67            PrintLnCurrent(&list);
68            break;
69
70          /* 선택한 노드를 삭제 */
71          case RMV_CRNT :
72            RemoveCurrent(&list);
73            break;
74
75          /* 번호로 검색 */
76          case SRCH_NO :
77            x = ScanMember("검색", MEMBER_NO);
78            if(search(&list, &x, MemberNoCmp) != Null)
79              PrintLnCurrent(&list);
80            else
81              puts("그 번호의 데이터가 없습니다.");
82            break;
83
84          /* 이름으로 검색 */
85          case SRCH_NAME :
86            x = ScanMember("검색", MEMBER_NAME);
87            if(search(&list, &x, MemberNameCmp) != Null)
88              PrintLnCurrent(&list);
89            else
90              puts("그 이름의 데이터가 없습니다.");
91            break;
92
93          /* 모든 노드의 데이터를 출력 */
94          case PRINT_ALL :
95            Print(&list);
96            break;
97
98          /* 모든 노드를 삭제 */
99          case CLEAR :
100           Clear(&list);
101           break;
102         }
103     } while(menu != TERMINATE);
104
105   Terminate(&list);           // 연결 리스트 종료
```

```
106
107     return 0;
108 }
```

Q3 앞에서 포인터로 만든 연결 리스트에 대해 연습 문제 Q1과 Q2의 과제를 수행했습니다. 같은 방법으로 배열 커서로 만든 연결 리스트에 대해 같은 과제를 수행하세요.

08-4 원형 이중 연결 리스트

이번에는 지금까지 학습한 선형 리스트보다 더 복잡한 구조를 지니는 원형 이중 연결 리스트에 대해 살펴보겠습니다.

원형 리스트 알아보기

그림 8-18과 같이 선형 리스트의 꼬리 노드가 머리 노드를 가리키면 원형 리스트(circular list)라고 합니다. 원형 리스트는 고리 모양으로 나열된 데이터를 저장할 때 알맞은 자료구조입니다.

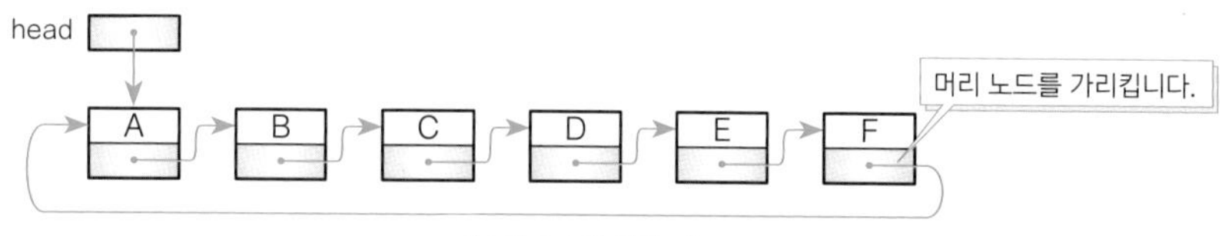

[그림 8-18] 원형 리스트

원형 리스트와 선형 리스트의 차이점은 꼬리 노드의 다음 노드를 가리키는 포인터가 널(NULL)이 아니라 머리 노드의 포인터값이라는 점입니다. 원형 리스트는 선형 리스트에서 사용했던 것과 같은 자료형을 사용할 수 있습니다. 또한 앞으로는 리스트를 관리하는 구조체 포인터를 list라고 하겠습니다. 그러면 먼저 원형 리스트에서 발생할 수 있는 리스트의 상태를 판단하는 방법을 알아보겠습니다.

빈 원형 리스트를 판단하는 방법

노드가 없는(비어 있는) 원형 리스트인지 판단하려면 다음 식을 사용합니다.

```
list->head == NULL        // 원형 리스트가 비어 있는지 확인
```

노드가 1개인 원형 리스트를 판단하는 방법

노드가 1개라면 머리 노드의 다음 포인터는 자기 자신인 머리 노드를 가리킵니다. 노드가 1개인 원형 리스트인지 판단하려면 다음 식을 사용합니다.

```
list->head->next == list->head     // 노드가 1개인지 확인
```

포인터가 머리 노드를 가리키는지 판단하는 방법

Node *형 변수 p가 리스트에 있는 어떤 노드를 가리키는 경우 p가 가리키고 있는 노드가 원형 리스트의 머리 노드인지 판단하려면 다음 식을 사용합니다.

```
p == list->head            // p가 가리키는 노드가 머리 노드인지 확인
```

포인터가 꼬리 노드를 가리키는지 판단하는 방법

Node *형 변수 p가 리스트에 있는 어떤 노드를 가리키는 경우 p가 가리키고 있는 노드가 원형 리스트의 꼬리 노드인지 판단하려면 다음 식을 사용합니다.

```
p->next == list->head      // p가 가리키는 노드가 꼬리 노드인지 확인
```

이중 연결 리스트 알아보기

선형 리스트의 가장 큰 단점은 다음 노드는 찾기 쉽지만 앞쪽의 노드를 찾으려면 비용이 든다는 점입니다. 이 단점을 개선한 자료구조가 이중 연결 리스트(doubly linked list)입니다. 그림 8-19처럼 각 노드에는 다음 노드에 대한 포인터와 앞쪽의 노드에 대한 포인터가 주어집니다.

이중 연결 리스트는 양방향 리스트(bidirectional linked list)라고도 합니다.

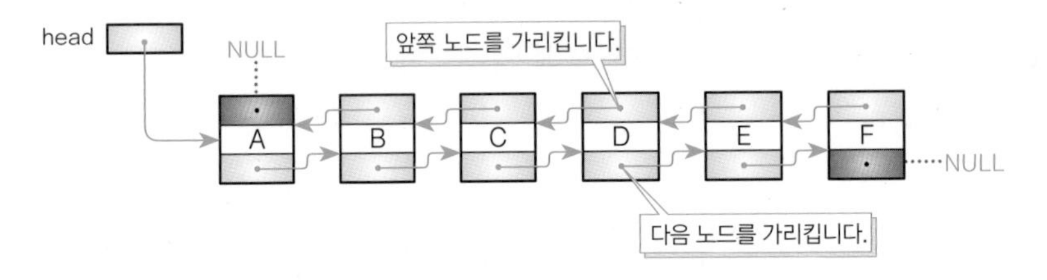

[그림 8-19] 이중 연결 리스트

이중 연결 리스트의 노드는 그림 8-20처럼 3개의 멤버가 있는 구조체를 사용합니다.

```
typedef struct __node {
   Member        data;    // 데이터
   struct __node *prev;  // 앞쪽 노드에 대한 포인터
   struct __node *next;  // 다음 노드에 대한 포인터
} Dnode;
```

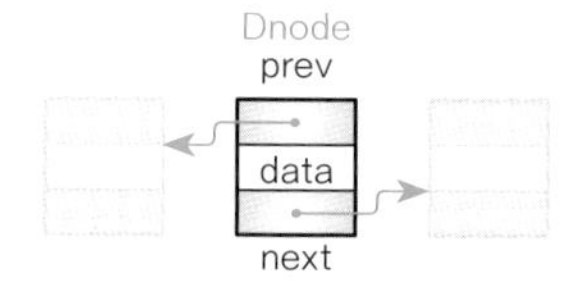

[그림 8-20] 이중 연결 리스트의 노드 구성

Dnode *형 변수 p가 리스트의 어떤 노드를 가리키는 경우, 리스트를 관리하는 구조체 객체에 대한 포인터를 list라고 하고, 이중 연결 리스트에 대해 생각해 보겠습니다.

포인터가 머리 노드를 가리키는지 판단하는 방법

변수 p가 가리키는 노드가 이중 연결 리스트의 머리 노드인지 판단하려면 다음 식을 사용합니다.

다음 두 가지 방법 중 하나만 사용하면 됩니다.

```
p == list->head     // p가 가리키는 노드가 머리 노드인지 확인
p->prev == NULL     // p가 가리키는 노드가 머리 노드인지 확인
```

포인터가 꼬리 노드를 가리키는지 판단하는 방법

또 p가 가리키고 있는 노드가 꼬리 노드인지 판단하려면 다음 식을 사용합니다.

```
p->next == NULL     // p가 가리키는 노드가 꼬리 노드인지 확인
```

원형 이중 연결 리스트 만들기

그러면 바로 앞에서 공부한 두 가지의 개념을 합한 원형 이중 연결 리스트(circular doubly linked list)에 대해 알아보겠습니다.

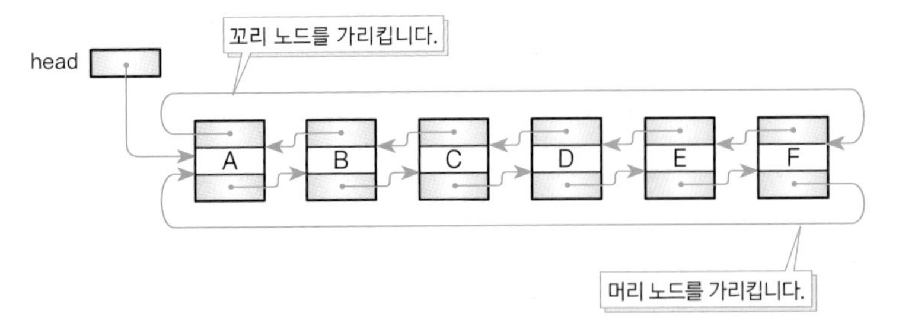

[그림 8-21] 원형 이중 연결 리스트

그러면 지금부터 원형 이중 연결 리스트를 구현하는 프로그램을 만들어 보겠습니다. 실습 8-7은 헤더, 실습 8-8은 소스입니다.

리스트의 노드에 저장하는 데이터의 자료형은 Member형입니다.

Do it! 실습 8-7

• 완성 파일 chap08/CircDblLinkedList.h

```
01  /* 원형 이중 연결 리스트(헤더) */
02  #ifndef ___CircDblLinkedList
03  #define ___CircDblLinkedList
04  #include "Member.h"   ── 실습 10-1에서 작성
05
06  /*--- 노드 ---*/
07  typedef struct __node {
08    Member data;                  // 데이터
09    struct __node *prev;          // 앞쪽 노드에 대한 포인터
10    struct __node *next;          // 다음 노드에 대한 포인터
11  } Dnode;
12
13  /*--- 원형 이중 연결 리스트 ---*/
14  typedef struct {
15    Dnode *head;                  // 머리의 더미 노드에 대한 포인터
16    Dnode *crnt;                  // 선택한 노드에 대한 포인터
17  } Dlist;
18
19  /*--- 리스트를 초기화 ---*/
20  void Initialize(Dlist *list);
21
22  /*--- 선택한 노드의 데이터를 출력 ---*/
23  void PrintCurrent(const Dlist *list);
24
25  /*--- 선택한 노드의 데이터를 출력(줄 바꿈 문자 추가) ---*/
26  void PrintLnCurrent(const Dlist *list);
```

```
27
28  /*--- compare 함수로 x와 일치하는 노드를 검색 ---*/
29  Dnode *Search(Dlist *list, const Member *x,
30                int compare(const Member *x, const Member *y));
31
32  /*--- 모든 노드의 데이터를 리스트 순서대로 출력 ---*/
33  void Print(const Dlist *list);
34
35  /*--- 모든 노드의 데이터를 리스트 순서와 역순으로 출력 ---*/
36  void PrintReverse(const Dlist *list);
37
38  /*--- 선택한 노드의 다음으로 진행 ---*/
39  int Next(Dlist *list);
40
41  /*--- 선택한 노드의 앞쪽으로 진행 ---*/
42  int Prev(Dlist *list);
43
44  /*--- p가 가리키는 노드 바로 뒤에 노드를 삽입 ---*/
45  void InsertAfter(Dlist *list, Dnode *p, const Member *x);
46
47  /*--- 머리에 노드를 삽입 ---*/
48  void InsertFront(Dlist *list, const Member *x);
49
50  /*--- 꼬리에 노드를 삽입 ---*/
51  void InsertRear(Dlist *list, const Member *x);
52
53  /*--- p가 가리키는 노드를 삭제 ---*/
54  void Remove(Dlist *list, Dnode *p);
55
56  /*--- 머리 노드를 삭제 ---*/
57  void RemoveFront(Dlist *list);
58
59  /*--- 꼬리 노드를 삭제 ---*/
60  void RemoveRear(Dlist *list);
61
62  /*--- 선택한 노드를 삭제 ---*/
63  void RemoveCurrent(Dlist *list);
64
65  /*--- 모든 노드를 삭제 ---*/
66  void Clear(Dlist *list);
67
```

```
68  /*--- 원형 이중 연결 리스트 종료 ---*/
69  void Terminate(Dlist *list);
70  #endif
```

노드를 나타내는 구조체 Dnode

노드의 자료형 Dnode는 그림8-20의 이중 연결 리스트의 노드에서 사용했습니다. 다시 해당 부분을 그림 8-22에서 자세히 살펴보겠습니다.

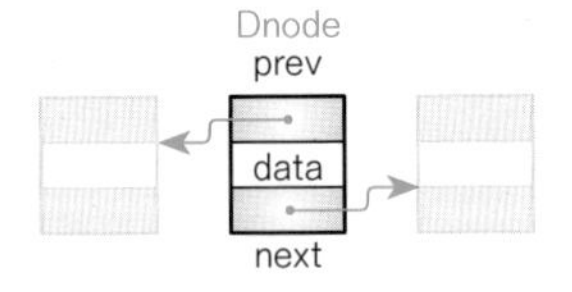

[그림 8-22] 원형 이중 연결 리스트의 노드 구성

- data … 데이터입니다.
- prev … 앞쪽 노드에 대한 포인터입니다.
- next … 다음 노드에 대한 포인터입니다.

원형 이중 연결 리스트를 관리하는 구조체 Dlist

원형 이중 연결 리스트를 관리하는 구조체 Dlist는 선형 리스트의 List와 마찬가지로 머리 노드에 대한 포인터와 선택한 노드에 대한 포인터를 가지고 있습니다.

Do it! 실습 8-8[A] • 완성 파일 chap08/CircDblLinkedList.c

```
01  /* 원형 이중 연결 리스트(소스) */
02  #include <stdio.h>
03  #include <stdlib.h>
04  #include "Member.h"  ── 실습 10-1에서 작성
05  #include "CircDblLinkedList.h"
06
07  /*--- 1개의 노드를 동적으로 생성 ---*/
08  static Dnode *AllocDNode (void)
09  {
10    return calloc(1, sizeof(Dnode));
11  }
12
```

```
13  /*--- 노드의 각 멤버값을 설정 ----*/
14  static void SetDNode (Dnode *n, const Member *x, const Dnode *prev, const Dnode *next)
15  {
16    n->data = *x;                              // 데이터
17    n->prev = prev;                            // 앞쪽 노드에 대한 포인터
18    n->next = next;                            // 다음 노드에 대한 포인터
19  }
20
21  /*--- 리스트가 비어 있는지 검사 ---*/
22  static int IsEmpty (const Dlist *list)
23  {
24    return list->head->next == list->head;
25  }
26
27  /*--- 리스트를 초기화 ---*/
28  void Initialize (Dlist *list)
29  {
30    Dnode *dummyNode = AllocDNode();          // 더미 노드 생성
31    list->head = list->crnt = dummyNode;
32    dummyNode->prev = dummyNode->next = dummyNode;
33  }
34
35  /*--- 선택한 노드의 데이터를 출력 ---*/
36  void PrintCurrent (const Dlist *list)
37  {
38    if(IsEmpty(list))
39      printf("선택한 노드가 없습니다.");
40    else
41      PrintMember(&list->crnt->data);
42  }
43
44  /*--- 선택한 노드의 데이터를 출력(줄 바꿈 문자 추가) ---*/
45  void PrintLnCurrent (const Dlist *list)
46  {
47    PrintCurrent(list);
48    putchar('\n');
49  }
50                                                        (실습 8-8[B]에서 계속)
```

노드를 생성하는 AllocDnode 함수

AllocDnode 함수는 Dnode형 객체를 생성하고 해당 객체의 포인터를 반환하는 함수입니다.

노드의 멤버값을 설정하는 SetDnode 함수

SetDnode 함수는 Dnode형 객체의 멤버값을 설정합니다. 이때 첫 번째 매개변수 n에 전달받은 Dnode형 객체 포인터를 통해 멤버값을 설정합니다. 객체 멤버인 data, prev, next에 두 번째 매개변수가 가리키는 객체의 값, 세 번째 매개변수와 네 번째 매개변수의 포인터값을 대입합니다.

원형 이중 연결 리스트를 초기화하는 Initialize 함수

Initialize 함수는 텅 비어 있는 상태의 원형 이중 연결 리스트를 만드는 함수로 생성된 리스트 상태는 그림 8-23과 같습니다. 이때 리스트의 머리 부분에 더미 노드가 만들어집니다(노드의 삽입, 삭제를 원만히 수행하기 위해 필요합니다). 그림 8-23처럼, 아래에서 소개할 3개 포인터가 가리키는 대상 모두를, 리스트의 앞쪽에 있는 더미라고 합니다.

- 머리 포인터 list->head가 가리키는 대상
- 더미 노드의 앞쪽 포인터 list->head->prev가 가리키는 대상
- 더미 노드의 다음 포인터 list->head->next가 가리키는 대상

선택한 포인터 crnt가 가리키는 대상도, 생성한 더미 노드입니다.

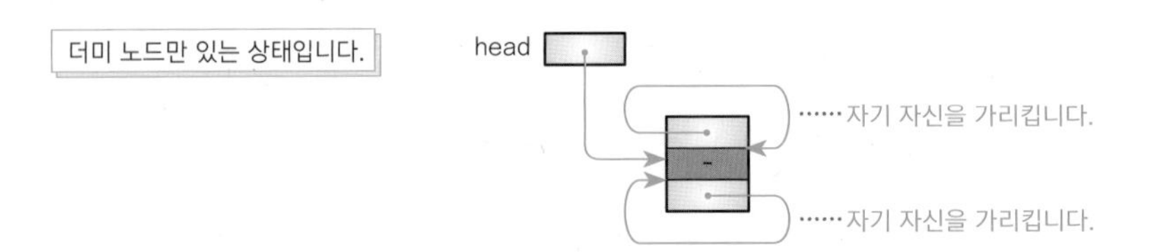

[그림 8-23] 원형 이중 연결 리스트를 초기화한 상태

리스트가 비어 있는지 검사하는 IsEmpty 함수

IsEmpty 함수는 리스트가 비어 있는지를 검사하는 함수입니다. 더미 노드의 뒤쪽 포인터 list->head->next가 자신의 더미 노드인 list->head를 가리키는지를 판단합니다. 함수의 반환값은 리스트가 비어 있는 경우에는 1입니다(아닌 경우에는 0).

선택한 노드의 데이터를 출력하는 PrintCurrent / PrintLnCurrent 함수

PrintCurrent, PrintLnCurrent 함수는 선택한 노드의 데이터를 출력하는 함수입니다.

PrintCurrent 함수는 list->crnt가 가리키는 노드의 데이터를 PrintMember 함수를 이용해 출력합니다. 리스트가 비어 있는 경우에는 '선택한 노드가 없습니다.'라는 메시지를 출력합니다. PrintLnCurrent 함수는 출력한 후의 개행 문자를 출력합니다.

노드를 검색하는 Search 함수

Search 함수는 리스트에서 노드를 선형 검색하는 함수입니다.

Do it! 실습 8-8[B] • 완성 파일 chap08/CircDblLinkedList.c

```
01  /*--- compare 함수로 x와 일치하는 노드를 검색 ---*/
02  Dnode *Search (Dlist *list, const Member *x,
03                 int compare (const Member *x, const Member *y))
04  {
05    Dnode *ptr = list->head->next;
06    while(ptr != list->head)
07      if(compare(&ptr->data, x) == 0)
08        list->crnt = ptr;
09        return ptr;        // 검색 성공
10
11      ptr = ptr->next;
12
13    return NULL;           // 검색 실패
14
```

(실습 8-8[C]에서 계속)

머리 노드부터 뒤쪽 포인터를 이용해 순서대로 스캔합니다. 이때 머리 노드는 더미 노드가 아니라 더미 노드의 다음 노드입니다. 즉, 그림 8-24에서 머리 포인터 list->head가 가리키는 더미 노드의 뒤쪽 포인터가 가리키는 노드 A가 진짜 머리 노드입니다. 따라서 검색을 시작하는 노드의 위치는 list->head가 가리키는 노드가 아닌 list->head->next가 가리키는 노드입니다.

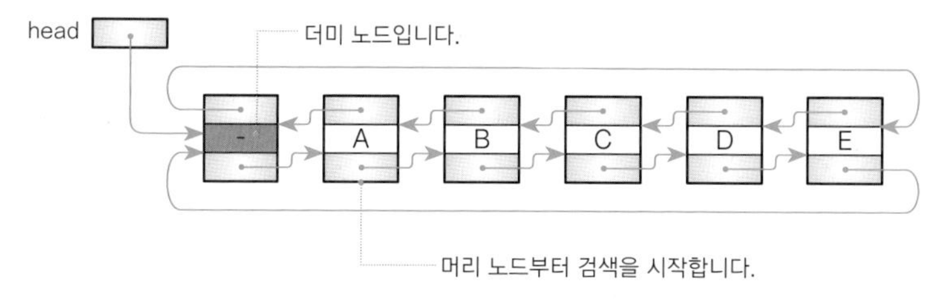

[그림 8-24] 노드 검색의 시작 위치

더미 노드, 머리 노드, 꼬리 노드를 가리키는 포인터가 head, head->next, head->prev임을 다시 한 번 확인하고 넘어가세요.

Node *형의 포인터 a, b, c, d, e가 각각 노드 A, 노드 B, ..., 노드 E를 순서대로 가리키는 경우 각 노드를 가리키는 식은 다음과 같습니다. 각각의 식은 노드 자신을 의미합니다.

더미 노드	head	e->next	d->next->next	a->prev	b->prev->prev
노드 A	a	headnext	e->next->next	b->prev	c->prev->prev
노드 B	b	a->next	head->next->next	c->prev	d->prev->prev
노드 C	c	b->next	a->next->next	d->prev	e->prev->prev
노드 D	d	c->next	b->next->next	e->prev	head->prev->prev
노드 E	e	d->next	c->next->next	head->prev	a->prev->prev

Search 함수는 while 문으로 노드를 하나씩 스캔하는 과정에서 비교 함수인 compare 함수를 사용합니다. compare 함수로 비교한 결과가 0이면 검색 성공이며 찾은 노드에 대한 포인터인 ptr을 반환합니다(return 문을 실행하면 while 문 반복을 중단하고 강제로 빠져나갑니다). 이때 crnt는 찾은 노드(ptr)를 가리키도록 설정합니다. 노드를 찾지 못하고 한 바퀴 돌아 다시 더미 노드로 돌아오면(ptr이 head와 같으면) 검색에 실패한 것입니다. while 문을 종료하고 널(NULL)을 반환합니다.

빈 리스트를 검색하는 경우라 가정하고 이 함수가 정말 검색에 실패하는지(널(NULL)을 반환하는지) 그림 8-25를 통해 알아보겠습니다. ptr에 대입하는 list->head->next 값은 더미 노드에 대한 포인터입니다. 다시 말해 ptr은 lsit->head와 같은 값입니다. 그러면 while 문의 제어식 ptr != list->head가 성립되지 않기 때문에 while 문은 실행되지 않고 바로 널(NULL)을 반환하며 함수가 종료됩니다.

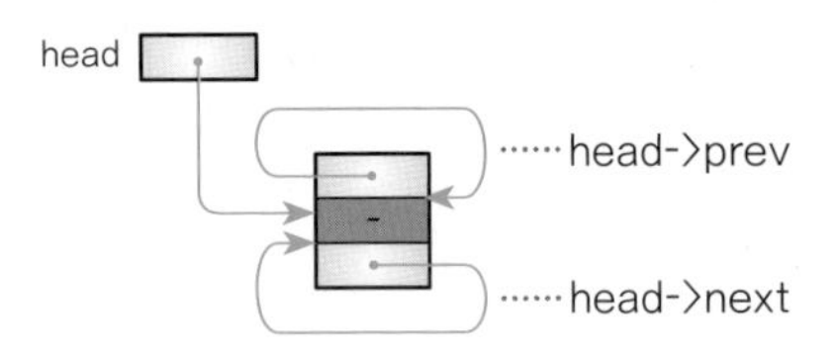

[그림 8-25] 빈 원형 이중 연결 리스트를 검색하는 경우

조금만 더! 원형 이중 연결 리스트에서 p가 가리키는 노드의 위치를 판단하는 방법

원형 이중 연결 리스트에서 Dnode *형의 포인터 p가 리스트의 어떤 노드를 가리키는 경우 p가 가리키는 노드의 위치를 판단하려면 다음 식을 사용합니다.

```
p->prev == list->head          // p가 가리키는 노드가 머리 노드인지 확인
p->prev->prev == list->head    // p가 가리키는 노드가 머리에서 2번째 노드인지 확인
p->next == list->head          // p가 가리키는 노드가 꼬리 노드인지 확인
p->next->next == list->head    // p가 가리키는 노드가 꼬리에서 2번째 노드인지 확인
```

모든 노드를 순서대로 출력하는 Print 함수

Print 함수는 리스트의 모든 노드를 머리부터 순서대로 출력하는 함수입니다.

Do it! 실습 8-8[C] • 완성 파일 chap08/CircDblLinkedList.c

```
01  /*--- 모든 노드의 데이터를 리스트 순서대로 출력 ---*/
02  void Print (const Dlist *list)
03  {
04    if(IsEmpty(list))
05      puts("노드가 없습니다.");
06    else {
07      Dnode *ptr = list->head->next;
08      puts("【 모두 보기 】");
09      while(ptr != list->head) {
10        PrintLnMember(&ptr->data);
11        ptr = ptr->next;               // 다음 노드 선택
12      }
13    }
14  }
15                                                    (실습 8-8[D]에서 계속)
```

list->head->next부터 스캔하기 시작해 뒤쪽 포인터를 찾아가며 각 노드의 데이터를 출력하면 됩니다. 다시 head로 돌아오면 스캔을 종료합니다. 그림 8-26의 a는 ① → ② → ③ …의 순서로 포인터를 찾아갑니다. ⑥을 찾아가면 다시 더미 노드로 돌아온 것과 같으므로(ptr == head) 스캔을 종료합니다.

모든 노드를 거꾸로 출력하는 PrintReverse 함수

PrintReverse 함수는 리스트의 모든 노드를 꼬리부터 거꾸로 출력하는 함수입니다.

Do it! 실습 8-8[D] • 완성 파일 chap08/CircDblLinkedList.c

```
01  /*--- 모든 노드의 데이터를 리스트 순서의 역순으로 출력 ---*/
02  void PrintReverse(const Dlist* list)
03  {
04    if (IsEmpty(list))
05      puts("노드가 없습니다.");
06    else {
07      Dnode* ptr = list->head->prev;
08
09      puts("【 모두 보기 】");
10      while (ptr != list->head) {
11        PrintLnMember(&ptr->data);
12        ptr = ptr->prev;              // 앞쪽 노드 선택
13      }
14    }
15  }
16                                                    (실습 8-8[E]에서 계속)
```

list->head->prev부터 스캔하기 시작해 앞쪽 포인터를 찾아가며 각 노드의 데이터를 출력하면 됩니다. 다시 head로 돌아오면 스캔을 종료합니다. 그림 8-26의 b는 ① → ② → ③ …의 순서로 포인터를 찾아갑니다. ⑥을 찾아가면 다시 더미 노드로 돌아온 것과 같으므로(ptr == head) 스캔을 종료합니다.

a 머리부터 모든 노드를 스캔합니다.

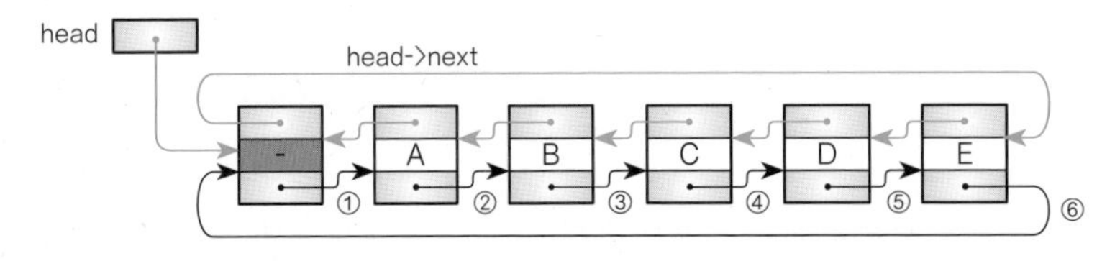

b 꼬리부터 모든 노드를 스캔합니다.

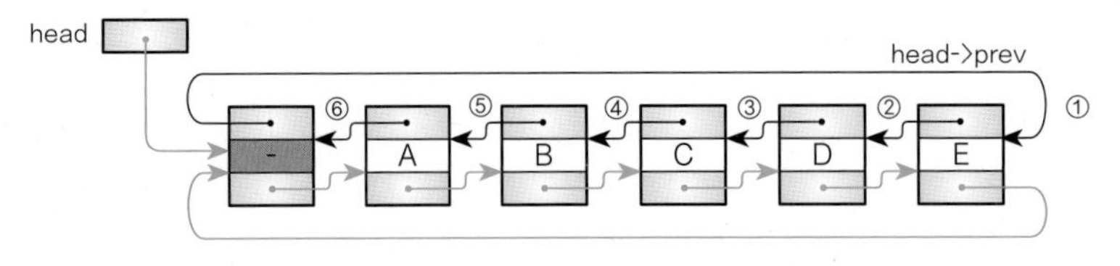

[그림 8-26] 모든 노드를 스캔하는 과정

선택한 노드의 다음으로 진행시키는 Next 함수

Next 함수는 선택한 노드의 다음 노드로 진행시키는 함수입니다. 리스트가 비어 있지 않고 선택한 노드의 다음 노드가 있는 경우에만 동작합니다. 선택한 노드가 다음 노드로 진행하는 데 성공하면 1, 실패하면 0을 반환합니다.

선택한 노드의 앞쪽으로 진행시키는 Prev 함수

Prev 함수는 선택한 노드의 바로 앞쪽 노드로 되돌아가게 하는 함수입니다. 리스트가 비어 있지 않고 선택한 노드의 앞쪽 노드가 있는 경우에만 동작합니다. 선택한 노드가 앞쪽 노드로 되돌아가는 데 성공하면 1, 실패하면 0을 반환합니다.

Do it! 실습 8-8[E] • 완성 파일 chap08/CircDblLinkedList.c

```
01  /*--- 선택한 노드를 다음으로 진행 ---*/
02  int Next(Dlist* list)
03  {
04    if (IsEmpty(list) || list->crnt->next == list->head)
05      return 0;                     // 진행할 수 없음
06    list->crnt = list->crnt->next;
07    return 1;
08  }
09
10  /*--- 선택한 노드를 앞쪽으로 진행 ---*/
11  int Prev(Dlist* list)
12  {
13    if (IsEmpty(list) || list->crnt->prev == list->head)
14      return 0;                     // 되돌아갈 수 없음
15    list->crnt = list->crnt->prev;
16    return 1;
17  }
18
```

(실습 8-8[F]에서 계속)

바로 다음에 노드를 삽입하는 InsertAfter 함수

InsertAfter 함수는 포인터 p가 가리키는 노드의 바로 다음에 노드를 삽입합니다.

Do it! 실습 8-8[F] • 완성 파일 chap08/CircDblLinkedList.c

```
01  /*--- p가 가리키는 노드 바로 다음 노드를 삽입 ---*/
02  void InsertAfter(Dlist *list, Dnode *p, const Member *x)
03  {
04      Dnode *ptr = AllocDNode();
05      Dnode *nxt = p->next;
06      p->next = p->next->prev = ptr;
07      SetDNode(ptr, x, p, nxt);
08      list->crnt = ptr;           // 삽입한 노드를 선택
09  }
10
```

(실습 8-8[G]에서 계속)

그림 8-27을 통해 좀 더 자세히 살펴보겠습니다. a는 p가 노드 B를 가리키고 있는 상태입니다. 이때 노드 B 다음에 노드 D를 삽입하면 b와 같은 상태가 됩니다. 노드를 삽입한 위치는 p가 가리키는 노드와 p->next가 가리키는 노드의 사이입니다. 삽입하는 과정은 아래와 같습니다.

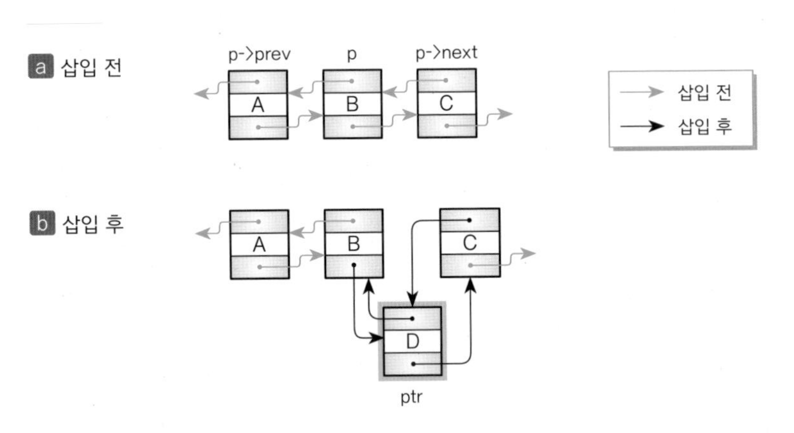

[그림 8-27] 원형 이중 연결 리스트에 노드를 삽입하는 과정

1. 새로 삽입할 노드 D를 만들고 만든 노드의 앞쪽 포인터가 가리키는 노드는 B, 뒤쪽 포인터가 가리키는 노드는 C로 설정합니다.
2. 노드 B의 뒤쪽 포인터 p->next와 노드 C의 앞쪽 포인터 p->next->prev 모두 새로 삽입한 노드를 가리키도록 업데이트합니다.
3. 선택한 포인터 list->crnt가 삽입한 노드를 가리키도록 업데이트합니다.

이때 리스트 머리에 더미 노드가 있어 '비어 있는 리스트에 삽입하는 경우'와 '리스트 머리에 삽입하는 경우'를 따로 처리하지 않아도 됩니다. 예를 들어 그림 8-28에는 더미 노드만 있는 빈 리스트에 노드 A를 삽입하는 과정을 나타냈습니다. 삽입하기 전에 crnt, head는 모두 더미 노드를 가리키고 있기 때문에 삽입하는 과정은 아래와 같습니다.

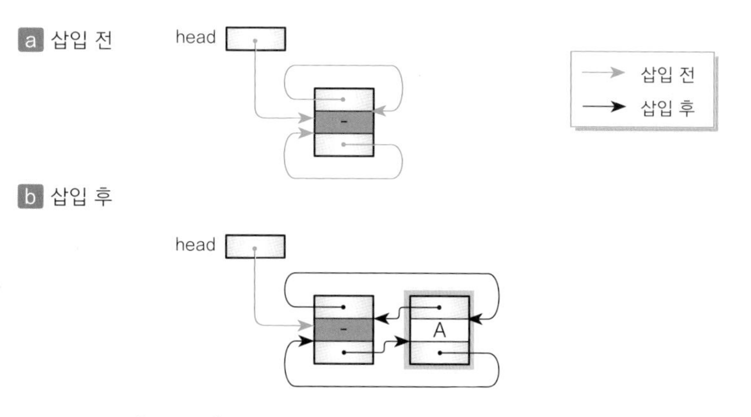

[그림8-28] 빈 원형 이중 연결 리스트에 노드를 삽입하는 과정

1. 만든 노드의 앞쪽 포인터와 뒤쪽 포인터는 더미 노드를 가리킵니다.
2. 더미 노드의 뒤쪽 포인터와 앞쪽 포인터가 가리키는 노드는 A입니다.
3. 선택한 노드가 가리키는 노드는 삽입한 노드입니다.

머리에 노드를 삽입하는 InsertFront 함수

InsertFront 함수는 리스트의 머리에 노드를 삽입하는 함수로, 머리 노드의 바로 뒤에 삽입합니다. 즉, InsertAfter 함수를 사용해 list->head가 가리키는 더미 노드 뒤에 노드를 삽입합니다.

꼬리에 노드를 삽입하는 InsertRear 함수

InsertRear 함수는 리스트의 꼬리에 노드를 삽입하는 함수로 '꼬리 노드의 바로 뒤 = 더미 노드의 바로 앞'에 삽입합니다. 즉, InsertAfter 함수를 사용해 list->head->prev가 가리키는 꼬리 노드 뒤에 노드를 삽입합니다.

Do it! 실습 8-8[G]

• 완성 파일 chap08/CircDblLinkedList.c

```
01  /*--- 머리에 노드를 삽입 ---*/
02  void InsertFront(Dlist* list, const Member* x)
03  {
04    InsertAfter(list, list->head, x);
05  }
06
07  /*--- 꼬리에 노드를 삽입 ---*/
08  void InsertRear(Dlist* list, const Member* x)
09  {
10    InsertAfter(list, list->head->prev, x);
11  }
12
```

(실습 8-8[H]에서 계속)

노드를 삭제하는 Remove 함수

Remove 함수는 포인터 p가 가리키는 노드를 삭제하는 함수입니다.

Do it! 실습 8-8[H]

• 완성 파일 chap08/CircDblLinkedList.c

```
01  /*--- p가 가리키는 노드를 삭제---*/
02  void Remove(Dlist* list, Dnode* p)
03  {
04    p->prev->next = p->next;
05    p->next->prev = p->prev;
06    list->crnt = p->prev;       // 삭제한 노드의 앞쪽 노드를 선택
07    free(p);
08    if (list->crnt == list->head)
09      list->crnt = list->head->next;
10  }
11
```

(실습 8-8[I]에서 계속)

그림 8-29를 보면서 살펴보겠습니다. a는 p가 노드 B를 가리키는 상태입니다. 노드 A(p->prev)와 노드 C(p->next) 사이에 있는 노드 B를 삭제한 다음의 상태는 b가 되며 삭제하는 과정은 다음과 같습니다.

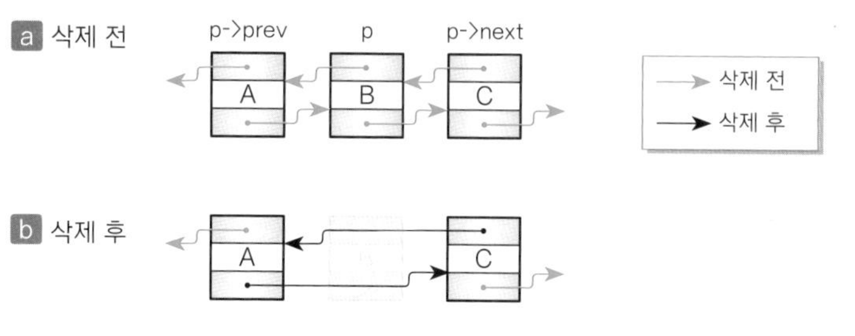

[그림 8-29] 원형 이중 연결 리스트에서 노드를 삭제하는 과정

1. 노드 A의 뒤쪽 포인터 p->prev->next가 가리키는 노드가 C(p->next)가 되도록 업데이트합니다.
2. 노드 C의 앞쪽 포인터 p->next->prev가 가리키는 노드가 A(p->prev)가 되도록 업데이트합니다. 그런 다음 p가 가리키는 메모리 영역을 해제합니다.
3. 선택한 노드가 삭제한 노드의 앞쪽 노드 A를 가리킬 수 있도록 crnt를 업데이트합니다.

머리 노드를 삭제하는 RemoveFront 함수

RemoveFront 함수는 머리 노드를 삭제하는 함수로, Remove 함수를 사용해 포인터 list->head->next가 가리키는 머리 노드를 삭제합니다. 이때 더미 노드는 삭제하면 안 됩니다. 따라서 list->head가 가리키는 더미 노드가 아닌 그 다음의 노드 list->head->next를 삭제합니다.

Do it! 실습 8-8[I] • 완성 파일 chap08/CircDblLinkedList.c

```
01  /*--- 머리 노드를 삭제 ---*/
02  void RemoveFront(Dlist* list)
03  {
04    if (!IsEmpty(list))
05      Remove(list, list->head->next);
06  }
07
08  /*--- 꼬리 노드를 삭제 ---*/
09  void RemoveRear(Dlist* list)
10  {
11    if (!IsEmpty(list))
12      Remove(list, list->head->prev);
13  }
14
15  /*--- 선택한 노드를 삭제 ---*/
16  void RemoveCurrent(Dlist* list)
```

```
17  {
18    if (list->crnt != list->head)
19      Remove(list, list->crnt);
20  }
21
22  /*--- 모든 노드를 삭제 ---*/
23  void Clear(Dlist* list)
24  {
25    while (!IsEmpty(list))          // 텅 빌 때까지
26      RemoveFront(list);            // 머리 노드를 삭제
27  }
28
29  /*--- 원형 이중 연결 리스트 종료 ---*/
30  void Terminate(Dlist* list)
31  {
32    Clear(list);                    // 모든 노드를 삭제
33    free(list->head);               // 더미 노드를 삭제
34  }
```

꼬리 노드를 삭제하는 RemoveRear 함수

RemoveRear 함수는 꼬리 노드를 삭제하는 함수로, Remove 함수를 사용해서 포인터 list->head->prev가 가리키는 꼬리 노드를 삭제합니다.

선택한 노드를 삭제하는 RemoveCurrent 함수

RemoveCurrent 함수는 선택한 노드를 삭제하는 함수로, Remove 함수를 사용해서 포인터 list->crnt가 가리키는 노드를 삭제합니다.

모든 노드를 삭제하는 Clear 함수

Clear 함수는 더미 노드를 제외하고 모든 노드를 삭제하는 함수로, 리스트가 텅 빌 때까지 RemoveFront 함수를 사용해 머리 노드의 삭제를 반복합니다. 선택한 포인터 list->crnt가 가리키는 노드는 더미 노드 list->head로 업데이트합니다.

원형 이중 연결 리스트를 종료하는 Terminate 함수

Terminate 함수는 원형 이중 연결 리스트를 종료하는 함수입니다. 먼저 Clear 함수를 호출해 모든 노드를 삭제하고 더미 노드의 메모리 영역도 해제합니다.

원형 이중 연결 리스트를 사용한 프로그램

실습 8-9는 원형 이중 연결 리스트를 사용한 프로그램입니다.

이 프로그램을 컴파일하려면 Member.h, Member.c, CircDblLinkedList.h, CircDblLinkedList.c가 필요합니다.

Do it! 실습 8-9 • 완성 파일 chap08/CircDblLinkedListTest.c

```
01  /* 원형 이중 연결 리스트를 사용하는 프로그램 */
02  #include <stdio.h>
03  #include "Member.h"    실습 10-1에서 작성
04  #include "CircDblLinkedList.h"
05
06  /*--- 메뉴 ---*/
07  typedef enum {
08     TERMINATE, INS_FRONT, INS_REAR,   RMV_FRONT, RMV_REAR, PRINT_CRNT,
09     RMV_CRNT, SRCH_NO, SRCH_NAME, PRINT_ALL, NEXT, PREV, CLEAR
10  } Menu;
11
12  /*--- 메뉴 선택 ---*/
13  Menu SelectMenu (void)
14  {
15     int ch;
16     char *mstring[] = {
17        "머리에 노드를 삽입",        "꼬리에 노드를 삽입",      "머리 노드를 삭제",
18        "꼬리 노드를 삭제",          "선택한 노드를 출력",      "선택한 노드를 삭제",
19        "번호로 검색",               "이름으로 검색",           "모든 노드를 출력",
20        "선택한 노드를 뒤쪽으로",    "선택한 노드를 앞쪽으로",  "모든 노드를 삭제",
21     };
22     do {
23        for(int i = TERMINATE; i < CLEAR; i++) {
24           printf("(%2d) %-22.22s ", i + 1, mstring[i]);
25           if((i % 3) == 2)
26              putchar('\n');
27        }
28        printf("(0) 종료: ");
29        scanf("%d", &ch);
30     } while(ch < TERMINATE || ch > CLEAR);
31     return(Menu)ch;
32  }
33
34  /*--- 메인 ---*/
35  int main (void)
```

```
36  {
37    Menu menu;
38    Dlist list;
39    Initialize(&list);    // 원형 이중 연결 리스트를 초기화
40    do {
41      Member x;
42      switch(menu = SelectMenu()) {
43        /* 머리에 노드를 삽입 */
44        case INS_FRONT :
45          x = ScanMember("머리에 삽입", MEMBER_NO | MEMBER_NAME);
46          InsertFront(&list, &x);
47          break;
48
49        /* 꼬리에 노드를 삽입 */
50        case INS_REAR :
51          x = ScanMember("꼬리에 삽입", MEMBER_NO | MEMBER_NAME);
52          InsertRear(&list, &x);
53          break;
54
55        /* 머리 노드를 삭제 */
56        case RMV_FRONT :
57          RemoveFront(&list);
58          break;
59
60        /* 꼬리 노드를 삭제 */
61        case RMV_REAR :
62          RemoveRear(&list);
63          break;
64
65        /* 선택한 노드의 데이터를 출력 */
66        case PRINT_CRNT :
67          PrintLnCurrent(&list);
68          break;
69
70        /* 선택한 노드를 삭제 */
71        case RMV_CRNT :
72          RemoveCurrent(&list);
73          break;
74
75        /* 번호로 검색 */
76        case SRCH_NO :
```

```
77            x = ScanMember("검색", MEMBER_NO);
78            if(search(&list, &x, MemberNoCmp) != NULL)
79              PrintLnCurrent(&list);
80            else
81              puts("그 번호의 데이터가 없습니다.");
82            break;
83
84          /* 이름으로 검색 */
85          case SRCH_NAME :
86            x = ScanMember("검색", MEMBER_NAME);
87            if(search(&list, &x, MemberNameCmp) != NULL)
88              PrintLnCurrent(&list);
89            else
90              puts("그 이름의 데이터가 없습니다.");
91            break;
92
93          /* 모든 노드의 데이터를 출력 */
94          case PRINT_ALL :
95            Print(&list);
96            break;
97
98          /* 선택한 노드를 뒤쪽으로 진행 */
99          case NEXT :
100           Next(&list);
101           break;
102
103         /* 선택한 노드를 앞쪽으로 진행 */
104         case PREV :
105           Prev(&list);
106           break;
107
108         /* 모든 노드를 삭제 */
109         case CLEAR :
110           Clear(&list);
111           break;
112       }
113     } while(menu != TERMINATE);
114     Terminate(&list);        // 원형 이중 연결 리스트 종료
115
116     return 0;
117 }
```

실행 결과

```
( 1) 머리에 노드를 삽입        ( 2) 꼬리에 노드를 삽입        ( 3) 머리 노드를 삭제
( 4) 꼬리 노드를 삭제          ( 5) 선택한 노드를 출력        ( 6) 선택한 노드를 삭제
( 7) 번호로 검색              ( 8) 이름으로 검색             ( 9) 모든 노드를 출력
(10) 선택한 노드를 뒤쪽으로    (11) 선택한 노드를 앞쪽으로    (12) 모든 노드를 삭제
( 0) 종료: 1
머리에 삽입하는 데이터를 입력하세요.
번호: 1 ·································· {1, 모모}를 머리에 삽입
이름: 모모

( 1) 머리에 노드를 삽입        ( 2) 꼬리에 노드를 삽입        ( 3) 머리 노드를 삭제
( 4) 꼬리 노드를 삭제          ( 5) 선택한 노드를 출력        ( 6) 선택한 노드를 삭제
( 7) 번호로 검색              ( 8) 이름으로 검색             ( 9) 모든 노드를 출력
(10) 선택한 노드를 뒤쪽으로    (11) 선택한 노드를 앞쪽으로    (12) 모든 노드를 삭제
( 0) 종료: 2
꼬리에 삽입하는 데이터를 입력하세요.
번호: 5 ·································· {5, 나연}을 꼬리에 삽입
이름: 나연

( 1) 머리에 노드를 삽입        ( 2) 꼬리에 노드를 삽입        ( 3) 머리 노드를 삭제
( 4) 꼬리 노드를 삭제          ( 5) 선택한 노드를 출력        ( 6) 선택한 노드를 삭제
( 7) 번호로 검색              ( 8) 이름으로 검색             ( 9) 모든 노드를 출력
(10) 선택한 노드를 뒤쪽으로    (11) 선택한 노드를 앞쪽으로    (12) 모든 노드를 삭제
( 0) 종료: 1
머리에 삽입하는 데이터를 입력하세요.
번호: 10 ································· {10, 정연}을 머리에 삽입
이름: 정연

( 1) 머리에 노드를 삽입        ( 2) 꼬리에 노드를 삽입        ( 3) 머리 노드를 삭제
( 4) 꼬리 노드를 삭제          ( 5) 선택한 노드를 출력        ( 6) 선택한 노드를 삭제
( 7) 번호로 검색              ( 8) 이름으로 검색             ( 9) 모든 노드를 출력
(10) 선택한 노드를 뒤쪽으로    (11) 선택한 노드를 앞쪽으로    (12) 모든 노드를 삭제
( 0) 종료: 2
꼬리에 삽입하는 데이터를 입력하세요.
번호: 12 ································· {12, 사나}를 꼬리에 삽입
이름: 사나

( 1) 머리에 노드를 삽입        ( 2) 꼬리에 노드를 삽입        ( 3) 머리 노드를 삭제
( 4) 꼬리 노드를 삭제          ( 5) 선택한 노드를 출력        ( 6) 선택한 노드를 삭제
( 7) 번호로 검색              ( 8) 이름으로 검색             ( 9) 모든 노드를 출력
(10) 선택한 노드를 뒤쪽으로    (11) 선택한 노드를 앞쪽으로    (12) 모든 노드를 삭제
( 0) 종료: 1
머리에 삽입하는 데이터를 입력하세요.
번호: 14 ································· {14, 지효}를 머리에 삽입
이름: 지효
```

```
( 1) 머리에 노드를 삽입      ( 2) 꼬리에 노드를 삽입      ( 3) 머리 노드를 삭제
( 4) 꼬리 노드를 삭제        ( 5) 선택한 노드를 출력      ( 6) 선택한 노드를 삭제
( 7) 번호로 검색            ( 8) 이름으로 검색          ( 9) 모든 노드를 출력
(10) 선택한 노드를 뒤쪽으로  (11) 선택한 노드를 앞쪽으로  (12) 모든 노드를 삭제
( 0) 종료: 4 ··························································· 꼬리의 {12, 사나}를 삭제

( 1) 머리에 노드를 삽입      ( 2) 꼬리에 노드를 삽입      ( 3) 머리 노드를 삭제
( 4) 꼬리 노드를 삭제        ( 5) 선택한 노드를 출력      ( 6) 선택한 노드를 삭제
( 7) 번호로 검색            ( 8) 이름으로 검색          ( 9) 모든 노드를 출력
(10) 선택한 노드를 뒤쪽으로  (11) 선택한 노드를 앞쪽으로  (12) 모든 노드를 삭제
( 0) 종료: 8
검색하는 데이터를 입력하세요.
이름: 사나 ························································· {사나} 검색 실패
그 이름의 데이터가 없습니다.

( 1) 머리에 노드를 삽입      ( 2) 꼬리에 노드를 삽입      ( 3) 머리 노드를 삭제
( 4) 꼬리 노드를 삭제        ( 5) 선택한 노드를 출력      ( 6) 선택한 노드를 삭제
( 7) 번호로 검색            ( 8) 이름으로 검색          ( 9) 모든 노드를 출력
(10) 선택한 노드를 뒤쪽으로  (11) 선택한 노드를 앞쪽으로  (12) 모든 노드를 삭제
( 0) 종료: 7

( 0) 종료: 7
검색하는 데이터를 입력하세요.
번호: 10 ··························································· {10} 검색 성공
10 정연

( 1) 머리에 노드를 삽입      ( 2) 꼬리에 노드를 삽입      ( 3) 머리 노드를 삭제
( 4) 꼬리 노드를 삭제        ( 5) 선택한 노드를 출력      ( 6) 선택한 노드를 삭제
( 7) 번호로 검색            ( 8) 이름으로 검색          ( 9) 모든 노드를 출력
(10) 선택한 노드를 뒤쪽으로  (11) 선택한 노드를 앞쪽으로  (12) 모든 노드를 삭제
( 0) 종료: 5
10 정연 ···························································· 선택한 노드는 {10, 정연}

( 1) 머리에 노드를 삽입      ( 2) 꼬리에 노드를 삽입      ( 3) 머리 노드를 삭제
( 4) 꼬리 노드를 삭제        ( 5) 선택한 노드를 출력      ( 6) 선택한 노드를 삭제
( 7) 번호로 검색            ( 8) 이름으로 검색          ( 9) 모든 노드를 출력
(10) 선택한 노드를 뒤쪽으로  (11) 선택한 노드를 앞쪽으로  (12) 모든 노드를 삭제
( 0) 종료 :11 ······················································ 선택 노드를 앞쪽으로

( 1) 머리에 노드를 삽입      ( 2) 꼬리에 노드를 삽입      ( 3) 머리 노드를 삭제
( 4) 꼬리 노드를 삭제        ( 5) 선택한 노드를 출력      ( 6) 선택한 노드를 삭제
( 7) 번호로 검색            ( 8) 이름으로 검색          ( 9) 모든 노드를 출력
(10) 선택한 노드를 뒤쪽으로  (11) 선택한 노드를 앞쪽으로  (12) 모든 노드를 삭제
( 0) 종료: 5
14 지효 ···························································· 선택한 노드는 {14, 지효}
```

```
( 1) 머리에 노드를 삽입      ( 2) 꼬리에 노드를 삽입      ( 3) 머리 노드를 삭제
( 4) 꼬리 노드를 삭제        ( 5) 선택한 노드를 출력      ( 6) 선택한 노드를 삭제
( 7) 번호로 검색             ( 8) 이름으로 검색           ( 9) 모든 노드를 출력
(10) 선택한 노드를 뒤쪽으로  (11) 선택한 노드를 앞쪽으로  (12) 모든 노드를 삭제
( 0) 종료: 9
【 모두 보기 】
14 지효
10 정연
1 모모
5 나연

( 1) 머리에 노드를 삽입      ( 2) 꼬리에 노드를 삽입      ( 3) 머리 노드를 삭제
( 4) 꼬리 노드를 삭제        ( 5) 선택한 노드를 출력      ( 6) 선택한 노드를 삭제
( 7) 번호로 검색             ( 8) 이름으로 검색           ( 9) 모 든 노드를 출력
(10) 선택한 노드를 뒤쪽으로  (11) 선택한 노드를 앞쪽으로  (12) 모든 노드를 삭제
( 0) 종료: 0
```

모든 노드를 순서대로 출력

Q4 연습문제 Q1, Q2와 같은 방법으로 원형 이중 연결 리스트 프로그램을 이용해 Purge, Retrieve 함수를 작성하세요.

09

트리

09-1 트리란?

08장에서 살펴본 리스트는 순서대로 데이터를 나열하는 자료구조였습니다. 이번 장에서는 데이터 사이의 계층 관계를 나타내는 자료구조인 트리를 살펴보겠습니다.

계층 관계란 족보에서 볼 수 있는 부모, 자식, 형제 등의 관계를 의미합니다.

트리 정의하기

트리(tree)란 무엇인지 살펴보기 전에 트리와 관련된 용어를 먼저 알아보겠습니다.

트리 관련 용어

트리를 구성하는 요소는 노드(node)와 가지(edge)입니다. 각각의 노드는 가지를 통해 다른 노드와 연결되어 있습니다. 그림 9-1에서 ○는 노드, ―는 가지를 나타냅니다.

노드는 '꼭짓점'이라고도 하며 가지는 '변'이라고도 합니다.

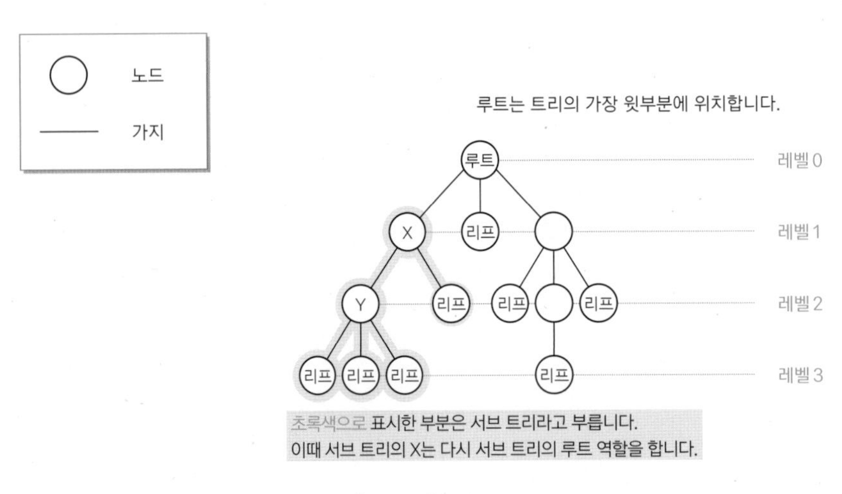

[그림 9-1] 트리

루트

트리의 가장 윗부분에 위치하는 노드를 루트(root)라고 합니다. 하나의 트리에는 하나의 루트가 있습니다. 식물의 나무에도 루트가 1개인 것과 같습니다. 그림을 거꾸로 보면 나무 모양과 비슷하다는 것을 알 수 있습니다.

리프

트리의 가장 아랫부분에 위치하는 노드를 리프(leaf)라고 합니다. 이때 '가장 아래에 위치한다'라는 말은 물리적으로 가장 아랫부분에 위치한다는 의미가 아니라 더 이상 뻗어나갈 수 없는 마지막에 노드가 위치한다는 의미입니다.

다른 용어로는 끝 노드(terminal node) 또는 바깥 노드(external node)라고도 합니다.

안쪽 노드

루트를 포함하여 리프을 제외한 노드를 안쪽 노드라고 합니다.

다른 용어로는 끝이 아닌 노드(non-terminal node)라고도 합니다.

자식

어떤 노드로부터 가지로 연결된 아래쪽 노드를 자식(child)이라고 합니다. 노드는 자식을 여러 개 가질 수 있습니다. 예를 들어 노드 X는 2개, 노드 Y는 3개의 자식을 가지고 있습니다.

리프는 자식을 가질 수 없습니다.

부모

어떤 노드에서 가지로 연결된 위쪽 노드를 부모(parent)라고 합니다. 노드는 1개의 부모를 가집니다. 예를 들어 노드 Y의 부모는 노드 X입니다.

루트는 부모를 가질 수 없습니다.

형제

같은 부모를 가지는 노드를 형제(sibling)라고 합니다.

조상

어떤 노드에서 가지로 연결된 위쪽 노드 모두를 조상(ancestor)이라고 합니다.

자손

어떤 노드에서 가지로 연결된 아래쪽 노드 모두를 자손(descendant)이라고 합니다.

레벨

루트로부터 얼마나 떨어져 있는지에 대한 값을 레벨(level)이라고 합니다. 루트의 레벨은 0이고 루트로부터 가지가 하나씩 아래로 뻗어나갈 때마다 레벨이 1씩 늘어납니다.

차수

노드가 갖는 자식의 수를 차수(degree)라고 합니다. 예를 들어 노드 X의 차수는 2, 노드 Y의 차수는 3입니다. 모든 노드의 차수가 n 이하인 트리를 n진 트리라고 합니다. 앞의 그림 9-1의 트리는 모든 노드의 자식이 3개 이하이므로 3진 트리입니다.

모든 노드의 자식 수가 2개 이하인 경우는 특별히 이진트리라고 합니다.

높이

루트부터 가장 멀리 떨어진 리프까지의 거리(리프 레벨의 최댓값)를 높이(height)라고 합니다. 그림 9-1에서 트리의 높이는 3입니다.

서브 트리

트리 안에서 다시 어떤 노드를 루트로 정하고 그 자손으로 이루어진 트리를 서브 트리(subtree)라고 합니다. 그림 9-1에서 색으로 표시한 부분은 노드 X를 루트로 하는 서브 트리입니다.

널 트리

노드, 가지가 없는 트리를 널 트리(null tree)라고 합니다.

순서 트리와 무순서 트리 정의하기

형제 노드의 순서가 있는지 없는지에 따라 트리를 두 종류로 분류합니다. 형제 노드의 순서를 따지면 순서 트리(ordered tree), 따지지 않으면 무순서 트리(unordered tree)라고 합니다. 예를 들어, 그림 9-2의 a, b는 순서 트리로 보면 다른 트리지만 무순서 트리로 보면 같은 트리라고 할 수 있습니다.

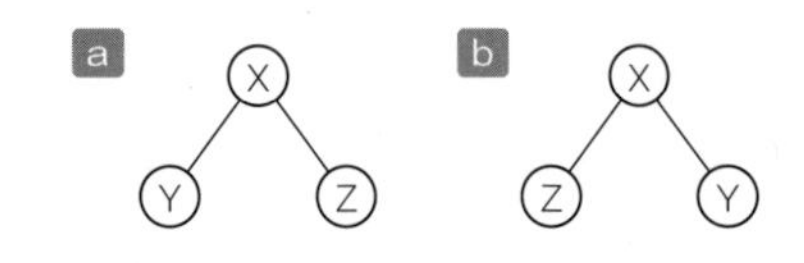

두 트리는 다른 순서 트리이면서
같은 무순서 트리라고 할 수 있습니다.

[그림 9-2] 순서 트리와 무순서 트리

순서 트리의 탐색 방법 알아보기

순서 트리의 노드를 스캔하는 방법은 두 가지입니다. 여기서는 이진트리를 예로 들어 살펴보겠습니다.

너비 우선 탐색

너비 우선 탐색(breadth-first Search)은 낮은 레벨에서 시작해 왼쪽에서 오른쪽 방향으로 검색하고 한 레벨에서의 검색이 끝나면 다음 레벨로 내려갑니다. 그림 9-3은 너비 우선 탐색으로 노드를 스캔하는 과정을 나타낸 것입니다. 검색 순서는 다음과 같습니다.

```
A→B→C→D→E→F→G→H→I→J→K→L
```

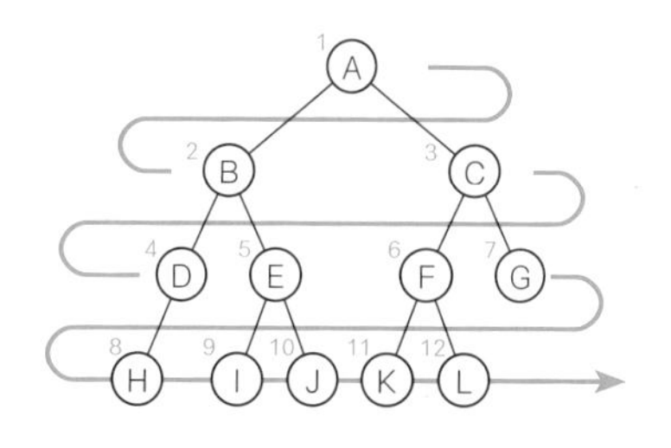

[그림 9-3] 너비 우선 탐색

깊이 우선 탐색

깊이 우선 탐색(depth-first Search)은 리프까지 내려가면서 검색하는 것을 우선순위로 하는 탐색 방법입니다. 리프에 도달해 더 이상 검색을 진행할 곳이 없는 경우에는 부모에게 돌아갑니다. 그런 다음 다시 자식 노드로 내려갑니다. 그림 9-4는 깊이 우선 탐색을 진행하는 과정을 나타낸 것이고, 그림 9-5는 노드 A를 몇 번 지나갔는지를 나타낸 것입니다. 노드 A는 B와 C라는 두 개의 자식 노드를 가집니다. 이때 다음과 같이 깊이 우선 탐색을 진행하면서 노드 A를 3회 지나갔음을 알 수 있습니다.

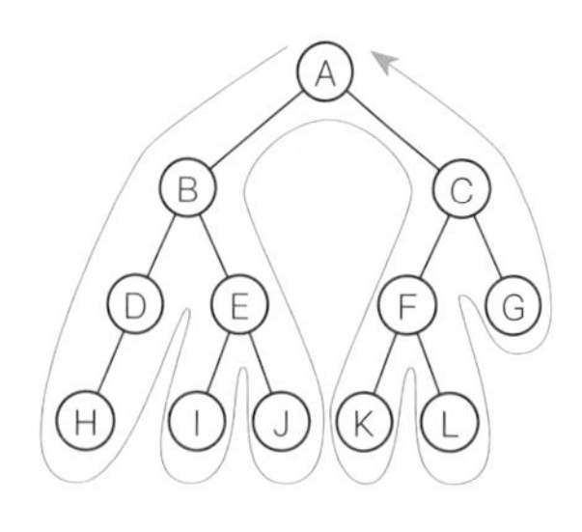

[그림 9-4] 깊이 우선 탐색

① A에서 B로 내려가며 A를 지나갑니다.
② B에서 C로 지나가며 A를 지나갑니다.
③ C에서 A로 되돌아오면서 A를 지나갑니다.

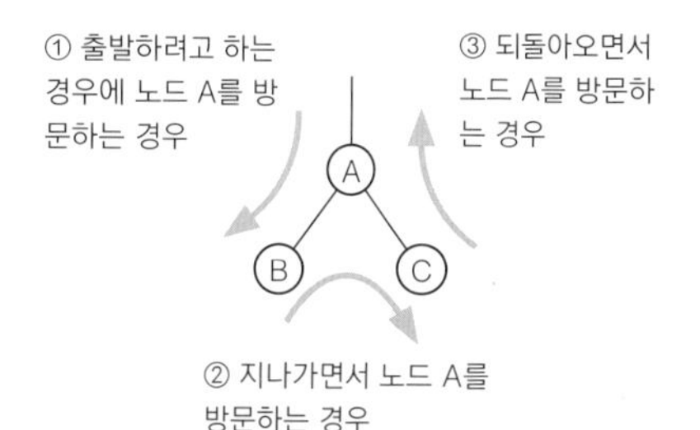

[그림 9-5] 깊이 우선 탐색에서 가능한 방문 종류

다른 노드의 경우도 마찬가지로 생각하면 됩니다. 두 자식 가운데 한쪽(또는 양쪽)이 없으면 노드를 지나가는 횟수가 줄어들겠지만 노드를 지나가는 최댓값은 3회입니다. 그런데 깊이 우선 탐색을 진행하면서 '언제 노드를 방문할지'는 다음과 같이 세 종류로 구분합니다.

친구의 집도 지나치는 것과 직접 방문하는 것은 다릅니다. 이와 마찬가지로 깊이 우선 탐색도 지나가는 것과 방문하는 것을 구분해서 생각합니다.

전위 순회(Preorder)

아래와 같은 방법으로 깊이 우선 탐색을 진행합니다.

노드를 방문하는 때가 언제인지 주의하며 읽어보세요.

노드 방문 → 왼쪽 자식 → 오른쪽 자식

그림 9-4를 보면서 자세히 살펴보세요. 노드 A를 지나가는 경우는 다음과 같습니다.

A 방문 → B로 이동 → C로 이동

이와 같은 방법(전위 순회)으로 깊이 우선 탐색을 진행하면 다음과 같은 순서로 방문합니다.

A → B → D → H → E → I → J → C → F → K → L → G

중위 순회(Inorder)

아래와 같은 방법으로 깊이 우선 탐색을 진행합니다.

왼쪽 자식 → 노드 방문 → 오른쪽 자식

예를 들어 노드 A를 지나가는 경우는 다음과 같습니다.

B로 이동 → A 방문 → C로 이동

이와 같은 방법(중위 순회)으로 깊이 우선 탐색을 진행하면 다음과 같은 순서로 방문합니다.

H → D → B → I → E → J → A → K → F → L → C → G

후위 순회(Postorder)

마지막으로 후위 순회입니다. 후위 순회는 다음과 같은 방법으로 깊이 우선 탐색을 진행합니다.

왼쪽 자식 → 오른쪽 자식 → (돌아와) 노드 방문

예를 들어 노드 A를 지나가는 경우는 다음과 같습니다.

```
B로 이동 → C로 이동 → A 방문
```

깊이 우선 탐색 결과는 다음과 같습니다.

```
H → D → I → J → E → B → K → L → F → G → C → A
```

09-2 이진트리와 이진검색트리

이번 절에서는 단순하면서도 실제 프로그램에서 자주 사용하는 이진트리와 이진검색트리를 살펴보겠습니다.

이진트리 정의하기

노드가 왼쪽 자식과 오른쪽 자식을 갖는 트리를 이진트리(binary tree)라고 합니다. 이때 각 노드의 자식은 2명 이하만 유지해야 합니다. 그림 9-6을 보면서 좀 더 자세히 살펴보겠습니다.

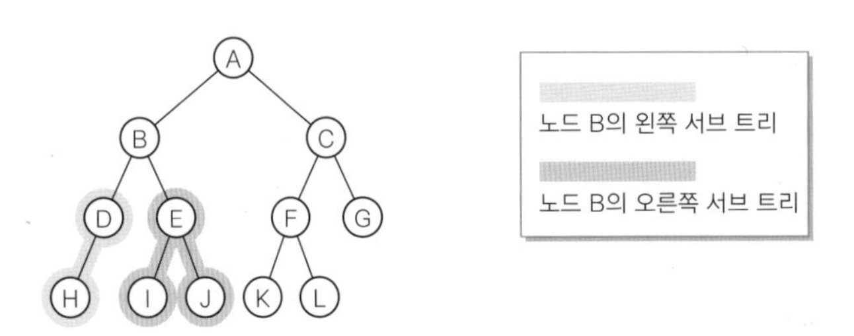

[그림 9-6] 이진트리

이진트리의 특징은 왼쪽 자식과 오른쪽 자식을 구분한다는 점입니다. 예를 들어 그림 9-6에서 노드 B의 왼쪽 자식은 D, 오른쪽 자식은 E입니다. 이때 왼쪽 자식을 다시 루트로 하는 서브트리를 왼쪽 서브 트리(left subtree), 오른쪽 자식을 다시 루트로 하는 서브 트리를 오른쪽 서브 트리(right subtree)라고 합니다. 그림 9-6에서 색으로 표시한 부분이 B의 왼쪽 서브 트리, 회색으로 표시한 부분이 B의 오른쪽 서브 트리입니다.

완전이진트리 정의하기

루트부터 노드가 채워져 있으면서 같은 레벨에서는 왼쪽에서 오른쪽으로 노드가 채워져 있는 이진트리를 완전이진트리(complete binary tree)라고 합니다. 그림 9-7을 보면서 좀 더 자세히 살펴보겠습니다.

1. 마지막 레벨을 제외한 레벨은 노드를 가득 채웁니다.
2. 마지막 레벨은 왼쪽부터 오른쪽 방향으로 노드를 채우되 반드시 끝까지 채울 필요는 없습니다.

높이가 k인 완전이진트리가 가질 수 있는 노드의 최댓값은 $2^{k+1} - 1$개입니다. 따라서 n개의 노드를 저장할 수 있는 완전이진트리의 높이는 log n입니다.

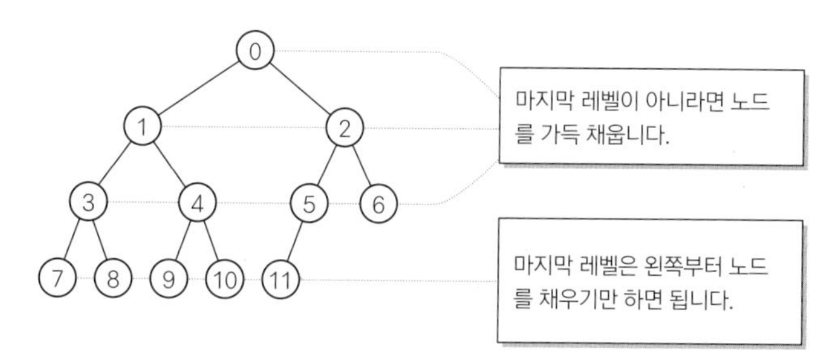

[그림 9-7] 완전이진트리

그림 9-7과 같이 완전이진트리에서 너비 우선 탐색을 하며 각 노드에 0, 1, 2, … 값을 주면 배열에 저장하는 인덱스와 일대일로 대응한다는 것을 알 수 있습니다.

완전이진트리는 06장의 힙 정렬에 사용했습니다.

이진검색트리 살펴보기

이진검색트리(binary Search tree)는 이진트리가 다음 조건을 만족하면 됩니다.

1. 어떤 노드 N을 기준으로 왼쪽 서브 트리 노드의 모든 키값은 노드 N의 키값보다 작아야 합니다.
2. 오른쪽 서브 트리 노드의 키값은 노드 N의 키값보다 커야 합니다.
3. 같은 키값을 갖는 노드는 없습니다.

그림 9-8은 이진검색트리를 구현한 예입니다. 여기서 노드 5를 보면 왼쪽 서브 트리 노드(4, 1)는 모두 5보다 작습니다. 그리고 오른쪽 서브 트리 노드(7, 6, 9)는 모두 5보다 큽니다. 이때 이진검색트리를 중위 순회(Inorder)하면 다음과 같이 키값의 오름차순으로 노드를 얻을 수 있습니다.

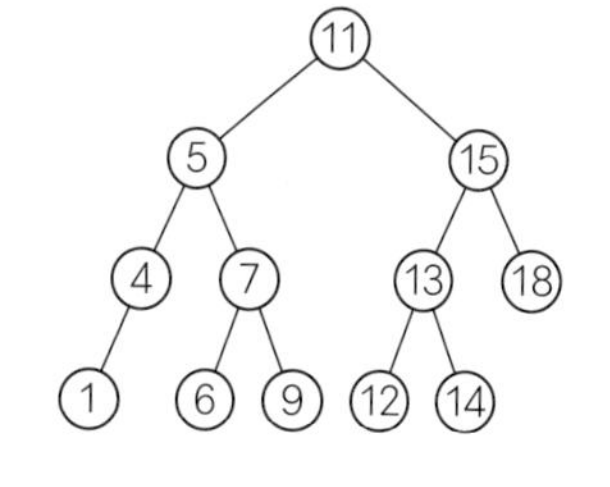

[그림 9-8] 이진검색트리의 구현

1 → 4 → 5 → 6 → 7 → 9 → 11 → 12 → 13 → 14 → 15 → 18

이러한 이진검색트리는 다음과 같은 특징이 있어 폭넓게 사용됩니다.

- 구조가 단순합니다.
- 중위 순회를 하면 키값의 오름차순으로 노드를 얻을 수 있습니다.
- 이진검색과 비슷한 방식으로 빠르게 검색할 수 있습니다.
- 노드를 삽입하기 쉽습니다.

그러면 이진검색트리 프로그램을 작성해 보면서 이와 같은 특징에 대해 좀 더 자세히 살펴보겠습니다.

이진검색트리 만들기

이제 이진검색트리 프로그램을 구현해 보겠습니다. 해시법이나 선형 리스트 등의 프로그램과 마찬가지로 주요 부분을 헤더(실습 9-1)와 소스(실습 9-2)로 나누어 구현합니다.

해시법이나 선형 리스트에서 작성한 프로그램과 마찬가지로 노드에 저장하는 데이터의 자료형은 Member형입니다.

Do it! 실습 9-1 • 완성 파일 chap09/BinTree.h

```
01  // 이진검색트리 프로그램(헤더)
02  #ifndef ___BinTree
03  #define ___BinTree
04
05  #include "Member.h"    ─ 실습 10-1에서 작성
06
07  /*--- 노드 ---*/
08  typedef struct __bnode {
09    Member data;              // 데이터
10    struct __bnode *left;     // 왼쪽 자식 노드에 대한 포인터
11    struct __bnode *right;    // 오른쪽 자식 노드에 대한 포인터
12  } BinNode;
13
14  /*--- 검색 ---*/
15  BinNode *Search(BinNode *p, const Member *x);
16
```

```
17  /*--- 노드 삽입 ---*/
18  BinNode *Add(BinNode *p, const Member *x);
19
20  /*--- 노드 삭제 ---*/
21  int Remove(BinNode **root, const Member *x);
22
23  /*--- 모든 노드를 출력 ---*/
24  void PrintTree(const BinNode *p);
25
26  /*--- 모든 노드를 삭제 ---*/
27  void FreeTree(BinNode *p);
28  #endif
```

노드를 표현하는 구조체 BinNode

이진검색트리의 개별 노드는 자기 참조형 구조체인 BinNode입니다. 그림 9-9처럼 3개의 멤버로 구성되어 있습니다.

- data … 회원 데이터
- left … 왼쪽 포인터(왼쪽 자식 노드에 대한 포인터)
- right … 오른쪽 포인터(오른쪽 자식 노드에 대한 포인터)

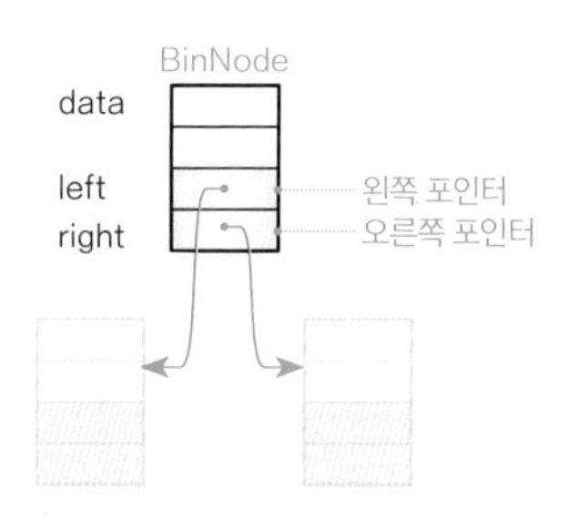

[그림 9-9] 구조체 BinNode

left와 rigth 멤버가 좌우의 자식 노드에 대한 포인터입니다. 가리킬 자식 노드가 없을 때는 NULL이 됩니다.

Do it! 실습 9-2[A] • 완성 파일 chap09/BinTree.h

```
01  // 이진검색트리 프로그램(소스)
02  #include <stdio.h>
03  #include <stdlib.h>
04  #include "Member.h"     ← 실습 10-1에서 작성
05  #include "BinTree.h"
06
07  /*--- 노드를 동적으로 할당 ---*/
08  static BinNode *AllocBinNode (void)
09  {
```

```
10     return calloc(1, sizeof(BinNode));
11  }
12
13  /*--- 노드 멤버값 설정 ----*/
14  static void SetBinNode(BinNode *n, const Member *x, const BinNode *left, const BinNode *right)
15  {
16     n->data = *x;           // 데이터
17     n->left = left;         // 왼쪽 포인터
18     n->right = right;       // 오른쪽 포인터
19  }
20                                                        (실습 9-2[B]에서 계속)
```

노드를 생성하는 AllocBinNode 함수

AllocBinNode 함수는 BinNode형 객체를 만드는 함수입니다.

노드 멤버값을 설정하는 SetBinNode 함수

SetBinNode 함수는 BinNode형 객체의 3개 멤버에 값을 설정하는 함수로, 첫 번째 매개변수 n이 가리키는 BinNode형 객체에 대해 멤버값을 설정합니다. n이 가리키는 객체 멤버인 data, left, right에 두 번째 매개변수 x가 가리키는 객체값 *x와 세 번째, 네 번째 매개변수의 포인터값 left, right를 각각 대입합니다.

비어 있는 상태의 이진검색트리 만들기

해시법과 선형 리스트 프로그램에는 빈 테이블이나 리스트를 만드는 Initialize 함수가 있습니다. 하지만 이 프로그램에는 Initialize 함수가 없습니다. 왜냐하면 그림 9-10과 같이 루트 노드를 가리키는 BinNode *형 객체를 하나 준비하고 널 값을 대입하면 되기 때문입니다. 이때 루트 노드를 가리키는 포인터는 이진검색트리를 사용하는 실습 9-3의 main 함수에서 미리 선언합니다.

😊 루트 노드를 가리키는 포인터가 NULL이 아니라 실제로 BinNode형 노드를 가리키는 그림은 그림 9-13에 나타냈습니다.

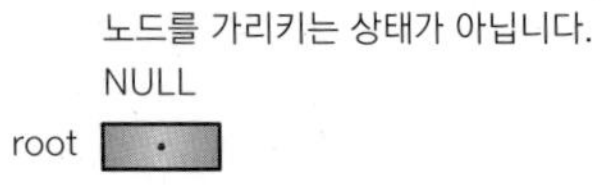

노드를 가리키는 상태가 아닙니다.
NULL
root

[그림 9-10] 빈 상태의 이진검색트리

키값으로 검색하는 Search 함수

그림 9-11은 이진검색트리의 검색 과정 중 한 예입니다. a는 검색에 성공한 경우이고 b는 검색에 실패한 경우입니다.

검색에 성공한 경우(a)

이진검색트리에서 키값이 3인 노드를 검색하는 과정은 다음과 같습니다.

1. 루트를 선택합니다(5). 3은 5보다 작기 때문에 왼쪽으로 검색을 진행합니다.
2. 선택한 노드는 2입니다. 3은 2보다 크기 때문에 오른쪽으로 검색을 진행합니다.
3. 선택한 노드는 4입니다. 3은 4보다 작기 때문에 왼쪽으로 검색을 진행합니다.
4. 3에 도착해 검색에 성공합니다.

a 3을 검색합니다(검색 성공).

1 5를 선택합니다. 3은 5보다 작기 때문에 왼쪽으로 검색을 진행합니다.

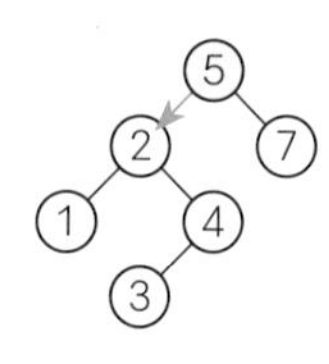

2 2를 선택합니다. 3은 2보다 크기 때문에 오른쪽으로 검색을 진행합니다.

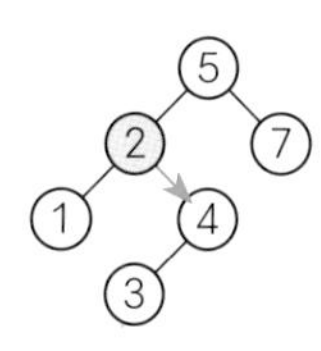

3 4를 선택합니다. 3은 4보다 작기 때문에 왼쪽으로 검색을 진행합니다.

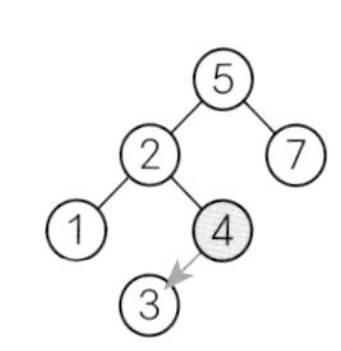

4 3을 찾았습니다. 검색에 성공합니다.

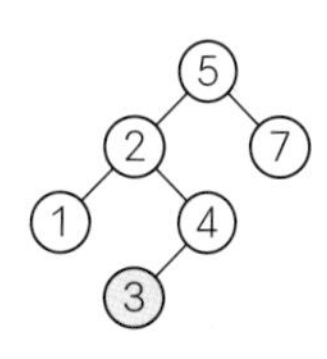

b 8을 검색합니다(검색 실패).

1 5를 선택합니다. 8은 5보다 크기 때문에 오른쪽으로 검색을 진행합니다.

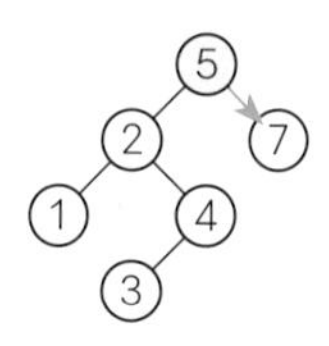

2 7을 선택합니다. 8은 7보다 크기 때문에 오른쪽으로 검색을 진행합니다. 하지만 오른쪽에는 자식이 없어 검색에 실패합니다.

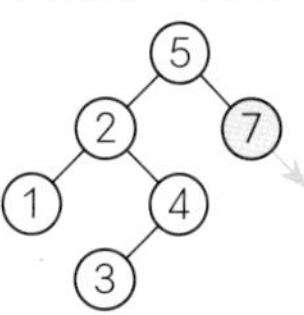

[그림 9-11] 이진검색트리에서 노드를 검색하는 과정

검색에 실패하는 경우(b)

이진검색트리에서 8을 검색하는 과정은 다음과 같습니다.

1 루트를 선택합니다(5). 8은 5보다 크기 때문에 오른쪽으로 검색을 진행합니다.
2 7을 선택합니다. 7은 리프이고 오른쪽 자식 노드가 없습니다. 더 이상 검색할 수 없기 때문에 검색에 실패합니다.

이진검색트리에서 원하는 값을 찾으려면 이런 방법으로 루트부터 시작해 현재 선택한 노드의 키값과 목표하는 값을 비교하면서 왼쪽, 오른쪽으로 검색을 진행하면 됩니다. 알고리즘은 다음과 같습니다.

1. 루트부터 선택하여 검색을 진행합니다. 여기서 선택하는 노드를 p라고 합니다.
2. p가 널이면 검색에 실패합니다.
3. 검색하는 값 key와 선택한 노드 p의 키값을 비교하여
   - 값이 같으면 검색에 성공(검색 종료)합니다.
   - key가 작으면 선택한 노드에 왼쪽 자식 노드를 대입합니다(왼쪽으로 검색 진행).
   - key가 크면 선택한 노드에 오른쪽 자식 노드를 대입합니다(오른쪽으로 검색 진행).
4. 2번 과정으로 되돌아갑니다.

Search 함수는 이 알고리즘을 바탕으로 이진검색트리에서 어떤 키값을 갖는 검색합니다.

Do it! 실습 9-2[B]

• 완성 파일 chap09/BinTree.c

```
01  /*--- 검색 ---*/
02  BinNode *Search (BinNode *p, const Member *x)
03  {
04    int cond;
05    if(p == NULL)
06      return NULL;           // 검색 실패
07    else if((cond = MemberNocmp(x, &p->data)) == 0)
08      return p;              // 검색 성공
09    else if(cond < 0)
10      Search(p->left, x);    // 왼쪽 서브 트리에서 검색
11    else
12      Search(p->right, x);   // 오른쪽 서브 트리에서 검색
13  }
14
```

(실습 9-2[C]에서 계속)

이 함수는 첫 번째 매개변수 p를 루트로 하는 이진검색트리에서 검색을 수행합니다. 호출된 Search 함수는 x가 가리키는 구조체 Member형 객체와 같은 키값을 갖는 노드를 검색합니다. 검색에 성공하면 해당 노드에 대한 포인터를 반환합니다.

키값을 비교하기 위해 호출하는 MemberNoCmp 함수는 Member.c에 정의되어 있습니다. 검색에 실패하면 NULL을 반환합니다.

노드를 삽입하는 Add 함수

이진검색트리에 노드를 삽입하는 알고리즘을 살펴보겠습니다. 노드를 삽입할 때 주의해야 할 점은 노드를 삽입한 다음에 트리의 형태가 이진검색트리의 조건을 유지해야 한다는 점입니다. 따라서 노드를 삽입할 때는 먼저 삽입하기에 알맞은 위치를 찾아내야 합니다. 이때 삽입할 노드의 키와 같은 값을 가지는 노드가 이미 있다면 노드를 삽입해서는 안 됩니다.

그러면 그림 9-12를 보면서 좀 더 자세히 살펴보겠습니다. 4개의 노드(2, 4, 6, 7)로 이루어진 이진검색트리에 노드 1을 삽입하는 과정이 a, 노드 1을 삽입한 이진검색트리에 노드 5를 삽입하는 과정이 b입니다.

a 1을 삽입하는 과정
검색하는 방법과 마찬가지로 삽입할 위치를 찾습니다. 추가할 값인 1은 2보다 작고, 2의 왼쪽 자식 노드는 비어 있으므로 해당 위치를 삽입 위치로 선택합니다.

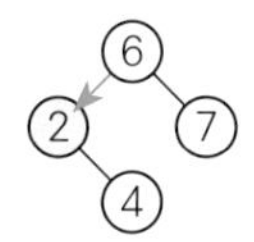

2의 왼쪽 자식 노드로 1을 삽입합니다.

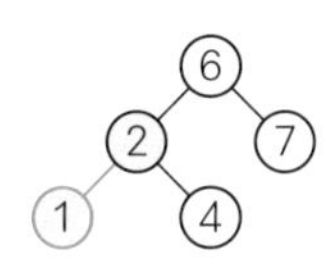

b 5를 삽입하는 과정
검색하는 방법과 마찬가지로 삽입할 위치를 찾습니다. 추가할 값인 5는 4보다 크고, 4의 오른쪽 자식 노드는 비어 있으므로 해당 위치를 삽입 위치로 선택합니다.

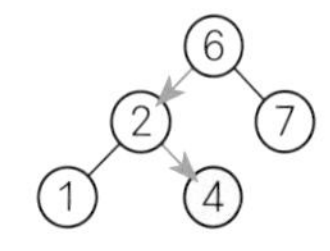

4의 오른쪽 자식 노드로 5를 삽입합니다.

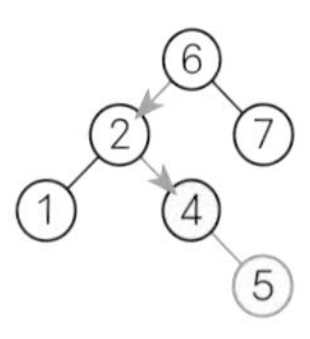

[그림 9-12] 이진검색트리에 노드를 삽입하는 과정

node를 루트로 하는 서브 트리에 키값이 key인 데이터를 삽입하는 알고리즘은 다음과 같습니다(node는 널이 아닙니다).

1. node에 루트 포인터를 대입합니다(루트를 선택합니다).
2. 삽입할 키 key와 node의 키값을 비교합니다. 값이 같다면 삽입에 실패합니다(종료).
   - **값이 같지 않은 경우 key값이 삽입할 값보다 작으면**

     왼쪽 자식 노드가 없는 경우에는(a) 노드를 삽입합니다(종료).

     왼쪽 자식 노드가 있는 경우에는 선택한 노드에 왼쪽 자식 노드 포인터를 대입합니다.
   - **key값이 삽입할 값보다 크면**

     오른쪽 자식 노드가 없는 경우에는(b) 노드를 삽입합니다(종료).

     오른쪽 자식 노드가 있는 경우에는 선택한 노드에 오른쪽 자식 노드 포인터를 대입합니다.
3. 2로 되돌아갑니다.

Add 함수는 이 알고리즘을 바탕으로 노드를 삽입합니다. p를 루트로 하는 서브 트리에 대해 x가 가리키는 Member형 객체를 삽입합니다.

Do it! 실습 9-2[C] • 완성 파일 chap09/BinTree.c

```
01  /*--- 노드 삽입 ---*/
02  BinNode *Add (BinNode *p, const Member *x)
03  {
04    int cond;
05    if(p == NULL) {
06      p = AllocBinNode();                                   ─1
07      SetBinNode(p, x, NULL, NULL);
08    } else if((cond = MemberNocmp(x, &p->data)) == 0)
09      printf("【 오류 】 %d는 이미 등록되어 있습니다.\n", x->no);  ─3
10    else if(cond < 0)                                       ─2
11      p->left = Add(p->left, x);                            ─4
12    else
13      p->right = Add(p->right, x);                          ─5
14    return p;
15  }
16                                                (실습 9-2[D]에서 계속)
```

p가 널인 경우(1)

Add 함수는 재귀 함수입니다. 처음에 Add 함수를 호출할 때 p가 NULL이면 루트 노드가 없다는 뜻입니다(이진검색트리가 비어 있음). 따라서 노드를 만들고 값을 설정합니다. 그러면

그림 9-13과 같이 루트만 있는 이진검색트리가 만들어지고 삽입 과정이 끝납니다. 만약 함수를 처음 호출하는 상태가 아니라면(재귀 호출 시에 p값이 널이면) 노드를 삽입할 위치를 제대로 찾은 것입니다. 삽입할 노드를 만들고 값을 설정하면 삽입 과정이 끝납니다.

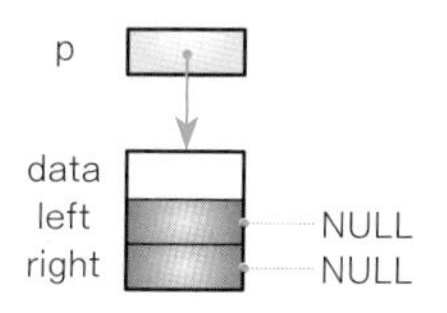

[그림 9-13] 루트만 있는 이진검색트리

p가 널이 아닌 경우(2)

다음의 세 가지 방법으로 처리합니다.

- **선택한 노드의 키값과 삽입할 키값이 같은 경우(3)**
  값을 삽입할 수 없습니다. 삽입할 수 없다는 내용을 출력합니다.
- **삽입할 키값이 선택한 노드의 키값보다 작은 경우(4)**
  선택한 노드에 왼쪽 자식 노드를 대입합니다. 실제로는 Add 함수에 왼쪽 자식 노드를 전달하며 재귀 호출합니다.
- **삽입할 키값이 선택한 노드의 키값보다 큰 경우(5)**
  선택한 노드에 오른쪽 자식 노드를 대입합니다. 실제로는 Add 함수에 오른쪽 자식 노드를 전달하며 재귀 호출합니다.

노드를 삭제하는 Remove 함수

이진검색트리에서 노드를 삭제하는 알고리즘을 살펴보겠습니다. 노드를 삭제하는 과정은 삽입하는 과정보다 복잡합니다. 노드를 삭제할 때는 아래와 같이 '세 가지 서로 다른 상황'에 놓이기 때문입니다. 따라서 각각의 상황에 맞게 알맞은 처리를 해야 합니다.

A 자식 노드가 없는 노드를 삭제하는 경우
B 자식 노드가 1개인 노드를 삭제하는 경우
C 자식 노드가 2개인 노드를 삭제하는 경우

A 자식 노드가 없는 노드를 삭제하는 경우

그림 9-14의 a는 자식 노드가 없는 노드 3을 삭제하는 경우입니다. 이런 경우에는 노드 3을 가리키는 부모 노드 4의 왼쪽 포인터를 널로 업데이트하면 됩니다. 이렇게 하면 노드 3은 아무것도 가리키지 않기 때문에 이진검색트리에서 삭제됩니다. b도 마찬가지입니다. 삭제할

노드를 트리에서 떼어내면 삭제 과정이 끝납니다.

a 3을 삭제하는 경우

검색과 마찬가지로 3을 먼저 찾아갑니다. 그런 다음 삭제할 노드 3에서 멈춥니다.

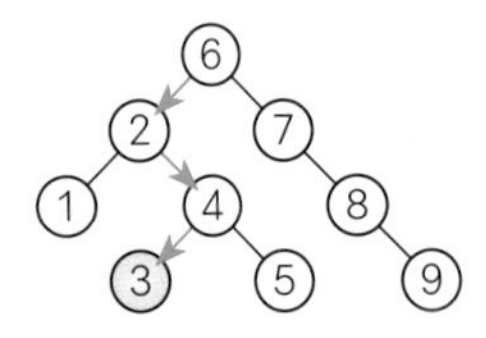

부모의 왼쪽 포인터에 NULL을 대입합니다.

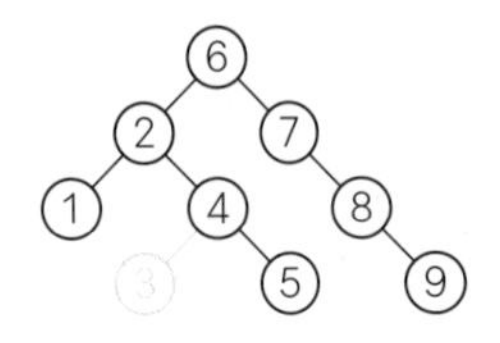

b 9를 삭제하는 경우

검색과 마찬가지로 9를 먼저 찾아갑니다. 그런 다음 삭제할 노드 9에서 멈춥니다.

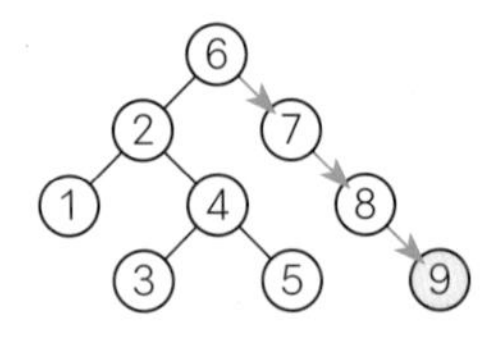

부모의 오른쪽 포인터에 NULL을 대입합니다.

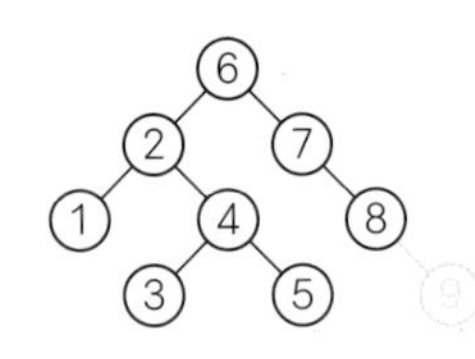

[그림 9-14] 자식 노드가 없는 노드를 삭제하는 과정

이 과정을 간단히 정리하면 다음과 같습니다.

- 삭제할 노드가 부모 노드의 왼쪽 자식이면 부모의 왼쪽 포인터를 NULL로 합니다.
- 삭제할 노드가 부모 노드의 오른쪽 자식이면 부모의 오른쪽 포인터를 NULL로 합니다.

B 자식 노드가 1개인 노드를 삭제하는 경우

그림 9-15의 a는 자식 노드를 1개만 갖는 노드인 7을 삭제하는 경우입니다. 이런 경우에는 원래 노드 7의 위치로 자식 노드 8을 가져와야 삭제할 수 있습니다. 이런 과정을 거치면 '자식 노드 8을 루트로 하는 서브 트리의 모든 키값은 부모 노드인 6보다 커야 한다'라는 조건을 유지할 수 있습니다. 삭제 노드의 부모 노드인 6의 오른쪽 포인터가 삭제 대상 노드인 7의 자식 노드 8을 가리키도록 업데이트하면 됩니다. 그러면 7은 아무것도 가리키지 않기 때문에 이진검색트리에서 삭제됩니다. b도 마찬가지입니다. 삭제할 노드의 부모 노드인 2의 왼쪽 포인터가 삭제 대상 노드인 1의 자식 노드 0을 가리키도록 업데이트하면 됩니다.

a 7을 삭제하는 경우

검색과 마찬가지로 7을 찾아갑니다. 그런 다음 삭제할 노드 7에서 멈춥니다.

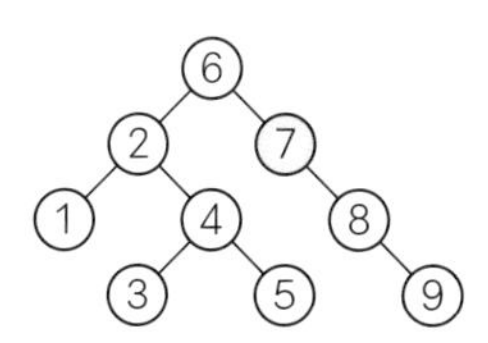

부모 노드인 6의 오른쪽 포인터가 7의 자식 노드인 8을 가리키도록 업데이트합니다.

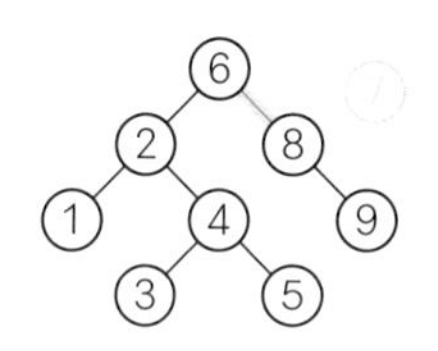

b 1을 삭제하는 경우

검색과 마찬가지로 1을 찾아갑니다. 그런 다음 삭제할 노드 1에서 멈춥니다.

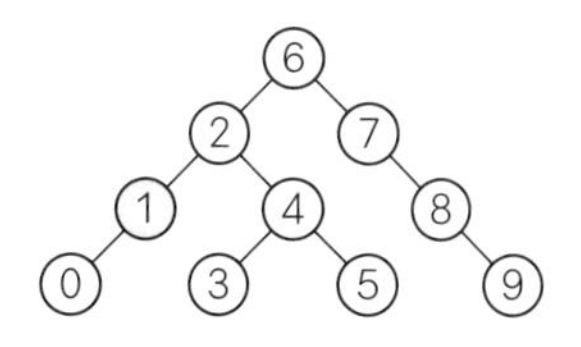

부모 노드인 2의 왼쪽 포인터가 1의 자식 노드인 0을 가리키도록 업데이트합니다.

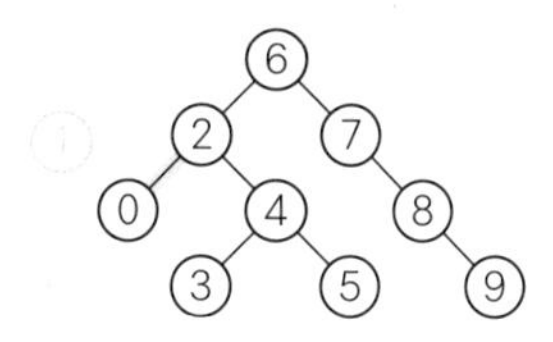

[그림 9-15] 자식 노드가 1개인 노드를 삭제하는 과정

이 과정을 간단히 정리하면 다음과 같습니다.

- **삭제 대상 노드가 부모 노드의 왼쪽 자식인 경우**
  부모의 왼쪽 포인터가 삭제 대상 노드의 자식을 가리키도록 합니다.
- **삭제 대상 노드가 부모 노드의 오른쪽 자식인 경우**
  부모의 오른쪽 포인터가 삭제 대상 노드의 자식을 가리키도록 합니다.

c 자식 노드가 2개인 노드를 삭제하는 경우

자식 노드가 2개인 노드를 삭제하는 과정은 앞의 두 과정보다 더 복잡합니다. 그림 9-16은 노드 5를 삭제하는 경우입니다. 노드 5의 왼쪽 서브 트리(노드 2가 루트)의 노드 가운데 키값이 가장 큰 노드 4를 노드 5가 있는 곳으로 옮겨 삭제해야 합니다.

a 5를 삭제하는 경우

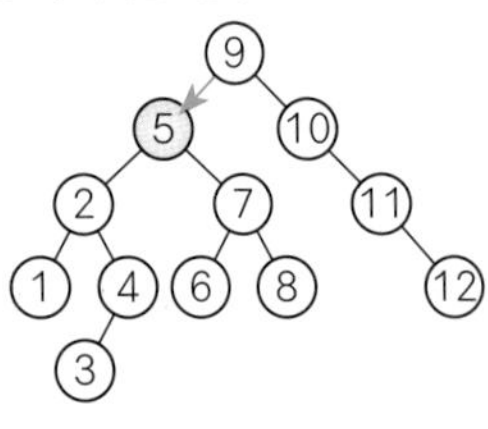

검색과 마찬가지로 5을 찾아갑니다. 그런 다음 삭제할 노드 5에서 멈춥니다.

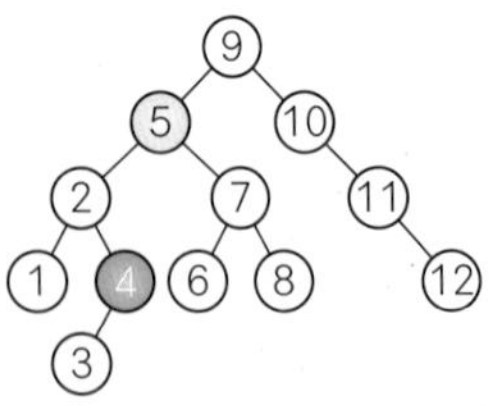

노드 5의 왼쪽 서브 트리(노드 2가 루트)에서 가장 큰 키값을 갖는 노드를 검색합니다. 현재는 4가 가장 큰 값을 가지는 노드이므로 여기에서 멈춥니다.

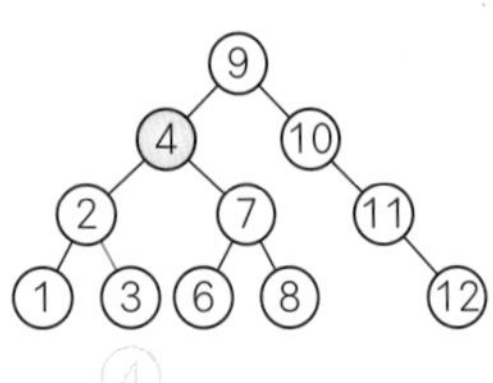

5가 있는 곳으로 4를 옮기면 삭제 과정이 끝납니다. 4를 옮기려면 먼저 4의 데이터를 5의 위치로 복사합니다. 그런 다음 원래의 4를 트리에서 떼어내면 됩니다.

[그림 9-16] 자식 노드가 2개인 노드를 삭제하는 과정

이 과정을 간단히 정리하면 다음과 같습니다.

1. 삭제할 노드의 왼쪽 서브 트리에서 키값이 가장 큰 노드를 검색합니다.
2. 검색한 노드를 삭제 위치로 옮깁니다(검색한 노드의 데이터를 삭제 대상 노드 위치로 복사합니다).
3. 옮긴 노드를 삭제합니다. 이때
   - **옮긴 노드에 자식이 없으면**
     'A 자식 노드가 없는 노드를 삭제하는 경우'에 따라 노드를 삭제합니다.
   - **옮긴 노드에 자식이 1개만 있으면**
     'B 자식 노드가 1개인 노드를 삭제하는 경우'에 따라 노드를 삭제합니다.

Remove 함수는 앞에서 배운 세 가지 상태에서 노드를 삭제하는 방법을 구현한 함수입니다.

Do it! 실습 9-2[D]

• 완성 파일 chap09/BinTree.c

```
01  /*--- 노드 삭제 ---*/
02  int Remove (BinNode **root, const Member *x)
03  {
04      BinNode *next *temp;
05      BinNode **left;
```

```
06     BinNode **p = root;
07
08     while(1) {
09       int cond;
10       if(*p == NULL) {
11         printf("【 오류 】 %d는 등록되어 있지 않습니다.\n", x->no);
12         return -1;              // 이 키는 없음
13       } else if((cond = MemberNocmp(x, &(*p)->data)) == 0)
14         break;                  // 검색 성공
15       else if(cond < 0)
16         p = &((*p)->left);      // 왼쪽 서브 트리에서 검색
17       else
18         p = &((*p)->right);     // 오른쪽 서브 트리에서 검색
19     }
20
21     if((*p)->left == NULL)
22       next = (*p)->right;
23     else {
24       left = &((*p)->left);
25       while((*left)->right != NULL)
26         left = &(*left)->right;
27       next = *left;
28       *left = (*left)->left;
29       next->left = (*p)->left;
30       next->right = (*p)->right;
31     }
32     temp = *p;
33     *p = next;
34     free(temp);
35
36     return 0;
37   }
38                                                     (실습 9-2[E]에서 계속)
```

Search 함수와 Add 함수의 첫 번째 매개변수의 자료형은 BinNode *이지만 Remove 함수의 첫 번째 매개변수의 자료형은 BinNode **입니다. 이는 루트만 있는 이진검색트리에서 루트 노드를 삭제하는 경우에는 루트 포인터를 널로 업데이트하기 때문입니다.

보충수업 9-1 void 포인터

calloc 함수, malloc 함수, free 함수는 char형 객체, int형 객체, 나아가 배열이나 구조체 객체 등 모든 자료형의 메모리 확보 또는 해제에 사용합니다. 이때 특정한 자료형의 포인터를 주고받을 때 자료형이 서로 맞지 않으면 문제가 발생하므로 void 포인터를 반환하거나 받는 데 사용합니다. void 포인터는 모든 형의 객체를 가리킬 수 있습니다. void 포인터의 값을 모든 자료형의 포인터에 대입할 수 있고, 거꾸로 모든 자료형의 포인터값을 void 포인터에 대입할 수 있습니다.

모든 노드를 출력하는 PrintTree 함수

모든 노드를 키값의 오름차순으로 출력하는 함수입니다. 오름차순으로 출력하기 위해 중위 순회(inorder) 방법으로 트리를 검색합니다.

Do it! 실습 9-2[E] • 완성 파일 chap10/BinTree.c

```
01  /*--- 모든 노드의 데이터를 출력 ---*/
02  void PrintTree (const BinNode *p)
03  {
04    if(p != NULL) {
05      PrintTree(p->left);
06      PrintLnMember(&p->data);
07      PrintTree(p->right);
08    }
09  }
10                                          (실습 9-2[F]에서 계속)
```

PrintTree 함수도 Add, Search 함수처럼 처음 호출할 때 매개변수 p에 루트 노드의 포인터를 전달받습니다. 그리고 회원의 데이터 출력은 Member.c에서 정의한 PrintLnMember 함수로 처리합니다.

그림 9-17을 보면서 PrintTree의 동작을 좀 더 자세히 알아보겠습니다. 이 함수는 루트 노드 6에 대한 포인터를 매개변수 p에 전달받습니다. 그런 다음 p가 널 포인터인지 검사합니다. 만약 p가 널 포인터라면 아무것도 하지 않고 호출한 위치로 돌아갑니다.

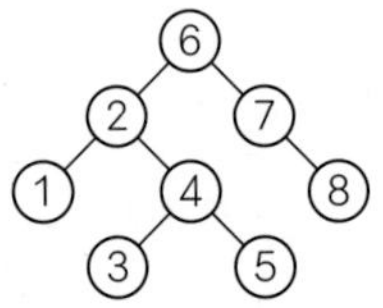

[그림 9-17] 이진검색트리

하지만 그림 9-17에서는 루트 노드 6의 포인터가 널 포인터가 아니므로 PrintTree 함수는 다음의 과정을 거치며 실행됩니다.

1. 노드 2를 가리키는 왼쪽 포인터를 PrintTree 함수에 전달하면서 재귀적으로 호출합니다(재귀).
2. 현재 노드의 데이터인 6을 출력합니다.
3. 노드 7을 가리키는 오른쪽 포인터를 PrintTree 함수에 전달하면서 재귀적으로 호출합니다(재귀).

위의 과정에서 1, 2는 재귀 호출이기 때문에 다시 다음과 같이 실행됩니다. 다음은 과정 1에서 호출되는 PrintTree 함수에 대한 실행 예입니다.

ⓐ 노드 1을 가리키는 왼쪽 포인터를 PrintTree 함수에 전달하면서 재귀적으로 호출합니다(재귀).
ⓑ 현재 노드의 데이터인 2를 출력합니다.
ⓒ 노드 4를 가리키는 오른쪽 포인터를 PrintTree 함수에 전달하면서 재귀적으로 호출합니다(재귀).

이런 과정을 반복하면서 이진검색트리의 모든 데이터를 키값의 오름차순으로 출력합니다.

모든 노드를 삭제하는 FreeTree 함수

FreeTree 함수는 모든 노드를 삭제하는 함수로, 후위 순회(postorder) 방법으로 트리를 검색하며 삭제를 진행합니다.

Do it! 실습 9-2[F] • 완성 파일 chap09/BinTree.c

```
01  /*--- 모든 노드를 삭제 ---*/
02  void FreeTree (BinNode *p)
03  {
04     if(p != NULL) {
05        FreeTree(p->left);
06        FreeTree(p->right);
07        free(p);
08     }
09  }
```

보충수업 9-2 자가균형 이진검색트리

이진검색트리는 효율적으로 탐색, 삽입, 삭제를 수행할 수 있지만, 키값의 오름차순으로 노드가 삽입되는 상황에서는 트리의 높이가 깊어지는 단점이 있습니다. 예를 들어 비어 있는 이진검색트리에 키 1,

2, 3, 4, 5의 순서대로 노드를 삽입하면 그림 9C-1에 나타낸 것처럼 직선형 트리가 됩니다(실질적으로 연결 리스트와 같아지므로 고속 탐색을 할 수 없습니다).
이때 높이를 O(log n)로 낮추도록 고안된 구조를 가지는 검색트리를 자가균형 이진검색트리(self-balancing search tree)라고 부릅니다. 자가균형 이진검색트리의 종류는 다음과 같습니다.

- AVL 트리(AVL tree)
- 레드-블랙 트리(red-black tree)

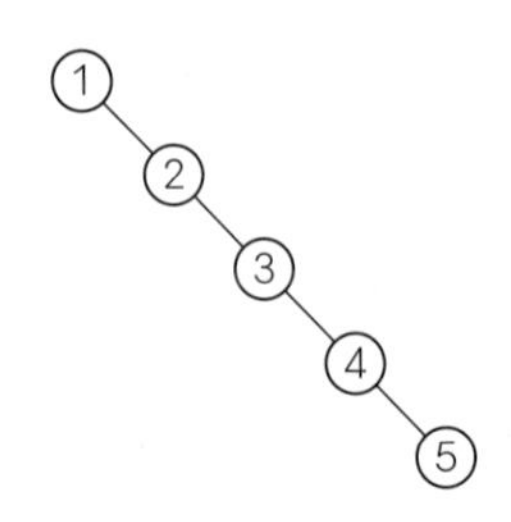

[그림 9C-1] 한 쪽으로 치우친 직선형 이진검색트리

이진 트리가 아닌 자가균형 검색트리의 종류는 다음과 같습니다.

- B-트리(B tree)
- 2-3 트리(2-3 tree)

아래의 실습 9-3은 이진검색트리를 사용하는 프로그램입니다. 노드의 삽입, 삭제, 검색, 출력을 수행합니다. 이 프로그램을 컴파일할 때는 Member.h, Member.c, BinTree.h, BinTree.c가 필요합니다.

Do it! 실습 9-3

• 완성 파일 chap09/BinTreeTest.c

```
01  // 이진검색트리를 사용하는 프로그램
02  #include <stdio.h>
03  #include "Member.h"    실습 10-1에서 작성
04  #include "BinTree.h"
05
06  /*--- 메뉴 ---*/
07  typedef enum {
08    TERMINATE, ADD, REMOVE, SEARCH, PRINT
09  } Menu;
10
11  /*--- 메뉴 선택 ---*/
12  Menu SelectMenu(void)
13  {
14    int ch;
15    do {
16      printf("(1)삽입 (2)삭제 (3)검색 (4)출력 (0)종료: ");
```

```
17        scanf("%d", &ch);
18      } while(ch < TERMINATE || ch > PRINT);
19      return(Menu)ch;
20  }
21
22  /*--- 메인 함수 ---*/
23  int main (void)
24  {
25      Menu menu;
26      BinNode *root = NULL;          // 이진검색트리의 루트 노드 포인터
27      do {
28        Member x;
29        BinNode *temp;
30        switch(menu = SelectMenu()) {
31        /*--- 노드를 삽입 ---*/
32        case ADD :
33          x = ScanMember("삽입", MEMBER_NO | MEMBER_NAME);
34          root = Add(root, &x);
35          break;
36
37        /*--- 노드를 삭제 ---*/
38        case REMOVE :
39          x = ScanMember("삭제", MEMBER_NO);
40          Remove(&root, &x);
41          break;
42
43        /*--- 노드를 검색 ---*/
44        case SEARCH :
45          x = ScanMember("검색", MEMBER_NO);
46          if((temp = Search(root, &x)) != NULL)
47            PrintLnMember(&temp->data);
48          break;
49        /*--- 모든 노드를 출력 ---*/
50        case PRINT :
51          puts("【 모든 노드 출력 】");
52          PrintTree(root);
53          break;
54        }
55      } while(menu != TERMINATE);
56        FreeTree(root);
57      return 0;
58  }
```

실행 결과

```
(1) 삽입 (2) 삭제 (3) 검색 (4) 출력 (0) 종료 : 1
삽입하는 데이터를 입력하세요.
번호 : 1 ········································ {1, 현규}를 삽입
이름 : 현규

(1) 삽입 (2) 삭제 (3) 검색 (4) 출력 (0) 종료 : 1
삽입하는 데이터를 입력하세요.
번호 : 10 ······································· {10, 진아}를 삽입
이름 : 진아

(1) 삽입 (2) 삭제 (3) 검색 (4) 출력 (0) 종료 : 1
삽입하는 데이터를 입력하세요.
번호 : 5 ········································ {5, 영준}을 삽입
이름 : 영준

(1) 삽입 (2) 삭제 (3) 검색 (4) 출력 (0) 종료 : 1
삽입하는 데이터를 입력하세요.
번호 : 12 ······································· {12, 윤미}를 삽입
이름 : 윤미

(1) 삽입 (2) 삭제 (3) 검색 (4) 출력 (0) 종료 : 1
삽입하는 데이터를 입력하세요.
번호 : 14 ······································· {14, 연의}를 삽입
이름 : 연의

(1) 삽입 (2) 삭제 (3) 검색 (4) 출력 (0) 종료 : 3
검색하는 데이터를 입력하세요.
번호 : 5 ········································ {5}를 검색
5 영준

(1) 삽입 (2) 삭제 (3) 검색 (4) 출력 (0) 종료 : 4
【 모든 노드 출력 】
1 현규
5 영준
10 진아 ·································· 키값의 오름차순으로 모든 노드 출력
12 윤미
14 연의

(1) 삽입 (2) 삭제 (3) 검색 (4) 출력 (0) 종료 : 2
삭제하는 데이터를 입력하세요.
번호 : 10 ······································· {10}을 삭제
```

```
(1) 삽입 (2) 삭제 (3) 검색 (4) 출력 (0) 종료 : 4
 【 모든 노드 출력 】
 1 현규
 5 영준                              키값의 오름차순으로 모든 노드 출력
 12 윤미
 14 연의

(1) 삽입 (2) 삭제 (3) 검색 (4) 출력 (0) 종료 : 0
```

연습문제

Q1 모든 노드의 데이터를 키값의 내림차순으로 출력하는 함수를 작성하세요.

```
void PrintTreeReverse(const BinNode *p);
```

Q2 가장 작은 키값을 갖는 노드의 포인터를 반환하는 함수와 가장 큰 키값을 갖는 노드의 포인터를 반환하는 함수를 작성하세요. 트리가 비어 있는 경우에는 널을 반환합니다.

```
BinNode *GetMinNode(const BinNode *p);     // 가장 작은 키값을 갖는 노드의 포인터 반환
BinNode *GetMaxNode(const BinNode *p);     // 가장 큰 키값을 갖는 노드의 포인터 반환
```

Q3 FreeTree 함수를 아래와 같이 변경하면 어떻게 실행되는지 생각해 보세요.

```
void FreeTree(BinNode *p) {
  if(p != NULL) {
    FreeTree(p->left);
    free(p);
    FreeTree(p->right);
  }
}
```

10

해시

10-1 해시법

해시법은 검색과 더불어 데이터의 추가와 삭제도 효율적으로 수행할 수 있는 방법입니다.

정렬된 배열에 새로운 값 추가하기

아래 그림 10-1 a의 요소가 13개인 배열 a를 봅시다. 배열의 앞쪽 10개의 요소에 데이터가 오름차순으로 정렬된 상태로 저장되어 있습니다.

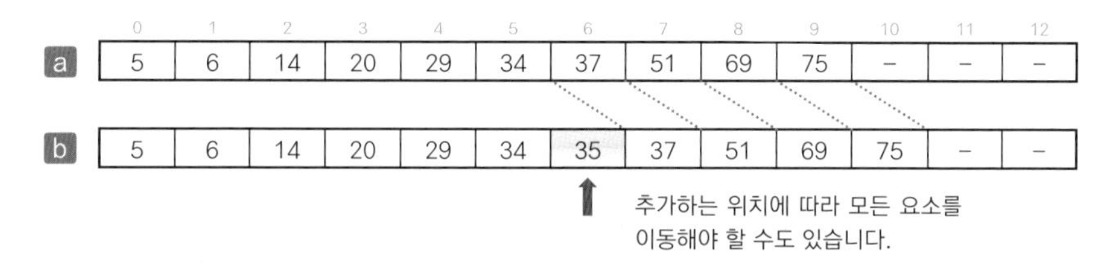

[그림 10-1] 정렬된 배열에 데이터를 추가

이 배열에 35를 추가하려면 아래와 같은 작업이 필요합니다.

1. 삽입할 위치가 a[5]와 a[6] 사이임을 이진검색법으로 조사합니다.
2. 그림 b와 같이 a[6] 이후의 모든 요소를 하나씩 뒤로 이동합니다.
3. a[6]에 35를 대입합니다.

요소 이동에 필요한 복잡도(time-complexity)는 O(n)이며 이 비용은 적은 비용이 아닙니다.

데이터를 삭제할 때도 같은 비용 O(n)이 발생합니다.

해시법 정의하기

해시법(hashing)은 데이터를 저장할 위치(인덱스)를 간단한 연산으로 구하는 것으로, 검색뿐만 아니라 추가, 삭제도 효율적으로 수행하는 방법입니다. 다음 그림 10-2의 a에서 볼 수 있는 배열의 키값(각 요솟값)을 배열의 요소 개수 13으로 나눈 나머지로 다시 정리하면 표

10-1과 같습니다. 이렇게 표에 정리한 값을 해시값(hash value)이라고 하며, 이 해시값은 데이터에 접근할 때 사용합니다.

hash는 '다진 고기 요리', '뒤범벅', '뒤죽박죽', '잡동사니'라는 뜻이 담겨 있습니다.

[표 10-1] 키값과 해시값의 대응

키값	5	6	14	20	29	34	37	51	69	75
해시값(13으로 나눈 나머지)	5	6	1	7	3	8	11	12	4	10

해시값이 인덱스가 되도록 원래의 키값을 저장한 배열이 해시 테이블(hash table)입니다. 해시 테이블은 그림 11-2의 a 처럼 나타낼 수 있습니다.

예를 들어, 14를 a[1]에 저장하는 이유는 해시값(13으로 나눈 나머지)이 1이기 때문입니다.

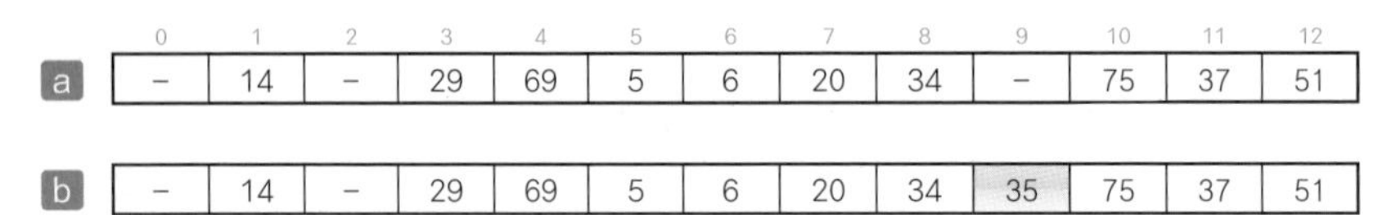

[그림 10-2] 해시에 새로운 값(35)을 추가

그러면 그림 a의 배열에 35를 추가하는 경우를 생각해 보겠습니다. 35를 13으로 나눈 나머지는 9이므로 b 처럼 a[9]에 값(35)을 저장합니다. 이전의 '추가한 값' 이후의 배열 요소를 모두 옮겼던 경우와는 다르게 새로운 값을 추가하더라도 다른 배열 요소를 뒤로 옮기지 않아도 됩니다. 이렇게 키값(35)을 가지고 해시값(9)을 만드는 과정을 해시 함수(hash function)라고 합니다. 보통 해시 함수는 여기에서 살펴봤듯이 '나머지를 구하는 연산 또는 이런 나머지 연산을 다시 응용한 연산'을 사용합니다. 그리고 해시 테이블의 각 요소를 버킷(bucket)이라고 합니다.

충돌 살펴보기

이어서 배열에 새로운 값 18을 추가하는 경우를 생각해 보겠습니다. 18을 13으로 나눈 나머지인 해시값은 5이고 저장할 곳은 버킷 a[5]입니다. 그런데 그림 10-3처럼 이 버킷은 이미 채워져 있습니다. 이 경우에서 볼 수 있듯이 키값과 해시값의 대응 관계가 반드시 1대1이라는 보증은 없습니다(보통 n대1입니다). 이렇게 저장할 버킷이 중복되는 현상을 충돌(collision)이라고 합니다.

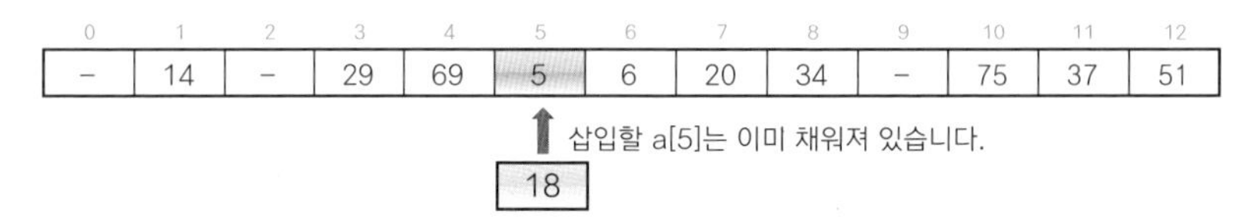

[그림 10-3] 해시에 추가할 때의 충돌

충돌에 대한 대처

충돌이 발생할 경우의 대처 방법으로는 아래의 두 가지가 있습니다. 여기에서는 이 방법에 대해 살펴보겠습니다.

1. 체인법: 같은 해시값을 갖는 요소를 연결 리스트로 관리합니다.
2. 오픈 주소법: 빈 버킷을 찾을 때까지 해시를 반복합니다.

키값과 데이터

해시법을 사용하는 프로그램에서 다루는 데이터는 단순한 정수나 실수가 아니라 여러 데이터가 결합된 '구조체'인 경우가 적지 않습니다. 그래서 체인법과 오픈 주소법을 배우기 전에 프로그램에서 사용할 데이터인 구조체를 먼저 정의해 보겠습니다.

스포츠클럽의 회원을 생각해 보겠습니다. 실제로 스포츠클럽의 회원에 대한 정보는 많은 데이터로 구성되지만 여기서는 회원 번호(간단히 '번호'라고 표현)와 이름만을 생각한다고 가정합시다. 번호는 int형 정수, 이름은 문자열로 하고 이 두 가지의 자료형을 결합한 구조체를 Member라고 하겠습니다. 또 회원 정보를 출력하는 함수와 멤버의 값을 입력하는 함수가 필요하므로 두 함수를 미리 만들어둡니다.

실습 10-1의 Member.h가 프로그램의 헤더이고, 실습 10-2의 Member.c가 소스입니다. 헤더는 회원 데이터를 사용하는 프로그램에서 인클루드(include)하고, 소스는 회원 데이터를 사용하는 프로그램과 결합합니다.

각 함수를 정리한 내용은 아래와 같습니다.

Do it! 실습 10-1

• 완성 파일 chap10/Member.h

```
01  // 회원 데이터 Member(헤더)
02  #ifndef ___Member
03  #define ___Member
04
05  /*--- 회원 데이터 ---*/
06  typedef struct {
```

```
07    int no;                          // 번호
08    char name[20];                   // 이름
09  } Member;
10
11  #define MEMBER_NO   1              // 번호를 나타내는 정숫값
12  #define MEMBER_NAME  2             // 이름을 나타내는 정숫값
13
14  /*--- 회원 번호 비교 함수 ---*/
15  int MemberNoCmp(const Member *x, const Member *y);
16
17  /*--- 회원 이름 비교 함수 ---*/
18  int MemberNameCmp(const Member *x, const Member *y);
19
20  /*--- 회원 데이터를 출력(줄 바꿈 없음) ---*/
21  void PrintMember(const Member *x);
22
23  /*--- 회원 데이터를 출력(줄 바꿈 있음) ---*/
24  void PrintLnMember(const Member *x);
25
26  /*--- 회원 데이터를 읽음 ---*/
27  Member ScanMember(const char *message, int sw);
28  #endif
```

회원 데이터를 사용하는 데 필요한 각 함수는 소스에서 정의하고 헤더에서 선언합니다.

Do it! 실습 10-2

• 완성 파일 chap10/Member.c

```
01  // 회원 데이터 Member(소스)
02  #include <stdio.h>
03  #include <string.h>
04  #include "Member.h"
05
06  /*--- 회원 번호 비교 함수 ---*/
07  int MemberNoCmp(const Member *x, const Member *y)
08  {
09    return x->no < y->no ? -1: x->no > y->no ? 1: 0;
10  }
11
12  /*--- 회원 이름 비교 함수 ---*/
13  int MemberNameCmp(const Member *x, const Member *y)
14  {
```

```
15    return strcmp(x->name, y->name);
16  }
17
18  /*--- 회원 데이터(번호와 이름)를 출력(줄 바꿈 없음) ---*/
19  void PrintMember(const Member *x)
20  {
21    printf("%d %s", x->no, x->name);
22  }
23
24  /*--- 회원 데이터(번호와 이름)를 출력(줄 바꿈 있음) ---*/
25  void PrintLnMember(const Member *x)
26  {
27    printf("%d %s\n", x->no, x->name);
28  }
29
30  /*--- 회원 데이터(번호와 이름)를 읽음 ---*/
31  Member ScanMember(const char *message, int sw)
32  {
33    Member temp;
34    printf("%s하는 데이터를 입력하세요.\n", message);
35    if(sw & MEMBER_NO) {printf("번호: "); scanf("%d", &temp.no);}
36    if(sw & MEMBER_NAME) {printf("이름: "); scanf("%s", temp.name);}
37    return temp;
38  }
```

각 함수에 대한 정의는 다음과 같습니다.

- MemberNoCmp 함수: 2개의 회원 데이터에서 '번호'의 대소 관계를 판단하는 비교 함수입니다.
- MemberNameCmp 함수: 2개의 회원 데이터에서 '이름'의 대소 관계를 판단하는 비교 함수입니다.
- PrintMember 함수: 번호와 이름을 출력하는 함수입니다.
- PrintLnMember 함수: 번호와 이름을 출력하는 함수입니다. 끝에 줄 바꿈 문자를 출력합니다.
- ScanMember 함수: 번호와 이름 가운데 하나 혹은 둘 모두를 대화형으로 읽는 함수입니다.

이번 장의 프로그램에서는 위에서 구현한 함수 중 일부 함수는 사용하지 않고 09장의 '이진검색트리' 프로그램에서 사용했습니다.

체인법 살펴보기

체인법(chaining)은 같은 해시값을 갖는 데이터를 쇠사슬(chain) 모양으로 연결 리스트에서 연결하는 방법으로, 오픈 해시법(open hashing)이라고도 합니다.

같은 해시값을 갖는 데이터 저장하기

다음 그림 10-4는 체인법으로 구현한 해시의 한 예입니다.

여기에서도 키값을 13으로 나눈 나머지를 해시값으로 지정합니다.

배열의 각 버킷(해시 테이블)에 저장하는 값은 그 인덱스를 해시값으로 하는 연결 리스트의 첫 번째 노드(node)에 대한 포인터입니다(배열 이름을 table로 지정했습니다).

예를 들어, 그림 10-4에서 69와 17의 해시값은 모두 4이며, 이들을 연결하는 연결 리스트의 첫 번째 노드에 대한 포인터를 table[4]에 저장합니다. 또 해시값(인덱스) 0과 2처럼 데이터가 하나도 없는 버킷의 값은 널(NULL) 포인터값을 저장합니다.

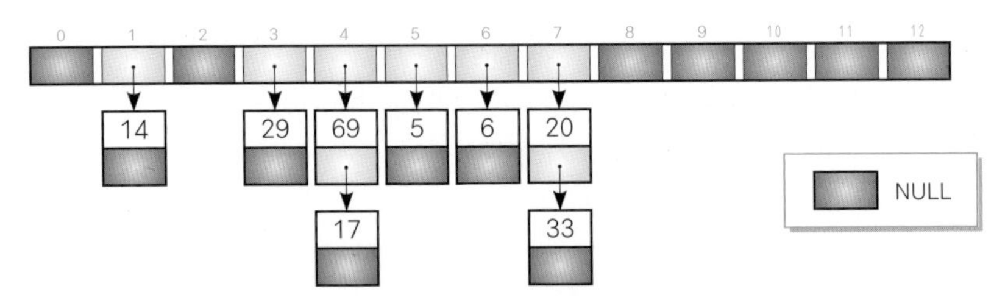

[그림 10-4] 체인법으로 해시 구현

회원 프로그램과 마찬가지로 체인법을 구현하는 프로그램도 헤더(header) 부분과 소스(source) 부분으로 나누어 만듭니다. 실습 10-3의 ChainHash.h 파일이 헤더입니다. 아래에서 프로그램을 비교하며 살펴보겠습니다.

버킷용 구조체 Node

개별 버킷의 자료형을 나타낸 것이 실습 10-3의 1에서 선언된 구조체 Node입니다. 이 구조체는 그림 10-5에 나타냈듯이 두 멤버 data, next로 구성됩니다. 그중 멤버 next는 체인을 구성하는 선형 리스트의 다음 노드를 가리키는 포인터입니다. 다만 다음 노드가 존재하지 않을 때는 NULL이 됩니다.

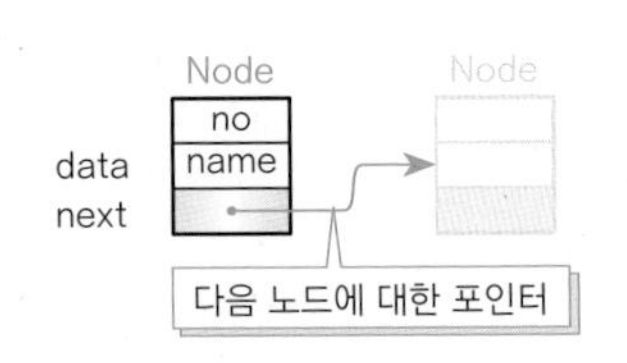

[그림 10-5] 버킷을 나타내는 구조체

- data … 데이터
- next … 다음 노드에 대한 포인터

Do it! 실습 10-3 • 완성 파일 chap10/ChainHash.h

```
01  // 체인법으로 구현한 해시(헤더)
02  #ifndef ___ChainHash
03  #define ___ChainHash
04
05  #include "Member.h"
06
07  /*--- 버킷을 나타내는 노드 ---*/
08  typedef struct __node {
09    Member          data;      // 데이터                        ―1
10    struct __node *next;      // 다음 노드에 대한 포인터
11  } Node;
12
13  /*--- 해시 테이블 ---*/
14  typedef struct {
15    int    size;              // 해시 테이블의 크기              ―2
16    Node **table;             // 해시 테이블의 첫 번째 요소에 대한 포인터
17  } ChainHash;
18
19  /*--- 해시 테이블 초기화 ---*/
20  int Initialize(ChainHash *h, int size);
21
22  /*--- 검색 ---*/
23  Node *Search(const ChainHash *h, const Member *x);
24
25  /*--- 데이터 추가 ---*/
26  int Add(ChainHash *h, const Member *x);
27
28  /*--- 데이터 삭제 ---*/
29  int Remove(ChainHash *h, const Member *x);
30
31  /*--- 해시 테이블 덤프(dump) ---*/
32  void Dump(const ChainHash *h);
33
34  /*--- 모든 데이터 삭제 ---*/
```

```
35  void Clear(ChainHash *h);
36
37  /*--- 해시 테이블 종료 ---*/
38  void Terminate(ChainHash *h);
39  #endif
```

해시 테이블을 관리하는 구조체 ChainHash

해시 테이블을 관리하기 위한 구조체가 실습 10-3의 2에 선언된 ChainHash이며, 이 구조체는 아래의 두 멤버로 구성됩니다.

- size … 해시 테이블의 크기
- table … 해시 테이블을 저장하는 배열의 첫 번째 요소에 대한 포인터

멤버 table은 해시 테이블을 저장하는 배열(즉, 배열의 첫 번째 요소에 대한 포인터)입니다. 배열용 메모리 영역을 확보하는 작업은 Initialize 함수가 수행합니다.

table이 Node **형인 것은 생성하는 배열의 요소가 Node *형이기 때문입니다(포인터를 생성하면 그것을 가리키는 포인터가 '포인터로의 포인터'가 됩니다).

실습 10-4의 ChainHash.c가 소스입니다. 그러면 먼저 함수에 대해 하나씩 살펴보겠습니다.

Do it! 실습 10-4[A]

• 완성 파일 chap10/ChainHash.c

```
01  // 체인법으로 구현한 해시(소스)
02  #include <stdio.h>
03  #include <stdlib.h>
04  #include "Member.h"
05  #include "ChainHash.h"
06
07  /*--- 해시 함수(key의 해시값을 반환) ---*/
08  static int hash(int key, int size)
09  {
10    return key % size;
11  }
12
13  /*--- 노드의 각 멤버에 값을 설정 ----*/
14  static void SetNode(Node *n, const Member *x, const Node *next)
15  {
16    n->data = *x;      // 데이터
```

```
17      n->next = next;                  // 다음 노드에 대한 포인터
18    }
19
20    /*--- 해시 테이블 초기화 ---*/
21    int Initialize(ChainHash *h, int size)
22    {
23      if((h->table = calloc(size, sizeof(Node *))) == NULL) {
24        h->size = 0;
25        return 0;
26      }
27      h->size = size;
28      for(int i = 0; i < size; i++)  // 모든 버킷을 공백(NULL) 상태로 변경
29        h->table[i] = NULL;
30      return 1;
31    }
32
```

(실습 10-4[B]에서 계속)

해시값을 구하는 hash 함수

해시값을 구하는 함수입니다. 매개변수 key로 받은 회원 번호 값을 해시 테이블의 크기 size로 나눈 나머지를 반환합니다.

노드에 값을 설정하는 SetNode 함수

버킷의 노드에 값을 설정하는 함수입니다. 두 번째 인수 x가 가리키는 데이터와, 세 번째 인수로 전달받은 다음 노드에 대한 포인터 next를, 첫 번째 인수 n이 가리키는 노드의 각 멤버에 저장합니다.

SetNode 함수의 두 번째 매개변수는 포인터가 아니라 값으로 주고받아도 됩니다. 즉, 아래처럼 정의할 수 있습니다.

```
static void SetNode(Node *n, Member x, const Node *next)
{
  n->data = x;            // 데이터
  n->next = next;         // 다음 노드에 대한 포인터
}
```

그렇지만 구조체에서 매개변수를 주고받을 때는 값이 아니라 포인터로 하는 것이 정석(定石)입니다. 함수 사이에 주고받는 데이터의 크기(바이트 수)에 제한이 있기 때문입니다.

위의 두 함수는 ChainHash.c 안에서만 사용하는 함수입니다. 따라서 그 다음에 정의할 함수

와는 다음과 같은 차이점이 있습니다.

1. 헤더 부분 ChainHash.h에 함수 선언이 없습니다(선언할 필요가 없습니다).
2. static을 붙여 함수를 정의하여 내부 결합(보충수업 10-3)을 합니다.

해시 테이블을 초기화하는 Initialize 함수

공백인 해시 테이블을 만듭니다. 첫 번째 인수 h는 처리 대상인 해시 구조체 객체에 대한 포인터입니다(이후 설명할 대부분의 함수도 마찬가지입니다). 요소의 개수가 size인 배열 table의 본체를 생성하고 매개변수 size로 받은 값을 멤버 size에 복사합니다. 배열 table의 모든 요소에 공백 포인터 NULL을 대입했기 때문에 그림 10-6처럼 모든 버킷이 공백 상태입니다.

해시 테이블의 각 버킷은 처음부터 순서대로 table[0], table[1], …, table[size - 1]에 접근할 수 있습니다.

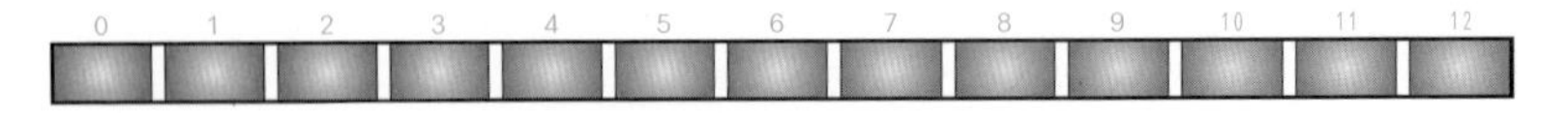

[그림 10-6] 모든 버킷이 널인 해시

실습 10-4[A] 프로그램의 23~26행에서는 메모리 영역 확보에 실패(calloc 함수가 NULL을 반환)하면 멤버 table에 NULL을 대입하고, 멤버 size에 0을 대입합니다.

멤버 size에 0을 대입하면 해시에 데이터가 잘못 추가되는 것을 방지할 수 있습니다.

보충수업 10-1 해시와 해시 함수

데이터를 추가할 때 충돌이 전혀 발생하지 않는다고 가정합시다. 그러면 검색, 추가, 삭제 작업은 해시 함수를 통한 인덱스 찾기로 대부분 완료됩니다. 이렇게 인덱스 찾기로 수행하는 검색, 추가, 삭제에 대한 시간 복잡도는 O(1)입니다. 데이터 추가 시 해시 테이블을 크게 하면 충돌 발생을 억제할 수 있지만 이 방법은 메모리를 쓸데없이 많이 차지합니다. 즉, 시간과 공간의 절충(trade-off)이라는 문제가 항상 따라다닙니다.

충돌을 피하기 위해 해시 함수는 해시 테이블 크기 이하의 정수를 가능한 한 치우치지 않게 고르게 만들어야 합니다. 그래서 해시 테이블 크기는 소수(素數)가 좋다고 알려져 있습니다. 이 밖에도 키값이 정수가 아닌 경우 해시값을 구하려면 다른 방법을 사용해야 합니다. 예를 들어, 실수 키값에 대한 비트 연산(bitwise operation)을 하는 방법, 문자열 키값에 대한 각 문자 코드에 곱셈과 덧셈을 하는 방법이 있습니다.

Do it! 실습 10-4[B] • 완성 파일 chap10/ChainHash.c

```
01 /*--- 검색 ---*/
02 Node *Search(const ChainHash *h, const Member *x)
03 {
04   int key = hash(x->no, h->size);  // 검색하는 데이터의 해시값
05   Node *p = h->table[key];         // 현재 선택한 노드
06
07   while(p != NULL) {
08     if(p->data.no == x->no)        // 검색 성공
09       return p;
10     p = p->next;                   // 다음 노드를 선택
11   }
12   return NULL;                     // 검색 실패
13 }
14
15 /*--- 데이터 추가 ---*/
16 int Add(ChainHash *h, const Member *x)
17 {
18   int key = hash(x->no, h->size);  // 추가하는 데이터의 해시값
19   Node *p = h->table[key];         // 현재 선택한 노드
20   Node *temp;
21   while(p != NULL) {
22     if(p->data.no == x->no)          // 이 키는 이미 등록됨
23       return 1;                      // 추가 실패
24     p = p->next;                     // 다음 노드를 선택
25   }
26   if((temp = calloc(1, sizeof(Node))) == NULL)
27     return 2;
28   SetNode(temp, x, h->table[key]);   // 추가하는 노드에 값을 설정
29   h->table[key] = temp;
30   return 0;                          // 추가 성공
31 }
32                                            (실습 10-4[C]에서 계속)
```

키값으로 요소를 검색하는 Search 함수

키값이 x->no인 요소를 검색하는 함수입니다. 그러면 구체적으로 Search 함수가 어떻게 요소를 검색하는지 그림 10-7을 예로 들어서 살펴보겠습니다(아래 예에서 해시값은 키값을 13으로 나눈 나머지입니다).

a에서 33을 검색하는 경우

33의 해시값은 7이므로 table[7]이 가리키는 연결 리스트를 하나씩 끌어당기며 찾습니다. 20, 33을 순서대로 끌어당기면 검색 성공입니다.

a에서 26을 검색하는 경우

26의 해시값은 0입니다. table[0]이 NULL이므로 검색 실패입니다.

그림 10-7은 '요소를 추가하는 Add 함수' 쪽에 배치되어 있습니다.

위의 두 가지 경우에서 공통으로 수행하는 검색 과정을 정리하면 아래와 같습니다.

1. 해시 함수가 키값을 해시값으로 변환합니다.
2. 해시값을 인덱스로 하는 버킷을 선택합니다.
3. 선택한 버킷의 연결 리스트를 처음부터 순서대로 검색합니다. 키값과 같은 값을 찾으면 검색 성공입니다. 끝까지 스캔하여 찾지 못하면 검색 실패입니다.

Search 함수가 반환하는 값은 찾아낸 데이터에 대한 포인터입니다. 검색에 실패하면 공백 포인터 NULL을 반환합니다.

요소를 추가하는 Add 함수

포인터 x가 가리키는 데이터를 추가하는 함수입니다. 그러면 구체적으로 Add 함수가 어떻게 데이터를 추가하는지 그림 10-7을 예로 들어서 살펴보겠습니다.

a에 13을 추가하는 경우

13의 해시값은 0이고 table[0]은 NULL입니다. b와 같이 13을 저장하는 노드를 새로 만들고 그 노드에 대한 포인터를 table[0]에 대입합니다.

a에 46을 추가하는 경우

46의 해시값은 7이고 table[7]의 버킷에는 20과 33을 연결하는 리스트의 포인터가 저장되어 있습니다. 이 리스트에는 추가할 값(46)이 존재하지 않으므로 리스트의 맨 앞에 46을 삽입합니다. 좀 더 자세히 설명하면 추가할 값(46)을 저장하는 노드를 새로 만들고 그 노드에 대한 포인터를 table[7]에 대입합니다. 그리고 삽입한 노드가 갖는 다음 노드에 대한 포인터(next)가 20을 저장한 노드를 가리키도록 업데이트합니다.

요소를 추가하는 과정을 정리하면 아래와 같습니다.

1. 해시 함수가 키값을 해시값으로 변환합니다.
2. 해시값을 인덱스로 하는 버킷을 선택합니다.
3. 버킷에 저장된 포인터가 가리키는 연결 리스트를 처음부터 순서대로 검색합니다. 키값과 같은 값을 찾으면 키값이 이미 등록된 상태이므로 추가에 실패합니다. 끝까지 스캔하여 찾지 못하면 리스트의 맨 앞 위치에 노드를 삽입합니다.

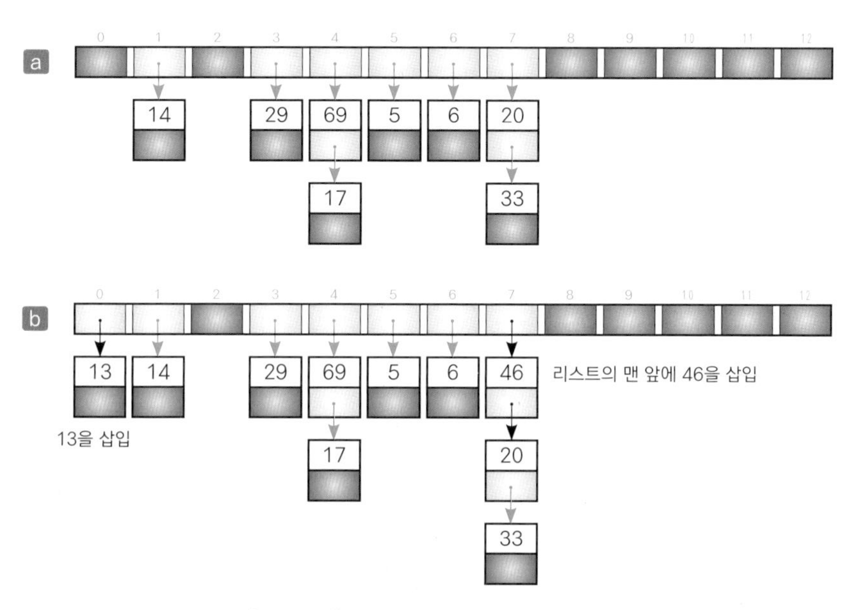

[그림 10-7] 체인법에 의한 해시의 검색과 추가

요소를 삭제하는 Remove 함수

Remove는 키값이 x->no인 요소를 삭제하는 함수입니다. 그러면 구체적으로 Remove 함수가 어떻게 요소를 삭제하는지 그림 10-8을 예로 들어서 살펴보겠습니다.

Do it! 실습 10-4[C]

• 완성 파일 chap10/ChainHash.c

```
01  /*--- 데이터 삭제 ---*/
02  int Remove(ChainHash *h, const Member *x)
03  {
04    int  key = hash(x->no, h->size);      // 삭제하는 데이터의 해시값
05    Node *p = h->table[key];               // 현재 선택한 노드
06    Node **pp = &h->table[key];            // 현재 선택한 노드에 대한 포인터
07
08    while (p != NULL) {
09      if (p->data.no == x->no)    {        // 찾으면
10          *pp = p->next;
11          free(p);                         // 해제
12          return 0;                        // 삭제 성공
13      }
14      pp = &p->next;
15      p = p->next;                         // 다음 노드를 선택
16    }
17
18    return 1;                              // 삭제 실패(존재하지 않음)
19  }
20                                                      (실습 10-4[D]에서 계속)
```

a에서 69를 삭제하는 경우

69의 해시값은 4이고 table[4]의 버킷에 저장된 포인터의 리스트를 연결 검색하면 69를 찾을 수 있습니다. 그런데 69를 저장한 노드의 다음 노드는 17을 저장한 노드입니다. 그래서 b처럼 17을 저장한 노드에 대한 포인터를 table[4]의 버킷에 대입하고 69를 저장하는 노드의 메모리를 해제합니다. 이렇게 하면 삭제 처리가 완료됩니다.

요소를 삭제하는 과정을 정리하면 아래와 같습니다.

1. 해시 함수가 키값을 해시값으로 변환합니다.
2. 해시값을 인덱스로 하는 버킷을 선택합니다.
3. 선택한 버킷의 포인터가 가리키는 연결 리스트를 처음부터 순서대로 검색합니다. 키값과 같은 값을 찾으면 그 노드를 리스트에서 삭제합니다. 그렇지 않으면 삭제에 실패합니다.

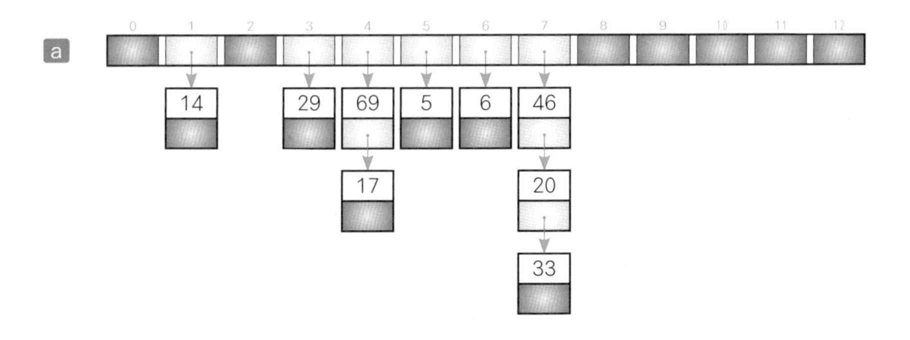

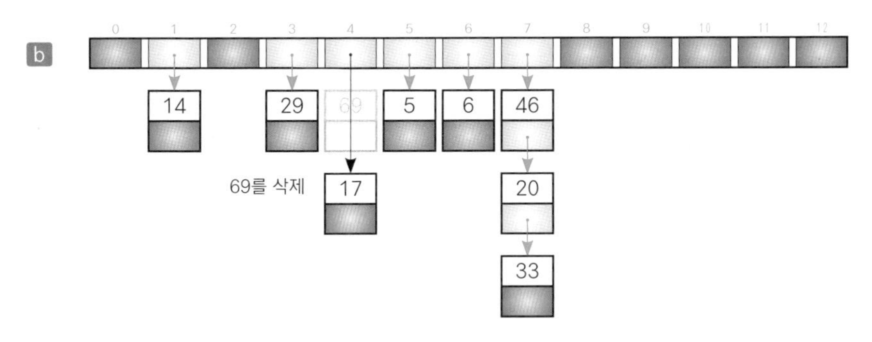

[그림 10-8] 체인법에 의한 해시에서의 삭제

해시 테이블의 내용을 출력하는 Dump 함수

해시 테이블의 내용을 통째로 출력(덤프)하는 함수입니다.

Do it! 실습 10-4[D]

• 완성 파일 chap10/ChainHash.c

```
01  /*--- 해시 테이블 덤프 ---*/
02  void Dump(const ChainHash *h)
03  {
04    for (int i = 0; i < h->size; i++) {
05      Node *p = h->table[i];
06      printf("%02d  ", i);
07      while (p != NULL) {
08        printf("→ %d (%s)  ", p->data.no, p->data.name);
09        p = p->next;
10      }
11      putchar('\n');
12    }
13  }
14
```

(실습 10-4[E]에서 계속)

해시 테이블의 모든 요소(table[0] ~ table[size - 1])에 대하여 다음에 오는 노드를 끌어당기면서 각 노드의 키값과 데이터를 출력하는 작업을 반복합니다. 앞에서 살펴본 그림 10-8의 a를 예로 들면 오른쪽처럼 출력됩니다. 같은 해시값을 갖는 데이터는 화살표(→)로 연결합니다. 이 함수를 실행하면 같은 해시값을 갖는 버킷이 화살표로 연결된 것을 확인할 수 있습니다.

```
00
01  → 14
02
03  → 29
04  → 69  → 17
05  → 5
06  → 6
07  → 46  → 20  → 33
08
09
10
11
12
```

Do it! 실습 10-4[E]

• 완성 파일 chap10/ChainHash.c

```
01  /*--- 모든 데이터 삭제 ---*/
02  void Clear(ChainHash *h)
03  {
04    for (int i = 0; i < h->size; i++) {
05      Node *p = h->table[i];                // 현재 선택한 노드
06      while (p != NULL) {
07        Node *next = p->next;
08        free(p);                            // 현재 선택한 노드의 메모리 해제   ─1
09        p = next;                           // 다음 노드 선택
10      }
11      h->table[i] = NULL;                                                    ─2
12    }
13  }
14
15  /*--- 해시 테이블 종료 ---*/
16  void Terminate(ChainHash *h)
17  {
18    Clear(h);                               // 모든 데이터 삭제
19    free(h->table);                         // 해시 테이블 배열의 메모리 해제
20    h->size = 0;                            // 해시 테이블 크기를 0으로 초기화(clear)
21  }
```

모든 데이터를 삭제하는 Clear 함수

해시 테이블에 등록된 모든 데이터를 삭제하는 함수로, 배열 table의 모든 요소를 검사하면서 다음과 같은 과정을 거칩니다.

1. 배열 표의 요소가 NULL이 아니면 그 해시값을 갖는 데이터가 연결 리스트로 존재하므로, 연결 리스트를 맨 앞부터 순서대로 검사하면서 리스트의 모든 노드에 대한 메모리를 해제합니다.
2. 검사 중인 배열 요소에 NULL을 대입합니다.
3. 배열에 대한 모든 검사가 끝나면 모든 버킷이 '공백' 상태가 됩니다.

해시 테이블을 종료하는 Terminate 함수

해시 테이블의 사용을 마칠 때 호출되는 함수입니다. 이 함수는 다음과 같은 과정을 거칩니다.

1. Clear 함수로 해시에 등록한 모든 데이터를 삭제합니다.
2. Initialize 함수로 메모리에 확보한 해시 테이블(table)을 해제합니다.
3. 해시 테이블의 크기를 저장하는 멤버 size를 0으로 초기화합니다.

Q1 실습 10-5 프로그램은 회원 번호가 키값입니다. 이름을 키값으로 설정하여 프로그램을 작성하세요.

보충수업 10-2 헤더의 중복 정의

회원 프로그램의 헤더 Member.h(실습 10-1)와 체인 해시 프로그램의 헤더 ChainHash.h(실습 10-3)의 대부분은 #ifndef 지시문과 #endif 지시문으로 둘러싸여 있습니다. 그 이유를 지금부터 살펴보겠습니다.

일반적으로 헤더는 간단한 선언뿐만 아니라 정의도 포함할 수 있습니다. 이렇게 정의를 포함한 헤더를 여러 번 include하면 컴파일할 때 '중복 정의' 오류가 발생합니다. '같은 헤더를 두세 번이나 include하는 일은 나에게는 없을 거야~!'라고 생각할 수도 있지만 그렇지 않습니다. 예를 들어, 헤더 ChainHash.h 안에서는 Member.h를 include하고 있습니다. 또 체인 해시를 사용하는 실습 10-5의 프로그램은 아래처럼 되어 있습니다.

```
#include "Member.h"      // "Member.h"를 직접 include
#include "ChainHash.h"   // "ChainHash.h"를 통해 "Member.h"를 간접적으로 include
```

이렇게 하면 헤더 Member.h는 두 번 include하게 됩니다. 따라서 같은 헤더를 여러 번 include하는 경우를 항상 대비해야 합니다. 이때 이용하는 방법이 include guard입니다. include guard의 일반적인 형식은 다음 그림 10C-1과 같습니다.

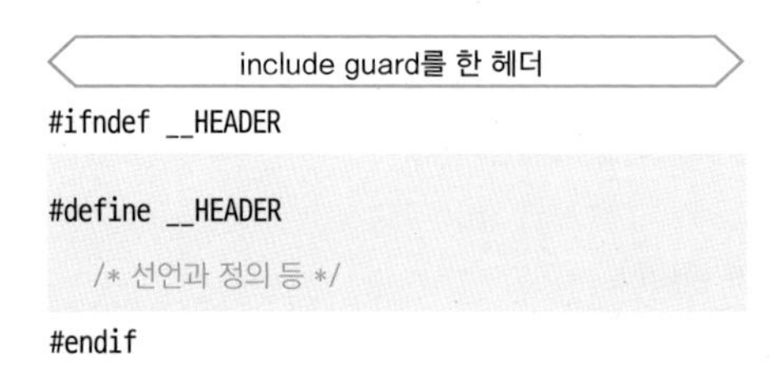

처음 include된 경우

__HEADER가 아직 정의되지 않았으므로 색칠한 부분을 읽습니다.
이때 __HEADER가 정의됩니다.

두 번째로 include된 경우

__HEADER가 이미 정의되었습니다. 색칠한 부분을 건너뛰고 읽습니다.

[그림 10C-1] include guard를 이용한 헤더

위에 보이는 헤더가 처음 include될 때 매크로 __HEADER는 아직 정의되지 않았습니다. 그래서 #ifndef와 #endif로 둘러싸인 색칠한 부분을 읽고 프로그램에 포함시킵니다. 이때 #define에 의해 매크로_HEADER가 정의됨과 동시에 각종 선언 및 정의가 이루어집니다. 그러나 두 번째로 include되면 매크로 __HEADER는 이미 정의된 상태이므로 색칠한 부분을 건너뛰고 읽습니다. 그러면 각종 선언이나 정의를 건너뛰므로 중복 정의가 발생할 수 없습니다. 물론 매크로 이름인 __HEADER는 헤더마다 다르게 지정해야 합니다. 헤더 이름은 Member.h에서는 ___Member이고 ChainHash.h에서는 ___ChainHash입니다.

실습 10-5는 체인법을 사용하는 프로그램입니다.

이 프로그램을 컴파일하려면 Member.h, Member.c, ChainHash.h, ChainHash.c가 필요합니다.

Do it! 실습 10-5

• 완성 파일 chap10/ChainHashTest.c

```
01  // 체인 해시(ChainHash)의 사용
02  #include <stdio.h>
03  #include "Member.h"
04  #include "ChainHash.h"
05
06  /*--- 메뉴 ---*/
07  typedef enum {
08      TERMINATE, ADD, DELETE, SEARCH, CLEAR, DUMP
09  } Menu;
10
11  /*--- 메뉴 선택 ---*/
12  Menu SelectMenu(void)
13  {
14      int ch;
15      do {
```

```
16          printf("(1)추가 (2)삭제 (3)검색 (4)모두 삭제 (5)덤프 (0)종료: ");
17          scanf("%d", &ch);
18      } while(ch < TERMINATE || ch > DUMP);
19      return(Menu)ch;
20  }
21
22  /*--- 메인 ---*/
23  int main(void)
24  {
25      Menu menu;               // 메뉴
26      ChainHash hash;          // 해시 테이블
27      Initialize(&hash, 13);   // 해시 테이블 초기화
28      do {
29          int result;
30          Member x;
31          Node *temp;
32          switch(menu = SelectMenu()) {
33          case ADD:                 /*--- 데이터 추가 ---*/
34              x = ScanMember("추가", MEMBER_NO | MEMBER_NAME);
35              result = Add(&hash, &x);
36              if(result)
37                  printf("\a오류: 추가에 실패했습니다(%s).\n",
38                          (result == 1) ? "이미 등록됨": "메모리 부족");
39              break;
40
41          case DELETE:              /*--- 데이터 삭제 ---*/
42              x = ScanMember("삭제", MEMBER_NO);
43              result = Remove(&hash, &x);
44              if(result == 1)
45                  printf("\a오류: 이 번호의 데이터가 존재하지 않습니다.\n");
46              break;
47
48          case SEARCH:              /*--- 데이터 검색 ---*/
49              x = ScanMember("검색", MEMBER_NO);
50              temp = Search(&hash, &x);
51              if(temp == NULL)
52                  printf("\a검색에 실패했습니다.\n");
53              else {
54                  printf("검색에 성공했습니다.: ");
55                  PrintLnMember(&temp->data);
56              }
```

```
57          break;
58
59        case CLEAR:                   /*--- 모든 데이터 삭제 ---*/
60          Clear(&hash);
61          break;
62
63        case DUMP:                    /*--- 해시 테이블 덤프 ---*/
64          Dump(&hash);
65          break;
66        }
67      } while(menu != TERMINATE);
68      Terminate(&hash);               // 해시 테이블 종료
69
70      return 0;
71    }
```

다음의 실행 결과는 같은 해시값을 갖는 회원 번호 1번과 14번의 데이터가 연결 리스트에 의해 체인 모양으로 연결(link)되어 있음을 보여줍니다.

실행 결과

```
(1) 추가  (2) 삭제  (3) 검색  (4) 모두 삭제  (5) 덤프  (0) 종료: 1
추가할 데이터를 입력하세요.
번호: 1 ............................................ {1 붉은꼬리}를 추가
이름: 붉은꼬리

(1) 추가  (2) 삭제  (3) 검색  (4) 모두 삭제  (5) 덤프  (0) 종료: 1
추가할 데이터를 입력하세요.
번호: 5 ............................................ {5 박현규}를 추가
이름: 박현규

(1) 추가  (2) 삭제  (3) 검색  (4) 모두 삭제  (5) 덤프  (0) 종료: 1
추가할 데이터를 입력하세요.
번호: 10 ........................................... {10 지나}를 추가
이름: 지나

(1) 추가  (2) 삭제  (3) 검색  (4) 모두 삭제  (5) 덤프  (0) 종료: 1
추가할 데이터를 입력하세요.
번호: 12 ........................................... {12 김영준}을 추가
이름: 김영준

(1) 추가  (2) 삭제  (3) 검색  (4) 모두 삭제  (5) 덤프  (0) 종료: 1
추가할 데이터를 입력하세요.
```

```
번호: 14
이름: 최윤미

(1) 추가  (2) 삭제  (3) 검색  (4) 모두 삭제  (5) 덤프  (0) 종료: 3
검색할 데이터를 입력하세요.
번호: 5
검색에 성공했습니다: 5 박현규

(1) 추가  (2) 삭제  (3) 검색  (4) 모두 삭제  (5) 덤프  (0) 종료: 5
  00  :
  01  : → 14(최윤미)  → 1(붉은꼬리)
  02  :
  03  :
  04  :
  05  : → 5(박현규)
  06  :
  07  :
  08  :
  09  :
  10  : → 10(지나)
  11  :
  12  : → 12(김영준)

(1) 추가  (2) 삭제  (3) 검색  (4) 모두 삭제  (5) 덤프  (0) 종료: 2
삭제할 데이터를 입력하세요.
번호: 14

(1) 추가  (2) 삭제  (3) 검색  (4) 모두 삭제  (5) 덤프  (0) 종료: 5
  00:
  01:  → 1(붉은꼬리)
  02 :
  03 :
  04 :
  05:  → 5(박현규)
  06:
  07 :
  08 :
  09 :
  10:  → 10(지나)
  11 :
  12:  → 12(김영준)
(1) 추가  (2) 삭제  (3) 검색  (4) 모두 삭제  (5) 덤프  (0) 종료: 0
```

{14 최윤미}를 추가

5를 검색

같은 해시값을 갖는 데이터가 링크되어 있습니다.

해시 테이블의 내용을 출력

14를 삭제

해시 테이블의 내용을 출력

보충수업 10-3 분할 컴파일과 결합

이번에 살펴본 해시처럼 많은 함수로 구성된 큰 프로그램은 여러 개의 소스 파일로 분할해서 구현하면 개발하고 관리하기가 쉬워집니다. 그림 10C-2는 여러 개로 나눈 소스 파일로 실행 프로그램을 개발하는 순서를 요약하여 보여줍니다. 먼저, 각 소스 파일은 개별적으로 컴파일되어 각각의 객체 파일이 만들어집니다. 그리고 이러한 객체 파일과 라이브러리 파일에서 뽑아낸 printf 등의 함수를 연결하면(link) 최종 실행 프로그램이 완성됩니다. 분할 컴파일의 구체적인 순서는 프로그램을 실행하는 컴퓨터 환경에 따라 다르기 때문에 매뉴얼 등을 참조하며 컴파일하고 링크하면 됩니다.

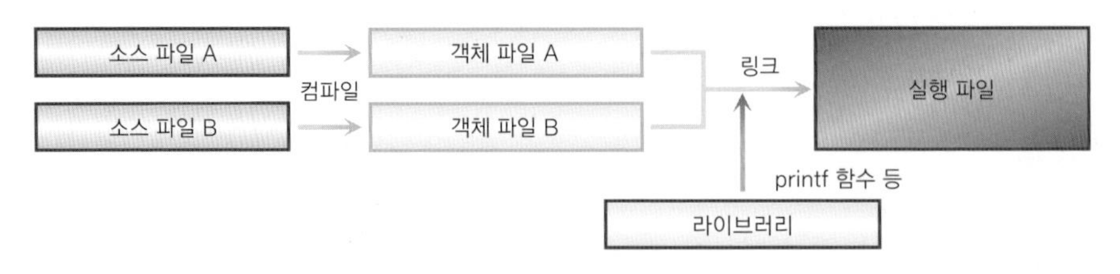

[그림 10C-2] 분할 컴파일 순서

여러 개의 소스 파일로 분할하여 프로그램을 개발할 때는 무엇보다 결합(linkage)의 개념을 정확히 알아야 합니다. 그림 10C-3을 보면서 살펴보겠습니다.

외부 결합

키워드 static을 붙이지 않고 정의하는, 함수와 파일 유효 범위를 갖는 변수에 주어지는 특징을 외부 결합(external linkage)이라 합니다. 그림 10C-3에서는 초록색 박스로 표시한 식별자가 이에 해당합니다. 외부 결합으로 주어진 식별자는 소스 파일 외부에 공개됩니다. 예를 들어 그림 10C-3의 소스 파일 B의 main 함수에서 소스 파일 A의 함수 h를 호출할 수 있는 것은 함수 h가 외부 결합했기 때문입니다(만약 반대로 함수 h가 내부 결합했다면 소스 파일 A에서는 호출할 수 없습니다). 또 변수 a와 함수 f는 같은 이름의 식별자가 양쪽 소스 파일에 존재하므로 같은 식별자가 충돌하여 '중복 정의' 오류가 발생합니다. 이 오류가 발생하는 시점은 컴파일 단계가 아닌 링크 단계입니다.

내부 결합

키워드 static을 붙여 정의하는, 함수와 파일 유효 범위를 갖는 변수에 주어지는 특징을 내부 결합(internal linkage)이라 합니다. 그림 10C-3에서는 회색 박스로 표시한 식별자가 이에 해당합니다. 내부 결합으로 주어진 식별자는 소스 파일의 내부에서만 통용됩니다. 내부 결합을 갖는 식별자는 같은 이름의 식별자가 여러 소스 파일에 존재해도 '중복 정의' 오류가 발생하지 않습니다.

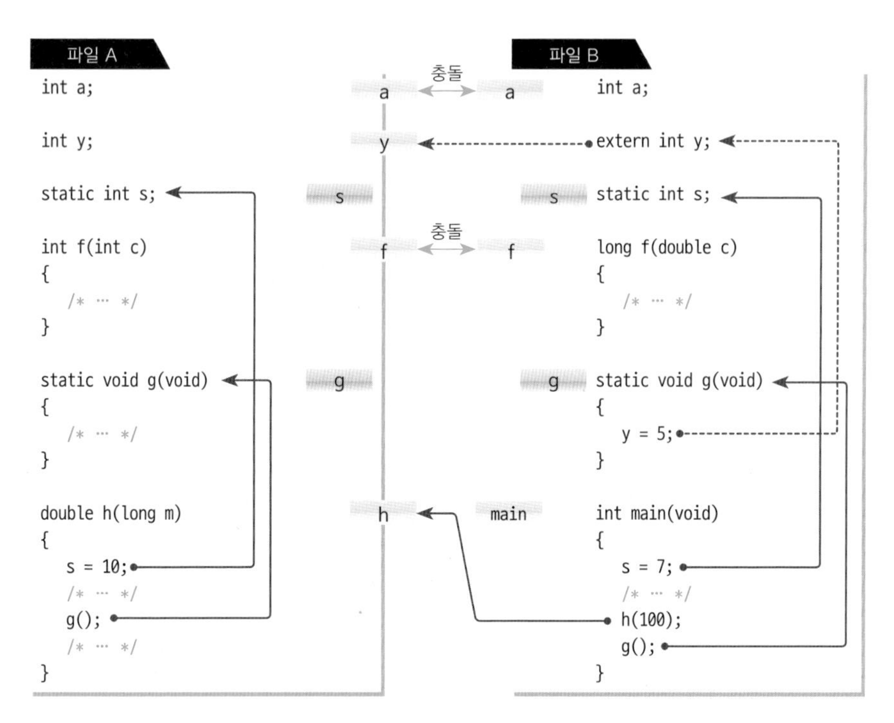

[그림 10C-3] 소스 파일과 결합의 예

소스 파일 A의 변수 s와 함수 g, 소스 파일 B의 변수 s와 함수 g는 내부 결합이므로 다른 소스 파일에서 사용하거나 호출할 수 없습니다. 파일 A의 함수 h에서 10을 대입한 변수는 파일 A 안에 정의한 변수 s입니다. 또한 파일 A의 함수 h에서 호출하는 함수 g는 파일 A 안에서 정의한 함수 g입니다. 마찬가지로 파일 B의 main 함수에서 7을 대입한 변수는 파일 B에서 정의한 변수 s입니다. 또한 파일 B에서 호출하는 함수 g는 파일 B 안에서 정의한 함수 g입니다.

실습 10-4 프로그램에서는 hash 함수와 SetNode 함수를 내부 결합하여 사용합니다. 따라서 이 두 함수는 외부에서 호출할 수 없습니다. 어떤 소스 프로그램 내부에서만 이용하고 외부에 존재를 알리지 않는(알릴 필요가 없는) 함수나 변수는 내부 결합만 하는 것이 원칙입니다.

무결합(no linkage)

함수 안에서 정의한 변수 이름, 함수의 인수 이름, 라벨 이름 등은 그 함수 안에서만 유효합니다. 이를 무결합(no linkage)이라고 합니다. 무결합으로 주어진 식별자는 비록 같은 소스 파일 안에서 작성했다고 하더라도 함수 외부에서는 접근할 수 없습니다.

그림 10C-3을 다시 살펴보겠습니다. 소스 파일 B 안에서 선언한 변수 y에는 키워드 extern이 지정되어 있습니다. 이렇게 키워드를 지정하면 '다른 소스 파일에서 정의한 변수를 사용합니다'라는 말과 같은 의미입니다.

키워드 static과 extern은 메모리 클래스 지정자 가운데 하나입니다.

오픈 주소법 이해하기

또 다른 해시법인 오픈 주소법(open addressing)은 충돌이 발생했을 때 재해시(rehashing)를 수행하여 비어 있는 버킷을 찾아내는 방법으로, 닫힌 해시법(closed hashing)이라고도 합니다. 요소의 검색, 삽입, 삭제 과정을 그림 10-9에 나타낸 구체적인 예를 통해 살펴보겠습니다.

앞에서 소개했던 예와 마찬가지로 키값을 13으로 나눈 나머지를 해시값으로 합니다.

요소 삽입

a는 새로운 값(18)을 삽입하고자 할 때 충돌이 발생한 경우입니다. 이럴 때 사용하는 방법이 재해시(rehashing)입니다. 재해시할 때 해시 함수는 자유롭게 결정할 수 있습니다. 여기서는 재해시할 때 키값에 1을 더한 값을 13으로 나눈 나머지로 합니다.

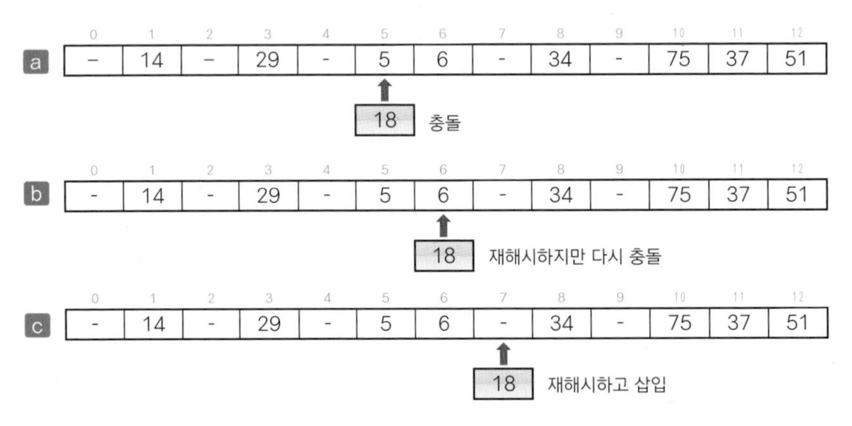

[그림 10-9] 오픈 주소법을 이용한 재해시

이렇게 재해시를 하면 (18 + 1) % 13의 결괏값(6)을 얻을 수 있습니다. 그런데 b처럼 인덱스가 6인 버킷도 데이터가 채워져 있으므로 재해시합니다. 그러면 (19 + 1) % 13의 결괏값(7)을 얻을 수 있습니다. 따라서 c처럼 인덱스가 7인 버킷에 새로운 데이터(18)를 삽입합니다. 이렇게 오픈 주소법은 빈 버킷을 만날 때까지 재해시(rehashing)를 여러 번 반복하므로 연결 탐사법(linear probing)이라고도 합니다.

요소 삭제

이제 c에서 인덱스가 5인 값을 삭제하는 과정을 살펴보겠습니다. 인덱스가 5인 버킷의 데이터를 비우면 될 것 같지만 실제로는 그렇지 않습니다. 왜냐하면 같은 해시값을 갖는 18을 검색할 때 '해시값이 5인 데이터는 존재하지 않는다'라고 생각하여 검색에 실패하기 때문입니다.

그래서 각 버킷에 대해 아래의 속성을 부여합니다.

1. 데이터 저장 속성값
2. 비어 있음 속성값(-)
3. 삭제 마침 속성값(★)

다음 그림에서는 버킷이 비어 있는 상태를 '-'로, 삭제를 마친 상태를 '★'로 나타냅니다. 5를 삭제할 때 그림 10-10처럼 그 위치의 버킷에 삭제를 마쳤음을 나타내는 속성값으로 '★'을 저장합니다.

[그림 10-10] 오픈 주소법의 삭제 마침 속성값과 비어 있음 속성값 사용

요소 검색

이어서 값 17을 검색해 보겠습니다. 해시값이 4인 버킷을 보면 속성값이 '비어 있음(-)'이므로 검색 실패입니다. 그러면 18을 검색하는 경우를 생각해 보겠습니다. 해시값이 5인 버킷을 보면 그 속성은 '삭제 마침(★)'입니다. 그래서 그림 10-11처럼 재해시를 수행하여 6인 버킷을 다시 검색합니다. 여기에는 값 6이 저장되어 있으므로 다시 재해시를 수행하여 7인 버킷을 검색합니다. 검색하는 값 18이 저장되어 있으므로 검색 성공입니다.

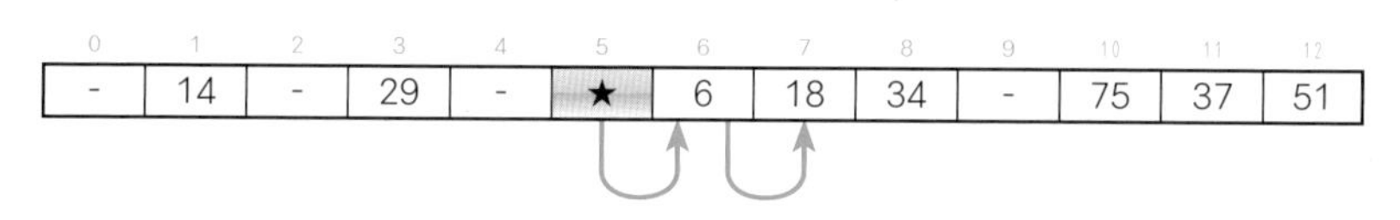

[그림 10-11] 오픈 주소법 검색

오픈 주소법을 구현하는 프로그램의 헤더 ClosedHash.h가 실습 10-6, 소스 ClosedHash.c가 실습 10-7입니다.

이 프로그램을 컴파일하려면 Member.h, Member.c, ClosedHash.h, ClosedHash.c가 필요합니다.

Do it! 실습 10-6

• 완성 파일 chap10/ClosedHash.h

```
01  // 오픈 주소법으로 구현한 해시(헤더)
02  #ifndef ___ClosedHash
03  #define ___ClosedHash
04
05  #include "Member.h"
06
07  /*--- 요소의 상태 ---*/
08  typedef enum {
09    Occupied, Empty, Deleted
10  } Status;
11
12  /*--- 요소 ---*/
13  typedef struct {
14    Member data;           // 데이터
15    Status stat;           // 요소의 상태
16  } Bucket;
17
18  /*--- 해시 테이블 ---*/
19  typedef struct {
20    int size;              // 해시 테이블의 크기
21    Bucket *table;         // 해시 테이블의 첫 번째 요소에 대한 포인터
22  } ClosedHash;
23
24  /*--- 해시 테이블 초기화 ---*/
25  int Initialize(ClosedHash *h, int size);
26
27  /*--- 검색 ---*/
28  Bucket *Search(const ClosedHash *h, const Member *x);
29
30  /*--- 데이터 추가 ---*/
31  int Add(ClosedHash *h, const Member *x);
32
33  /*--- 데이터 삭제 ---*/
34  int Remove(ClosedHash *h, const Member *x);
35
36  /*--- 해시 테이블 덤프 ---*/
37  void Dump(const ClosedHash *h);
38
39  /*--- 모든 데이터 삭제 ---*/
40  void Clear(ClosedHash *h);
```

```
41
42  /*--- 해시 테이블 종료 ---*/
43  void Terminate(ClosedHash *h);
44  #endif
```

Do it! 실습 10-7[A] • 완성 파일 chap10/ClosedHash.c

```
01  // 오픈 주소법으로 구현한 해시(소스)
02
03  #include <stdio.h>
04  #include <stdlib.h>
05  #include "Member.h"
06  #include "ClosedHash.h"
07
08  /*--- 해시 함수(key의 해시값을 반환) ---*/
09  static int hash(int key, int size)
10  {
11    return key % size;
12  }
13  /*--- 재해시 함수 ---*/
14  static int rehash(int key, int size)
15  {
16    return(key + 1) % size;
17  }
18
19  /*--- 노드의 각 멤버에 값을 설정 ----*/
20  static void SetBucket(Bucket *n, const Member *x, Status stat)
21  {
22    n->data = *x;         // 데이터
23    n->stat = stat;       // 요소의 상태
24  }
25
26  /*--- 해시 테이블 초기화 ---*/
27  int Initialize(ClosedHash *h, int size)
28  {
29    if((h->table = calloc(size, sizeof(Bucket))) == NULL) {
30      h->size = 0;
31      return 0;
32    }
33    h->size = size;
```

```
34    for(int i = 0; i < size; i++)            // 모든 버킷을
35      h->table[i].stat = Empty;              // 공백으로 변경
36    return 1;
37  }
38
39  /*--- 검색 ---*/
40  Bucket *Search(const ClosedHash *h, const Member *x)
41  {
42    int key = hash(x->no, h->size);          // 검색할 데이터의 해시값
43    Bucket *p = &h->table[key];              // 현재 선택한 노드
44    for(int i = 0; p->stat != Empty && i < h->size; i++) {
45      if(p->stat == Occupied && p->data.no == x->no)
46        return p;
47      key = rehash(key, h->size);            // 재해시
48      p = &h->table[key];
49    }
50    return NULL;
51  }
52
53  /*--- 데이터 추가 ---*/
54  int Add(ClosedHash *h, const Member *x)
55  {
56    int key = hash(x->no, h->size);          // 추가할 데이터의 해시값
57    Bucket *p = &h->table[key];              // 현재 선택한 노드
58    if(Search(h, x))                         // 이 키는 이미 등록됨
59      return 1;
60    for(int i = 0; i < h->size; i++) {
61      if(p->stat == Empty || p->stat == Deleted) {
62        SetBucket(p, x, Occupied);
63        return 0;
64      }
65      key = rehash(key, h->size);            // 재해시
66      p = &h->table[key];
67    }
68    return 2;                                // 해시 테이블이 가득 참
69  }
70
```

(실습 10-7[B]에서 계속)

Do it! 실습 10-7[B] • 완성 파일 chap10/ClosedHash.c

```
01  /*--- 데이터 삭제 ---*/
02  int Remove(ClosedHash *h, const Member *x)
03  {
04    Bucket *p = Search(h, x);
05    if(p == NULL)
06      return 1;                          // 이 키의 값은 존재하지 않음
07    p->stat = Deleted;
08    return 0;
09  }
10
11  /*--- 해시 테이블 덤프 ---*/
12  void Dump(const ClosedHash *h)
13  {
14    for(int i = 0; i < h->size; i++) {
15      printf("%02d: ", i);
16      switch(h->table[i].stat) {
17        case Occupied: printf("%d(%s)\n",
18            h->table[i].data.no, h->table[i].data.name); break;
19        case Empty: printf("-- 미등록 --\n"); break;
20        case Deleted: printf("-- 삭제 마침 --\n"); break;
21      }
22    }
23  }
24
25  /*--- 모든 데이터 삭제 ---*/
26  void Clear(ClosedHash *h)
27  {
28    for(int i = 0; i < h->size; i++)       // 모든 버킷을
29      h->table[i].stat = Empty;            // 공백으로 변경
30  }
31
32  /*--- 해시 테이블 종료 ---*/
33  void Terminate(ClosedHash *h)
34  {
35    Clear(h);                              // 모든 데이터 삭제
36    free(h->table);                        // 해시 테이블 배열의 메모리 해제
37    h->size = 0;                           // 해시 테이블 크기를 클리어
38  }
```

rehash 함수가 추가된 점을 빼면 각 함수는 체인법에 대부분 대응합니다.

오픈 주소법을 이용하는 예를 실습 10-8 프로그램에 나타냈습니다.

Do it! 실습 10-8 • 완성 파일 chap10/ClosedHashTest.c

```
01  // 오픈 주소법으로 구현한 해시 사용
02
03  #include <stdio.h>
04  #include "Member.h"
05  #include "ClosedHash.h"
06
07  /*--- 메뉴 ---*/
08  typedef enum {
09    TERMINATE, ADD, DELETE, SEARCH, CLEAR, DUMP
10  } Menu;
11
12  /*--- 메뉴 선택 ---*/
13  Menu SelectMenu(void)
14  {
15    int ch;
16    do {
17      printf("(1)추가 (2)삭제 (3)검색 (4)모두 삭제 (5)덤프 (0)종료: ");
18      scanf("%d", &ch);
19    } while(ch < TERMINATE || ch > DUMP);
20    return(Menu) ch;
21  }
22
23  /*--- 메인 ---*/
24  int main(void)
25  {
26    Menu menu;                          // 메뉴
27    ClosedHash hash;                    // 해시 테이블
28    Initialize(&hash, 13);              // 해시 테이블 초기화
29    do {
30      int result;
31      Member x;
32      Bucket *temp;
33      switch(menu = SelectMenu()) {
34        case ADD:                       /*--- 데이터 추가 ---*/
35            x = ScanMember("추가", MEMBER_NO | MEMBER_NAME);
36            result = Add(&hash, &x);
37            if(result)
```

```
38                printf("\a오류: 추가에 실패했습니다(%s).\n",
39                  (result == 1) ? "등록 마침": "메모리 부족");
40          break;
41
42          case DELETE:                      /*--- 데이터 삭제 ---*/
43              x = ScanMember("삭제", MEMBER_NO);
44              result = Remove(&hash, &x);
45              if(result == 1)
46                printf("\a오류: 이 번호의 데이터는 존재하지 않습니다.\n");
47          break;
48
49          case SEARCH:                      /*--- 데이터 검색 ---*/
50              x = ScanMember("검색", MEMBER_NO);
51              temp = Search(&hash, &x);
52              if(temp == NULL)
53                printf("\a검색에 실패했습니다.\n");
54              else {
55                printf("검색에 성공했습니다.: ");
56                PrintLnMember(&temp->data);
57              }
58          break;
59
60          case CLEAR:                       /*--- 모든 데이터 삭제 ---*/
61              Clear(&hash);
62          break;
63
64          case DUMP:                        /*--- 해시 테이블 덤프 ---*/
65              Dump(&hash);
66          break;
67          }
68      } while(menu != TERMINATE);
69
70      Terminate(&hash);                     /* 해시 테이블 종료 */
71
72      return 0;
73  }
```

이 프로그램의 실행 결과는 '실행 결과(오픈 주소법)'이라는 이름으로 나타냈습니다. 실습 10-5에 있는 체인법의 실행 결과와 같은 방법으로 데이터를 추가, 검색, 삭제합니다. 그러면 두 실행 결과를 비교해 보겠습니다.

'실행 결과(체인법)'은 체인법(실습 10-5) 실행 결과의 뒷부분에 해당되는 내용입니다.

체인법의 경우

같은 해시값(1)을 갖는 두 데이터 '1(붉은꼬리)'과 '14(최윤미)'를 연결하는 연결 리스트는 인덱스가 1인 버킷에 연결되어 있습니다.

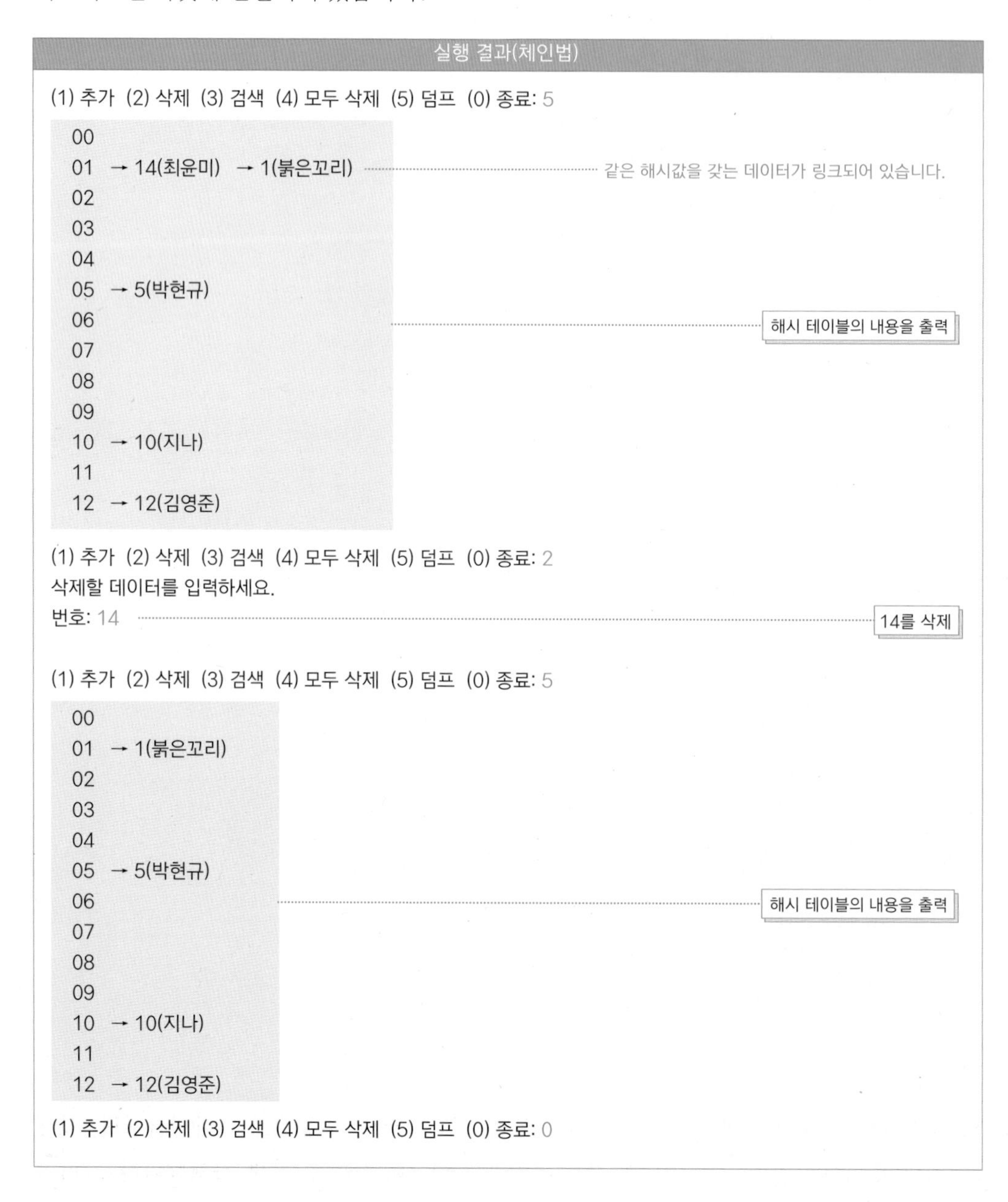

Q2 실습 10-8의 프로그램은 회원 번호를 키값으로 하고 있습니다. 이름을 키값으로 하는 프로그램을 작성하세요.

오픈 주소법의 경우

나중에 추가한 14(최윤미)는 재해시한 결과 인덱스가 2인 버킷에 등록되어 있습니다. 또 이 데이터를 삭제한 뒤에는 인덱스가 2인 버킷에 '삭제 마침' 상태로 들어 있습니다.

실행 결과(오픈 주소법)

```
(1) 추가  (2) 삭제  (3) 검색  (4) 모두 삭제  (5) 덤프  (0) 종료: 1
추가할 데이터를 입력하세요.
번호: 1 ..................................................... {1 붉은꼬리}를 추가
이름: 붉은꼬리

(1) 추가  (2) 삭제  (3) 검색  (4) 모두 삭제  (5) 덤프  (0) 종료: 1
추가할 데이터를 입력하세요.
번호: 5 ..................................................... {5 박현규}를 추가
이름: 박현규

(1) 추가  (2) 삭제  (3) 검색  (4) 모두 삭제  (5) 덤프  (0) 종료: 1
추가할 데이터를 입력하세요.
번호: 10 .................................................... {10 지나}를 추가
이름: 지나

(1) 추가  (2) 삭제  (3) 검색  (4) 모두 삭제  (5) 덤프  (0) 종료: 1
추가할 데이터를 입력하세요.
번호: 12 .................................................... {12 김영준}를 추가
이름: 김영준

(1) 추가  (2) 삭제  (3) 검색  (4) 모두 삭제  (5) 덤프  (0) 종료: 1
추가할 데이터를 입력하세요.
번호: 14 .................................................... {14 최윤미}를 추가
이름: 최윤미

(1) 추가  (2) 삭제  (3) 검색  (4) 모두 삭제  (5) 덤프  (0) 종료: 3
검색할 데이터를 입력하세요.
번호: 5 ..................................................... 5를 검색
검색에 성공했습니다: 5 박현규
```

```
(1) 추가  (2) 삭제  (3) 검색  (4) 모두 삭제  (5) 덤프  (0) 종료: 5
  00: -- 미등록 --
  01: 1(붉은꼬리)
  02: 14(최윤미)
  03: -- 미등록 --
  04: -- 미등록 --
  05: 5(박현규)
  06: -- 미등록 --
  07: -- 미등록 --
  08: -- 미등록 --
  09: -- 미등록 --
  10: 10(지나)
  11: -- 미등록 --
  12: 12(김영준)
(1) 추가  (2) 삭제  (3) 검색  (4) 모두 삭제  (5) 덤프  (0) 종료: 2
삭제할 데이터를 입력하세요.
번호: 14

(1) 추가  (2) 삭제  (3) 검색  (4) 모두 삭제  (5) 덤프  (0) 종료: 5
  00: -- 미등록 --
  01: 1(붉은꼬리)
  02: -- 삭제 마침 --
  03: -- 미등록 --
  04: -- 미등록 --
  05: 5(박현규)
  06: -- 미등록 --
  07: -- 미등록 --
  08: -- 미등록 --
  09: -- 미등록 --
  10: 10(지나)
  11: -- 미등록 --
  12: 12(김영준)
(1) 추가  (2) 삭제  (3) 검색  (4) 모두 삭제  (5) 덤프  (0) 종료: 0
```

해시 테이블의 내용을 출력

14를 삭제

해시 테이블의 내용을 출력

한글

ㄱ ~ ㄷ

ㄹ ~ ㄷ

ㅅ ~ ㅇ

Web Programming Course

웹 프로그래밍 코스

웹 기술의 기본은 HTML, CSS, 자바스크립트!
기초 단계를 독파한 후 응용 단계로 넘어가세요!

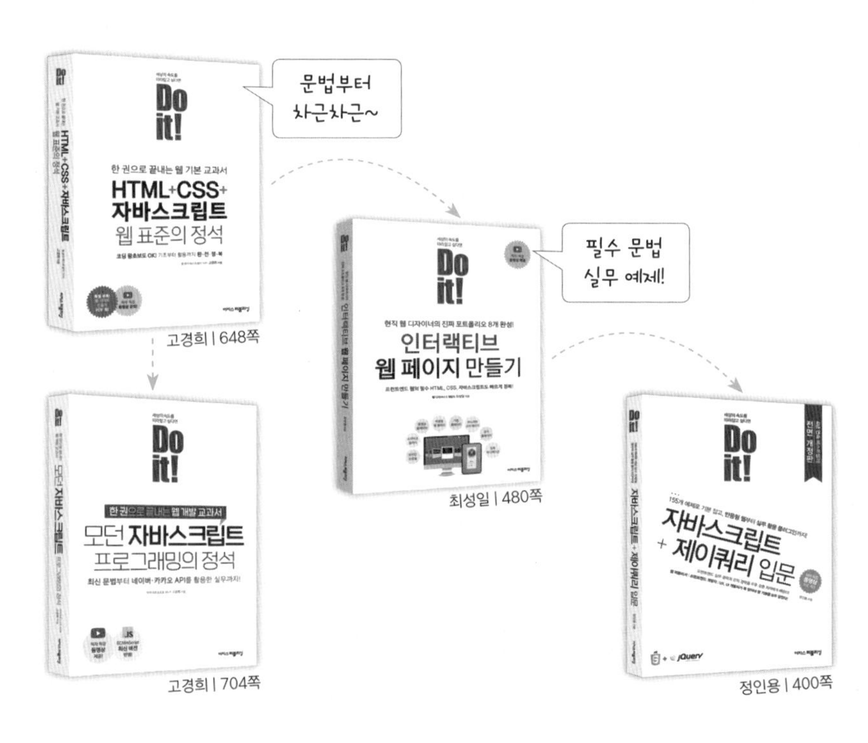

고경희 | 648쪽

최성일 | 480쪽

고경희 | 704쪽

정인용 | 400쪽

김운아 | 344쪽

니꼴라스, 강윤호 | 296쪽 니꼴라스, 김형태 | 248쪽 니꼴라스, 김준혁 | 256쪽

나는 어떤 코스가 적합할까?

A 웹 퍼블리셔가 되고 싶은 사람

- Do it! HTML+CSS+자바스크립트 웹 표준의 정석
- Do it! 인터랙티브 웹 만들기
- Do it! 자바스크립트+제이쿼리 입문
- Do it! 반응형 웹 페이지 만들기
- Do it! 웹 사이트 기획 입문

B 웹 개발자가 되고 싶은 사람

- Do it! HTML+CSS+자바스크립트 웹 표준의 정석
- Do it! 모던 자바스크립트 프로그래밍의 정석
- Do it! 클론 코딩 줌
- Do it! 클론 코딩 영화 평점 웹서비스 만들기
- Do it! 클론 코딩 트위터
- Do it! 리액트 프로그래밍 정석